U0529615

本书出版由西北大学"双一流"建设项目资助

文本、思想与历史

马克思工人阶级理论再阐释

王 青 / 著

中国社会科学出版社

图书在版编目（CIP）数据

文本、思想与历史：马克思工人阶级理论再阐释／王青著．—北京：中国社会科学出版社，2023.8
ISBN 978－7－5227－2324－2

Ⅰ.①文… Ⅱ.①王… Ⅲ.①无产阶级—研究 Ⅳ.①D01

中国国家版本馆 CIP 数据核字（2023）第 143116 号

出 版 人	赵剑英	
责任编辑	刘　洋	
责任校对	王佳玉	
责任印制	王　超	

出　　版	中国社会科学出版社	
社　　址	北京鼓楼西大街甲 158 号	
邮　　编	100720	
网　　址	http://www.csspw.cn	
发 行 部	010－84083685	
门 市 部	010－84029450	
经　　销	新华书店及其他书店	

印　　刷	北京君升印刷有限公司	
装　　订	廊坊市广阳区广增装订厂	
版　　次	2023 年 8 月第 1 版	
印　　次	2023 年 8 月第 1 次印刷	

开　　本	710×1000　1/16	
印　　张	21.25	
插　　页	2	
字　　数	348 千字	
定　　价	108.00 元	

凡购买中国社会科学出版社图书，如有质量问题请与本社营销中心联系调换
电话：010－84083683
版权所有　侵权必究

序　在今天有必要再阐释马克思的工人阶级理论

对于马克思主义基本理论研究而言，现代无产阶级具有特殊的价值。一方面，它是马克思全部理论创新的立脚点。恩格斯概括的马克思的两大发现，即唯物史观和剩余价值学说，都是奠立在发现现代无产阶级这一根基之上。正因为如此，马克思主义的本质是工人阶级世界观，马克思主义政党的阶级基础是工人阶级，社会主义国家的领导阶级是工人阶级，如此等等，充分证明了工人阶级理论与马克思主义的命运与共。但是另一方面，随着时代主题的转变，苏联解体，东欧剧变，社会主义国家工作重心向现代化建设转移等，马克思主义的阶级理论成为敌对意识形态攻击的重点，阶级、阶级斗争、阶级剥削连同工人阶级问题，似乎都成为过时的观念，许多人对此讳莫如深。有的甚至在理解马克思主义基本原理和马克思主义中国化时代化创新成果时，在谈论"以人民为中心"的理念时，也尽量回避谈论工人阶级。更令人忧虑的是，这些人大都知道这样做不妥，可又都说不出不妥在哪里。这种状况，严重干扰了坚持马克思主义在意识形态领域的指导地位，妨碍了深入学习习近平新时代中国特色社会主义思想，因而再阐释马克思的工人阶级理论很有必要。"在坚持以马克思主义为指导这一根本问题上，我们必须坚定不移，任何时候任何情况下都不能动摇。"[①]

一　在马克思那里，工人阶级就是"现实的人类"，阶级性话语和人类性话语不可分割

马克思对于阶级理论所作的贡献，他有非常明确的说明："（1）阶级

---

① 《习近平谈治国理政》第 2 卷，外文出版社 2017 年版，第 66 页。

的存在仅仅同生产发展的一定历史阶段相联系；（2）阶级斗争必然导致无产阶级专政；（3）这个专政不过是达到消灭一切阶级和进入无阶级社会的过渡……"① 这表明，马克思通过工人阶级理论，不仅找到了消灭阶级、终结人类"史前史"、进入无阶级的共产主义社会的现实道路，把"人类解放"从口号变为了行动，而且揭示了阶级性和人类性的有机统一，为无产阶级革命占领道德高地奠定了基础。

人类进入阶级社会以来，始终存在一部分人压迫、剥削另一部分人的社会对抗问题。事实证明，资产阶级并没有破解人类解放之谜。究其原因，从根本上说，就是由资本支配的社会化大生产，体现的不是人类的力量，而是攫取活劳动剩余价值的物化资本的力量。因此，资本主义社会的根不是人的独立和自由个性，而是人的物化和商品拜物教。马克思主义关于人类解放主题的重构，立足于必须打破资本主导的社会化大生产的两个瓶颈，即"两极分化"和人的物化，其关键是发现人类解放必须"通过工人解放这种政治形式来表现"，"因为工人的解放还包含普遍的人的解放"。②

近代以来的世界历史汇集到一个主题上，即人的解放。因此，以全人类或全体人民的名义行动，成为新的道德高地。由于阶级利益的对抗，不存在一个包括所有人在内的统一全人类。但这不等于说整个社会就分崩离析，没有统一的方向和规律。马克思通过现实的人类主体的揭示，阐明了人类解放的历史规律。从人类解放角度看，马克思论证了工人阶级的三大特征，是当之无愧的历史引领力量：其一，现代无产阶级是资本主义社会和资本锻造出的与资本相对立的又一个世界历史力量，意味着它与生产力的全球化以及世界一体化的发展方向完全一致。人类进入世界历史，表明各民族隔阂、封闭式发展的历史终结。只有站在全人类发展的高度，才能破解人类解放之谜；只有作为世界历史性的力量，才能担当人类解放的大任。资本主义虽然从客观上也是世界历史性存在，但其发展的驱动力是任性逐利，这就为自己的发展设置了"极限"。它不能适应全球化社会生产力的无限发展的要求，因而终究要被世界历史所抛弃。而"无产阶级只有在世界历史意义上才能存在，就像共产主义——它的事业——只有作为

---

① 《马克思恩格斯文集》第10卷，人民出版社2009年版，第106页。
② 《马克思恩格斯文集》第1卷，人民出版社2009年版，第167页。

'世界历史性的'存在才有可能实现一样"①。现代无产阶级是当代社会化大生产的真正代表，是"社会化的人类"的现实基础，因而是人类解放的政治形式。

其二，现代无产阶级的解放和人类解放高度一致：它只有解放人类，才能真正解放自己；反之，它只有从自身出发，才能真正解放人类。消灭阶级、消灭私有制、共同富裕，是无产阶级的根本要求，也是人类解放的现实出路。传统意义上的阶级都有本阶级特殊的利益，唯有现代无产阶级的阶级要求是体现了全人类利益的"消灭阶级"。消灭阶级并不是它自由选择的结果，而是资本主义社会强加于它的别无选择。"无产阶级宣告迄今为止的世界制度的解体，只不过是揭示自己本身的存在的秘密，因为它就是这个世界制度的实际解体。无产阶级要求否定私有财产，只不过是把社会已经提升为无产阶级的原则的东西，把未经无产阶级的协助就已作为社会的否定结果而体现在它身上的东西提升为社会的原则。"②当无产阶级把这一客观必然性的要求，上升为自觉的阶级意识时，它就真正承担起了人类解放的重任。

其三，现代无产阶级是唯一具有阶级意识的劳动阶级，因而能够成为实现人类解放的领导力量。西方舆论借口无产阶级处在极其艰苦的"异化劳动"中，没有闲暇获得知识，因而不可能形成自我意识。马克思对此进行了有力的批驳。他指出，资产阶级在反对封建势力时必须向现代无产者求助，这样"就把无产阶级卷进了政治运动。于是，资产阶级自己就把自己的教育因素即反对自身的武器给予了无产阶级"。另一方面，"工业的进步把统治阶级的整批成员抛到无产阶级队伍里去，或者至少也使他们的生活条件受到威胁。他们也给无产阶级带来了大量的教育因素"。③更为重要的是，出现了大批马克思恩格斯一类的自觉站在工人阶级立场的革命知识分子。对现代资本主义作了最透彻分析的马克思主义主要是面向工人阶级的，"它把伟大的认识工具给了人类，特别是给了工人阶级"④。列宁认为，最简单地概括马克思恩格斯的功绩，就是"他们教会了工人阶级自我认识

---

① 《马克思恩格斯文集》第1卷，人民出版社2009年版，第539页。
② 《马克思恩格斯文集》第1卷，人民出版社2009年版，第17页。
③ 《马克思恩格斯文集》第2卷，人民出版社2009年版，第41页。
④ 《列宁选集》第2卷，人民出版社2012年版，第311页。

和自我意识,用科学代替了幻想"①。

事实很清楚,马克思揭示的"现实的人类",是由代表先进生产方式的先进阶级引领、以劳动群众为基础、包括所有顺应历史潮流的人在内的有机历史主体,它推动着历史发展、社会进步。因此,占领人类性话语的道德高地,不靠不断高喊抽象的"全人类"就能奏效,力量来自推动历史前进的现实人类。马克思主义由以认定,不讲阶级而大讲"全人类",是资产阶级意识形态的伎俩,其实质是让少数既得利益者打着人类的旗号"捞金"。而我们讲的人类性话语,一定是以广大人民利益为重,落实到防止两极分化、追求共同富裕;防止私欲膨胀,实现每一个人的自由全面发展上。阶级性话语不在于说的频次多少,而在于一以贯之地引领我们的事业。以工人阶级世界观即共产主义推进民族发展和人类进步,是我们的话语体系永远不变的底色。

二 在马克思那里,科学信仰不仅是对科学理论的信仰,也是对"人民至上"的信仰,科学性和阶级性不可分割

马克思主义在沿着人类文明大道实现了哲学的革命性变革的同时,也变革了人们的信仰方式。这不仅是开创人类自觉创造历史的新纪元,也是人类精神家园的历史性重建。它力图通过真理的方式来认识、把握信仰,并通过科学的途径来解决信仰问题。它把信仰所依托的"生命不朽"和终极关怀奠立在对历史发展客观规律的科学把握之上,以人类的解放事业为依托,以个人投身人类解放事业实现自我超越的实践方式为路径,以人的自由全面发展为目的,奠立了共产主义的科学信仰。

科学信仰要面对的一个难题,就是经验和超验、真理的相对性和绝对性的统一性问题。西方理性主义的一大痼疾,就是工具理性和价值理性的割裂。其原因从认识论看,就在于它的唯心论立场,解决不了经验和超验、相对真理和绝对真理的统一问题。把知识限制在经验范畴、科学限制在现象层面,认识的真理性也就必然止步于有限的事物。理性认知和绝对真理的切割,使得科学与信仰绝缘。自康德始,现象和"物自体"、科学和伦理的二元论就逐步成为西方的主流意识。科学解决生存

---

① 《列宁选集》第1卷,人民出版社2012年版,第89页。

条件，信仰解决生存意义，似乎是天经地义。黑格尔是个例外。他试图用真理统摄真善美、知情意，这就是"绝对精神"。"把实体了解为主体，了解为内部的过程，了解为绝对的人格。这种了解方式就是黑格尔方法的基本特征。"① 通过人格化逻辑的神秘方式并不能解决绝对真理和相对真理的统一问题，绝对精神作为无数相对真理总和的绝对真理身份其实早已确立、无需论证。当然它无法确立以真为基础的信仰体系。

马克思主义解决这一难题的关键，在于把真理从主观认知还原为客观反映，揭示了客观真理这一真理的本质。从唯物论的反映论看，人类所认识的真理性在于符合客观实际。尽管每一正确的反映只是客观世界的一部分，但却始终是客观真实世界的一部分，与尚未认识的无限世界并没有本质区别，因而具有绝对性。这样，承认绝对真理和承认客观真理、承认自然界的客观真实性及其可知性就成为同一个问题。也就是说，否定绝对真理的根子，在于不承认正确反映客观实在的自然界是真理的本质。因此，否定绝对真理实际上就是否认客观实在性的自然界及其本体地位，否认唯物论认识论的反映论，把真理、价值主观化。反过来，承认认识的本质是反映论，真理的内容是客观实在的自然界，真理的本性是客观真理，那么就必然承认绝对真理的存在及其可知性。"从现代唯物主义即马克思主义的观点来看，我们的知识向客观的、绝对的真理接近的界限是受历史条件制约的，但是这个真理的存在是无条件的，我们向这个真理的接近也是无条件的。"② "一句话，任何意识形态都是受历史条件制约的，可是，任何科学的意识形态（例如不同于宗教的意识形态）都和客观真理、绝对自然相符合，这是无条件的。"③ 辩证唯物主义认识论关于相对真理和绝对真理相统一的真理认识过程的揭示，消除了经验和超验之间的鸿沟，开创了以真理的方式把握终极性存在和永恒价值的方向，为信仰问题科学化奠定了哲学根据。

把绝对真理问题往"形而上"的邪路上引，制造经验和超验、现象和本体之间的鸿沟，这是西方意识形态所需要的神秘空间。它预设了两个前提：一是不存在"自在之物"，人类只能认识"为我之物"；二是认识的

---

① 《马克思恩格斯全集》第2卷，人民出版社1957年版，第75页。
② 《列宁选集》第2卷，人民出版社2012年版，第96页。
③ 《列宁选集》第2卷，人民出版社2012年版，第96页。

主体只能是个人，不存在认识的集体主体。然而，这两个前提并不能够成立："自在之物"和"为我之物"之间并不存在着鸿沟。人类的实践、认识过程就是不断地把"自在之物"转化为"为我之物"的过程，这一无限过程不仅指明了"自在之物"的存在，而且证明了"自在之物"的可知。而从认识主体看，某些微观的、局部的、衍生层面的领域，具体历史条件下的个人可以成为认识的主体，但对于宏观的人类历史及其规律的认识，必须和历史活动的主体相一致，那就是人民群众。马克思所强调的作为唯物史观前提的"现实的人"，即"处在现实的、可以通过经验观察到的、在一定条件下进行的发展过程中的人"①，是人类历史活动主体的科学界定；马克思主义政党凝聚了党及其领导的人民群众集体智慧结晶的理论创新，是现实人类在创造历史过程中同时作为认识主体的有力证明。因此，正如列宁所指出的："把恩格斯关于时间和空间的客观实在性的学说同他关于'自在之物'转化为'为我之物'的学说分开来，同他对客观真理和绝对真理的承认（就是承认我们通过感觉感知的客观实在）分开来，同他对自然界的客观规律性、因果性、必然性的承认分开来，这就等于把完整的哲学变为杂烩。"②

可见，没有对于人民主体的坚定信念，就没有马克思主义理论的坚定信仰，而没有工人阶级为内核的人民主体，则只能是空洞的口号。现在有些人之所以对于坚持中国共产党的领导信心不足，对于领悟"两个确立"、做到"两个维护"左盼右顾，从理论上看，就是缺乏对于马克思的工人阶级及其政党理论的真正认识。事实证明，理论不彻底政治就不坚定。仅出于维护政治纪律的需要是无法自觉赞同"两个确立"、做到"两个维护"的。

三 对马克思工人阶级理论的守正创新，是马克思主义中国化时代化新飞跃的重要内容

以工人阶级解放为政治形式的人类解放主题，不仅使马克思主义思想体系成为一以贯之的统一整体，而且使马克思主义创始人和他们的继承者们一脉相承。这不仅是理解马克思主义基本原理没有过时、在今天仍然适

---

① 《马克思恩格斯文集》第1卷，人民出版社2009年版，第525页。
② 《列宁选集》第2卷，人民出版社2012年版，第147页。

用的关键,更是把握当代中国马克思主义、21世纪马克思主义的基本脉络。毫不动摇地坚持马克思主义的基本原理,并具体运用到当代中国的实践中,在反对否定马克思主义基本原理的同时,防止简单照搬这些原理,这就是当代中国的马克思主义明确而坚定的理论原则。我们之所以能将这一理论立场贯彻到开创中国特色社会主义的全过程,关键是创造性地解决了当代中国如何在坚持马克思主义社会基本矛盾理论的同时不丢掉马克思主义的阶级理论,正确处理社会主义社会的基本矛盾、主要矛盾和阶级矛盾间的相互关系。

毫无疑问,阶级矛盾已经不是我国现阶段社会的主要矛盾,因而不能简单固守马克思主义阶级理论的现成结论,然而阶级理论又是不能丢弃的马克思主义的基本原理,丢弃了就会导致马克思主义、历史唯物主义理论大厦的倾覆,因而必须坚定地加以维护。

坚持马克思主义阶级理论的核心是坚持工人阶级在国家中的领导地位。不可否认,随着改革开放的深入和现代化建设的发展,我国工人阶级队伍不断壮大、素质不断提高的同时,在经济结构趋向多元化和市场化的情况下,传统工人阶级高度同质化的状况也在不断改变,工人阶级的组成日益复杂,内部也出现了不同的利益群体。但是,这不是否定工人阶级的存在及其领导地位的理由。在新的历史条件下,党更加注重工人阶级和先进生产方式的内在联系,因而也确立其是领导社会主义市场经济发展的先进力量。2013年4月28日,习近平在同全国劳动模范代表座谈时指出:"工人阶级是我国的领导阶级,是我国先进生产力和生产关系的代表,是我们党最坚实最可靠的阶级基础,是全面建成小康社会、坚持和发展中国特色社会主义的主力军。""必须紧紧依靠工人阶级发展中国特色社会主义。"[①] 2015年4月28日,习近平在庆祝"五一"国际劳动节暨表彰全国劳动模范和先进工作者大会上再次强调:"我国工人阶级是我们党最坚实最可靠的阶级基础。我国工人阶级从来都具有走在前列、勇挑重担的光荣传统,我国工人运动从来都同党的中心任务紧密联系在一起。在当代中国,工人阶级和广大劳动群众始终是推动我国经济社会发展、维护社会安定团结的根本力量。那种无视我国工人阶级成长进步的观点,那种无视我

---

① 《习近平谈治国理政》第1卷,外文出版社2018年版,第45页。

国工人阶级主力军作用的观点，那种以为科技进步条件下工人阶级越来越无足轻重的观点，都是错误的、有害的。不论时代怎样变迁，不论社会怎样变化，我们党全心全意依靠工人阶级的根本方针都不能忘记、不能淡化，我国工人阶级地位和作用都不容动摇、不容忽视。"① 这些论述，是对我们党改革开放以来的基本实践的思想概括，也是对那些认为工人阶级已不是先进生产力和生产关系的代表及党的最坚实可靠的阶级基础和社会主义现代化建设的主体力量等错误观点的坚决回击。

纵观世界社会主义发展史，巩固和发展社会主义国家制度，把扩大党执政的群众基础和加强党的阶级基础统一起来是个难题。中国共产党在这方面有两大创新：一是党对于"工人阶级"的把握不是拘泥于其产业特征（如"大工业"一类）和职业身份（如"蓝领工人"一类），而是注重其"社会特征"（社会化大生产的代表、资产阶级社会瓦解的根据）及历史使命（共产主义社会的建设者），因而着重从先进性上把握其阶级性。二是在坚持统一的指导思想的同时，推动指导思想的不断创新。一脉相承的是立场、观点、方法，是马克思主义基本原理，但同时要依据国情的变化、时代特征的变化不断地回答重大实践问题，创新和发展理论，不断开创马克思主义发展的新境界。坚持马克思主义基本原理和坚持推进马克思主义中国化、时代化和大众化相结合。这样，我们党的执政基础在实现全社会覆盖的同时，依然保持了中国工人阶级先锋队的先进性和纯洁性。

这里的马克思主义方法论依据是，在存在着阶级划分的社会，不存在抽象的"人民性"，只有先进阶级才能最大限度地代表广大人民，工人阶级的阶级性在今天依然是人民性的基础。正是这种先进性决定了党代表工人阶级利益，同时也代表最广大人民的根本利益。因此，中国共产党可以在坚持党的阶级基础的同时扩大党的群众基础，可以在向全体人民开放的同时保持工人阶级先锋队的性质，可以在坚持指导思想、共产主义远大理想的同时不断解放思想、扩大中国特色社会主义认同的最大公约数，可以在坚持工人阶级的阶级意识和党性立场的同时广泛吸纳各种思想文化资源和优秀文明成果。

可以说，真正理解马克思主义立场、观点、方法的整体性，真正做到

---

① 《在庆祝"五一"国际劳动节暨表彰全国劳动模范和先进工作者大会上的讲话》，人民出版社2015年版，第10—11页。

坚持马克思主义基本原理和坚持推进马克思主义中国化、时代化相结合并不是一件容易的事。多年培养研究生的经验表明，对于马克思主义理论学科的博士生来讲，根本问题是理论方向和学风问题。其中一个重要的考察，就是看其能否静下心来研读马列原著、真正走进经典之中，把握马克思主义的思想精髓，掌握科学的思想方法，回应现实发展中的重大理论挑战。读马列经典，虽然不如马克思那样具有理论开创性，但也是一个艰难探索、领悟并获得真知的过程。这里不仅有认知的攻坚克难，还有意志的砥砺和精神的升华。读经典著作之所以难，就在于不仅要读懂单篇著作的思想，还要连贯起来把握精神实质，尤其是贯穿其中的立场、观点、方法，更要把它们放到马克思主义的整个发展历史中去把握，放到当时的历史背景中去理解，与在社会实践中广泛运用、长期检验、不断丰富的马克思主义基本理论联系起来解读，从而真正读懂马克思。正因为如此，读经典著作就不仅是个如何读书的问题，还是一个如何对待马克思主义的根本态度问题。

王青同志在读博士期间，很注重经典的研读，并学有所获。借助她关注的马克思工人阶级理论的议题，我发表了一点随感，觉得这是一个应该重视、需要重新阐发的大题目，以表明对于她的研究和探索的支持。现在她的著作即将出版，我对此感到高兴，希望她在学术的道路上不断进步。

是为序。

侯惠勤

2023 年 8 月

前　　言

马克思主义是关于无产阶级革命和解放条件的学说，它全面深入地阐述了资本主义生产方式的历史作用及其内在矛盾运动，论证了资本主义生产方式为社会主义所超越的历史必然性，阐明了无产阶级的历史使命，成为无产阶级世界观和社会主义意识形态的基础。如果说对于马克思主义整体而言，辩证唯物主义和历史唯物主义是其哲学精髓，剩余价值学说为其奠定了政治经济学基石，阶级分析构成了科学社会主义灵魂，那么马克思发现现代无产阶级、研究工人劳动、思考工人解放，是其实现哲学变革的问题引导，而总结无产阶级革命经验，批判工人队伍中的错误思想，指导工人运动，是马克思完善科学社会主义理论的实践基础，考察雇佣劳动关系，解析劳动力商品，呼吁工人权利则是他揭开政治经济学谜底的钥匙。马克思的整个理论生涯都在为认识无产阶级和服务无产阶级解放而工作。他从工人的劳动中透视现代社会区别于传统社会的变化，把人的彻底解放与无产阶级的解放相联系，他从这个阶级的产生、发展出发，窥视历史的规律，把无产阶级解放与世界历史的展开相联系，他还通过研究雇佣劳动的本质及其在现代社会的境遇，把无产阶级的斗争策略和革命目标与资本主义生产方式的内在矛盾运动相联系。可以说，离开马克思对无产阶级及其解放事业的思考，我们很难真正从逻辑与历史、科学与价值、理论与实践相统一的意义上把马克思主义理解为一块"整钢"，也很难理解马克思主义哲学、政治经济学和科学社会主义之间相互融汇、彼此支撑所达及的思想深度。关于马克思工人阶级理论的研究如果只是停留于专题式、嵌入式和汇编式的介绍，往往难以从整体上展示马克思对这一阶级的认识与其思想发展之间的关系，也难以反映马克思思想的转变和演进对他思考无产阶级解放事业所产生的意义。相反，如果我们将马克思对无产阶级及其解放事业的理解置于他的思想发展历程之中,着眼于二者之间的密切关联,则能够帮助我们更深刻地体会,为什么说坚持无产阶级立场是准确认识马克思诸多科学论断的基础,为什么说只有完整准确地把握马克思的世界观和方法论,才能在不断变化的实践和复杂的利益交织中,以科学的方式推进社会主义事业。

自《共产党宣言》和《资本论》出版之后,马克思主义指导下的社会主义运动对世界历史产生了深刻影响,也遭遇了巨大挫折。纵观整个马克思主义发展史,各国无产阶级政党能否以辩证唯物主义和历史唯物主义世界观为思想基础,以社会革命实践为导向,以资本主义内在矛盾运动及其表现为依据,把握时代变化,实现马克思主义理论的守正创新,是其事业能否开辟新天地的关键。在这一过程中,如何在错综复杂的形势变化中始终把握历史前进的方向,如何准确认识历史发展的客观规律性与历史主体的能动创造性之间的关系,如何处理体现为长远目标的价值理想与体现为近期目标的行动策略之间的关系,既是马克思主义理论守正创新的难点,也是诸多学说歧见迭出的肇因。从理论上来讲,上述问题实际上都汇聚于一点,即如何认识马克思主义的无产阶级观,无产阶级是否能够和如何能够承担起人类解放的历史使命。

作为一个革命者,马克思是在对德国革命的反思中转向无产阶级立场的,作为一个理论家,马克思一经转向无产阶级,便力争为这一阶级的解放提供理论上的说明。青年马克思把无产阶级看作社会普遍利益的代表,他从人本主义出发对古典政治经济学进行批判,创立了劳动异化论。在人本主义的立场上,马克思指出人是在劳动中自我生成的,正是作为雇佣工人的无产阶级通过劳动创造出了现代社会财富,但另一方面,资本主义劳动又是异化了的劳动,它不能使劳动者成就自我,反而使其丧失自我,因此人的解放在现代社会就是无产阶级工人从异化劳动中解放出来。人本主义的劳动异化论,为无产阶级解放确立了道义基础,但却难以给无产阶级的斗争实践提供科学的指导,更无法说明这个阶级的利益最终为历史所承认的依据何在。

为了弄清工业发展与无产阶级之间的关系,给无产阶级解放指明历史方向,马克思对人本主义的世界观进行了系统的批判和清理,他以从事生产劳动的"现实的个人"为出发点,沿着分工和交往的发展,构建起从客观逻辑出发的唯物主义历史观。从唯物史观出发，马克思指出，历史是在生产力和生产关系的矛盾运动中前进的，这一矛盾运动在私有制产生以后便以不同阶级之间的斗争表现出来。无产阶级正是在斗争中逐渐成长起来的，社会革命只能是无产阶级自己解放自己的过程，是无产阶级劳动群众在社会化的生产力基础上谱写历史新剧，并成长为剧中新人的过程。

马克思在参与无产阶级革命运动的实践过程中深刻地认识到，对于处在被统治地位的工人群众而言，要挣脱统治思想的意识形态束缚，完成社会革命，必须要有自己的政党组织。只有在无产阶级政党的领导下，形成以科学理论为指导的纲领，准确分析社会发展的主要矛盾，依据矛盾的变化制定和调整策略，才能从无产阶级的根本利益出发不断推进社会进步。通过对1848年欧洲革命和巴黎公社运动实践的总结，马克思指出，无产阶级要获得持续推进社会革命的有效手段，必须要夺取政权，建立无产阶级专政。在无产阶级专政的政治条件下，充分发挥无产阶级的历史首创精神，不断创新联合劳动的生产组织形式，为"自由的联合劳动的社会经济规律"创造发挥作用的条件。

推动无产阶级解放最核心的理论任务在于揭示资本主义生产方式的运行规律，即为无产阶级政党争取科学上的胜利，这也是马克思一生最重要的理论工作。资本主义是以商品和货币为基础的世界，商品以货币为中介进行等价交换的形式中隐藏着资本主义生产的不平等实质。马克思从分析商品交换开始，寻找在物与物的关系背后潜藏着的人与人之间的关系，层层拨开货币和商品的秘密。他以劳动二重性作为整个政治经济学的枢纽，指出雇佣工人作为劳动力商品的实质，并沉入到生产环节中，提出剩余价值理论，解开了资本实现价值增殖的秘密，从理论上冲破了拜物教意识形态所营造的公平、自由的假象。同时，马克思通过区分可变资本和不变资本，揭示出资本主义生产必然面临的利润率下降规律，说明了这一规律客观上对发展社会生产力起到的推动作用，以及在这一规律作用下，资本主义生产方式难以克服的矛盾。通过以从抽象到具体的方式还原资本主义生产的全过程，马克思论证了无产阶级解放和劳动解放能够得以实现的条件正是在资产主义生产的矛盾运动过程中创造的，而无产阶级争取劳动解放的社会革命，又是超越资本主义生产局限，克服其固有矛盾的必经过程。

勾勒马克思关于无产阶级理论的发展历程不难看到，完成历史唯物主义世界观的转变，参与工人运动的政治实践，深入研究资本主义生产方式的内在矛盾运动都直接影响着马克思对无产阶级解放事业的理解。要完整认识马克思的无产阶级理论，准确把握科学社会主义理论的精髓，真正掌握马克思主义的理论武器，从而继承和推进无产阶级解放事业并非易事。

不无遗憾的是，马克思在规定"什么是阶级"的时候，他的主要工作中断了，卢卡奇将之视为世界社会主义运动的一大灾难。马克思的后继者们对"阶级"范畴的解释可谓争论不绝，其中最经典的界定是列宁在《伟大的创举》一文中作出的。他讲："所谓阶级，就是这样一些大的集团，这些集团在历史上一定的社会生产体系中所处的地位不同，同生产资料的关系（这种关系大部分是在法律上明文规定了的）不同，在社会劳动组织中所起的作用不同，因而取得归自己支配的那份社会财富的方式和多寡也不同"[①]。准确理解列宁的这一定义，不能离开《伟大的创举》一文的写作背景，该文是为论述"星期六义务劳动"的意义，称赞工人自觉提高劳动生产率的首创精神而作，上述引文是列宁为了说明消灭阶级只能是长期的历史任务而进行的论证。在文中，列宁极力论述了促成工人阶级日常自觉意识的形成对建立和巩固社会主义具有的重要意义，他直言要打破消除饥饿（在今天可以理解为提高福利）与提高劳动生产率之间的循环矛盾，必须"靠群众情绪的转变，靠一些集团的英勇首创精神来解决的，而首创精神在群众情绪转变的背景下往往起着决定的作用"[②]。显然，于列宁而言，"阶级"是极具能动性的历史创造主体，而非经济结构的被动承载者。可见，将列宁的这段论述转化为对"阶级"范畴的一般定义，不能忽略"阶级"作为历史主体的能动性，否则容易滑向"经济决定论"和机械唯物主义。

忽视历史主体的主观能动作用，容易把马克思对社会矛盾的理解简单化、公式化，丧失对现存社会关系进行革命改造的现实力量，走向崇拜"自然必然性"的实证主义历史观。第二国际的理论家就是在这个问题上出现了失误。作为西方马克思主义鼻祖的卢卡奇也正是为了拒绝对马克思主义采取经济主义和实证主义的解读，才从探讨"阶级意识"问题入手，

[①] 《列宁选集》第4卷，人民出版社2012年版，第11页。
[②] 《列宁选集》第4卷，人民出版社2012年版，第16页。

试图打破等待资本主义自行崩溃的消极被动,为无产阶级革命提供理论依据。然而,当青年卢卡奇以社会历史的名义把自然社会化,用历史辩证法和实践本体论取代辩证唯物主义,也就为其走向唯心史观埋下了伏笔。他对"阶级"范畴的理解以及对其历史主体地位所进行的说明也因此成为一种需要警惕的"危险误导"。

卢卡奇强调辩证法的革命性质,认为必须超出经验直观的认识,把孤立的事实看作整体中的一个环节并将其归结为一个总体,形成思维具体。他认为只有具体总体研究,才能冲破资本主义商品拜物教的假象,实现透过现象看本质。据此,卢卡奇反对将"阶级"理解为在经济关系中处于共同地位的、经验直观的个体集合,而主张从具体总体出发,将"阶级"理解为反映社会整体本质的范畴。卢卡奇称:"当它确实相信自己找到了万物中最具体的东西时,也就恰恰是它最偏离了作为一个具体总体的社会;社会发展特定时期的生产制度,以及由这一制度造成的社会分化为阶级。由于它偏离了这一切,所以它就把某些完全抽象的东西当作具体的东西。"[①] 卢卡奇的这一论断揭示出,当资本主义意识形态把具体的历史的人抽象化为本体论的个人,也就抹杀了表现为阶级关系的社会真实历史内涵。这是他对"阶级"的阐释具有理论价值的一面。

然而,当卢卡奇以牺牲唯物主义的本体论根基为代价来获取历史超越性,完全排除个体经验和客观性之间的联系,他就无法说明阶级实践的直接现实性,而只能以"阶级意识"代替"阶级实践"。卢卡奇称:"个体只能作出承认或者拒绝的主观判断。只有阶级(而不是'类',类只是按照直观的精神塑造出来的神秘化的个体)才能和现实的总体发生关系并起到实际上的改造作用。而阶级也只有当它能在既定世界的物化的对象性中看到一个过程,而这个过程同时就是它自己的命运时,才能做到这一点。"[②] 可见,在卢卡奇这里,"阶级实践"被归属于精神性的"认识自身命运的过程",它创造历史的能动性从根本上被理解为一种脱离客观世界的主观认识活动,如此一来,"阶级"作为历史主体被抽去了客观基础。

---

① [匈]卢卡奇:《历史与阶级意识》,杜章智、任立、燕宏远译,商务印书馆1999年版,第105页。

② [匈]卢卡奇:《历史与阶级意识》,杜章智、任立、燕宏远译,商务印书馆1999年版,第289页。

然而，过分强调主观精神的作用，甚至将其视为决定性因素，只能是对"阶级"历史主体地位的一种"误证"。究其所以，产生这一"误证"的根源在于，青年卢卡奇将辩证法与唯物主义世界观割裂开来导致他对革命辩证法的理解欠缺了客观历史必然性的支撑，从而不自觉地滑向了历史唯心主义。

希望借助辩证法恢复马克思主义革命性的不止卢卡奇，阿尔都塞也曾强调辩证法的革命性。在阿尔都塞看来，马克思对黑格尔辩证法的改造体现为用"有结构的复杂统一体"代替了"原始的简单统一体"。因而，革命只能理解为：复杂整体的特殊不平衡结构在多元决定的基础上，由于主导因素的转移和压缩形成了矛盾的阶段性，这些阶段从"非对抗"到"对抗"，最终实现"在质的新基础上全盘改组整体的结构"。基于此，阿尔都塞的学生波朗查斯，力图通过哲学分析来规范"阶级"等概念，并借助阿尔都塞的多元决定论建立系统的马克思政治学理论。

波朗查斯反对以卢卡奇为代表的"历史循环论解释模式"（波朗查斯用语）将黑格尔式的辩证法引入对"阶级"范畴的理解，他认为，"正是在阶级理论方面，最明显地暴露出使用这种方法是不恰当的"[①]。为了驳斥卢卡奇，波朗查斯甚至将"自在阶级"和"自为阶级"的区分指认为，这不过是马克思借用黑格尔旧术语表示不能仅仅从经济方面定义"阶级"，不过是其"阶级"概念形成过程中并不成熟的用语，所以不能把"自在阶级"到"自为阶级"解释为"阶级"的创生。

受阿尔都塞影响，波朗查斯认为"阶级"并非实体型范畴，而是一个关系范畴，他对"阶级"概念作了如下规定："社会阶级是这样一个概念，它表示结构的整体，表示一种生产方式或者一种社会形态的模式对承担者——他们构成社会阶级的支持者——所产生的影响：这个概念指示出社会关系领域内全部结构所产生的影响。在这个意义上，如果阶级的确是一个概念，它也不表示一个可以被置于该结构之中的实体；表示该结构的整体所产生的影响，这个整体决定着社会关系为阶级关系。"[②]

[①] ［希腊］尼科斯·波朗查斯：《政治权力与社会阶级》，叶林、王宏周、马清文译，中国社会科学出版社1982年版，第57页。

[②] ［希腊］尼科斯·波朗查斯：《政治权力与社会阶级》，叶林、王宏周、马清文译，中国社会科学出版社1982年版，第64页。

在波朗查斯看来，"社会关系"是包含经济、政治、意识形态结构在内的整体所构成的具有影响的领域，因此"阶级"范畴不能由单一的某种结构规定。然而，要论证"阶级"作为关系范畴指示出了结构整体所产生的影响，波朗查斯必须说明这种影响在现实历史中的具体表现。对此，波朗查斯讲，"这些社会关系是由阶级实践构成的，这意味着只有根据阶级实践，社会阶级才能表达出来"[①]，同时实践本身也是多元决定的结构性体系。他借助"形势"概念来说明社会整体影响与阶级实践之间的关联，认为体现历史个性的具体"形势"是阶级政治实践的对象，而产生影响力的政治实践把不同"阶级"在具体的历史中标识出来。

作为阿尔都塞主义者，波朗查斯对"阶级"范畴的理解折射出他既反对经济主义又反对人本主义以"保卫马克思"的理论诉求，但以结构主义为基础的理论捍卫无法具备历史唯物主义的实践穿透力，它的实践概念不是历史发展中改变世界的具体"实践"而是理论结构中解释世界的哲学"实践"。如艾伦·伍德所言，无论波朗查斯如何强调阶级实践，只要把生产剥削关系的决定性作用从"阶级"理解中移置出去，就难逃为"去阶级"策略做背书的命运。事实也正是如此，受到波朗查斯影响的西方马克思主义在20世纪70年代之后都走向了驱逐"阶级"的历史主体地位，只承认个体作为唯一的真实主体，将个体主体弥散性的日常意识凌驾于阶级主体的总体理论诉说之上。

后马克思主义的代表拉克劳与墨菲早年看重波朗查斯对政治实践和意识形态多元结构的指认，但认为他对"阶级属性"的坚持干扰了结构主义打开政治斗争封闭性的理论努力，阻塞了意识形态在政治斗争中争取自主性的道路，没有能够重组革命主体力量。他们借助后现代哲学，最终将革命主体理解为由意识形态霸权所召唤的流动的认同者，从而彻底抛弃"阶级"范畴。相反，受阿尔都塞和波朗查斯的影响，英美分析学派的马克思主义者同样以科学的名义为马克思辩护，希望通过澄清概念来实现马克思主义的"科学化"。在他们看来，固守辩证法与整体性是阿尔都塞和波朗查斯无法完成这一任务的关键，因此分析马克思主义拒斥辩证法，借助现代分析哲学和数理模型来重新界定马克思的基本概念，"阶级"范畴是其

---

① [希腊]尼科斯·波朗查斯：《政治权力与社会阶级》，叶林、王宏周、马清文译，中国社会科学出版社1982年版，第83页。

讨论的焦点之一。

分析学派的马克思主义对"阶级"范畴的界定有诸多差异，但总体而言，这些学者普遍认为，从马克思不同文本中列举的众多阶级种类来看，难以构建和他的实际用法完全一致的阶级观。因此，他们注重以不同的分析模型和参量体系来界定"阶级"概念。由于分析学派的马克思主义拒斥辩证法，否定"总体""整体"的实存性，看重"阶级"范畴的经验基础，因而无论借助什么样的理论模型来规定"阶级"概念，其共同的理论诉求在于满足形式逻辑和实证基础的相互切合。他们力主细化马克思阶级理论的"微观基础"，但其所言的"微观基础"并非历史唯物主义语境下的具体实际，而是个人的行为选择设定。即是说，"阶级实践"对他们而言，只能理解为个体聚合而成的"集体行为"而非普遍主体的历史活动。欧林·赖特曾直言，"把这个概念（笔者注：即'阶级意识'）用作对在超个体层次起作用的真实机制的特征进行描述的方法，充其量也只会难以处理，并且总是出现理论误导"[①]。质言之，如果仅从个人出发理解"阶级意识""阶级斗争"，阶级理论就会蜕变为历史经验论和实证主义，看似对历史现象更具解释功能，实际失去了对现实发展的指导意义。实际上，发达资本主义国家近年所遭遇的政治危机不断证明，西方左翼理论抛弃"阶级"作为历史主体的内涵，并没有为新社会运动带来抵御资本霸权的有效政治途径，反倒加剧了这些国家陷入民粹主义的泥潭，"多元民主"的革命策略更无法为后发国家追求政治进步提供可以借鉴的现实道路。

在历史唯物主义看来，"阶级"不是实证科学理解中由抽象参量规定的纯粹理论模型，其意义不仅在于研究和解释社会，同时还是参与创造历史的主体，是历史的观察者、解释者和实践者。"阶级"不是抽象的理论建模意味着，"阶级"的经验基础不是原子个人"量的聚合体"，而是"现实的个人"组成的具有历史内涵的社会集团。以"现实的个人"为基础说明了形成"阶级"的决定因素不是任意的行为选择逻辑或偶然的、主观的认同意识，而是由社会生产力水平决定的基本生产关系。尽管形成"阶级"的决定因素是客观生产关系，但"阶级"的存在却不是生产关系

---

① [美]埃里克·欧林·赖特：《阶级》，刘磊、吕梁山译，高等教育出版社2006年版，第244页。

的直观显现，它是生产关系在具体历史条件下的主体投射。"阶级"对生产关系的主体投射不是遵循旧唯物主义的机械反映论，亦不是客观唯心主义异化与复归的循环论，而是在历史实践中，随着人的自由全面发展程度不同，呈现不同的历史形态。不同的社会生产方式决定不同性质的阶级，同时，不同性质的阶级也随着人的自由全面发展程度的不同而呈现不同的面貌。

"阶级"是与特定生产方式相联系的，它首先不同于以收入、职业、禀赋、声望、市场机会等其他标准定义的"阶级"概念。马克思讲："'粗俗的'人的理智把阶级差别变成了'钱包大小的差别'，把阶级矛盾变成了'各行业之间的争吵'。钱包的大小纯粹是数量上的差别，它可以尽情唆使同一阶级的两人互相反对。"[1] 因此，马克思总是立足生产方式的内在矛盾运动，着眼社会发展大势，揭示历史发展的规律及其表现，而非停留于描述零碎的生活表象。同样，马克思分析任何特定阶级，也总是将其置于社会矛盾运动中来理解，不囿于阶级成员的一般认知水平，亦不依据某种价值设定。再者，"阶级"也不同于"等级"，"等级"是就血统、门第等政治身份而言的，然而"等级"与"阶级"又是相互联系的，等级结构在一定程度上反映了前现代社会的阶级结构。在社会生产力水平较低的情况下，人们要克服自然局限性必须依赖共同体的力量，因而个人总是依附于一定的共同体，这种共生关系的依附内容最终凝结成独立于社会之上的政治和社会伦理意识，于是作为个人与社会、经济与政治中介的"阶级"也就直接表现为社会"等级"制度。

进一步的问题是如何认识"自在阶级"与"自为阶级"的关系。对这一问题的理解容易走向两种极端，要么将对"阶级"的界定仅仅定义为"自在阶级"，将"自为性"理解为"具有主观性的""不确切的、无可把握的"；[2] 要么将"自为性"看成是阶级生成的决定性要素，滑向唯心史观。质言之，自在阶级上升为自为阶级，必然会受到社会生产方式及其所决定的人的自由全面发展程度的限制。作为社会历史主体，"阶级"的发展与人的发展相一致。以人为依赖的前现代社会，"阶级"直接表现为政

---

[1] 《马克思恩格斯全集》第4卷，人民出版社1958年版，第343页。
[2] 李元书、李宏宇：《阶级的含义与争议》，《哈尔滨工业大学学报》（社会科学版）2015年第2期。

治等级，组成阶级的个人本身尚未获得独立，这就决定了被统治的劳动者无法形成对现有社会的超越性理解，从而难以成长为"自为阶级"。即便是掌握思想权力的统治阶级，也仅仅只能形成狭隘的、有限范围的自觉意识，而无法转变为具有世界历史意义的"自为阶级"。在以物为依赖的现代社会，个人获得了政治权力的平等，从传统共同体中独立出来，作为某一阶级的成员处于社会之中。但正因为个人处于社会之中，又不受人身依附关系限制，才可能形成对当下社会关系的超越性理解，促成现代社会阶级从"自在"上升到"自为"，并随社会化生产的扩大，而发展成具有世界历史意义的自为阶级。这一变化直接表现为现代意识形态的转型。与传统意识形态的事后登场不同，现代意识形态"从思想观念上超越现存的统治思想和统治秩序，揭示未来的政治和社会构架"[①]。所以说，"自在"上升到"自为"，一方面是"阶级"本身成熟发展的过程，另一方面也是个人从狭隘地域性的个人成长为世界历史性的个人，从为私有财产所分割的个人转向自由自觉联合的个人，并向直接社会性个人过渡的桥梁，所以"自为阶级"发展的方向是消灭阶级本身。

在马克思看来，承担消灭阶级以实现人类解放这一历史使命的是无产阶级，那么无产阶级何以能够完成这一历史使命？毋庸置疑，无产阶级是现代社会的被剥削者，但这似乎并不足以说明无产阶级必然集合为一个自为的行动主体，成为资本主义的否定力量。换句话说，如果我们不同青年卢卡奇一样将"无产阶级"看成一个由总体性意识定义出来的可能性范畴，或者只是马克思的一种政治理论建构，就有必要从"阶级"的本质属性出发，说明无产阶级"普遍性"和"自为性"的依据。就社会总体发展水平而言，现代无产阶级是社会化大生产造就的，掌握了文化的阶级，具有发展成自为阶级的可能性，但更关键的是，资本主义生产方式的矛盾运动对这个阶级而言，究竟意味着什么？资本主义生产方式的特点，不在于对无产阶级造成了生理或心理上的非人道、反人性摧残，也不只是产生了财产权和消费能力的差异，更不在于生产组织过程中的控制与被控制关系，此类统治阶级与被统治阶级间的不平等关系在前资本主义社会同样存在，甚至表现得更为极端。马克思讲："无产和有产的对立，只要还没有

[①] 侯惠勤：《意识形态的历史转型及其当代挑战》，《马克思主义研究》2012年第12期。

把它理解为劳动和资本的对立,它还是一种无关紧要的对立,一种没有从它的能动关系上、它的内在关系上来理解的对立,还没有作为矛盾来理解的对立"[①]。

资本统治劳动的不同之处在于,它是物对人的统治,是"死劳动"对"活劳动"的统治。马克思认为资本是一种社会力量,而它之所以是社会力量,一是因为资本成为核心的生产要素是社会化大生产的结果;二是由于资本作为"死劳动"的可积累性。随着资本主义的深度发展,资本的形态通过金融化、虚拟化逐渐远离实体,直接表现出"死"的抽象性、无生命性、无历史性。与此相反,脱离了生产资料的劳动力,即"活劳动"因素,始终是生命性、历史性的,同时也是个体性、耗散性的,单个劳动力本身不具备社会积累性。因此,对"活的"劳动力而言,凝聚为社会力量的途径只能是团结与联合,并通过联合打破资本的自循环式积累,使资本所代表的社会力量,以及不断被"死劳动"吞噬的蕴含于"活劳动"中的创新智慧和创造力量,重新服务于人的自由全面发展。所以说,无产阶级的"普遍性"源于劳动主体对个体局限性的克服,而"自为性"则表征着其中的实践智慧。这种实践智慧不是为批判而批判的反对资本主义,而是体现为扎根于现实条件又超越现存状况的革命与建设方略,它既需要无产阶级理论家经过艰苦的实践探索来获取,又需要无产阶级政党经过不断的理论武装来实现。

第二次世界大战之后,随着技术的不断变革和经济全球化,资本主义的面貌发生了极大的变化。在发达资本主义国家内部,产业结构不断升级,社会保障制度日臻完善,企业运营方式不断改革,员工管理模式趋于软化。与马克思所处的时代相比,发达资本主义国家的工人面貌,他们的工作和生活都发生了巨大的改变。面对变化,西方马克思主义学者逐渐抛弃阶级话语,告别工人阶级、告别政治实践、告别政治经济批判,走向纯粹的文化批判,发达国家的左翼政党也纷纷抛弃马克思主义,放弃无产阶级的领导地位,转向一般的竞争性全民党。然而,只要立足于历史发展大势,就不难得出,无论日常生活的表象如何变化,只要生产社会化的趋势没有变,劳资分离的资本主义生产关系没有变,无产阶级工人作为劳动力

[①]《马克思恩格斯文集》第1卷,人民出版社2009年版,第182页。

商品的基本地位就不会改变，资本积累的规律及其所带来的周期性危机也不会变，无产阶级作为历史上第一个掌握了文化元素的劳动阶级的属性也不会变。放弃无产阶级领导权的西方左翼政党，既无法批判地认识并引领新形势从而开创未来，也难以获得持久的竞争力。

  从整个世界范围来看，对于第二次世界大战后建立起的社会主义国家而言，在经济全球化的趋势下，同样也面临相似的挑战。一方面，社会主义国家需要顺应经济全球化的发展趋势，融入世界市场，通过开放争取经济社会发展的空间；另一方面，如何在与资本主义主导的世界市场和国际规则接轨的同时，保证自身发展不偏离社会主义的方向，是社会主义国家必须面对的难题。在融入全球化的过程中，是取消党的阶级基础，改变党的性质，还是通过治党管党保持党的先进性和决策的科学性，增强党的凝聚力，提升其应对新局面的领导力；是放弃无产阶级领导权和科学社会主义的指导，转向抽象的、伦理的人道主义话语，还是研究新时代问题，推进马克思主义理论创新，变革理论宣传和教育方式，提升党员队伍的认识水平和工作作风；是一股脑的倒向西式民主，追逐选票的多数和媒体渲染的"民意偏好"，还是通过改革和制度创新，领导人民当家作主，勇于发扬斗争精神，用实践争取"民心所向"，这些问题无一不关乎社会主义的命运与前途。事实上，无产阶级政党总会不断面对实践变化和历史发展带来的新问题、新形势，关键在于能否在变化了的条件下，保持战略定力，作出正确的历史抉择。

  经过40多年的改革开放，中国在融入全球经济的同时发展成为世界经济的新引擎，走出了中国特色社会主义发展道路。中国特色社会主义进入新时代，意味着科学社会主义在21世纪的中国焕发出强大的生机活力，在世界上高高举起了中国特色社会主义伟大旗帜；意味着中国特色社会主义道路、理论、制度、文化不断发展，拓展了发展中国家走向现代化的途径，给世界上那些既希望加快发展又希望保持自身独立性的国家和民族提供了全新选择，为解决人类问题贡献了中国智慧和中国方案。在建党百年之际，中国共产党回顾百年来的艰辛探索，总结出十大历史经验，其中之一就是把马克思主义作为立党立国、兴党强国的根本指导思想，"坚持把马克思主义基本原理同中国具体实际相结合、同中华优秀传统文化相结合，坚持实践是检验真理的唯一标准，坚持一切从实际出发，及时回答时代之问、人民之问，不断推进马克思主义中国化时代化"。① 可以说，坚持共产主义的理想信念，坚持马克思主义指导，保持中国共产党作为中国工人阶级先锋队和中华民族先锋队的先进性和纯洁性，加强党的建设，完善党的领导，既是中国共产党自身发展的历史经验，也是中国特色社会主义继续走向胜利的根本保证。

---

① 《中共中央关于党的百年奋斗重大成就和历史经验的决议》，人民出版社2021年版，第67页。

目 录

第一章　寻求社会批判的现实主体 …………………………（1）
　第一节　《黑格尔法哲学批判》与反思现实普遍主体 …………（1）
　第二节　初次历史研究及其启示 …………………………………（11）
　第三节　超越德国视野与聚焦现代无产阶级 ……………………（19）
　第四节　追求人类解放与寄望"普遍阶级" ……………………（27）

第二章　指认现代社会财富的创造主体 ……………………（44）
　第一节　财富的主体本质和劳动者的非主体境遇 ………………（45）
　第二节　劳动解放的提出及其理论意义 …………………………（55）
　第三节　无产阶级历史使命的现实人道主义论证 ………………（67）

第三章　确证新社会的构建主体 ……………………………（76）
　第一节　追问无产阶级解放与新世界观的萌芽 …………………（77）
　第二节　历史新主体与共产主义的科学理解 ……………………（89）
　第三节　唯物史观与工人运动的最初结合 ………………………（99）

第四章　解读十九世纪中叶欧洲的革命力量 ……………（108）
　第一节　制定无产阶级的革命总纲 ………………………………（108）
　第二节　阐明无产阶级的革命立场 ………………………………（119）
　第三节　总结无产阶级的革命经验 ………………………………（124）

第五章　助力无产阶级政权的开创先驱 …………………（136）
　第一节　第一国际推动无产阶级政党发展 ………………………（137）

1

第二节　巴黎公社首创无产阶级政权 ……………………… (147)
　　第三节　全面理解无产阶级专政理论 ……………………… (154)

第六章　揭秘剩余价值的生产者 ……………………………… (171)
　　第一节　劳动、社会与拜物教意识形态 …………………… (172)
　　第二节　雇佣劳动与剩余价值的生产 ……………………… (183)
　　第三节　雇佣劳动关系的再生产 …………………………… (193)

第七章　剖析资本主义"掘墓人" …………………………… (204)
　　第一节　《资本论》与工人"被结构化"的客观过程 …… (205)
　　第二节　《资本论》与工人"反结构化"的主体意志 …… (216)

第八章　马克思工人阶级理论的质疑与辩驳 ………………… (231)
　　第一节　阶级意识的淡化
　　　　　　——无产阶级的自我消解？ ……………………… (232)
　　第二节　中产阶级的成长
　　　　　　——无产阶级的历史嬗变？ ……………………… (247)
　　第三节　新社会运动的兴起
　　　　　　——革命主体的替代？ …………………………… (263)

第九章　马克思工人阶级理论的当代价值 …………………… (273)
　　第一节　马克思无产阶级理论的方法论意义 ……………… (275)
　　第二节　马克思无产阶级理论的价值论意义 ……………… (289)

参考文献 …………………………………………………………… (303)

后　记 ……………………………………………………………… (310)

第一章　寻求社会批判的现实主体

马克思哲学世界观的转变，是从批判黑格尔唯心主义哲学开始的。青年马克思经过艰难的理论跋涉，才最终转向了唯物主义和共产主义。研究青年马克思的思想发展过程不难发现，哲学世界观和革命立场的转变在青年马克思思想发展过程中是相得益彰、彼此促进的。由于不满普鲁士政府的专制统治，加上对现实经济利益问题的触及，马克思开始反思黑格尔的理性国家观，他借助费尔巴哈的主宾颠倒方法批判黑格尔的法哲学，逐渐靠近唯物主义。在唯物主义世界观的基础上，马克思不再满足于在抽象思辨中借助国家理性这一高高在上的政治批判神位来谋求民主主义的政治理想，而是从历史的尘世中寻求现实的政治批判力量。18、19世纪欧洲社会"双重革命"的时代脚步苍健有力，当马克思的目光转向现实历史中的政治活动和社会变迁时，资本主义和工业革命的浪潮必然将他带向现代产业工人这个新的革命群体。马克思对这个群体的思考和研究与当时流行的观点不同，他赋予无产阶级人类解放的历史使命，将它与彻底的社会革命联系起来。

第一节　《黑格尔法哲学批判》与反思现实普遍主体

马克思对黑格尔唯心主义哲学的反思缘于《莱茵报》时期的政治实践，而《莱茵报》的出版正值普鲁士政治急速变化的时期。受法国大革命和拿破仑战争的影响，普鲁士从19世纪初便开始在土地、商业、行政、军事和教育等领域进行改革，虽然这些改革在1840年前基本停滞了，但由洪堡主持的教育改革成果却得以保留下来。在这样的背景之下，聚集在校园中的激进知识分子对普鲁士的民主主义政治改革仍然抱有热情，其中就包括青年黑格尔派。然而，好景不长，1840年普鲁士王子弗里德里希·威廉四世继任普鲁士国王，本就停滞不前的改革局面开始出现倒转。继位后的威廉四世希望实现王权与罗马教廷的和解，他一方面对改革表现出伪善的姿态，另一方面又重新让反对改革的保守派人士进入内阁，彻底抛弃改革力量。在威廉四世统治下，普鲁士民主派知识分子的处境日趋艰难，而青年黑格尔学派更首当其冲，于此时出版的《莱茵报》注定难以长久。1843年3月，普鲁士政府查封了《莱茵报》，马克思声明退出《莱茵报》编辑部，他带着对黑格尔理性国家观的巨大思想困惑，度过了一个"苦寒的春天"。

就在《莱茵报》被查封前的1842年2月，费尔巴哈发表了《关于哲学改造的临时纲要》，这篇大纲式的文章，激活了马克思的理论思考。费尔巴哈在文章中批判了黑格尔思辨哲学的神秘性，他指出："在黑格尔看来，思维就是存在，思维是主体，存在是宾词"，而"思维与存在的真正关系只是这样的：存在是主体，思维是宾词。思维是从存在而来的，然而存在并不来自思维。"[1] 费尔巴哈对黑格尔的批判给了马克思极大的启示，而《莱茵报》时期的经历又促使马克思超越费尔巴哈的哲学眼界，更加关注政治生活。在给卢格的信中马克思说："费尔巴哈的警句只有一点不能使我满意，这就是：他过多地强调自然而过少地强调政治。然而这一联盟是现代哲学能够借以成为真理的唯一联盟。结果大概象在十六世纪那样，除了醉心于自然的人以外，还有醉心于国家的人"[2]。青年马克思与费尔巴哈之间的这一思想区别，其意义不仅仅在于思想家个人兴趣的差异，它深刻影响着两人思想发展的走向。正如苏联学者拉宾所言："在费尔巴哈那里以理论研究、主要就是宗教哲学方面的研究为途径，而在马克思那里这是为争取劳动人民的社会利益和政治利益的斗争，在斗争过程中，他的哲学观点和社会政治观点又得到发展，二者相辅相成"[3]。

就政治参与而言，黑格尔要比避居乡村的费尔巴哈积极得多，他曾在

---

[1] 《费尔巴哈哲学著作选集》上卷，荣震华、李金山等译，商务印书馆1984年版，第114—115页。

[2] 《马克思恩格斯全集》第27卷，人民出版社1972年版，第442—443页。

[3] ［苏］尼·拉宾：《马克思的青年时代》，南京大学外文系俄罗斯语言文学教研室翻译组译，生活·读书·新知三联书店1982年版，第156页。

给友人的信中提及"我一向对政治有一种偏爱"。青年黑格尔曾匿名翻译出版了《关于瓦特邦和伯尔尼城先前国法关系的密信》，对贵族寡头政治进行揭露和批判，后来还专门撰写传单支持家乡维滕堡议会的改革。此外，黑格尔也是最早关注和重视经济因素的德国古典哲学家。早在1799年，黑格尔就研读了斯图亚特的《国民经济原理研究》，为自己弥补经济学知识的空白点。在《法哲学原理》中，黑格尔大量运用了亚当·斯密《国富论》中的观点。由此可见，如若仅限于在形而上学和自然哲学的范围内批判黑格尔，便很难触及黑格尔对当时欧洲资本主义和工业社会发展的思考。一定意义上讲，黑格尔已然洞察到现代社会与传统社会的区别，他借助绝对精神的统治，以哲学话语道出了资本主义具体为抽象所统治的基本特征。即是说，"费尔巴哈反对黑格尔的唯心主义的'从抽象到具体'，却是肤浅的"[①]。自然唯物主义的简单直观性使费尔巴哈无法真正透视黑格尔深层次的社会历史辩证法，从而真正扬弃它。

一 批判黑格尔的理性国家观

与费尔巴哈不同，马克思对黑格尔的批判既是离开黑格尔的过程，同时又是从黑格尔那里收获启发的过程。在《黑格尔法哲学批判》中，马克思借助费尔巴哈的主宾颠倒原则，揭露了黑格尔唯心主义的秘密，他将黑格尔国家决定市民社会的观点倒转回来，强调是市民社会决定国家。理解这一颠倒的深刻之处，不但要看到马克思对费尔巴哈存在先于思维这一唯物主义原则的肯定，还需要进一步认识马克思的这一颠倒不同于自然唯物主义的地方。对此，我们需要回到黑格尔对国家与市民社会关系的理解。

在黑格尔看来，市民社会是私人利益的领域，这一领域中的个人是原子式的个体，其活动的基本动机是利己，因而市民社会至多能够达到"形式的普遍性"，而难以自发的获得"普遍的目的"。黑格尔讲：

> 个别的人，作为这种国家的市民来说、就是私人，他们都把本身利益作为自己的目的。由于这个目的是以普遍物为中介的，从而在他们看来普遍物是一种手段，所以，如果他们要达到这个目的，就只能按普遍

---

① 张一兵：《回到马克思——经济学语境中的哲学话语（第三版）》，江苏人民出版社2014年版，第163页。

方式来规定他们的知识、意志和活动，并使自己成为社会联系的锁链中的一个环节。在这种情况下，理念的利益——这是市民社会的这些成员本身所意识不到的——就存在于把他们的单一性和自然性通过自然必然性和需要的任性提高到知识和意志的形式的自由和形式的普遍性的这一过程中，存在于把特殊性教养成为主观性的这一过程中。①

黑格尔对市民社会的解读是以亚当·斯密在《国富论》中对现代经济社会的理解为蓝本的，而被亚当·斯密视为操纵市民社会的"看不见的手"，在黑格尔看来只能是作为"形式普遍性"的"理性狡计"，自在自由的普遍性只能是作为目的的普遍性，是自觉的理性，只有国家才是自由自觉理性的现实化。黑格尔讲："国家是具体自由的现实；但具体自由在于，个人的单一性及其特殊利益不但获得它们的完全发展，以及它们的权利获得明白承认，而且一方面通过自身过渡到普遍物的利益，另一方面它们认识和希求普遍物，甚至承认普遍物作为它们自己实体性的精神，并把普遍物作为它们的最终目的而进行活动。"② 也就是说，黑格尔之所以认为国家决定市民社会，是他将国家看成是市民社会的"外在必然性"和"内在目的性"。一方面国家以最高权力设置法规、秩序，这是强制市民社会超越特殊的任意性向普遍性过渡的客观逻辑，即"外在必然性"；另一方面，黑格尔认为"普遍最终目的"和个体的特殊利益在根本上是统一的，市民社会中的个人通过成为公民而"找到成为这一整体的成员的意识和自尊感"，从而获得真正的自由，这是国家作为市民社会的"内在目的性"。由此可见，黑格尔讨论国家决定市民社会，是希望借助客观必然性来克服个人的主观任意性，以普遍目的战胜个人的特殊利己心。黑格尔常常强调类似的观点，他讲："有教化民族的真实英勇在于准备为国牺牲，使个人成为只是多数人中的一个。在这里，重要的不是个人的胆量，而是在于被编入普遍物中"③。

不难看到，黑格尔借以作为"普遍目的"的国家理性是一种伦理化的集体主义精神，而不是现实的普遍主体。就价值观而言，以伦理精神制约

---

① [德]黑格尔：《法哲学原理》，范扬、张企泰译，商务印书馆1961年版，第201页。
② [德]黑格尔：《法哲学原理》，范扬、张企泰译，商务印书馆1961年版，第260页。
③ [德]黑格尔：《法哲学原理》，范扬、张企泰译，商务印书馆1961年版，第344页。

个人利己主义是十分必要的，但就历史观而言，以超现实的、充满伦理色彩的国家理性克服有现实经验支撑的个人利益，则难免显得空洞无力。换句话说，黑格尔从客观唯心主义出发构建的理性国家观，虽然能够在理论逻辑上说明政治国家的存在意义，但也容易陷入美化政治现实的窠臼之中。在论及国家形式问题时，黑格尔政治哲学的保守性就直接暴露出来了。黑格尔把国家视为自觉理性的代表，对于理性的形式，他在《小逻辑》中有过明确的说明。黑格尔讲："理念的第一个形式为生命，亦即在直接性形式下的理念。理念的第二个形式为中介性或差别性的形式，这就是作为认识的理念。"[1] 依照黑格尔的这一说明，作为普遍理性的代表，国家也需要"生命"的依托和"认识"的中介作为其实现的第一个和第二个形式，因而黑格尔的政治哲学必然导向君主政治的结论。在黑格尔看来，"君主"是国家理性直接的"自然定在"，它因世袭的自然继承而具有了稳固的、不为任性所撼动的规定，所以是国家理念的生命依托，而"官僚等级"则是由"知识和本身才能"所决定的普遍利益维护者，是具有中介性的作为"认识"的理念。如此一来，黑格尔便将理性国家的形式合乎逻辑地认定为君主立宪。

黑格尔套用逻辑学的思辨抽象来解释政治和国家问题让马克思倍感失望，因此抨击这种套用成为他对黑格尔展开批判的起点。马克思在《黑格尔法哲学批判》中指出，黑格尔对国家的各种规定，其实质并不在于这些规定是国家的规定，而在于这些规定在其最抽象的形式中可以被看作逻辑学的形而上学的规定。所以说，黑格尔"真正注意的中心不是法哲学，而是逻辑学。哲学的工作不是使思维体现在政治规定中，而是使现存的政治规定消散于抽象的思想。哲学的因素不是事物本身的逻辑，而是逻辑本身的事物。不是用逻辑来论证国家，而是用国家来论证逻辑"[2]。

在《关于哲学改造的临时纲要》一文中，费尔巴哈将黑格尔逻辑学的唯心主义本质比作理性化和现代化了的神学，称其为化作逻辑学的神学。费尔巴哈讲："神学的神圣实体是一切实在性、亦即一切规定性、一切有限性的理想总体或抽象总体，逻辑学也是如此"[3]。在费尔巴哈的基础之

---

[1] ［德］黑格尔：《小逻辑》，贺麟译，商务印书馆1980年版，第404页。
[2] 《马克思恩格斯全集》第3卷，人民出版社2002年版，第22页。
[3] 《费尔巴哈哲学著作选集》上卷，荣震华、李金山等译，商务印书馆1984年版，第103页。

上，马克思首先把黑格尔在法哲学中所运用的现实政治材料和包裹其中的神秘主义思辨进行了剥离。马克思讲："在这里我们看到一种双重的历程：既是秘密的又是公开的历程。内容包含在公开的部分，而秘密的部分所关心的总是在国家中重新找出逻辑概念的历程。但是，自身的发展恰巧是在公开的方面进行的。"[1] 完成这一剥离之后，马克思即借助主宾颠倒原则，重新说明国家和市民社会之间的关系，他讲："'各个人、群体'是国家的材料，'国家由他们构成'；国家的这种构成在这里被说成是观念活动，即观念以它自己的材料所进行的'分配'；事实却是这样：国家是从作为家庭的成员和市民社会的成员而存在的这种群体中产生的。"[2] 不得不说，在国家和市民社会关系的问题上，马克思对黑格尔的颠倒把对国家的讨论拉回到客观的利益世界中来，这能够打碎理性国家观对现实政治的美化作用，恢复理论的批判性，但是，一旦转向政治实践，要回答革命去向何方的问题，仅仅完成这样的颠倒显然远远不够。马克思要让哲学从批判者变成革命引领者，黑格尔并不能被轻易抛弃。

二 探究现实的普遍性

对于黑格尔这样一个注重在现实中寻找理性的哲学家而言，尽管他对国家理性的论证是思辨的，但他对国家作用的重视并不是凭空而来的。回到黑格尔生活的德国，不难发现潜藏在黑格尔抽象逻辑话语之下的现实政治诉求。与英法相比，黑格尔所在的德国处在历史的交汇处，是西欧进入现代社会的后发者，这意味着国家在德国进入现代资本主义社会中的作用与英法不同。相比当时的德国，英法的经济社会发展在欧洲处于绝对优势。亚当·斯密这样的英国早期自由主义者面对快速的工业化带来的贸易优势，自然倾向于个人主义和自由主义观念。同时，英国深厚的文化传统和相对平稳的政治过渡又使其看到道德伦理对利己主义的相应约束，所以在斯密看来，自由个性成就个人发展和经济进步，道德情操建构社会和秩序，国家权力的作用则极为有限，是需要限制的对象。在法国，受到此起彼伏的革命浪潮影响，加上不断涌现的领袖式人物，个人的利己性、个性上升为普遍性似乎可以是一个自然自觉的过程，人们更关注的不是通往自

---

[1] 《马克思恩格斯全集》第 3 卷，人民出版社 2002 年版，第 11 页。
[2] 《马克思恩格斯全集》第 3 卷，人民出版社 2002 年版，第 12 页。

由的动力与阻碍,而是如何理解前进的方向问题。

德国的情况与英、法有所不同,经历了三十年战争之后的德意志分裂为314个城邦,具有独立主权的政权更是多达上千个。分裂后的城邦为维护自身利益彼此纷争、各自为政,阻碍了总体的经济发展和社会进步。黑格尔深刻地认识到,执念于特殊利益的邦国不仅无法实现自由,反而是阻碍自由的绊脚石,德意志需要相对统一的意志和力量,将其凝聚为一个整体,才能够增强国力以同英法竞争而获得真正的自由。他在《法哲学原理》中论及对外主权时写道:"一国人民由于不愿意忍受或竟害怕对内主权,结果被另一国征服,他们愈是不能首先对内把国家权力组织起来,他们争取独立的事业就愈难有成功和光荣的希望(为了怕死而他们的自由死亡了)"[①]。这正是黑格尔为德意志民族被拿破仑所征服而发出的感慨。1807年卡尔·冯·施泰因男爵接任普鲁士首席大臣,开始了卓有成效的施泰因—哈登贝格改革,并一直持续到19世纪20年代后期。改革的诸多措施有利于新兴力量的发展,一方面使得普鲁士的国力日渐强盛,另一方面也使它在德意志诸邦中成为进步的代表。1818年,黑格尔来到普鲁士接任柏林大学的哲学教席,他眼中的普鲁士与19世纪40年代的普鲁士有很大的不同,在黑格尔看来,普鲁士是德意志民族的希望。所以说,"黑格尔认为国家是自由的最后实现的观点,与其说是保守的,不如说是明显带有知识分子政治观的理想性和空想性"[②]。

从理论上来看,黑格尔力图以总体性的普遍精神克服启蒙思想家的个人主体观念,对当时的德意志而言是具有一定合理性的。霍布斯鲍姆把这种德国思想传统中对个人主义的拒斥称为"非社会主义批判",他讲:"德国的思想传统包含着一种敌视任何形式的18世纪启蒙思想的强大因素,致力于一种整体论的历史和社会观,德国的浪漫主义——最初是一种军事上的反动运动——就表现出这样一种历史和社会观,尽管黑格尔哲学综合了启蒙思想和浪漫主义思想"[③]。启蒙运动以理性对抗神性,实现了对人的恢复,但启蒙运动立足于个人理性实际无法完满地实现与神性的对决。面

---

① [德]黑格尔:《法哲学原理》,范扬、张企泰译,商务印书馆1961年版,第341页。
② 叶秀山、王树人总主编:《西方哲学史》第六卷,人民出版社2011年版,第609页。
③ [英]埃里克·霍布斯鲍姆:《如何改变世界:马克思和马克思主义的传奇》,吕增奎译,中央编译出版社2014年版,第35页。

对神性的无限和永恒，个体总是有限的，从个体主体出发，要么容易无视个人的有限性和非理性，热烈地迎奉一个理想的人；要么承认这种有限性，则又容易走向不可知论，从而为上帝预留空间。黑格尔以客观规律和普遍法则重新诠释"理性"概念，将其视为主体与实体相统一的绝对精神，克服了个体理性的有限和任意性，同时他试图通过概念矛盾的展开环节来呈现绝对精神外化和自我复归的运动，将这一运动过程落脚于现实世界历史的过程。可见，黑格尔语境中的人是大写的"人"，他反对从原子的个人出发，也不将个人视为历史的主体。黑格尔讲："人必须成为某种人物，这句话的意思就是说，他应隶属于某一特定阶级，因为这里所说的某种人物，就是某种实体性的东西。不属于任何等级的人是一个单纯的私人，他不处于现实的普遍性中。"① 于黑格尔而言，即便是再伟大的历史人物，也不过是绝对精神借以实现自身的代言人和工具。黑格尔拒斥个人主义的哲学倾向对马克思产生了极大的影响，而这或许也是马克思始终能够与法国空想社会主义保持距离的原因之一，但是对急于寻求政治变革和实践出路的马克思而言，黑格尔对普遍性的思辨展开方式是他所无法接受和极力批判的对象。

　　黑格尔对普遍性的理解蕴含于他对概念内在矛盾的解决过程之中。在《黑格尔法哲学批判》中，马克思批判黑格尔思辨神秘主义的同时，肯定了黑格尔所设定的现实环节之间的矛盾对立，马克思讲："我们看到黑格尔的深刻之处正是在于他处处都从各种规定（如我们各个邦所存在的那类规定）的对立开始，并且强调这种对立。"② 但是，由于黑格尔旨在从观念上理解这种对立，因而他解决对立的方式只在通过抽象的思辨来调和矛盾。在《黑格尔法哲学批判》一文中，马克思一一解析了黑格尔为调和矛盾所进行的各式论证。

　　在论述行政权时，为解决特殊利益和国家最高利益的矛盾，黑格尔将官僚等级理想化为知识完备、监督有力、道德高尚的领域，从而充当特殊利益和普遍利益的中介。马克思认为这不过是将经验性的现实事物化为理想的概念，在概念中达成矛盾的和解。在论述立法权时，一方面立法权是组织普遍东西的权力，它规定国家制度，居于国家制度之上；另一方面立

---

① ［德］黑格尔：《法哲学原理》，范扬、张企泰译，商务印书馆1961年版，第216页。
② 《马克思恩格斯全集》第3卷，人民出版社2002年版，第69—70页。

法权是按照国家制度确立起来的权力,又从属于国家制度。对这一悖论,黑格尔以国家制度的渐进变化来回答。他认为国家制度是立法权的前提,因此本身处于立法权的规定之外,但是通过法律的不断完善,国家制度得到进一步的发展。马克思认为这种渐进的过渡,不过是以无意识的自发性消解了国家制度前进过程中有意识的自由精神(即革命环节),实质上是一种政治调和。最后,在解决立法权和行政权的关系时,黑格尔将普遍性的内容和形式、实体和主体、自在和自为分别作为独立的环节。掌握行政权的官僚代表普遍事务的内容,是自在的、实体性的,而立法等级则代表着普遍事务的形式,它是"使普遍事务不仅自在而且还自为"存在的主体环节,这样一来行政权和立法权在不同的逻辑环节上得以各安其所。显然,无论是理想化的概念,还是无意识的自发渐进,抑或自在自为的逻辑展开,都是以客观精神作为根本的依托,普遍理性最终仍然只是归于绝对精神这一虚幻的普遍性,这是黑格尔论证普遍性的武器和依据,同时也是思辨哲学的唯心主义命门。①

正如上文中提到的,虽然马克思直接批判黑格尔的思辨神秘主义,但他并未放弃黑格尔对普遍性的坚持。在马克思看来,"普遍事务的自为存在,作为经验的普遍性,应该具有定在。黑格尔不去寻求'普遍事务的自为存在'的恰当实现,却满足于找出一个可以融入这种逻辑范畴的经验存在"②。那么,进一步的问题在于什么才是"普遍事务自为存在"的恰当实现呢?或者说现实的普遍主体究竟该如何理解?对此时的马克思而言,这还只是一个思考中的悬问,他所能够清晰认识到的也只限于颠倒黑格尔法哲学所得到的基本原则:一是普遍事务应该作为现实的因而也是感性的、客观的事务而存在;二是普遍事务只有当它不是单个人的事务而是社会的事务时,才能成为真正普遍的东西。当然,马克思在这里所理解的社会还不是建立在生产关系基础之上,有着具体历史内涵的社会形态,而是区别于专制王权的,作为民主政体基础的社会,是与单一相对的类主体。他讲:"这里谈的是这样的国家,在这种国家,人民本身就是普遍事务;

---

① 马克思附在《黑格尔法哲学批判》最后的手稿索引中,对正文中的批判进行了归纳,即"体系发展的二重化、逻辑的神秘主义、作为主体的观念"。从内容上来看,这三条索引越出法哲学的范围,上升为对黑格尔哲学的一般批判,揭示了黑格尔哲学的三个基本特征。显然,索引的主题并没有聚焦于对黑格尔保守政治立场的批判,而是以黑格尔对普遍性的抽象论证为中心。

② 《马克思恩格斯全集》第3卷,人民出版社2002年版,第81页。

这里谈的是这样的意志，这种意志只有在具有自我意识的人民意志中，才能作为类意志而获得真实的定在。"① 也就是说，此时的马克思还没有进入到现实历史进程之中理解社会发展与历史主体之间的关系问题，因而也无法从经验存在中为德国找到历史"普遍意志的恰当实现"。他只是从自身的政治经验出发，不满于黑格尔将人民理解为特殊和单一的领域，仅仅以等级和官僚作为人民同国家、特殊意志与普遍意志之间的中介。

早在《莱茵报》时期，马克思就曾深刻地体会到普鲁士政府的立法者并不能真正起到维护人民普遍利益的作用，他们是通过将特权变为法律来满足私人利益。官僚等级也并不如黑格尔所认定的那样对机构的性质和人民的需要有比较深刻和广泛的了解，他们在实际的活动中所遵循的只是唯上的原则。现实政治的冲击，让马克思坚定地否定和批判黑格尔法哲学的结论，可就德国本身的具体政治实践而言，否定黑格尔一方面是否定了君主立宪的政治前途，另一方面也是放弃了自上而下进行改革的变革道路。马克思不得不更直接地面对和思考革命问题。

对于社会变革的方式，黑格尔并不青睐革命，尤其是自下而上的群众革命实践。在黑格尔看来，"作为单个人的多数人（人们喜欢称之为'人民'）的确是一种总体，但只是一种群体，只是一群无定形的东西。因此，他们的行动完全是自发的、无理性的、野蛮的、恐怖的"②。黑格尔之所以看重等级制度，正是要通过等级来防止单个人表现为群体和群氓，他认为只有等级制度才能使许多的单个人走向有机的整体。相反，对于主张革命民主主义的马克思而言，人民的"有机联系"绝不能来自外在于群众的"等级"，而只能是人民内部的真实运动。在《论普鲁士的等级会议》中，马克思批判等级制度是把人民机械地划分为"固定的抽象的组成部分"，在这种状况下只能有一种痉挛的运动，而真正的"有机国家"是人民自己活动的产物，不是由其他人代表人民，而是人民自身拥有代表权。

尽管《莱茵报》时期的马克思已经站在大多数劳动人民的立场上，但由于缺乏对现实历史的了解，马克思还无法科学地解释大多数群众何以成为推动历史进步的力量，何以代表创造历史的潮流趋势，而非淹没文明的野蛮洪水。在《论普鲁士的等级会议》中，他对于人民自身作为普遍历史

---

① 《马克思恩格斯全集》第 3 卷，人民出版社 2002 年版，第 82 页。
② ［德］黑格尔：《法哲学原理》，范扬、张企泰译，商务印书馆 1961 年版，第 323 页。

主体还只能以"它们是统一中的差别,而非差别中的统一"这样的抽象逻辑进行论证,所能够给出的经验证明还仅限于市民群众转换为普鲁士的"常规军和后备兵"所表现出的原则性、纪律性。在此时的马克思那里,普遍理性所依靠的还是自由报刊对人民的精神杠杆作用,是自由报刊把"物质斗争变成思想斗争",把"需求、欲望和经验的斗争变成理论、理性和形式斗争"。《莱茵报》遭到查封的遭遇警醒了青年马克思。在退出《莱茵报》之后,马克思既无法认同以鲍威尔为首的青年黑格尔派空谈家对群众的贬斥,又失去了自由报刊作为斗争的阵地,更不能接受黑格尔法哲学对官僚和等级制度的理想化设定,那么马克思所看重的"大多数群众"到底如何形成普遍的力量?个体性和特殊性究竟如何负载历史的普遍性?这成为萦绕在马克思心头的更进一步的疑问,要回答这个疑问,只有在马克思通过研究历史发现革命阶级及其发展规律之后才能够实现。

第二节　初次历史研究及其启示

1843年6月马克思同燕妮成婚后来到克罗茨纳赫旅行,暂时中断了《黑格尔法哲学批判》的写作。在克罗茨纳赫,马克思阅读摘录了大量历史著作,可以想象,他多么热切地希望能够通过求教于历史来解答萦绕于心的问题。马克思在这一时期的历史笔记多达255页,囊括了对23本著作的摘要,范围涉及法国、英国、德国、波兰、瑞典等多个欧洲国家从公元前600年直至19世纪30年代的历史,同时还包括对马基雅维利、卢梭、孟德斯鸠等思想家关于国家学说的研究和摘录。在《克罗茨纳赫笔记》中,马克思比较了欧洲各国历史,尤其是英法中世纪以来政治历史的变化,着重研究了法国大革命的历史。在笔记中,虽然只有少数马克思本人的评论,但通过笔记的科目索引标题和摘录材料的选择可以管窥马克思在历史研究中的理论收获。

一　《克罗茨纳赫笔记》的摘录与思考

其一,马克思在历史研究过程中再次证实了他在《莱茵报》时期对官僚和等级议会所作的判断。在第一册笔记中,马克思摘录了亨利希所著的《法国史》,仔细考察了议会产生的历史,他特别注意部分主持社会事务者的特权是如何产生的。在第二册笔记中，马克思摘录了法国历史学家皮埃尔·达吕的《威尼斯共和国史》一书中关于特权问题的研究。作者认为"力量"和"超群出众的才能"并不是社会特权的根源，这是对黑格尔官僚等级观念的直接反证。在第二个笔记本的科目索引中，马克思专门单独列出了特权问题的条目，在第三册笔记中，马克思研究了英国历史，他在摘录拉彭贝尔格所著的《英国史》时，特别注意到英国议会议员同法国议会议员一样，不是维护人民的利益，而是维护他们自己的利益，当人民与政府的意见不一致时，下院也总是更多地倾向于政府而不是人民。在第四册中，马克思在对卡威·冯·兰齐勒所著的《论七月事件的原因、性质及其后果》的摘录中，特别记录了1831年5月1日《法兰西报》上的一段评论："我们肯定的说，目前的议院来源于垄断制，而不是来源于人民……谁创立了议院呢？是有一百埃巨的选民们。是谁创造了这些有一百埃巨的选民呢？是1817年2月通过的法律。是谁制定了这个法律呢？是另一个议院。可以随便在这里绕圈子，但遇不到人民"[①]。通过对英法历史的考察，马克思逐渐认识到，不但具有浓厚封建专制色彩的等级代表无法体现人民主权，即便是他所向往的英法民主政体也并不能真正体现人民的利益，这种历史比较使马克思原有的民主主义政治理想开始出现裂隙。

其二，马克思在历史阅读中不断认识到，与政治权力密切相连的是财产所有权。在第一册笔记中，马克思摘录《法国史》时，主要关注了查理·德·格统治下的军事制度与财产关系。在第二册笔记的《索引》中占据中心地位的是"所有制及其后果"，"它勾画出了一个重要的研究领域的轮廓：所有制的产生及其在人类历史的不同时代——古代社会、封建社会和马克思所生活的时代——的发展，所有制的各种形式，所有制关系和政治关系的联系，所有制关系对国家和整个社会制度的影响"[②]。在第三册中，马克思摘录拉彭贝尔格的《英国史》，认识到现代私有制的体系是长期发展的产物。概括出"大乡绅的尊严与地产的大小是分不开的"。在第四册马克思所做的法国史札记中，反映出马克思关注法国土地所有制关系和财产关系在不同历史时期的变化情况，以及由此引起的社会关系和政治

[①] 《马列著作编译资料》第11卷，人民出版社1980年版，第59页。
[②] 王旭东、姜海波：《马克思〈克罗茨纳赫笔记〉研究读本》，中央编译出版社2016年版，第292页。

关系的变化。马克思专门摘录了施密特《法国史》第一卷中对土地所有关系的论述，记录了封地制度在法国不同王朝时期的变化及其与政治统治形式之间的关系。在兰克《宗教改革时期德国史》的摘录中，马克思重点关注这一时期闵采儿对私有财产的观点。在第五册笔记中，马克思摘录 J. C. 普菲斯特《德国史》中对德国不同时期财产的形式的论述，在对 C. G. 朱弗诺的《继承权的原则和法国与英国的贵族》的摘录中，马克思特别注意贵族政权的必要前提是地产和继承权。

利用对地产、私有财产及其变化的研究，马克思批判了黑格尔的长子继承权观念。他讲："固定不变的东西是世传地产，是地产。它在我们所研究的问题中是永恒的东西，即实体。长子继承权享有者、占有者实际上是偶性。地产在各个不同的世代拟人化了。地产似乎不断地把家庭的长子作为家庭的不可分离的属性相传下去。土地占有者行列中的每一个长子都是相传的部分，是不可让渡的地产的财产，是它的意志和它的活动的注定的实体。主体是物，谓语却是人。意志成了财产的财产。"① 除此之外，马克思还尖锐地批判"以血统、家世，一句话，以自己肉体的生活史而自傲"的封建意识形态只不过是"一种动物学世界观，它有纹章学为相应的学科。贵族的秘密是动物学"。不难理解，上述批判是马克思进行历史研究的收获，他借助费尔巴哈人本主义和主宾颠倒的方法，将长子继承权理解为一种物占有人、物统治人的制度，将贵族制度理解为由人的自然属性决定而与人的类本质无关的制度。

其三，马克思在研究历史的过程中，不断关注历史中的普遍意志问题。在克罗茨纳赫第二册笔记的索引中，马克思在摘录卢梭的《社会契约论》时，特别关注了：个人权利与社会权利、社团同普遍意志的关系、普遍意志的表达、公共福利作为目的、个人与普遍的意志同平等之间的关系、普遍意志与一致性、普遍意志与商议、普遍意志与人类意志等内容。② 应该说，虽然马克思不断批判黑格尔的思辨神秘主义，但他与黑格尔并非没有共同之处，他们同样都认为国家应该是公共的、普遍意志的代表，国家虽然是高于私人利益和特殊利益的，但却应该是和市民社会相统一的。在《法哲学原理》中，黑格尔批评卢梭等启蒙哲学的社会契约论国家观将

---

① 《马克思恩格斯全集》第 3 卷，人民出版社 2002 年版，第 132 页。
② 参见《马克思主义研究参考资料》1981 年第 3 期（总第 55 期）。

"市民生活和政治生活彼此分离开来",使政治生活成为以原子个人的任意和单一性为基础的空中之物。马克思对黑格尔批判社会契约论国家观的个人主义基调给予了肯定,他讲:"黑格尔觉得市民社会和政治社会的分离是一种矛盾,这是他的著作中比较深刻的地方。"[①] 然而,黑格尔以王权和等级制度调和特殊性与普遍性的矛盾,则是马克思无法接受的。政治实践和历史研究已经向马克思充分证明,封建国家不是普遍性的代表,黑格尔满足于用立法等级来实现市民社会和政治社会的统一不过是"满足于这种解决办法的表面现象,并把这种表面现象当作事情的本质"。在对《法哲学原理》第303节的批判中,马克思指出,社会契约论的国家观不过是道出了现代政治社会与市民社会相分离的特点,而相对于普鲁士的封建专制而言,这种分离具有进步的意义。明确现代政治国家的进步性之后,马克思对黑格尔的批判便从揭示其神秘主义哲学本质转到直接反对其政治主张。他分析道:

> 历史的发展使政治等级变成社会等级,以致正如基督徒在天国是平等的,而在尘世则不平等一样,人民的单个成员在他们的政治世界的天国是平等的,而在社会的尘世存在中却不平等。从政治等级到市民等级的真正转变过程是在君主专制政体中发生的。官僚政治实现了反对一个国家中有许多不同国家的统一思想。但是,即使有绝对行政权的官僚机构并存,各等级的社会差别仍然是政治差别,仍然是在有绝对行政权的官僚机构内部并且与它并存的政治差别。只有法国大革命才完成了从政治等级到社会等级的转变过程,或者说,使市民社会的等级差别完全变成了社会差别,即在政治生活中没有意义的私人生活的差别。这样就完成了政治生活同市民社会的分离。[②]

在马克思看来,德意志不仅面临着国家统一的问题,更面临着如何走进现代国家的问题,黑格尔所看重的君主立宪改革,即便有助于德国的统一,也难以使德国达到现代政治国家的高度。再者,透过分析现代国家的特点,马克思批判了政治平等的虚假性。马克思虽然肯定了契约论国家观废

[①] 《马克思恩格斯全集》第3卷,人民出版社2002年版,第94页。
[②] 《马克思恩格斯全集》第3卷,人民出版社2002年版,第100页。

黜政治等级的进步意义，但又难以认同其个人主义的理论基础，不满足于以个体为中心的自由平等观念。同时，他在历史阅读中看到的利益纷争与抽象的政治权利论形成了强烈的对比。市民社会中现实存在的不平等，抽象人性论的政治权利论之空洞都直击马克思对现代国家的理解，这势必促使他继续探寻现代社会普遍意志的真实基础。

其四，在考察法国大革命的历史时，马克思开始关注到革命的思想指导与革命实践之间的关系问题。法国大革命完成了政治等级向社会等级的转变，而这一革命是以启蒙思想为旗帜的。在第四册笔记中，马克思摘录威·瓦克斯穆特所著的《革命时代法国史》时，特别注意记录法国大革命领导人的言论，包括肖梅特、比佐、维尼奥、罗伯斯庇尔、杜波儿、西哀士、卡佲等人的演说，集中关注了他们对财产平等的要求。同时也摘录了大革命的纲领性文件，包括1789年8月4日晚通过的废除封建制度和封建捐税的决议，1791年颁布的人权和公民权宣言。尤为值得注意的是，马克思还摘录了"巴雷尔论法国的语言区"，关注语言隔阂对革命宣传造成的妨碍以及这种妨碍给社会发展带来的影响。关于语言障碍的三条摘录在以政治和财产权利为中心的笔记中稍显突兀，但恰恰说明了马克思的思考开始触及普遍意志的表达问题。马克思看到，在法国大革命的历史中，究竟谁能够占领普遍意志的高地，激起革命热情，树起革命的旗帜，并非不言自明的。革命的口号表达了群众的普遍意愿，而革命的实践又是市民社会发展的结果，革命旗帜与市民社会的关系反映了普遍意志与特殊意志是如何在现实历史中统一起来的，反映了能够担当"普遍意志恰当实现"的历史主体究竟是如何在历史中表现的。对这一问题，马克思后来在《〈黑格尔法哲学批判〉导言》中，进行了详细的分析，指出现实历史中的普遍意志就是先进阶级的阶级意识。

二 市民社会与现实的普遍性

现代社会的秘密在市民社会中，那么现代社会的普遍意志只有在市民社会内部才能得到充分的说明。马克思曾两次提及要对黑格尔的《市民社会》章节进行专门批判的计划，虽然这一工作马克思最终没有完成，但从对黑格尔法哲学第303节的批判中，我们可以看到马克思与黑格尔在理解市民社会问题上的基本区别。

黑格尔认为，市民社会是由个人构成的伦理实体，各个人通过劳动相互交往、相互依赖，并在彼此的相互交往和相互需要中达到普遍性。黑格尔讲："需要的目的是满足主观特殊性，但普遍性就在这种满足跟别人的需要和自由任性的关系中，肯定了自己。"① 黑格尔对市民社会的这一理解深受亚当·斯密的影响，他称赞政治经济学在一大堆的偶然性中找出了规律。正是对这一理论资源的重视，让黑格尔成为"哲学的同时代人"。当黑格尔将市民社会中的个人看成是有其特殊利益的独立个体时，他窥探到了人在资本主义条件下的新发展，而他坚信在个体分散浑沌的任意性背后藏着自然必然性，也是以哲学的方式道出了资本主义社会具体为抽象所统治的时代特点。但是，黑格尔并不像亚当·斯密那样维护市民社会，因为在黑格尔看来，市民社会是由国家决定的，在作为普遍理性的国家关照下，"利己心同普遍物即国家结合起来"形成市民社会等级。黑格尔按照思辨逻辑将市民社会等级划分为实体性的、直接的等级，即农业等级；反思的、形式的等级，即产业等级；普遍的等级，即官僚等级。这些等级都是需要在体系中固定的环节，个人只有隶属于某个等级才算获得其定在。黑格尔讲："个人只有成为定在，成为特定的特殊性，从而把自己完全限制于需要的某一特殊领域，才能达到他的现实性。所以在这种等级制度中，伦理性的情绪就是正直和等级荣誉。"② 实际上，从历史唯物主义的视角来看，在阶级社会中"现实的个人"的确总是从属于一定阶级的，但历史唯物主义强调这一点，是以个人现实的历史定在作为认识社会的科学前提，而黑格尔把固定的等级强加给个人作为其定在，并不是把这种定在理解为认识社会的基础，而是用它来规定个人存在的最终目的。不得不说这是为保守的政治等级制度进行辩护，而与现代社会的原则相悖。

与黑格尔将市民社会视为一个伦理实体不同，马克思在历史阅读中明确地了解到，在同政治社会的分离过程中，市民社会本身也发生着巨大的变化，这一变化首先表现为城市资产阶级的产生。马克思从亨利希的《法国史》中摘录了第三等级在等级代表机构中的作用，并将第三等级的要求称为"自由主义的空谈"；从施密特所著的《法国史》中，马克思摘录了法国第三等级产生和发展的过程，并注意到城市自治公社的成立是第三等

---

① ［德］黑格尔：《法哲学原理》，范扬、张企泰译，商务印书馆1961年版，第204页。
② ［德］黑格尔：《法哲学原理》，范扬、张企泰译，商务印书馆1961年版，第216页。

级争取政治权利的结果；第五册笔记则显示出马克思通读了托马斯·汉密尔顿的《北美合众国的人与风俗习惯》一书，了解了美国城市资产阶级的发展。然而，马克思虽然看到了资产阶级的诞生，但在开始研究经济学之前，他还无法对市民社会的内部结构及其变化进行科学的剖析。在《克罗茨纳赫笔记》中，马克思对社会经济内容的关注还只是作为法和政治问题的注脚，因而他对黑格尔借助政治经济学所表达的隐藏在市民社会历史中的规律，也就无力发言。

再者，马克思认为市民社会内部的差别已不同于固定化的封建等级。在《黑格尔法哲学批判》中，马克思讲："在社会本身内部，这种差别则发展成各种以任意为原则的流动的不固定的集团"，尤其是"对个体来说也不是一种根据固定的法律组织起来并对个体保持固定关系的客观共同体。"[1] 马克思认为，市民社会划分的标准既不以需要即自然因素为原则，也不以政治为原则，"金钱和教育""享受和享受能力"是市民社会的原则，而市民社会等级"是划分开来的群众，他们是仓促形成的，他们的形成本身是任意的而且不是组织的"。[2] 也就是说，马克思认为市民社会并非单个人的聚合，而是具有内在结构性的有机体，只不过他对这种结构本身尚不了解，也就难以从中发现普遍理性的现实主体。在马克思看来，城市中"富有"的资产者并不是群众的大多数，真正成为大多数的无财产者，既没有政治权利，也没有凝结为相应的政治力量，他讲："这里的特点只是，丧失财产的人们和直接劳动的即具体劳动的等级，与其说是市民社会中的一个等级，还不如说是市民社会各集团赖以安身和活动的基础。"[3] 这表明，马克思已经注意到作为现代劳动阶级的无产者群体，只是他还没有将这个阶级与普遍意志联系起来。然而，马克思已经触及了市民社会的核心问题，即有产与无产、劳动与非劳动的区分，要认识这一问题，需要对市民社会进行更直接的观察。

虽然马克思有意识地将自己的理论重心投向政治和历史领域，但当历史规律还只是深埋在嘈杂市民社会之中的模糊旋律，马克思对市民社会的理解还停留于"任意划分的群体"时，他自然无法在历史现实的基础上找

---

[1] 《马克思恩格斯全集》第3卷，人民出版社2002年版，第100—101页。
[2] 《马克思恩格斯全集》第3卷，人民出版社2002年版，第100页。
[3] 《马克思恩格斯全集》第3卷，人民出版社2002年版，第100—101页。

到普遍意志的真实主体。正因为此，马克思在熟读欧洲的政治历史之后，他仍然需要借助费尔巴哈的"类本质"作为普遍理性的现实支撑来实现对封建等级制度和现代文明的双重批判。他批判封建等级制度"使人同自己的普遍本质分离，把人变成直接与其规定性相一致的动物"，同时又批判现代文明时代"使人的对象性本质作为某种仅仅是外在的、物质的东西同人分离，它不认为人的内容是人的真正现实"。[①]

费尔巴哈对人之"类本质"的论证与马克思此时对现实普遍主体的思考是相契合的。在费尔巴哈看来，以个体为对象是动物性的，而以类为对象是属人性的，与个体打交道是生活的、偶然的和本能的，与类打交道是科学的、必然的和理性的。人所独有的"类"意识实现了理性、意志力和爱的统一，使人克服了个体的有限性，所以说"类"并不仅仅是思想；它存在于感觉之中，存在于意念之中，存在于爱的潜能之中。也就是说，费尔巴哈视之为哲学基础和主题的"人"，既是自然的、感性的、客观的人，又不是一个个特殊的、主观的实体，而是一个普遍主体，他所理解的"人"是以无限性和全部自然为其对象的，这一对象表现了人的本质的"类"的普遍特性。以费尔巴哈作为中介，普遍意志不再只是浮于空中的抽象国家理念，而是在地上落脚于"人的类本质"。

然而，虽然马克思在理论上依赖费尔巴哈的人本主义哲学，但他并没有成为一个完全意义上的费尔巴哈主义者。费尔巴哈专注于宗教和哲学批判，对他而言，作为普遍意志之基础的"人的类本质"是人之为人的根本，因而也就是历史发展的动力和源泉，是判定人类趋向文明的依据和证明。与费尔巴哈不同，马克思究问普遍意志是要回答"去向何处"的问题，加之，他在历史阅读中深刻感受到社会变迁、阶级斗争、政治革命等现实的冲击，马克思不可能将人类历史理解为人的"类本质"灌输和召唤"爱"的历史。对比马克思和费尔巴哈这一时期的著作不难发现，无论是《黑格尔法哲学批判》还是其后在《德法年鉴》上的文章，马克思较多地借用了费尔巴哈"人的本质""类本质"等人本主义话语，却鲜少涉猎费尔巴哈反复强调的"爱"与"情感"。可以说，马克思借助费尔巴哈的"类本质"话语，更多的是为表征历史前进的方向。要弄清这一哲学话语

---

① 《马克思恩格斯全集》第 3 卷，人民出版社 2002 年版，第 102 页。

在现代社会的真正内涵，马克思需要重新从历史中的政治回到当时的现实政治和现实社会，此时流行的空想社会主义、空想共产主义思想开始进入马克思的思考之中，引导他关注现代无产阶级的历史实践。

第三节 超越德国视野与聚焦现代无产阶级

在离开克罗茨纳赫之前，马克思便意识到要改变普鲁士落后的专制状况必须将理论的批判与现实的政治实践结合起来。他在给卢格的信中说道："什么也阻碍不了我们把政治的批判，把明确的政治立场，因而把实际斗争作为我们的批判的出发点，并把批判和实际斗争看做同一件事情。"① 但是，对于政治实践的方向问题，马克思并没有较为明确的答案，虽然此时的马克思抱有民主的理想，但黑格尔的理性国家观和社会契约论的国家理论都已无法说明他对现实国家的理解，更难以支撑起民主理想。所以，马克思表示对于"往何处去"这个问题还很模糊。

除了民主主义政治思想之外，共产主义和社会主义学说也在19世纪40年代的欧洲逐渐传播开来。社会主义和共产主义学说在英、法、德三国的情况各不相同，但都指向以财产权为中心的社会改革，并一定程度上开始与无产阶级的实际运动相结合，成为欧洲政治舞台上日渐响亮的声音。在19世纪初期的法国，社会主义思想经过圣西门、傅利叶的发展，形成了系统的空想社会主义学说，同时，源于大革命时期的巴贝夫平均共产主义也深刻影响着布朗基等工人领袖和法国实际的政治革命运动。在英国，名震遐迩的欧文主义希望通过教育和工厂改革来建立新的社会制度，而英国古典政治经济学说中也萌生出了以西斯蒙第、霍吉斯金、汤普森等为代表的李嘉图式的社会主义思想，形成了对资本主义经济学的早期批判。在德国，既有流亡工人群体中产生的以魏特琳为代表的基督教共产主义，又形成了以莫泽斯·赫斯为代表的哲学共产主义。正如恩格斯1843年总结的："英国人达到这个结论是通过实践，即由于自己国内贫穷、道德败坏和赤贫现象迅速加剧；法国人达到这个结论是通过政治，即他们起初要求政治自由和平等，继而发现这还不够，就在政治要求之外又加上社会自由

---

① 《马克思恩格斯文集》第10卷，人民出版社2009年版，第9页。

和社会平等的要求；德国人则通过哲学，即通过对基本原理的思考而成为共产主义者。"①

不同的共产主义和社会主义思潮各具特征又互相影响。譬如，19 世纪 30 年代后期，深受密谋传统影响的法国空想社会主义者卡贝在流亡英国的过程中，接受了欧文主义，创立了伊加利亚社会主义。他的社会主义思想中融合了早期空想共产主义的政治行动主张和空想社会主义的和平改造理论，而德国工人运动领袖魏特琳正是卡贝的信徒，他将卡贝的思想融入基督教教义，发展出德国的空想共产主义思想。

一 共产主义理想的哲学解读

在到达充满革命氛围的巴黎之前，马克思对各式社会主义学说并未表现出认同和赞赏。一来，作为青年黑格尔派的成员，又深受费尔巴哈的影响，马克思对宗教同样持批判态度，他把利用基督教教义的空想共产主义看成是"一种教条的抽象概念"；二来，马克思认为社会变革必须得到科学的理论阐述。早在《莱茵报》时期，他便提及"真正危险的并不是共产主义思想的实际试验，而是它的理论阐述"②。在当时的马克思看来，共产主义只有获得了理论的论证才具有现实性，诸如移民区试验和伊加利亚般的社会主义实践都并不具备真正的历史现实性。即使在开始批判黑格尔法哲学的唯心主义之后，由于对普遍理性的坚持，马克思依然认为共产主义和社会主义必须以理论论证作为基础。他批评说："整个社会主义的原则又只是涉及真正的人的本质的现实性的这一个方面。我们还应当同样关心另一个方面，即人的理论生活，因而应当把宗教、科学等等当做我们批评的对象。"③ 在这一点上，马克思与他此时的理论伙伴莫泽斯·赫斯一样，表现出通过哲学思考转向共产主义的鲜明特质，在他们看来一边是缺乏政治实践勇气的德国哲学，另一边是缺乏理论基础的法国共产主义和社会主义的革命冲动，二者有必要进行相互补充。但是，马克思在离开德国之前尚不具备赫斯的视野，因而还达不到青年赫斯对政治与社会关系的剖析深度。

---

① 《马克思恩格斯全集》第 3 卷，人民出版社 2002 年版，第 474—475 页。
② 《马克思恩格斯全集》第 1 卷，人民出版社 1995 年版，第 295 页。
③ 《马克思恩格斯文集》第 10 卷，人民出版社 2009 年版，第 8 页。

赫斯在青年时期曾前往英国、法国、荷兰等国旅行，他一直关注英、法的社会问题，并在法国接触到激进的社会主义思想。从赫斯发表在《莱茵报》上的文章不难看出，他青睐通过比较英、法、德三国的不同来分析问题。① 在对比之中，赫斯认识到真正不平等的根源在社会内部，无论是德国冷静式的宗教批判，还是法国激情式的政治批判都不若英国本身的社会关系变革。他在分析英国的贫困问题时指出："一切政治改革对于这一弊病都不过是指标不治本的办法，经过最后的分析，这个弊病不是政治性的而是社会性的。不是统治形式（Regierungsform）造成了这里所说的弊病；任何统治形式都医治不了它。"② 1843年《莱茵报》停刊之后，赫斯在《来自瑞士的二十一印张》上发表了几篇讨论社会主义和共产主义思想的文章，这几篇文章从理论上启发马克思开始注意和思考无产阶级和共产主义。

受切什考夫斯基的影响，赫斯将生命理解为运动，提出了生成性的行动哲学，并以此为基础展开宗教和政治批判。在他看来，现代社会一切运动的目的都在于追求真正的人的自由，而自由应该是出自内在的自我决定，是"自我限制对外在限制的胜利"。赫斯认为，"上帝"和"君主"都是"抽象的普遍以一者的形式统治特殊和压迫个体"，而现代的人权则是"抽象的个别在多者的形式下统治普遍"。18世纪的德国无神论和法国共产主义分别以哲学革命和社会革命的方式达到了自由的无政府状态，也就是对宗教和政治外在限制的否定，而当下的革命需要超越思想领域和社会领域的无政府主义反叛，迈向自我决定、自我限制的道德自由家园。在赫斯看来，理智自由和社会自由共同的中心是伦理学，也就是道德和至善的伦理，只有这种至善的伦理才能指向现世的共同体和具体的普遍性。他讲："自由就是道德，因而就是生命规律和精神活动（既人称为观念的行动的狭义上说，也从称为行动的观念的广义上说）的完成以及对这一事实的明显意识。……没有这种道德，人们不能想象任何共同体；另一方面，没有共同体（Gemeinschaft），也无法想象任何道德。"③ 赫斯将德国哲学变

---

① 《莱茵报》从1842年到停刊前，先后刊登了赫斯的《19世纪之谜》《德国和法国的中央集权问题》《德国和法国的日报》《谈谈英国面临的灾难》等多篇对英、法、德的比较式文章。参见［德］莫泽斯·赫斯《赫斯精粹》，邓习议编译，南京大学出版社2010年版。

② ［德］莫泽斯·赫斯：《赫斯精粹》，邓习议编译，南京大学出版社2010年版，第60—61页。

③ ［德］莫泽斯·赫斯：《赫斯精粹》，邓习议编译，南京大学出版社2010年版，第104页。

革理解为共产主义运动的理论说明，他认为德国哲学所揭示的伦理精神和共产主义运动在19世纪必然走向一种理论与实践统一的"科学的共产主义"。显然，赫斯所理解的"科学共产主义"还只是理想化的价值悬设，他以"自由决定"的德性精神吞噬了直接现实性的实践运动，实质上是一种伦理共产主义。然而，赫斯对现代资本主义的批判以及他对早期空想共产主义的理论"纠偏"却成为马克思从民主主义转向共产主义的思想桥梁。

首先，赫斯借助德国哲学对共产主义废除私有制的社会革命主张进行了辩护。在19世纪初的欧洲，对共产主义存在两种非难：一是，共产主义仅仅只是理想的状态，它不是以人而是以"天使"为前提的；二是，共产主义社会否定个人财产也就否定了个人自由。在赫斯看来，傅利叶和黑格尔通过打破人性的善恶二元论回应了上述两种非难。一方面，为解决社会平等问题，傅利叶论证了只要有完全自由的活动，就能发现一切的善，而不需要以"天使"作为社会共同体的前提；另一方面，为解决精神自由问题，黑格尔得出了个人的自由不应该诉诸个体的所有性，而应该寻求一切人的共同性。基于此，赫斯称："任何占有物，只要在普遍性上并非人的普遍的财富，就不是能够促进我的个人自由的东西。这样，同时也只有普遍的财富，才是真正我自身的不可侵犯的所有物。"[①] 虽然赫斯还只是从主观的自由意识出发，将普遍性与现实财富相联系，但他对共产主义的这一诠释却必定会引起马克思的注意。此时马克思正苦苦寻求政治领域中"普遍意志的恰当实现"，同时，他又在历史阅读中确证了财产权与政治变迁之间的密切关系，不难想象，赫斯将普遍意志同现实财富相联系的理论链接必然会引起马克思的理论兴趣。

其次，赫斯反对从享受的方面出发将共产主义的平等要求局限于粗鄙的平均主义，他认为共产主义的本质应该是一种财产共有中的自由。赫斯指出仅仅只是享受这种完全外在的物质倾向是一种贫困的平等，他批评巴贝夫的共产主义平等志向是以消极的方法、禁欲式的方法来达到的平等，是形式最贫乏的平等，这种平等志向缺乏理论作为，它只把自然需求承认为现实的东西，于是在消除奢侈的同时，也废弃了富裕、艺术、学问。赫

---

① ［德］莫泽斯·赫斯：《赫斯精粹》，邓习议编译，南京大学出版社2010年版，第114页。

斯认为，只有基于个性和活动自由、财产共有基础上的平等才有可能。他将体现人的本质的自由活动与奴役性劳动区分开来，指出："不应该从外部来组织劳动和社会，而应该通过谁都不做敷衍了事的事情，不做不得不做的事情，通过其自身来组织。任何人都不会喜欢某种单一的活动而喜欢多种多样的活动。并且从自由的人类性格和活动的多样性，产生的不是自由的人类社会的工作的死的既成组织，而是生气勃勃的永远年轻的组织。这种自由的人的工作，在这里，'劳动'停止了，变成了毋宁说与'享受'完全相同的东西"[①]。

除此之外，赫斯积极地肯定无产阶级的作用，他将共产主义看作无产阶级的事业。1842年，赫斯作为《莱茵报》的通讯员被派往巴黎，他与当地的工人革命团体建立起联系，其中包括魏特琳和德国流亡工人的"正义者同盟"，此后赫斯便致力于参与工人运动。这一时期的赫斯曾被恩格斯评价为"党的最早的共产主义者"。在《社会主义和共产主义》一文中，赫斯批评了罗伦兹·冯·施泰因关于法国社会主义和共产主义的观点，却特别肯定了施泰因对无产阶级的介绍，他称施泰因将共产主义与无产阶级相联系，虽然是让人腻烦的重复，但也是施泰因"从共产主义获得的唯一具有生气的方面"。然而，尽管赫斯看重无产阶级的力量，但他却并不理解无产阶级已有的实际斗争。在赫斯看来，真正的共产主义事业应该是通过强化自律自强的德性要求来达到自由行动的共同体，资产阶级和无产阶级之间的阶级斗争，被他视作利己主义和利他主义之间的对立，从而也就把经济问题和社会问题归结为了道德问题。作为最早支持共产主义运动的青年黑格尔派成员，赫斯虽然没有实现对共产主义的科学论证，但赫斯的理论努力为马克思接受共产主义并将共产主义与无产阶级的政治运动相联系起到了最初的理论引导作用。

二 对工人阶级的理论聚焦

19世纪30年代之后，工业革命在欧洲大陆扩展开来，法、比、德等国也逐步进入工业时代。然而，与早期工业发展相伴随的是欧洲广大工人阶级生活和劳动状况的普遍恶化，工人不但要承受过度劳动、片面劳动造

[①] [德]莫泽斯·赫斯：《赫斯精粹》，邓习议编译，南京大学出版社2010年版，第121—122页。

成的身心健康损伤和恶劣的工作环境、严苛的管束控制，还要面对经济波动导致的贫困、失业以及机器对特殊手工劳动造成的冲击。为了争取权益，19世纪30至40年代欧洲工人阶级有组织的斗争日渐发展起来。1831年，法国爆发了里昂工人起义，四万名织工在"活着没有工作，不如战斗而死"的口号下发动起义，占领里昂长达十天之久。1832年，德意志人民协会在巴黎成立，流亡法国的德国手工业帮工聚集其中开展活动，这一协会迅速发展至五六百人。1836年，德意志正义者同盟成立，形成了德国工人的首个政治组织。1838年，英国工人阶级发起宪章运动，公布《人民宪章》要求普选权。1839年，法国布朗基秘密组织四季社在巴黎发动起义，要求反对暴政和压迫，正义者同盟的巴黎支部参与了起义。

工人的一系列运动和起义，打破了人们对资本主义工业梦幻般的理解，这些运动开始在资产阶级和新贵族中引起恐慌和不安。为了了解日益高涨的工人运动，找到应对之道，欧洲各国的资产阶级思想家、政论家和政府机构开始积极地对工人状况展开调查，试图解释它的斗争缘由，研究它的目标和可能的发展前途。工人问题成为欧洲学术界一个主要的研究课题。在法国，1832年成立的法兰西伦理政治科学院曾拨出专门预算用以调查各地工人阶级的状况，并多次悬奖征求研究工人问题的论著。英国历史学家霍布斯鲍姆称，在1840年后"工业体系所特有的社会问题——新兴无产阶级、极速都市化失控的危险——已成为西欧严肃讨论的普遍问题"①。在资产阶级组织起来的各种工人问题研究中，一部分论著产生了较大的影响，为马克思的思考提供了重要的参考。

1831年里昂工人起义之后，法国资产阶级报纸《辩论日报》编辑圣马克·吉拉廷写了评论起义的文章，并受到广泛的关注。他在文章中写道："威胁社会的野蛮人既不在高加索，也不在蒙古草原，而是在我们工业城市的郊区。"② 在起义事件发生后，法国先后出版和发表了研究里昂工人起义的一系列著作，包括 TH. 别纳茨起草的《议会关于里昂事件的报告》，奥尔良派历史学家 J. B. 蒙法尔孔的《1831年和1834年里昂起义的

---

① [英]艾瑞克·霍布斯鲍姆：《革命的年代1789—1848》，王章辉等译，江苏人民出版社1999年版，第228页。

② [英]艾瑞克·霍布斯鲍姆：《革命的年代1789—1848》，王章辉等译，江苏人民出版社1999年版，第266页。

历史——关于这一事件的真实的文献》，复辟派军官 A. 萨拉的《1834 年里昂工人状况的历史纪实》。此外，还出现了不少致力于关注和改善工人阶级状况的研究，包括 1836 年经济学家 E. 拜尔的《工人阶级——改善他们物质福利状况和道德面貌的方法》，1840 年欧·毕莱的两卷本著作《论英法工人阶级的贫困》和社会学家 H. A. 弗列格尔的《改善大城市民众中危险阶级状况的办法》等。

伴随早期工业化的迅速发展，英国工人阶级的贫困问题尤为突出，因而在英国较早地出现了对工人阶级贫困状况的系统调查报告，其中包括 1832 年医学博士詹·菲·凯的《曼彻斯特棉纺织业中的工人在精神和身体方面的状况》，1833 年自由党人彼·盖斯克尔的《英国的工人居民，他们的道德、社会和身体的状况，以及因使用蒸汽机而引起的变化；附童工劳动调查》，1840 年威·巴·艾利生的《关于苏格兰贫民的管理以及这种管理对大城市卫生状况的影响的考察》，1845 年恩格斯的《英国工人阶级的状况》，1846 年经济学家 W. T. 桑顿的《人口过剩和它的解决办法，不列颠岛的劳动阶级的困苦状况、根源和解决办法之研究》，以及伦敦统计学学会会刊在 19 世纪 30 至 40 年代里连续发表的各种工人问题的资料和分析等。此外，关于工人运动的研究还有 1838 年托马斯·卡莱尔的《宪章运动》和《过去与现在》。在英国还出现了不少关于工厂生产的研究，从另一个角度反映了工人的生产劳动情况，譬如 1832 年查理·拜比吉的《论机器和工厂的节约》，1835 年经济学家安·尤尔的《工厂哲学》。

在德国，工业发展和工人问题也开始引起关注，出现了部分有影响的研究，其中包括 1834 年经济学家 F. 毕劳德的《国家与工业》，1837 年经济学家 C. 洛贝尔图斯·亚格措夫的《法国工人阶级的要求》一文，1841 年 K. 弗兰茨的《论工厂工人的地位》，1842 年罗·冯·施泰因的报告《现代法国的社会主义和共产主义》，1843 年舒尔茨的《生产的运动》等。

上述研究反映出资产阶级知识阶层已然意识到，现代工人这一新生群体正在凝聚为一个阶级，一种运动，它是社会中的"反叛者"和一支可怕的力量。罗·冯·施泰因在《现代法国的社会主义和共产主义》中称："在革命的猛烈冲击下，在那个把巴黎的年轻共和国变成同它的敌人之间的疆界的斗争中，无产阶级学会了两样东西：它先是意识到自己是个特殊的阶级，然后又理解到自己在那个被称为革命的整个事业中的意义"，"有人相信，通过合法的途径不能改变什么，人们正在围绕着那些最能满足他们的要求的原则联合起来，而贫穷的、劳动的、受苦的阶级正在转变为强大的、否定一切的、可怕的因素——无产阶级"。① 托马斯·卡莱尔则指出，工人阶级的状况和他们的反抗情绪是具有普遍性并且意义重大的问题，"彼此分裂的高等阶级和低等阶级之间的斗争"在整个欧洲社会蔓延。

日益凸显的工人阶级问题同样引起了马克思的关注。1843 年 11 月，马克思来到巴黎同卢格一起准备《德法年鉴》的编辑出版工作。尽管巴黎工人在 1830 年七月革命之后发动的多次起义都遭到上升为统治者的资产阶级的镇压，但工人阶级中的政治革命意愿却一直没有熄灭。到达巴黎之后，马克思同德国流亡工人的秘密团体"正义者同盟"保持着联系，也和大多数法国工人秘密组织的领袖保持着联系，他经常出席德法两国工人和手工业者的集会。在离开巴黎之前，马克思还会见了法国空想共产主义者埃·卡贝。在巴黎的观察和工作给马克思打开了新的世界，他在无产阶级群众中深切感受到，同德国资产阶级的妥协和软弱相比，法国工人有着激昂的革命勇气、自我牺牲的精神和行动力。可以说，马克思在巴黎开始直接接触现代资本主义社会，这与通过理论抽象思考现代社会的德国哲学相比是向前跨出了一大步。

19 世纪 40 年代的法国，正值新革命孕育之际。马克思从聚集在巴黎的工人团体中看到，这个群体是市民社会中不甘于受苦的"受苦者"，在他们身上有着深厚的革命传统、高昂的革命热情、坚韧的革命意志和进步的革命意愿。正是在法国，马克思"发现了具有革命传统和高度阶级觉悟的、人数众多的无产阶级，发现了为 1830 年的资产阶级革命所彻底实现的 1789 年大革命的传统"②。这两个发现，沟通了马克思已有的历史研究与现实思考，让他意识到正是进步阶级推动着历史向前发展。进步阶级才是马克思一直探索思考的现实历史中的"普遍理性的恰当实现"。作为革命的领导者，进步阶级的社会改造诉求同大多数群众的普遍要求、普遍利益在革命之初是相一致的。进步阶级不是分散的特殊个体，而是历史实存

---

① 转引自［法］奥古斯特·科尔纽《马克思恩格斯传》第一卷，刘丕坤、王以铸、杨静远译，生活·读书·新知三联书店 1963 年版，第 479 页。

② ［法］奥古斯特·科尔纽：《马克思恩格斯传》第一卷，刘丕坤、王以铸、杨静远译，生活·读书·新知三联书店 1963 年版，第 558 页。

中看得见、摸得着的客观力量，它与用哲学腔调掩盖其软弱性的观念战士不同，是活跃的政治实践派。对于这一发现，马克思难掩其欣喜与希望。他在给费尔巴哈的信中描述自己对法国工人阶级的观察时写道：

> 一个值得注意的现象是，与 18 世纪相反，现在宗教观念是在中间等级和上层阶级中传播，而非宗教观念——那种感到自己是人的人所固有的非宗教观念——却降临到了法国无产阶级的队伍里。您要是能出席法国工人的一次集会就好了，这样您就会确信这些劳累不堪的人纯洁无瑕，心地高尚。英国的无产者也取得了巨大的成绩，但他们的文化素质不及法国人。不过不能不强调指出瑞士、伦敦和巴黎的德国手工业者的理论贡献。只是德国手工业者仍然过于像手工业者。
>
> 但无论怎样，历史正在把我们文明社会的这些'野蛮人'变成人类解放的实践因素。①

虽然此时的马克思还没有真正意义上参与工人运动，但从这段论述中可以看到他完全不认同将无产阶级看成是现代社会的"问题"和"病灶"，或是现代文明需要堤防的洪水。与此相反，马克思认为在工人"野蛮"和"危险"的表象下掩藏着对真理和进步的追求，只不过此时的马克思对真理和进步本身的理解还受限于费尔巴哈的人本主义。

第四节 追求人类解放与寄望"普遍阶级"

在克罗茨纳赫时期，马克思便对现代民主国家能否作为"普遍理性"的现实基础产生了怀疑，他在历史阅读中了解到，现代政治国家是私有财产权演变的结果。1843 年 10 月，马克思到巴黎不久，便为《德法年鉴》撰写了《论〈犹太人问题〉》和《〈黑格尔法哲学批判〉导言》两篇文章。在这两篇文章中，马克思将讨论的重点转移到市民社会和现实政治问题上，踏上了创立历史唯物主义哲学的历程，并首次在理论上阐释了无产阶级的历史使命，确立起无产阶级和共产主义立场。

---

① 《马克思恩格斯文集》第 10 卷，人民出版社 2009 年版，第 14 页。

文本、思想与历史：马克思工人阶级理论再阐释

一 人的解放与"普遍阶级"

在《论〈犹太人问题〉》一文中，马克思提出了"当代的普遍问题"，即人的解放问题。在马克思看来，鲍威尔正确地看到了"犹太人问题"不仅仅是德国这个基督教国家的特殊问题，还是具有普遍意义的问题，但是鲍威尔虽然看到了这一问题超出德国的意义，却没有以超出德国的眼界来回答它。鲍威尔把犹太人问题看成是宗教对国家的关系问题，也就是宗教约束与政治解放的矛盾问题。与鲍威尔不同，马克思看到，已然完成了政治解放的立宪国家依然存在着宗教差别，政治解放并不意味着宗教批判的实现。

政治解放造成了市民社会和政治国家的二元格局，政治国家代表着普遍性，但却只是抽象的普遍性，它没有废除世俗世界的实际差别，而是以这种差别为前提，造成了人的双重生活，即：

> 在政治国家真正形成的地方，人不仅在思想中，在意识中，而且在现实中，在生活中，都过着双重的生活——天国的生活和尘世的生活。前一种是政治共同体中的生活，在这个共同体中，人把自己看做社会存在物；后一种是市民社会中的生活，在这个社会中，人作为私人进行活动，把他人看做工具，把自己也降为工具，并成为异己力量的玩物。①

在《论〈犹太人问题〉问题》中，马克思对"天国生活"和"尘世生活"分别进行了批判。

在第一部分《布鲁诺·鲍威尔：〈犹太人问题〉》中，马克思着重批判了现代国家的抽象性。现代国家的抽象性同黑格尔逻辑思辨的抽象性不同。对于逻辑思辨的唯心主义抽象，马克思可以借助费尔巴哈的主宾颠倒原则，通过恢复感性、经验性的基础地位来完成批判，但对现代国家而言，它不是纯粹思辨，而是对普遍性的虚幻表达，是客观的抽象存在。要批判现代国家的抽象普遍性，停留于感性经验的还原是远远不够的。费尔

---

① 《马克思恩格斯文集》第1卷，人民出版社2009年版，第30页。

巴哈在《哲学改造的临时纲领》中，正是通过感性经验的还原来认识国家问题的，他讲：

> 在国家里面，人的主要性质和活动现实化成为特殊的等级，但是这些性质和活动在国家领袖的个人身上又重新回到了同一性。国家领袖无差别地代表一切等级，在他的面前，一切等级都是同样必要、同样有权利的。国家领袖是普遍的人的代表。①

费尔巴哈对国家问题的这一观点，让政治国家回归人的感性世界而得到解释，从而能够为世俗政治摆脱神权干预提供理论说明。但是，费尔巴哈仅仅只是克服了"神授君权"的虚假性，由于君主本身同样是感性存在的人，仅仅停留于旧唯物主义基础上的感性还原甚至无法实现对"君权"本身的批判。也就是说，在政治领域中，仅靠主宾颠倒原则甚至都未能得到民主政治的结论，更妄论批判现代国家。所以，马克思批判现代国家的抽象性和虚幻性，采取了对政治革命进行历史分析的方式。

马克思指出，现代政治国家是通过政治革命建立起来的，他在文中大量利用克罗茨纳赫时期的摘录成果来论述政治革命的过程和现代国家的状况。通过这些材料，马克思试图回答两个问题：其一，政治解放是如何使国家脱离宗教束缚，却又在市民社会中保留宗教信仰的？其二，就政治解放的结果而言，那些与实际参加共同体、参加政治生活相去甚远的权利（宗教自由、财产、安全）为什么会被作为现代国家的"人权"确定下来，成为现代国家维护的核心权利。马克思讲："尤其令人困惑不解的是这样一个事实：正如我们看到的，公民身份、政治共同体甚至都被那些谋求政治解放的人贬低为维护这些所谓人权的一种手段"，"为什么在谋求政治解放的人的意识中关系被本末倒置，目的好像成了手段，手段好像成了目的？"②

在马克思看来，政治解放之所以能够使国家脱离宗教，是由于这一解放采取了革命的形式。当革命从市民社会内部产生时，革命的高潮压制了市民社会的特殊性，革命的政治生活成为现实的人的类生活，因而在客观

---

① 《费尔巴哈哲学著作选集》上卷，荣震华、李金山等译，商务印书馆1984年版，第119页。
② 《马克思恩格斯文集》第1卷，人民出版社2009年版，第43—44页。

上起到废除宗教的作用，所以废除宗教的过程"只有通过废除私有财产、限定财产最高额、没收财产、实行累进税，通过消灭生命、通过断头台，才能做到"①。然而，只要革命不是持久的，不是能够真正消灭市民社会现实差别的革命，宗教、私有财产等作为市民社会中的特殊性要素就仍然会在革命之后得以重新恢复。

从革命成果而言，之所以私有财产等个体权利会成为政治解放所维护的核心权利，是因为革命的对象是封建主义，这一对象决定了革命的过程和性质。封建主义统治下的市民社会直接具有政治性，在同业公会和等级制度的作用下，个人特定的市民活动和地位直接具有政治意义，各个等级、同业公会对国家整体的关系直接表征了个人对共同体的关系。反封建的革命将政治国家从市民社会中抽象出来，这一革命要将国家事务提升为人民事务，把政治国家组成为普遍事务，必然在强调普遍性的同时，要摧毁直接表征个体特殊性的等级、同业公会等封建要素。因此，政治解放首先便将市民社会中的个体与构成他们生活内容和市民地位的物质要素和精神要素分割开来。马克思认为革命"把似乎是被分散、分解、溶化在封建社会各个死巷里的政治精神激发出来，把政治精神从这种分散状态中汇集起来，把它从与市民生活相混合的状态中解放出来，并把它构成为共同体、人民的普遍事务的领域，在观念上不依赖于市民社会的上述特殊要素。特定的生活活动和特定的生活地位降低到只具有个体意义"②。可见，将市民社会中的个体与构成其生活内容的特殊性（包括财产、信仰差别等）区别开来原本只是反封建的革命手段，然而，当现代国家将个体的特殊性作为"人权"用法律的形式确立下来，成为政治国家维护的核心，"手段"就成了"目的"。相反，在革命战斗过程中的普遍参与热情、团结精神，以及实现了普遍平等的组织，只被利用为赶走封建统治者的武器，也就是"目的"成了"手段"。在这种颠倒之下，现代国家造成了人的两重性，一方面把人归结为市民社会的成员，归结为利己的、独立的个体，另一方面把人归结为公民，归结为法人。

从对上述两个问题的回答来看，马克思在批判现代国家的虚假性时已然认识到，现代国家的抽象和虚假并不是政治解放领导者主观刻意的本末

---

① 《马克思恩格斯文集》第1卷，人民出版社2009年版，第33页。
② 《马克思恩格斯文集》第1卷，人民出版社2009年版，第45页。

倒置，而是由反对封建主义这一革命任务决定的。因此，马克思特别从现实历史的角度肯定了政治解放的意义。他讲："政治解放当然是一大进步；尽管它不是普遍的人的解放的最后形式，但在迄今为止的世界制度内，它是人的解放的最后形式。不言而喻，我们这里指的是现实的、实际的解放。"① 马克思在这里特别强调"现实的、实际的解放"，并不是随意的补充，而是对有别于思辨逻辑的历史考察方法的最初自觉。

在第二部分《布鲁诺·鲍威尔：〈现代犹太人和基督徒获得自由的能力〉》中，马克思批判了"尘世生活"的异化。他认为，犹太人问题不是宗教问题，不能像鲍威尔那样只观察安息日的犹太人，而是要观察日常的犹太人，犹太人解放实际就是现代世界的解放。在马克思看来，统治现代世界的正是"自私自利的犹太精神"，金钱才是现代社会实际崇拜的"神"。对此，马克思批判说：

> 金钱是一切事物的普遍的、独立自在的价值。因此它剥夺了整个世界——人的世界和自然界——固有的价值。金钱是人的劳动和人的存在的同人相异化的本质；这种异己的本质统治了人，而人则向它顶礼膜拜。②

显然，马克思在这里的批判是以费尔巴哈的人本主义宗教批判为蓝本的，虽然这里的"神"是世俗世界之中的"金钱"，但它同宗教一样是人将自己的本质变成异己的对象加以崇拜，并使之成为束缚和统治人的力量，是现代人真正需要从中获得解放的领域。

由于缺乏相应的经济学知识，马克思此时对市民社会的了解还不足以支撑起他对"尘世生活"异化的详尽批判。尽管马克思将政治异化推进到市民社会内部的货币异化，但对于这种异化本身及其产生的根源，他给出的论证还只是与宗教异化进行类比，他写道：

> 让渡是外化的实践。正像一个受宗教束缚的人，只有使自己的本质成为异己的幻想的本质，才能把这种本质对象化，同样，在利己的

---

① 《马克思恩格斯文集》第1卷，人民出版社2009年版，第32页。
② 《马克思恩格斯文集》第1卷，人民出版社2009年版，第52页。

需要的统治下，人只有使自己的产品和自己的活动处于异己本质的支配之下，使其具有异己本质——金钱——的作用，才能实际进行活动，才能实际生产出物品。①

在马克思看来，基督教的统治抹杀了人的民族的、自然的、伦理的、理论的相互关系，使世俗世界的人成为原子式的、相互敌对的个人世界。在这样的世俗世界中，由于人失去了作为"类存在"的基础，实际需要不再表现为"人化"的需要，于是便促成自私自利的犹太精神大行其道，获得普遍的统治。即是说，马克思从费尔巴哈人本学出发，将"实际需要"和"做生意"看成是撕裂"类存在"的世俗表现，而"金钱"成为与人的"类本质"相异化的外在的、世俗的"神"重新控制了人自身。这种人本主义异化批判的逻辑依据是个体感性存在和类存在的分离与矛盾，只要市民社会中的人不是以"类存在"为目的，不是生活于共同体中的"人"，那么人的解放就需要在市民社会中继续完成。什么样的革命能够完成人的解放呢？又该由谁来承担这一革命呢？对这一问题，马克思在《〈黑格尔法哲学批判〉导言》一文中，进行了进一步的回答。

二　如何理解"普遍"的"无产阶级"

在《〈黑格尔法哲学批判〉导言》中，马克思分析了德国的政治思想状况。在他看来，德国是一个综合了"现代政治文明缺陷"和"旧制度野蛮缺陷"的怪物，德国人是宗教和国家的双重奴隶，德国人的解放必须"推翻那些使人成为被侮辱、被奴役、被遗弃和被鄙视的东西的一切关系"，通过彻底的"人的解放"来实现。历史研究让马克思认识到，政治解放没有完成人的解放，无论是资产阶级标榜的现代民主国家还是法的观念，都不是"普遍理性的恰当实现"，现实的普遍理性只存在于市民社会实实在在的革命运动之中。通过对市民社会的批判，马克思进一步认识到，市民社会中的谜题只能在支配它的经济领域中求解，只有市民社会的内在力量才能推动社会革命，完成人的解放，马克思认为这一力量便是无产阶级。

---

① 《马克思恩格斯文集》第 1 卷，人民出版社 2009 年版，第 54 页。

如何认识马克思在《〈黑格尔法哲学批判〉导言》中对"无产阶级"的界定和理解，这个阶级此时究竟在什么意义上被马克思所重视，是一个需要说明的问题。学界对无产阶级概念在这一文本中的出场，或者偏重政治哲学的视角，强调马克思对黑格尔普遍等级思想的继承，或者突出马克思在唯物主义立场上的转变，强调他对法国复辟学派阶级斗争理论的继承。这两种理解都在一定意义上发掘了马克思之所以重视无产阶级及其斗争的思想渊源，说明了这一概念出场的思想史背景，然而要准确理解马克思在文中对无产阶级的理解及其理论意义，还必须看到他同上述两种思想资源之间的不同之处。

有学者认为，黑格尔是在存在论的意义上理解逻辑学，并以普遍性和特殊性的辩证逻辑关系为基础构建他的法哲学的，马克思所提出的"无产阶级"概念是继承了黑格尔对"普遍理性"的追求，因而也应该从存在论意义上去理解。当然，黑格尔是以肯定性的普遍等级概念，即"官僚等级"来确证普遍利益的实现，而马克思则认为"官僚等级"并没有达到真正的普遍性，只有以否定性的普遍等级概念，即"无产阶级"，才能完成对特殊性的扬弃历程。也就是说，只有在哲学—逻辑学的意义上，在辩证否定的逻辑框架中，无产阶级才是代表普遍利益的。[1] 也有学者认为马克思的无产阶级概念首先应被理解为一个"建构性的政治概念"，它是一个远远超出直接事实的理论理想，而其建构性源于超越直接事实的理论中介方法。这种以理论概念沟通现象与本质的中介方法源自黑格尔，并为马克思所继承，后来又被卢卡奇提升成系统自觉的方法论，即在考察资本主义社会存在的直接事实时，引入特定的理论结构作为中介。马克思的"无产阶级"概念正是运用这种中介化方法的一个理论理念。[2]

从上述解读可以看到，无论怎样认识马克思对黑格尔的继承，只要对"无产阶级"概念作纯粹"哲学化"的理解，就容易走向一个结论，即不把"无产阶级"理解为现实的社会力量，而是一个可能性概念，或者说现实中的"无产阶级"对马克思而言不过是一种偶然的幸运"巧遇"。如果对"无产阶级"进行纯哲学化的理解，尤其是停留于黑格尔式的解读，只会封闭马克思无产阶级理论生长的空间，将无产阶级立场与马克思的哲学

---

[1] 参见唐文明《究竟什么是无产阶级》，《中共天津市委党校学报》2008年第6期。
[2] 参见张盾《马克思的六个经典问题》，中国社会科学出版社2009年版。

转变隔离开来，进而取消历史唯物主义作为无产阶级世界观的党性，这非但不能在历史的变化中认识无产阶级范畴的理论意义，反而容易将马克思主义引向无涉政治立场的抽象思辨。

在《〈黑格尔法哲学批判〉导言》之中，马克思的确继承了黑格尔关于"普遍等级"的观念，即认为存在一个能够代表社会整体的、具有普遍性的社会主体，不过对于已经站在唯物主义立场上的马克思而言，这里的普遍性只能是现实的普遍利益。普遍利益如果没有获得自己的存在方式，它就还只是一种思想原则和信念，但它如果简单地与某种世俗的现实利益结合，又会丧失普遍性的超越品格。对于如何认识直接现实性同普遍性之间的这种紧张关系有两条路径，要么退回启蒙政治学者"天赋人权"的抽象论证，通过虚化普遍性来获得外在的超越，要么只能在历史的现实中寻求内在的超越。前者是空想社会主义和法国复辟时期历史学家所遵循的道路，而后者则是马克思的方向。

在马克思之前，以圣西门为代表的空想社会思想家和法国复辟时期的历史学家都曾借助阶级分析和阶级斗争来认识社会历史。圣西门在《一个日内瓦居民给当代人的信》中将19世纪初的法国分为"一切有自由思想的人""有财产的人"和"人类其余一切成员"三个不同的阶级。他还把阶级看成是历史的产物，详尽分析了实业阶级产生发展的过程，强调经济因素在实业阶级发展过程中的重要作用，并从实业家经济地位变化的角度来说明法国大革命的爆发。圣西门曾告诫有产者说"由于事情的本性所决定，他们（无财产的人）与你们之间必然总是有斗争"。受到圣西门阶级分析思路的影响，以基佐为代表的法国复辟时期的自由主义历史学家也运用阶级斗争理论来解释法国历史和欧洲历史。基佐认为不同民族之间的征服与被征服是阶级斗争的起源。征服者和被征服者分别成为贵族与农奴，在征服中保存下来的古代城市中，逐渐发展起以城市平民为主的第三等级，为了反抗领主的劫掠，城市平民开始争取自治权力。在争取自治的过程之中，城市第三等级同王权联盟，开始登上政治舞台，并不断积累财富、提高教育水平，逐渐成为社会中富裕而有教养的社会阶级，而贵族和王权却因为不能创造任何新东西而成为社会发展的阻碍。基佐认为，"平民自治的第三重大后果是阶级间的斗争。由这一斗争构成的生活现实充满现代历史中。现代欧洲就是从社会各阶级的斗争中诞生的……斗争没有成为停滞的原因，而却成了进步的起源。各主要阶级之间相互斗争和让步的交替进行的必要性、相异的利益和追求、有征服之心而无独霸之力等等因素交织在一起，产生了欧洲文明发展中最强劲和丰富的动力"①。

这些著作家们虽然都直接将阶级斗争与财产关系联系起来，基佐还把它视为历史发展的动力，但他们却都不愿承认在城市平民的内部，即第三等级的内部已经出现的斗争有可能推动新的社会发展，他们始终同没有财产的那个群体保持着距离。究其所以，是因为他们最终都将阶级斗争的根源归于"人的天性"，并将人的天性视为具有最高的普遍意义。譬如，在基佐看来，历史文明是人性的光彩夺目与社会的公平有序相互作用的过程，而"在人类自发的、天生的信念中，文明的两个成分即社会的发展和道德的发展是密切相连的，人一看到这一个成分时就立刻望着另一个"②。正如普列汉诺夫所总结的，"把'人的天性'看作是解决一切法权、道德、政治、经济领域内'棘手事件'的最高裁判者的观点，十九世纪的著作家完全是从上世纪的启蒙学者那里继承来的"③。这种从启蒙学者那里继承而来的，具有最高普遍性的"天性"，只有在发展起来的第三等级，即资产阶级身上，才能获得完全的说明。同资产阶级的勤劳、质朴和自由相比，封建贵族的贪婪、骄奢和专权是不符合"人的天性"的；同资产阶级的教养、文明和管理才能相比，下层民众是"易于沾染恶习劣行"的，他们有的不过是一种"盲目的、放肆的、凶猛的民主精神"④，也不符合"人的天性"。如此一来，法国复辟时期的历史学家实际上就将普遍利益锁定在资产阶级的现实利益之上，只是从抽象的"人性"那里获取超越性。

马克思虽然继承了十九世纪著作家的阶级分析思路，但对于直接现实性和普遍性之间的紧张关系，他不再从"人的天性"出发，而是试图通过历史的发展来克服。也就是说，对于马克思而言，普遍性的超越品格不是来自人性的外在宰制，而是表现为历史之中的进步趋向。他所理解的"普遍"的阶级是在一定的历史时期代表社会进步的要求和方向，并推动社会发展的力量。所以马克思说：

---

① ［法］基佐：《欧洲文明史》，程洪逵、沅芷译，商务印书馆2005年版，第142页。
② ［法］基佐：《欧洲文明史》，程洪逵、沅芷译，商务印书馆2005年版，第14页。
③ ［俄］普列汉诺夫：《论一元历史观之发展》，博古译，生活·读书·新知三联书店1961年版，第23页。
④ ［法］基佐：《欧洲文明史》，程洪逵、沅芷译，商务印书馆2005年版，第147—148页。

> 在市民社会，任何一个阶级要能够扮演这个角色，就必须在自身和群众中激起瞬间的狂热。在这瞬间，这个阶级与整个社会亲如兄弟，汇合起来，与整个社会混为一体并且被看做和被认为是社会的总代表；在这瞬间，这个阶级的要求和权利真正成了社会本身的权利和要求，它真正是社会的头脑和社会的心脏。只有为了社会的普遍权利，特殊阶级才能要求普遍统治。①

具体到德国革命，马克思认为只有无产阶级才能作为承担德国革命的"普遍"的阶级，同时这个阶级只有实现人的解放才能实现德国的解放。他以问答的方式写道：

> 那么，德国解放的实际可能性到底在哪里呢？
> 答：就在于形成一个被戴上彻底的锁链的阶级，一个并非市民社会阶级的市民社会阶级，形成一个表明一切等级解体的等级，形成一个由于自己遭受普遍苦难而具有普遍性质的领域，这个领域不要求享有任何特殊的权利，因为威胁着这个领域的不是特殊的不公正，而是普遍的不公正，它不能再求助于历史的权利，而只能求助于人的权利，它不是同德国国家制度的后果处于片面的对立，而是同这种制度的前提处于全面的对立，最后，在于形成一个若不从其他一切社会领域解放出来从而解放其他一切社会领域就不能解放自己的领域，总之，形成这样一个领域，它表明人的完全丧失，并因而只有通过人的完全回复才能回复自己本身。社会解体的这个结果，就是无产阶级这个特殊等级。②

这是马克思首次表明自己的无产阶级立场，他如此细致的论述不只是简单的话语套用，我们有必要对马克思的这段论述进行更细致的考察，从而准确解读其内涵和意义。

毋庸置疑，马克思之所以认为无产阶级能够成为实现人的解放的现实力量，是因为无产阶级属于市民社会领域内的力量，它没有私人财产，是

---

① 《马克思恩格斯文集》第1卷，人民出版社2009年版，第14页。
② 《马克思恩格斯文集》第1卷，人民出版社2009年版，第16—17页。

市民社会的否定力量。这个阶级的解放不是社会某种特殊利益的实现,而只能以全社会普遍利益的实现为基础。进一步而言,马克思在这里思考的主题是德国革命,要准确解读上述马克思对无产阶级的分析,还需要回到德国历史之中。

与十九世纪中叶的英、法相比,德意志一直没有能够形成统一的民族国家,整个德意志民族始终处于复杂的皇权、教权、诸侯王权以及英、法、俄国的势力平衡等诸多纷争之中,而资本主义生产方式出现之后,现代城市的兴起进一步加剧了德意志内部矛盾的复杂性。正如歌德所言:"我们没有一个城市,甚至没有一块地方可以使我们坚定地指出:这就是德国!"支离破碎的德意志一直渴望获得促进其形成统一民族国家的普遍性力量,分化力量和统一诉求之间的矛盾渗透在德国的每一个领域之中,也渗透在德国每一次追求进步和解放的历史变革之中,这使得德国走向现代社会比英国和法国曲折得多。结合德国向现代社会迈进的历史来看,马克思分析"无产阶级"的五条特征不是为了修辞而进行的排比式论证,或是仅仅为了逻辑完满而做的罗列,它是马克思对德国历史上的革命过程和革命力量进行深入思考的结果,其中每一条都包含着具体的历史反思。

第一条"形成一个被戴上彻底的锁链的阶级"指的是,能够承担德国解放任务的主体力量必须是处于被压迫、被剥削地位的"受苦者",只有这种彻底的"受苦者"才具有充分的革命动力。这一条是针对德国宗教改革进行的总结和反思。德意志民族意识的觉醒和它反对封建主义迈向现代社会是从路德倡导宗教改革开始的。宗教改革前的德意志诸邦完全处在圣神罗马帝国教权和皇权的双重统治之中。罗马天主教会是欧洲封建制度的国际中心,它通过宗教思想赋予封建主"君权神授"的光环。在法国和英国,由于民族国家的独立性已经相当发达,世俗君主的力量足以抵制罗马天主教会对本国臣民的压榨,但在德意志诸邦,罗马教廷和世俗帝国的政治结构纠缠在一起,各邦国的世俗诸侯和教会诸侯分享着教皇的税收和赎罪券收入,这使得物质的、精神的、帝国的和民族的矛盾集中于德意志诸邦,并日益尖锐化。路德倡导的宗教改革直指罗马教廷和天主教会制度,他通过将圣经翻译为德文而为统一德意志语言的创立作出了贡献,也因此成为德意志民族意识觉醒的开始。然而,由路德倡导的宗教改革运动在后期分裂为不同的阵营,一大批贵族和诸侯等有产阶层希望通过改革运动取消教会权力和对罗马的依附地位，并获得原属天主教会的领地和财产。他们虽然支持宗教改革，但极力将改革控制在封建关系的范围内，而路德本人由于在运动中受到邦国诸侯的庇佑，也导向这一阵营。德意志的宗教改革最终为各诸侯所利用，各邦国诸侯成为本邦教会的首脑，并在教产还俗的改革浪潮中获利。由诸侯主导的宗教改革并没有实现德意志的解放，反而使其陷入以教义伪装起来的封建势力纷争逐鹿的过程之中，整个欧洲大陆被拖入三十年战争的泥潭，而德意志诸邦更是深受战争之苦。直到战争结束，德意志民族仍然是一个四分五裂的封建邦国。路德新教中所蕴含的资本主义精神在为欧洲其他民族开辟有利前景的同时，却在其诞生地被封建混战所掩埋。因此，马克思认为，德国解放如若不是以彻底的被压迫阶级作为核心的革命力量，无论是在精神上，还是在政治和经济方面，都难以真正向前进。

第二条"一个并非市民社会阶级的市民社会阶级"指的是，德国的解放主体必须越出宗教领域，是来自于市民社会内部的世俗力量，但又必须是一个克服了早期城市平民所固有的涣散、游惰等自私特性的社会集团。只有能够凝聚为统一革命力量的世俗群体才能成为德国解放的有力的领导集团。这一条是马克思对第一条进行的直接补充，也是对宗教改革后期德国农民战争高潮的反思。在路德倡导的宗教改革后期，分化出一个最为革命的城市平民和农民阵营，他们是宗教改革中最激进的力量，被称为"人民宗教改革"。人民宗教改革的代表是托马斯·闵采尔，他主张以暴力革命推翻封建剥削制度，建立尘世天国。在闵采尔的影响下，帝国城市米尔豪森的平民和手工业者推翻了城市贵族统治，成立了由城市居民选举的"永久市政会"，由闵采尔担任市政会的主席。恩格斯称："这段插曲构成了整个农民战争的最高潮，它的中心是农民战争中最伟大的人物托马斯·闵采尔，可是这段插曲为时极其短暂。城市平民集团势必垮得最快，同时，他们势必在很大程度上带有幻想的色彩，他们的要求也必然表达得极其含糊，所有这些都是不言而喻的；因为在当时的情况下，正是他们这一集团最缺乏牢固的基础。"[①] 同城市平民具有类似性，德国农民虽然是遭受到剥削和压迫最深重的广大群众，具有很强的革命愿望，但他们散居于各

---

① 《马克思恩格斯文集》第 2 卷，人民出版社 2009 年版，第 231 页。

地，要取得任何共同协议都极其困难，难以实现统一的行动。恩格斯曾在总结整个德国农民战争失败的原因时称："地方和各省区的分裂割据状态以及由此必然产生的地方和省区的狭隘性断送了整个运动；无论是市民，还是农民和平民都没有采取过集中的全国性的行动；例如农民们在每个省区都各行其是，从来不愿支援邻区的起义农民，因而在各次战斗中相继被官军歼灭。"① 从德国农民战争中可以看到，尘世生活的现实压迫造就了市民和农民的革命性，但封建制度解体所形成的市民社会又是一个各自为阵的、自私自利的社会，无法形成统一的革命力量。马克思认为德国解放的希望在于形成一个"非市民社会阶级的市民社会阶级"，其中"市民社会阶级"指的是真正的革命力量必须是超越宗教思想领域的，直接从事社会革命运动的，具有"世俗性"的社会力量，而"非市民社会阶级的"指的是不受割据性、狭隘性和自私自利限制的，能够实现团结统一的，具有"政治性"的社会力量。

第三条"形成一个表明一切等级解体的等级"是指，能够完成德国彻底解放的历史主体必须是与先进的现代生产方式相联系的，反对封建等级制度和专制制度，能够将德国带入现代国家行列的社会力量。也即是说，"表明一切等级解体"意味着这个群体除了要具备上述政治凝聚力之外，还必须具备反封建的"进步性"。这是马克思对三十年战争后，随着普鲁士邦国的崛起，德意志历史进入"开明君主专制"时期的反思。1740年，弗里德里希二世继位普鲁士王位，这一时期的普鲁士逐渐崛起，并成为欧洲大陆上的大国。所谓"开明君主专制时代"正是对弗里德里希二世统治特点的概括。"君主专制"是指君主仍然保持着封建君主的无限绝对权力，"开明"则是指君主崇尚资产阶级的启蒙运动学说，希望在普鲁士建立一种同君主主义思想相融合的理性法治国家。奉行"开明君主专制"的弗里德里希二世，采取了"双重"治理。一方面他采取宗教宽容政策，主张新闻自由，改进司法制度，同时限制封建行会，废止农奴制，奉行重商主义。通过"开明"统治的改革，普鲁士在一定程度上适应了变化了的时代环境，使得封建君主能够维护自己的强权统治和军事扩张。另一方面，开明君主不可能真正超越封建专制。尽管弗里德里希大王自称接受启蒙的契

---

① 《马克思恩格斯文集》第2卷，人民出版社2009年版，第317页。

约论国家观，但他仍然保持普鲁士作为一个分成全权贵族、不成熟的城市和不自由的农民三个等级的封建等级制国家，并巧妙地挑动和利用容克—资产者—农民三者之间的斗争，从而在"国家利益至上"的口号下，平衡社会各等级的利益冲突，使各等级都依附于他，以达到维护其君主专制的目的。对"开明君主专制"而言，维护政治等级的存在是其获益最大化的重要保障。因此，"开明君主专制"虽然表面上呈现出"国家利益至上"的统一力量，但它并没有将普鲁士和德意志带到现代国家和现代经济的发展之路上。究其缘由，开明君主虽然具有政治凝聚力，但这种凝聚力不是来自彻底的历史进步性，而是一种周旋在各封建等级之间的马基雅维利式的"平衡"。

第四条，"形成一个由于自己遭受普遍苦难而具有普遍性质的领域，这个领域不要求享有任何特殊的权利，因为威胁着这个领域的不是特殊的不公正，而是普遍的不公正，它不能再求助于历史的权利，而只能求助于人的权利，它不是同德国国家制度的后果处于片面的对立，而是同这种制度的前提处于全面的对立"，这是马克思对德国从拿破仑统治时期到普鲁士威廉四世上台这一段历史的反思，这一时期德国历史的复杂性和变动性最强，因而马克思的分析解释也最多。

1799年拿破仑担任法国第一执政，开始在欧洲大陆征战，封建的奥地利与普鲁士依靠服徭役的农奴子弟，难以抵御自由占有土地的法国农民子弟，一路溃败。在拿破仑战争的客观作用之下，德意志一部分自由主义贵族以普鲁士为民族复兴和民族统一的基地，力主通过改革挽救德意志民族的危亡。马克思之所以称"这个领域不要求享有任何特殊的权利，因为威胁着这个领域的不是特殊的不公正，而是一般的不公正"正是对这一改革的反思。普鲁士推行的施泰因—哈登贝格改革首先从农业立法、城市自治和行政改革开始。改革最初直接针对容克阶级的特权地位和普鲁士官僚制度，但遭到了容克的激烈反对，施泰因被卑劣的手段赶下台，他的继任者哈登贝格男爵对容克阶级作出让步，在不触动容克封建政治特权的前提下，以有利于容克的方式继续推进改革。由新兴贵族主导的改革只能解决对工商业特殊的"不公正"，而无法解决普通民众一般的"不公正"，在改革中，普通农民只有接受长期盘剥才能获得自由。

在拿破仑统治下，德意志反法爱国运动发展起来，并同其他诸国结成反法同盟，开始德意志民族解放战争。然而，战争的胜利并没有带来德意志的统一和进步。拿破仑垮台之后，自诩"欧洲宰相"的梅特涅采纳法国提出的"正统主义原则"，一心通过恢复旧的封建王朝来维护"欧洲均势"，他大力支持各邦诸侯将宪法解释为恢复中世纪封建等级制的法规，阉割代议制的进步性质，镇压革命运动和自由主义运动。这一时期的贵族历史学家则将在日耳曼征服中产生的贵族制度解释为自然的秩序，声称这种秩序被法国大革命中"背叛祖国、无恶不作"的第三等级所破坏。1814年反法联军占领法国被理解为恢复"历史上形成的古老封建制度"的又一次具有伟大意义的征服。[①] 马克思总结德国解放"不能再求助于历史的权利，而只能求助于人的权利"，是他对拿破仑将进步理念带到德意志的一种肯定，也是对梅特涅"复辟—均势"政策的批判和反思。

以政治复辟为目标的维也纳会议通过了德意志联邦条例，建立了德意志联邦。条例规定：联邦是德意志各主权邦和自由市之间一个"持久的、不可分离的"联合体，它的主要目的是"保持德意志外部和内部的安全，以及德意志各邦独立性和不可侵犯"，即保证各邦君主的正统主义统治权，各邦具有不受约束的独立主权。德意志联邦没有国家元首，没有中央政权，没有最高法院，没有统一的货币和度量衡，也没有统一的邮政。分裂和割据是"德国国家制度的后果"，与其处于"片面对立"的则是逐渐发展起来的工业资产阶级。工业资产阶级越来越清楚地将分裂割据的联邦制度看作是德意志走上现代道路的阻碍，他们开始领导德意志"统一和自由运动"，主张建立统一的君主立宪国家。1840年，威廉四世继位之后，资产阶级自由派寄望于这个普鲁士的新国王能够完成"和平的革命"，开创新局面，直到发现威廉四世完全站在封建贵族的立场上，才开始对现有制度进行公开的反对。在公开的反对过程中，"统一和自由运动"不断扩展开来，民主性也愈发强烈，表现出同封建等级制的国家制度"处于全面的对立"。然而，大资产阶级却不断疏远人民集会，试图将运动的目的限制在改革的范围内。因此，马克思总结德国解放的希望"不是同德国国家制度的后果处于片面的对立，而是同这种制度的前提处于全面的对立"。

第五条"最后在于形成一个若不从其他一切社会领域解放出来从而解

[①] 参见赖元晋《基佐阶级斗争历史思想的演变》，《法国研究》1984年第4期。

放其他一切社会领域就不能解放自己的领域,总之,形成这样一个领域,它表明人的完全丧失,并因而只有通过人的完全回复才能回复自己本身",这是马克思从规范的意义上,来回答德国解放的现实力量。需要看到的是,马克思给出的规范,并非抽象的逻辑推论,而是他超出德国视野之后,综合对法国的观察,从资本主义工业发展的必然性出发所得出的结论。这一点可以从马克思对德国无产阶级的进一步说明中得以充分的证实,他讲:

> 德国无产阶级只是通过兴起的工业运动才开始形成;因为组成无产阶级的不是自然形成的而是人为造成的贫民,不是在社会的重担下机械地压出来的而是由于社会的急剧解体、特别是由于中间等级的解体而产生的群众,虽然不言而喻,自然形成的贫民和基督教日耳曼的农奴也正在逐渐跨入无产阶级的行列。①

当然,马克思此时对工业和无产阶级的重视,只是来自他的历史比较,而非对社会历史规律的认知。因此,他仍然需要借助人本主义哲学,以"人的完全丧失"和"人的完全恢复"来说明无产阶级的苦难与解放,并且完全是从哲学的和政治的角度来看待和认识这种"非人性"。

在完成哲学世界观的转变和研究资本主义生产方式之前,马克思对无产阶级的认识并不足够深刻,因而不能将他在《〈黑格尔法哲学批判〉导言》中对无产阶级的认识同成熟时期的马克思完全等同,更不能将其视为马克思认识现代工人阶级的最高理论成就,进而用早期尚不成熟的理解替代马克思整体的无产阶级观。但另一方面,我们也不能过分夸大其中人本主义的非科学成分,将马克思思想中尚不成熟的因素理解为一种具有根本性和方向性的理论谬误,抹杀马克思转向无产阶级立场的意义。

从上述分析可见,马克思赋予无产阶级人的解放的历史使命是对德国革命的政治设想,这一设想不同于启蒙学者建立在抽象逻辑论证基础之上的规范设计,而是通过反思德国寻求解放和进步的历史得出的结论。如果说马克思此时的"无产阶级"观具有理论建构性,那么这种建构性不是启

---

① 《马克思恩格斯文集》第1卷,人民出版社2009年版,第17页。

蒙政治哲学中体现为理性概念的逻辑规范式"建构",而是通过反思历史得出历史经验的总结式"建构",即正是马克思在给卢格的信中所说的"通过批判旧世界而发现新世界"。如果说马克思转向无产阶级立场具有政治观察的经验性,那么这种经验性的来源也不完全是类似魏特琳、布朗基等空想共产主义者的纯粹日常经验,而是建立在对历史上各种政治力量的革命成果进行比较分析之后的判断。

  当马克思明确将人的解放与无产阶级解放相联系,他在理论上就必然需要进一步回答更为根本的问题,即为什么说无产阶级意味着"人的完全丧失",而这样"完全丧失的人"何以又能成为工业社会的进步力量?如果无产阶级将人的解放作为自身的历史使命,那么这种"人的解放"又该如何理解,它是从什么样的束缚中获得的解放,它的对象和目标是什么?要从理论上回答这些问题,仅仅停留在历史和政治领域之中显然不够,这就迫使马克思进入以市民社会的经济生活为主题的国民经济学研究之中。

第二章　指认现代社会财富的创造主体

当马克思将无产阶级看成是代表历史进步趋势的普遍领域，是实现德国解放和人的解放的现实力量，他便需要在理论上对这一阶级的革命使命作出说明。在巴黎，马克思一边接触法国的工人组织和民主运动，一边开展理论研究，特别是政治经济学研究。马克思进行了大量的阅读、摘录，写下了七个笔记本的摘录和三个笔记本的手稿。学界一般将以摘录为主的遗稿归为《巴黎笔记》（其中'穆勒评注'较为特殊，在摘录的后半部分包含了马克思较大篇幅的自主评论），而将以马克思自己评论为主的遗稿归于《巴黎手稿》（即《1844年经济学哲学手稿》）。《巴黎笔记》（尤其是'穆勒评注'）和《巴黎手稿》之间的关系是马克思思想研究中争议较大的问题，学界形成了诸多不同的观点。[1] 撇开复杂的文献问题，我们在这里主要关注马克思在巴黎时期的思想演进对他认识现代无产阶级产生了

---

[1] 总体而言，学界对《巴黎笔记》和《巴黎手稿》关系的研究遵循了文献考证和思想逻辑辨析两种路径。就文献考证而言，具有代表性的观点包括：苏联早期马克思研究专家尼·伊·拉宾（Nikolai. I. Lapin）提出的"笔记本Ⅰ→'穆勒评注'→笔记本Ⅱ→笔记本Ⅲ"；MEGA2 负责《巴黎手稿》编辑的英格·陶伯特（Inge Tauber）提出的"笔记本Ⅰ→笔记本Ⅱ→笔记本Ⅲ→'穆勒评注'"；阿姆斯特国际社会史研究所研究员尤尔根·罗扬提出"'巴黎手稿'是'巴黎笔记'的组成部分"。（参见刘秀萍《马克思"巴黎手稿"再研究》，中国人民大学出版社2013年版，第26—32页。）就对思想逻辑的辨析而言，学界具有代表性的观点有：主张包括"穆勒评注"在内的"笔记"完成在前，三本"手稿"完成在后的写作顺序，其整体思想遵循"政治经济学内在批判—异化逻辑的政治经济学外在批判"的演进逻辑（参见张一兵《回到马克思——经济学语境中的哲学话语（第三版）》，江苏人民出版社2014年版，第168—219页）；主张"笔记本Ⅰ→笔记本Ⅱ→'穆勒评注'→笔记本Ⅲ"的写作次序，整体思想遵循"'孤立人'出发的异化劳动逻辑——'社会人'出发的交往异化逻辑"（参见韩立新《巴黎手稿研究》，北京师范大学出版社2014年版，第109—150页）；主张三个笔记本"手稿"完成在前，《穆勒评注》完成在后的写作次序，整体思想遵循"劳动异化的人本主义批判逻辑—分工的历史演进逻辑"（参见姚顺良《从"异化劳动"到"谋生劳动"：青年马克思人本主义范式解构的开始》，《马克思主义研究》2010年第10期）。本书不讨论"笔记"和"手稿"的写作次序与关系，仅涉及这一时期马克思的思想发展，因此将"笔记"和"手稿"视为一个整体并对上述三种思想演进逻辑的研究均有吸收采纳。

什么影响，同时，马克思已然确立的无产阶级政治立场对他的研究又产生了什么作用，我们能够从他在这一时期的思考中获得怎样的启示。

第一节　财富的主体本质和劳动者的非主体境遇

在《〈黑格尔法哲学批判〉导言》中，马克思认为现实的普遍领域是市民社会中能够代表普遍利益的领域，它往往是能够推动历史进步的力量。市民社会以经济生活为主要内容，普遍利益究竟该如何理解只有在经济学中去寻找答案。在马克思之前，恩格斯和法国空想社会主义者蒲鲁东都曾研究流行的国民经济学，力图通过对国民经济学的批判，为社会共同财富和普遍利益提供理论说明。在恩格斯和蒲鲁东看来，国民经济学的核心是研究财富的增长问题，但国民经济学家的研究都以私有制为前提，即将市民社会中的特殊性作为前提，所以他们都不可能真正服务于社会财富，而不过是自私自利的学问。恩格斯在《国民经济学批判大纲》中称"这种从商人的彼此妒忌和贪婪中产生的国民经济学或发财致富的科学，在额角上带有最令人厌恶的自私自利的烙印"[①]。在蒲鲁东看来，启蒙思想家提出的"天赋人权"和"法律面前人人平等"等原则不过是抽象的法权，这种抽象的法权是以财产的不平等为前提的。蒲鲁东在《什么是所有权》中讲："如果每个人的财富都是社会的财富，每个人又都是平等的，那么每个人就应该有权随意支配一切社会财富。那么，所有权本身就是自相矛盾的。财富为个人所有的权利必然是反社会的，一种在社会之外的东西"。对于同样看重普遍利益的马克思而言，恩格斯和蒲鲁东对国民经济学的批判态度极易引起他的共鸣，因此马克思对国民经济学的研究一开始也是从研究普遍利益和特殊利益的关系出发的。

一　劳动：财富的主体本质与人的自我生成

对于以研究财富增长的规律为目的的国民经济学而言，首先必须说明财富的本质与性质，这也是马克思在经济学研究之初特别关注的问题，因为只有弄清楚财富的本质及其分配的机制，才能进一步对普遍利益发言。

[①]《马克思恩格斯文集》第1卷，人民出版社2009年版，第56页。

这一关注点在马克思的摘录笔记中表现得非常清晰。马克思在《让·巴·萨伊〈论政治经济学〉一书摘要》中摘录了"关于财富的性质和流通的原理",在《大卫·李嘉图〈政治经济学和赋税原理〉一书摘要》中摘录了"价值和财富的特性"相关内容,在《比·布阿吉尔贝尔〈法国详情,它的财富减少的原因以及救济的难易程度〉一书摘要》中摘录了"论国民财富减少的原因""复兴国民财富的方案"等内容。在对李嘉图的摘录中,马克思还专门从普遍利益和特殊利益的关系出发,对李嘉图和国民经济学进行了评论:

> 归根结底,李嘉图的意见是什么呢?仅仅是:如果离开资本家的利润,国家的利润就是一种虚构,因为我们把国家理解为总体的资本家。至于各个资本家,那么他又可以断言:总体资本家对他来说是个虚构,他就是国家,因此他的利润也就是国家的利润。一旦资本家的特殊利益适用于国家利益,为什么个别资本家的特殊利益不应适用于一切资本家的普遍利益?资本家的特殊利益有权力冒充国家的普遍利益,个别资本家的特殊利益也有同样权力冒充一切资本家的共同利益,冒充国家的普遍利益。国民经济学的一种人为的虚构。国民经济学从特殊利益和共同利益的对立出发,并且断言:尽管有这种对立,但特殊利益还是普遍的。①

从上述引文中可以看到,马克思对国民经济学的批判起始于对普遍利益和特殊利益之间矛盾对立的思考,认为国民经济学只承认个别资本家的特殊利益。在《巴黎手稿》《笔记本Ⅰ》第一部分中,马克思则从无产阶级立场出发指出"按照国民经济学家的意见,工人的利益从来不同社会的利益相对立,社会却总是而且必然地同工人的利益相对立"②。显然,从普遍利益和特殊利益的关系出发的讨论,还带有从政治视角看待经济问题的浓重痕迹。

随着马克思研究的逐渐深入,他开始进入经济学问题本身,而对财富

---

① 《"巴黎笔记"选译》,王福民译,载《马恩列斯研究资料汇编(1980年)》,书目文献出版社1982年版,第41页。
② 《马克思恩格斯文集》第1卷,人民出版社2009年版,第123页。

性质的关注则为其思想发展打开了新的思路。在巴黎笔记中马克思摘录对比了萨伊主张的"效用价值论"同亚当·斯密和李嘉图主张的"劳动价值论"之间的区别。虽然此时马克思并没有认同"劳动价值论",但对于站在工人阶级立场上的马克思而言,劳动创造价值这一观点无疑能够引发他更多的理论联想。

在《巴黎手稿》中,马克思追溯了从重商主义到古典自由主义政治经济学对财富性质的认识过程。重商主义将贵金属作为财富的本质,这只是在自然界的范围内将财富理解为外在的,作为直接对象性的财富,完全没有从主体的方面来认识财富。当重农主义学说将财富归结为农业,即土地和耕作,就开始认识到劳动在财富形成过程中的作用。对于重农主义而言,土地只有通过劳动才对人存在,因而劳动作为财富的主体本质已经凸显出来。但是,重农主义仅仅将农业看成是财富的源泉,因而还停留于一种特殊的劳动,即只是以部分的、特殊的方式承认财富的本质在于财富的主体存在。以工业生产为基础的国民经济学在重农学派的基础上,将农业同任何其他生产部门同等对待,将一般劳动宣布为财富的主体本质,突破了将财富的本质与某种特定劳动相联系的局限,这就完全从主体的意义上指认了财富的普遍本质。马克思认同恩格斯将亚当·斯密看成是"国民经济学的路德"。路德把宗教笃诚变成人的内在本质,而亚当·斯密把一般的劳动看成是价值的源泉,看成财富的主体本质,这也就将人本身理解为私有财产的本质。马克思讲:

> 十分明显,只有把劳动视为自己的原则——亚当·斯密——,也就是说,不再认为私有财产仅仅是人之外的一种状态的国民经济学,只有这种国民经济学才应该被看成私有财产的现实能量和现实运动的产物(这种国民经济学是私有财产的在意识中自为地形成的独立运动,是现代工业本身),现代工业的产物。[①]

然而,马克思并不停留于此,在他看来,即便是以一般劳动为原则的国民经济学也不过是从表面上承认人,事实上却是对人的否定,因为国民

---

① 《马克思恩格斯文集》第1卷,人民出版社2009年版,第178页。

经济学是在私有财产的范围内认识财富及其主体本质的，它只关心作为私有财产的财富的增长。国民经济学把私有财产移入人自身的本质中，对财富的理解不再受制于外在的，诸如地域、民族等因素的规定，形成了一种世界主义的、普遍的认识，这是工业资本的理论表现，但同时，国民经济学又将人置于了私有财产的完全统治之中。马克思讲："只有这时私有财产才能完成它对人的统治，并以最普遍的形式成为世界历史性的力量。"[1]

国民经济学通过劳动承认财富的主体本质，黑格尔则将劳动同人的本质密切联系起来。在黑格尔看来，劳动是人的自我确证的本质，人是通过劳动自我创造，自我产生的。在《精神现象学》中，黑格尔通过对主奴关系的辩证解读，将劳动看成是奴隶重新获得自为存在和自由本质的一个必要环节。黑格尔认为，主人的欲望是随即消失的，缺乏客观性和持久实质的一面，相反，"劳动是受到限制或节制的欲望，亦即延迟了的满足的消逝，换句话说，劳动陶冶事物。对于对象的否定关系成为对象的形式并且成为一种有持久性的东西，这正因为对象对于那劳动者来说是有独立性的。这个否定的中介过程或陶冶的行动同时就是意识的个别性或意识的纯粹自为存在，这种意识在劳动中外在化自己，进入到持久的状态。因此那劳动着的意识便达到了以独立存在为自己本身的直观"[2]。黑格尔通过作为推动原则和创造原则的否定性辩证法，将人的自我产生看成是通过劳动完成的过程，是自己劳动的结果。

需要注意的是，黑格尔特别将经过劳动确证的自由与完全主观的，表现为"任性"和"偏见"的自由作了区分。"任性"和"偏见"是没有经过磨炼的，它不能掌握普遍的力量和整个客观的现实，因而也不是自由的纯粹形式，自由意识的纯粹形式是"被认作弥漫于一切个体的普遍的陶冶事物的力量和绝对的概念而言"的。也就是说，黑格尔认作能够使人实现自我产生和自我创造的劳动，是遵循着普遍理性，受制于普遍理性的。在《哲学演讲录》中黑格尔指出："我们在现世界所具有的自觉的理性，并不是一下子得来的，也不只是从现在的基础上生长起来的，而是本质上原来就具有的一种遗产，确切点说，乃是一种工作的成果，——人类所有过去

---

[1] 《马克思恩格斯文集》第 1 卷，人民出版社 2009 年版，第 182 页。
[2] [德] 黑格尔:《精神现象学》上卷，贺麟、王玖兴译，商务印书馆 1979 年版，第 147—148 页。

各时代工作的成果。"① 也就是说,黑格尔是就劳动对于意识独立的作用来理解劳动的,他所言的劳动必须是能够成为自觉理性之遗产的精神活动,是自我意识借以克服异化的精神活动,而不是现实的人的生产实践活动。对于黑格尔而言,即便是劳动过程要接受客观事物的限制,也不过是客观世界为了使自我意识褪去任性的虚妄从而不断向普遍理性靠拢的驯化。所以马克思批判黑格尔说:"他把劳动看做人的本质,看做人的自我确证的本质;他只看到劳动的积极的方面,没有看到它的消极的方面。"②

总体而言,马克思从国民经济学那里了解到劳动是财富的主体本质,又从黑格尔那里汲取劳动是人自我生成的关键,他也就获得了说明无产阶级革命的理论支点。劳动是财富的主体本质,又是人自我生产的关键,那么市民社会的核心问题归根究底是劳动问题,无产阶级解放的核心是劳动解放问题。从劳动解放出发,马克思就不仅是从被压迫者的反抗这一否定方面来论证无产阶级革命的必然性,同时还从劳动者和财富的创造者、从追求人之为人这一肯定的方面,从历史进步的方向来认识无产阶级及其革命。

二 异化劳动与劳动者的非主体境遇

当马克思从无产阶级的立场出发来观察巴黎实际的生产劳动时,现实的生产劳动既不像在黑格尔体系中那样闪耀着玫瑰色,也不是国民经济学家眼中看到的公平合理,它既不能使奴隶般的劳动者获得自由自觉的独立意识,也没有在资本、地租和工资的分离过程中获得等值的分配和与前两者相同的命运。无论是从人的劳动本质出发,还是从财富的主体本质出发,现实的劳动都是与劳动者疏离,让劳动者陷入一种非主体境遇的劳动,都是异化的劳动。

在《笔记本Ⅰ》中,马克思对比工资、利润和地租三种不同的特殊利益,批判了国民经济学对劳动者主体本质的无视。在马克思看来,工资和利润、地租之间有着本质的不同,工资是与劳动这一人的生命创化紧密相连的,而资本和地租则不然,但"国民经济学不考察不劳动时的工人,不

---

① [德]黑格尔:《哲学史讲演录》第一卷,贺麟、王太庆译,商务印书馆1978年版,第8页。
② 《马克思恩格斯文集》第1卷,人民出版社2009年版,第205页。

把工人作为人来考察"①。以此作为思考的切入点，马克思开始尝试超出国民经济学，回答"把人类的最大部分归结为抽象劳动，这在人类发展中具有什么意义?"②从马克思提出这一问题可见，他希望从工人的立场追问现代资本主义对人的解放而言究竟意味着什么。为了回答这一问题，马克思研究摘录了舒尔茨的《生产运动》、康斯坦丁·贝魁尔的《社会经济[和政治经济的新理论]，或关于社会组织的探讨》、查理·劳顿的《人口和生计问题的解决办法》和欧·比雷的《论英法工人阶级的贫困》当中对工人境遇的论述。在这些论述的基础上，马克思以异化逻辑为理论工具，结合国民经济学的研究，对作为劳动主体的工人在现代社会中的非主体境遇进行了揭露和深入的批判。

1. 劳动者动物化

在马克思看来，能够使人自我创化的劳动是现实化和对象化的劳动，是作为主体的人与作为客体的自然相统一的过程，是人以自身的能动性认识、改造自然，并通过与自然的交往丰富发展自身。但对于现代工人而言，劳动的对象化表现为对象的丧失，即"对对象的占有竟如此表现为异化，以致工人生产的对象越多，他能够占有的对象就越少，而且越受自己的产品即资本的统治"③。这样的统治致使工人被剥夺了最必要的对象——不仅是生活的必要对象，而且是劳动的必要对象，甚至劳动本身。如此一来，工人与能够使其实现自我创化的劳动对象分离开来，自然的、感性的外部世界对工人而言，不再是人的对象化的自然前提，"没有自然界，没有感性的外部世界，工人什么也不能创造。自然界是工人的劳动得以实现、工人的劳动在其中活动、工人的劳动从中生产出和借以生产出自己的产品的材料"④。这样，工人作为有意识的人，其改造自然和外部世界的关系，颠倒为工人只有首先获得工作、获得与劳动对象相联系的机会，才能够获得生存资料，才能够成为基本的肉体主体。马克思讲："这种奴隶状态的顶点就是：他只有作为工人才能维持自己作为肉体的主体，并且只有作为肉体的主体才能是工人。"⑤这样的颠倒，使得工人在感性的自然面前

---

① 《马克思恩格斯文集》第1卷，人民出版社2009年版，第124页。
② 《马克思恩格斯文集》第1卷，人民出版社2009年版，第124页。
③ 《马克思恩格斯文集》第1卷，人民出版社2009年版，第157页。
④ 《马克思恩格斯文集》第1卷，人民出版社2009年版，第158页。
⑤ 《马克思恩格斯文集》第1卷，人民出版社2009年版，第158页。

失去了作为人的能动的主体性，成为肉体化的动物性生命，即"工人的产品越完美，工人自己越畸形；工人创造的对象越文明，工人自己越野蛮；劳动越有力量，工人越无力；劳动越机巧，工人越愚笨，越成为自然界的奴隶"①。此外，对于为获得基本生存资料而劳动的工人而言，它的动物化不仅仅表现为失去能动的、创化的主体性，还表现为需求的野蛮化和简单化。在《笔记本Ⅲ》中马克思称：

> 光、空气等等，甚至动物的最简单的爱清洁习性，都不再是人的需要了。肮脏，人的这种堕落、腐化，文明的阴沟（就这个词的本义而言），成了他的生活要素。完全违反自然的荒芜，日益腐败的自然界，成了他的生活要素。他的任何一种感觉不仅不再以人的方式存在，而且不再以非人的方式因而甚至不再以动物的方式存在。②

2. 劳动者机器化

劳动者的动物化还只是劳动者非主体境遇的感性直观表现，随着资本对劳动统治的进一步加强，劳动者从"动物化"向"机器化"陷落，越发远离生命特性。在《笔记本Ⅰ》的第一部分中，马克思写道："一方面随着分工的扩大，另一方面随着资本的积累，工人日益完全依赖于劳动，依赖于一定的、极其片面的、机器般的劳动"③。在第二部分，马克思通过分析劳动活动的异化，对这种"片面的、机器般的劳动"作了仔细说明：

> 劳动对工人来说是外在的东西，也就是说，不属于他的本质；因此，他在自己的劳动中不是肯定自己，而是否定自己，不是感到幸福，而是感到不幸，不是自由地发挥自己的体力和智力，而是使自己的肉体受折磨、精神遭摧残。因此，工人只有在劳动之外才感到自在，而在劳动中则感到不自在，他在不劳动时觉得舒畅，而在劳动时就觉得不舒畅。因此，他的劳动不是自愿的劳动，而是被迫的强制

---

① 《马克思恩格斯文集》第1卷，人民出版社2009年版，第158页。
② 《马克思恩格斯文集》第1卷，人民出版社2009年版，第225页。
③ 《马克思恩格斯文集》第1卷，人民出版社2009年版，第120页。

劳动。①

劳动者的"机器化"使得劳动者难以在劳动中感受到生命和自由，劳动不被劳动者看成是自身的对象化过程，也不被看成是劳动者自我发展的过程，相反，劳动者像逃避瘟疫一样逃避劳动。在《笔记本Ⅲ》中，马克思再次论述了"机器般的劳动"对工人的影响：

> 机器、劳动的简单化，被利用来把正在成长的人、完全没有发育成熟的人——儿童——变成工人，而工人则变成了无人照管的儿童。机器迁就人的软弱性，以便把软弱的人变成机器。②

从"动物化"到"机器化"是劳动者主体性的进一步陷落，作为"动物"存在的劳动者尚且还被视为"生命"，能够引起慈善的、怜悯的救济，而被视为"机器必要补充"的劳动者已然失去了作为一个生命的基本伦理感召。这一点，马克思在《评一个普鲁士人的〈普鲁士国家和社会改革〉》一文中对英国济贫法的评论也从侧面有所反映。在文章中，马克思记述了英国对待赤贫者的措施变化。最初的《济贫法》是依据慈善的原则将赤贫者视为需要关怀和怜悯的"生命"，随着工业的发展和贫困的普遍化，英国议会认为慈善事业助长了社会缺陷，是"公开鼓励贫穷"，以强制劳动的习艺所制度替代了慈善原则。恩格斯在《英国工人阶级状况》一文中，将习艺所称为"穷人的巴士底狱"。马克思讽刺新济贫法称："从前说是由于慈善事业的缺欠，现在又说是由于慈善事业的过剩。最后，把贫穷看作穷人自己的罪过，穷人为此应该受到惩罚。"③统治者对待贫困态度的这一转变，侧面证明了劳动的"机器化"抹去了劳动者作为主体性存在的生命价值和人道关怀。

3. 劳动者商品化

当劳动不仅只是对象化劳动，更是整个社会范围内为资本创造利润的劳动，这样的劳动就不只是生产产品，同时还生产出劳动与资本之间的关

---

① 《马克思恩格斯文集》第1卷，人民出版社2009年版，第159页。
② 《马克思恩格斯文集》第1卷，人民出版社2009年版，第225—226页。
③ 《马克思恩格斯全集》第3卷，人民出版社2002年版，第383页。

系，也就是马克思后来所讲的，工人不仅再生产商品，而且再生产出资本主义生产关系本身。在创立历史唯物主义以前，马克思虽然未能用"生产关系"概念准确地表达这层含义，但在《笔记本Ⅱ》［私有财产的关系］一节中，他通过对劳动者"商品化"境遇的揭示，已经对这一问题进行了初步的论述。马克思讲：

> 作为资本，工人的价值按照需求和供给而增长，而且，从肉体上来说，他的存在、他的生命，也同其他任何商品一样，过去和现在都被看成是商品的供给。工人生产资本，资本生产工人，因而工人生产自身，而且作为工人、作为商品的人就是这整个运动的产物。①

劳动者在整个社会生产运动中被"商品化"，也就意味着劳动者群体的存在只具有统计学意义。在这里，马克思再次批判国民经济学不知道有失业的工人，不知道有劳动关系之外的人，对国民经济学而言，"工人的需要不过是维持工人在劳动期间的生活的需要，而且只限于保持工人后代不致死绝。因此，工资就与其他任何生产工具的保养和维修，与资本连同利息的再生产所需要的一般资本的消费，与为了保持车轮运转而加的润滑油，具有完全相同的意义"②。如果说在异化劳动中，马克思所揭露的劳动者的"动物化"和"机器化"，还是从单个劳动者的生存境遇而言的，是能够在单个工人身上看到的非主体化过程，那么讨论劳动者"商品化"，则是就无产者的再生产而言的，是对无产阶级整体的非主体境遇进行的批判。马克思讲：

> 生产不仅把人当做商品、当做商品人、当做具有商品的规定的人生产出来；它依照这个规定把人当做既在精神上又在肉体上非人化的存在物生产出来。——工人和资本家的不道德、退化、愚钝。这种生产的产品是具有自我意识的和能够自主活动的商品……商品人……③

---

① 《马克思恩格斯文集》第 1 卷，人民出版社 2009 年版，第 170 页。
② 《马克思恩格斯文集》第 1 卷，人民出版社 2009 年版，第 171 页。
③ 《马克思恩格斯文集》第 1 卷，人民出版社 2009 年版，第 171 页。

虽然马克思在这里批判劳动者"商品化"（不同于科学的劳动力商品概念）的理论主调，仍然是人本主义的异化逻辑，但当他从批判单个工人的非主体境遇，到批判工人阶级整体的非主体境遇，也就暗含着包裹在阶级分析思路里的"生产关系"思想萌芽了。

4. 劳动者的妖魔化

随着工业资本进一步发展成为金融资本，特别是信用业和银行业的出现，劳动者作为财富创造者的形象被进一步掩盖。信用业以"货币"和"支付能力"作为评判人的标准，在这样的道德评判标准下，无产者群体被视为无德的"贱民"，劳动者的非主体境遇进一步从肉体层面深入到道德和精神层面。在《穆勒评注》中，马克思通过对信用业的分析，揭露和批判了这种对劳动者的"妖魔化"过程。马克思称，在信用业中出现了一种假象，似乎异己的物质力量的权力被打破了，自我异化的关系被扬弃了，人又重新处在人与人的关系之中，然而实际上在信贷关系中，人本身代替了货币，成为交换的媒介。这里的人不是作为人而是作为资本和利息存在，因而在信贷关系中，人完全丧失了自身。如果说在"动物化""机器化"和"商品化"的境遇中，人只是失去了对劳动这一自我实现方式的把握，那么在信贷关系中则丧失了整个人的存在。马克思讲：

> 在信贷关系中，不是货币被人取消，而是人本身变成货币，或者是货币和人并为一体。人的个性本身、人的道德本身既成了买卖的物品，又成了货币存在于其中的物质。构成货币灵魂的物质、躯体的，是我自己的个人存在、我的肉体和血液、我的社会美德和声誉，而不是货币、纸币。信贷不再把货币价值放在货币中，而把它放在人的肉体和人的心灵中。①

除了人的完全丧失，信贷关系还体现出人与人之间社会交往的极端不信任和完全异化。在信贷关系中，一个"诚实的人"必须是"有支付能力的人"，也就是说"对一个得不到信贷的人，不仅简单地判决他是贫穷的，而且还在道德上判决他不配得到信任，不配得到承认，因而是社会的贱

---

① 《马克思恩格斯全集》第42卷，人民出版社1979年版，第23页。

民，坏人"。① 如此一来，劳动者不仅要在劳动时在肉体上忍受劳动异化带来的痛苦，还要在社会生活中在精神上忍受交往异化带来的屈辱。

通过对劳动这一财富主体本质的指认，马克思肯定了现代无产阶级作为社会财富生产者的地位。此时的马克思所依循的逻辑是，既然劳动创造了价值，是财富的主体本质，那么劳动阶级应该是市民社会中现实的普遍利益领域，而现代社会的劳动阶级正是工业化过程中产生的现代工人，这就使得无产阶级的现实普遍性获得了充分的说明。再者，劳动是人之为人的必然环节，人是通过劳动而实现自我生成的，那么劳动阶级就应当在社会劳动过程中获得自由独立，然而，现实中劳动的工人不但没有获得自由独立，反而遭遇了各种因素的摆布，从肉体到精神全面陷入异化之中。马克思批判劳动异化和交往异化，揭示劳动者的非人境遇，实质上为赋予无产阶级"人类解放"的历史使命提供了进一步的说明。

第二节　劳动解放的提出及其理论意义

在《巴黎手稿》和《穆勒评注》中，马克思以异化作为枢纽概念，通过分析劳动异化及其基础上的交往异化，批判了资本主义生产的残酷性和国民经济学的"非人性"。与此相应，马克思认为，人的自由自觉劳动是克服了异化的劳动，即能够表现人的主体本质的劳动，这样的劳动才是劳动者和人类社会应有的存在状态，是人类解放的现实基础。也就是说，马克思在巴黎经历了一个将自己的革命目标从政治解放上升为人的解放，又从人的解放具体化为无产阶级解放和劳动解放的过程。马克思讲："从异化劳动对私有财产的关系可以进一步得出这样的结论：社会从私有财产等等解放出来、从奴役制解放出来，是通过工人解放这种政治形式来表现的，这并不是因为这里涉及的仅仅是工人的解放，而是因为工人的解放还包含普遍的人的解放；其所以如此，是因为整个的人类奴役制就包含在工人对生产的关系中，而一切奴役关系只不过是这种关系的变形和后果罢了。"② 即是说，此时的马克思把对异化劳动的克服视为是通过无产阶级解放而实现人类解放的首要目标。在《巴黎手稿》中，马克思将异化劳动和

---

① 《马克思恩格斯全集》第42卷，人民出版社1979年版，第23页。
② 《马克思恩格斯文集》第1卷，人民出版社2009年版，第167页。

对象化劳动区别开来。私有财产所导致的异化劳动意味着人的类本质的丧失,自由自觉的劳动,即对象化劳动才是人的类本质的实现。只有在市民社会领域内扬弃私有财产,重新恢复对象化劳动所表征的人的类本质,才能实现超越政治革命的社会革命。如果说走向自由自觉的对象化劳动是马克思在巴黎时期对无产阶级革命理想的最初理解,那么马克思又是如何认识对象化劳动的呢?

一 异化和对象化的区分

在德国古典哲学中,异化和对象化都是表征主体和客体之间关系的范畴。在黑格尔那里,外化、异化和对象化是同一的,他认为主体离开自身,即通过对自身的否定而外化为异己的客体对象,并将自己的本质赋予对象,而作为客体的对象通过否定之否定扬弃自身向主体回归。这样一来,黑格尔就通过异化概念将客体归之于主体,看成是主体自身的产物,从而突出了主体能动性及其运动的历史性。但是,黑格尔将之作为异化主体的是绝对精神,人不过是绝对精神异化过程中的一个环节,即自我意识,复杂的人类历史现象则是自我意识的规定性。黑格尔通过主奴关系辩证法对劳动的肯定,正是他对自我意识展开的解析,也就是说,黑格尔眼中的劳动只是自我意识外化的必要环节。对此,马克思批判说,"自我意识通过自己的外化所能设定的只是物性,即只是抽象物、抽象的物,而不是现实的物","此外还很明显的是:物性因此对自我意识来说决不是什么独立的、实质的东西,而只是纯粹的创造物,是自我意识所设定的东西,这个被设定的东西并不证实自己,而只是证实设定这一行动,这一行动在一瞬间把自己的能力作为产物固定下来,使它表面上具有独立的、现实的本质的作用——但仍然只是一瞬间"。①

马克思对黑格尔异化观的批判受到费尔巴哈的影响。在费尔巴哈看来,黑格尔的绝对精神不过是用理性改造了的上帝,如同上帝造物一般,一切都被囊括在理性的精神世界之中。绝对精神外化不是通过一个独立的对象确证自己,而只是在绝对精神内部的自我确证,而人(即黑格尔所讲的自我意识)的独立性也不是由独立的对象来确证,而只是由人对折射在

---

① 《马克思恩格斯文集》第 1 卷,人民出版社 2009 年版,第 208—209 页。

对象中的人的自身本质的认识来确证，一切都只是意识的思维过程。费尔巴哈从唯物主义原则出发，一方面将感性存在物同思维区分开来，另一方面将感性直观和表象、幻想的直观区分开来。作为感性存在物的自然界和人都是独立的对象，表象的直观是将对象之于人的表象、幻想当成对象本身，因而所直观到的并不是实际事物，而只是思维的产物，而感性直观则是对对象本身的认识。马克思接受了费尔巴哈的感性存在先在性的原则，并在此基础上阐释了对象化概念：

> 当现实的、肉体的、站在坚实的呈圆形的地球上呼出和吸入一切自然力的人通过自己的外化把自己现实的、对象性的本质力量设定为异己的对象时，设定并不是主体；它是对象性的本质力量的主体性，因此这些本质力量的活动也必定是对象性的活动。对象性的存在物进行对象性活动，如果它的本质规定中不包含对象性的东西，它就不进行对象性活动。它所以创造或设定对象，只是因为它是被对象设定的，因为它本来就是自然界。①

从以上的论述中可以清晰地看到，马克思所理解的对象化，是以肯定自然的客观先在性，肯定人的自然属性及其客观先在性为基础的。他继承了费尔巴哈人本主义的唯物主义原则，将人看成是自然的一部分，人的感性是以人的自然属性为基础的，同时又力图在这种感性人的基础之上通过对象化活动保留黑格尔对主体能动性的肯定。

二 对象化劳动的属人性和约束性

马克思接受了黑格尔关于人通过劳动自我生成的观点，又接受了费尔巴哈关于人及其类本质的认识，并将这二者综合起来，形成了对真正的、非异化的人类劳动，即对象化劳动的理解，可以说这也是青年马克思最初具有浓厚人本主义和自然主义色彩的劳动解放观。对象化劳动既是人的劳动，又是对象性活动，也就意味着它既是属人性的活动，又是必然会受到约束的活动。就属人性而言，对象化劳动是不断生成的过程，是运动着的

---

① 《马克思恩格斯文集》第 1 卷，人民出版社 2009 年版，第 209 页。

人类历史，就约束性而言，对象化劳动是发生在人同独立的自然客体之间的，不只是主体外化的过程，因而也就不会只是精神活动。对象化劳动的属人性和约束性不同于思辨哲学所讨论的纯粹的主—客之间的能动性和受动性，因为无论劳动的属人性还是约束性，都体现着现实劳动中的人和自然之间的关系，而不能完全等同于哲学理论之中思维和存在的关系，现实劳动中的人始终要以其自然生命的客观性为基础，却又是特殊的有意识的自然存在物。

1. 对象化劳动的属人性

在费尔巴哈看来，人首先是感性的自然存在物。在此基础上，马克思讲："人作为自然存在物，而且作为有生命的自然存在物，一方面，具有自然力、生命力，是能动的自然存在物；这些力量作为天赋和才能、作为欲望存在于人身上；另一方面，人作为自然的、肉体的、感性的、对象性的存在物，同动植物一样，是受动的、受制约的和受限制的存在物，就是说，他的欲望的对象是作为不依赖于他的对象而存在于他之外的；但是，这些对象是他的需要的对象；是表现和确证他的本质力量所不可缺少的、重要的对象。"① 这也就是说，与人相一致的劳动首先表现为这种劳动无损于人的基本自然属性，是与人的自然生理要求相一致的劳动，劳动的现实的、感性的对象，即劳动的条件应该是无损于人的肉体、自然力和生命的。换句话说，劳动的解放首先需要使劳动具有基本的人道性，成为体面劳动。劳动的人道性和体面性，表现在劳动条件、劳动强度、劳动竞争等多个方面，健康的劳动条件保障、适度的劳动强度、平等的劳动机会是劳动属人性的基本要求。在对异化劳动的批判中，马克思揭露了工人劳动条件、劳动强度的非人道性。对于非人的劳动条件，他批判称"人类劳动的最粗陋的方式（工具）又重新出现了：例如，罗马奴隶的踏车又成了许多英国工人的生产方式和存在方式。人不仅没有了人的需要，他甚至连动物的需要也不再有了"②；对过度紧张的劳动强度，马克思描述称"有些工人每天连续紧张劳动16小时，才勉强买到不致饿死的权利"；对于残酷的劳动竞争，马克思称"工人由于人数增加，彼此之间的竞争变得越来越激烈、反常和带有强制性。因此，工人等级中的一部分人必然沦为乞丐或陷

---

① 《马克思恩格斯文集》第1卷，人民出版社2009年版，第209页。
② 《马克思恩格斯文集》第1卷，人民出版社2009年版，第225页。

于饿死的境地"。① 在马克思看来，劳动解放首先要求劳动条件和劳动过程对劳动者而言是符合其自然生命要求的，是能够保障其生理健康的过程。

受费尔巴哈影响，马克思认为人除了是自然存在物之外，还是类存在物，具有类意识，也正因为人是类存在物，他才是有意识的存在物，他的活动才是自由的活动，而自由的、作为类存在物的活动又将人同动物区分开来。动物的生产是片面的，而人的生产是全面的；动物只是在直接的肉体需要的支配下生产，而人甚至不受肉体需要的影响也进行生产，并且只有不受这种需要的影响才进行真正的生产；动物只生产自身，"而人再生产整个自然界；动物的产品直接属于它的肉体，而人则自由地面对自己的产品。动物只是按照它所属的那个种的尺度和需要来构造，而人却懂得按照任何一个种的尺度来进行生产，并且懂得处处都把固有的尺度运用于对象；因此，人也按照美的规律来构造。"② 也即是说，劳动的自主性是其属人性中更本质的特点。

在马克思看来，对象化劳动的自主性，首先表现为劳动者对劳动对象的自主运用。他讲："劳动的对象是人的类生活的对象化：人不仅像在意识中那样在精神上使自己二重化，而且能动地、现实地使自己二重化，从而在他所创造的世界中直观自身。"③ 资本主义条件下工人的劳动之所以是异化劳动，首先在于劳动者与劳动对象的分离，劳动者彻底失去了现实的类对象性。再者，劳动的自主性也表现为劳动活动的自主性，只有自主活动才能够使劳动者实现自我肯定，成为自由的对象化劳动。在自主的劳动过程中，劳动者根据自身的内在需求、认识、判断和界限来从事和调整劳动活动，也只有在这样的劳动过程中，劳动者才会产生创造性及其对劳动方式、劳动成果的认同，人才能够通过劳动而不断发展和自我成就。失去创造性和认同性的劳动活动虽然可能是有生力量的外化表现，却不是人的自我意识的对象化，这样的劳动不过是自然力的补充。马克思批判异化劳动说："劳动对工人来说是外在的东西，也就是说，不属于他的本质；因此，他在自己的劳动中不是肯定自己，而是否定自己，不是感到幸福，而是感到不幸，不是自由地发挥自己的体力和智力，而是使自己的肉体受折

---

① 《马克思恩格斯文集》第1卷，人民出版社2009年版，第120—121、129页。
② 《马克思恩格斯文集》第1卷，人民出版社2009年版，第162—163页。
③ 《马克思恩格斯文集》第1卷，人民出版社2009年版，第163页。

磨、精神遭摧残。"①

2. 对象化劳动的约束性

同为属人的活动，对象化劳动与单纯头脑中的精神活动不同，作为以感性自然为基础的对象性的活动必然要受到活动对象的限制。马克思在手稿中明确地讲："说一个东西是感性的即现实的，是说它是感觉的对象，是感性的对象，也就是说在自身之外有感性的对象，有自己的感性的对象。说一个东西是感性的，是说它是受动的"，"自然界，无论是客观的还是主观的，都不是直接同人的存在物相适合地存在着"。② 这也就是说，在费尔巴哈哲学的基础上，马克思清楚地认识到自然的客观实在性对人的劳动的限制性和约束性。

对人类劳动的限制首先来自于人之外的自然界。实际上，黑格尔在主奴关系辩证法中已然论述了自然界对劳动的制约。他讲："劳动是受到限制或节制的欲望，亦即延迟了的满足的消逝，换句话说，劳动陶冶事物。对于对象的否定关系成为对象的形式并且成为一种有持久性的东西，这正因为对象对于那劳动者来说是有独立性的。"③ 然而，鉴于黑格尔所讲的制约作用并不是现实中的客观约束性，而是思辨的否定中介，即"这个否定的中介过程或陶冶的行动同时就是意识的个别性或意识的纯粹自为存在，这种意识现在在劳动中外在化自己，进入到持久的状态。因此那劳动着的意识便达到了以独立存在为自己本身的直观"④。马克思后来批判黑格尔所讲的这种制约性不过是抽象的、普遍的绝对精神为了获得本身的丰富性需要，"用自己的异在，即特殊的东西、特定的东西，来代替自己的在自身的存在（非存在），代替自己的普遍性和不确定性"⑤，自然界客观实在性的制约作用在黑格尔那里只是思维中具体对抽象、特殊对普遍、确定性对可能性的规定作用，只是思维中的制约性。当然，黑格尔所讲的这种制约性尽管是以唯心主义为基础的，但作为一种劳动解放的思想资源而言，却并非全无价值。一则，它促使马克思不断回溯对象化劳动在物的背后隐藏着的属人性，并意识到人的力量会随着对象化劳动的发展最终来到历史的

---

① 《马克思恩格斯文集》第 1 卷，人民出版社 2009 年版，第 159 页。
② 《马克思恩格斯文集》第 1 卷，人民出版社 2009 年版，第 211 页。
③ [德]黑格尔：《精神现象学》上卷，贺麟、王玖兴译，商务印书馆 1979 年版，第 147 页。
④ [德]黑格尔：《精神现象学》上卷，贺麟、王玖兴译，商务印书馆 1979 年版，第 148 页。
⑤ 《马克思恩格斯文集》第 1 卷，人民出版社 2009 年版，第 219 页。

前台；二则，黑格尔对"对象独立性"的指认也说明了自然界的丰富性和特殊性能够不断为对象化劳动提供新的领域。

相比黑格尔而言，费尔巴哈对自然先在性的指认更直接地影响了马克思。自然先在性对劳动的约束，首先表现为自然对于人类实践活动的始源性。正因为自然的存在，人类才能利用自然本身的属性获得生存资料和劳动对象，所以马克思讲，"没有自然界，没有感性的外部世界，工人什么也不能创造"①。同时，自然界的先在性决定了人之外的自然是客观存在的，虽然人与自然之间的对象化关系是随着人化自然的拓展而拓展的，但自然始终规定着人的对象化劳动的边界。再则，人本身是感性的自然存在物，人"同动植物一样，是受动的、受制约的和受限制的存在物"②，即是说，人的自然属性也决定着人活动的界限，它是对象化劳动的前提。固然，人是类存在物，人的类意识以整个自然界为对象，因而自然界能够成为人的无机的身体，但自然本身的属性及其运行规律始终制约着人的劳动。人的对象化劳动是感性的、现实的活动，因而也必然要受自然规律的约束。马克思讲："感性（见费尔巴哈）必须是一切科学的基础。科学只有从感性意识和感性需要这两种形式的感性出发，因而，科学只有从自然界出发，才是现实的科学"③。所以说，对象化劳动应该是尊重科学的、顺应自然的活动。这也就是说，即便是在青年时期，马克思所理解的劳动解放，也并不是指劳动从整个自然必然性中解放出来，对象化劳动始终要受到自然必然性的约束。

除自然约束之外，人的劳动还要受到社会的约束。在《笔记本Ⅲ》中，马克思特别强调了人的活动的社会性。他讲："甚至当我从事科学之类的活动，即从事一种我只在很少情况下才能同别人进行直接联系的活动的时候，我也是社会的，因为我是作为人活动的。不仅我的活动所需的材料——甚至思想家用来进行活动的语言——是作为社会的产品给予我的，而且我本身的存在就是社会的活动；因此，我从自身所做出的东西，是我从自身为社会做出的，并且意识到我自己是社会存在物。"④ 在手稿中，尽

---

① 《马克思恩格斯文集》第1卷，人民出版社2009年版，第158页。
② 《马克思恩格斯文集》第1卷，人民出版社2009年版，第209页。
③ 《马克思恩格斯文集》第1卷，人民出版社2009年版，第194页。
④ 《马克思恩格斯文集》第1卷，人民出版社2009年版，第188页。

管马克思还只是从费尔巴哈"感性的类存在"这一人本主义和自然主义的意义上来理解社会,但他已然认识到人类劳动会在历时和共时两个维度受到社会的约束。

其一,像一切自然物必须历史地形成一样,人也有自己的形成历史,"在人类历史中即在人类社会的形成过程中生成的自然界,是人的现实的自然界"①。这也就是说,人类劳动所面对的对象世界——人的现实的自然界——是受到人类社会形成过程影响的。人类社会的发展程度影响和制约着人对自然界的认识,也相应地影响和制约着人与自然之间的对象化关系,影响着人从事对象化劳动的内容和形式、广度和深度。

其二,人虽然是自然存在物,但又是特殊的自然存在物,而特殊的人的本质只有在社会的人的身上才能体现。马克思讲:"首先应当避免重新把'社会'当做抽象的东西同个体对立起来。个体是社会存在物。因此,他的生命表现,即使不采取共同的、同他人一起完成的生命表现这种直接形式,也是社会生活的表现和确证。"② 这即是说,人对自然的对象性关系,不同于物与物之间的对象性关系,人与自然之间的对象化活动表现为人与人之间的关系。此时的马克思将交换看成是人的类活动和类精神的表现,当马克思讨论为交换而进行的劳动时,他就不仅是从人和自然之间的关系来理解劳动,而是从人和人之间的交往关系来理解劳动。在《穆勒评注》中,马克思对真正自由自觉的劳动,即"我们作为人进行生产"这样讲:"我们每个人在自己的生产过程中就双重地肯定了自己和另一个人","在你享受或使用我的产品时,我直接享受到的是:既意识到我的劳动满足了人的需要,从而物化了人的本质,又创造了与另一个人的本质的需要相符合的物品",对于他人而言,"我是你与类之间的中介人,你自己意识到和感觉到我是你自己本质的补充,是你自己不可分割的一部分"。③ 要言之,对象化劳动不仅仅物化了劳动者本身的个性,而且还在这一过程中使劳动者得到他人的承认,成为社会的人,这也就意味着人的对象化劳动是要与他人作为人的需要相符合的劳动,这样的劳动不是沉浸在自我世界中的纯粹个人喜好,而要受到他人和社会需要的约束。从这一意义上讲,越

---

① 《马克思恩格斯文集》第1卷,人民出版社2009年版,第193页。
② 《马克思恩格斯文集》第1卷,人民出版社2009年版,第188页。
③ 《马克思恩格斯全集》第42卷,人民出版社1979年版,第37页。

是符合人类整体需求以及符合社会公共利益的劳动,就越是具有对象化劳动的意义,也越能体现人的自由自觉的发展。

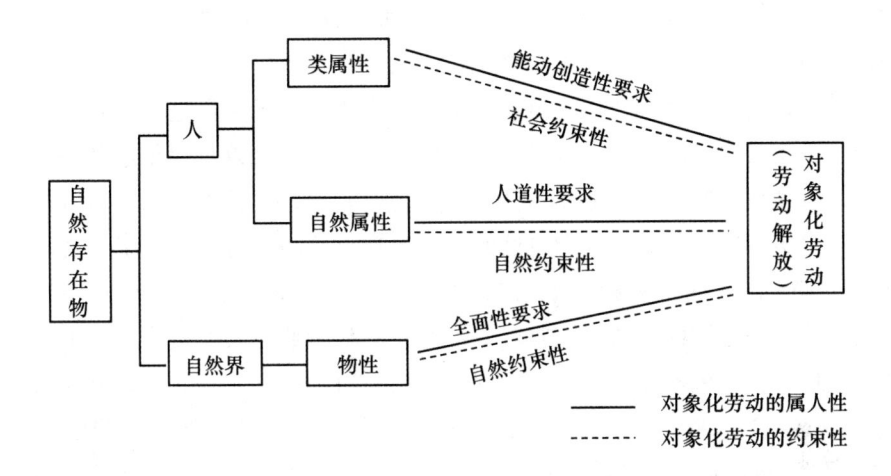

对象化劳动示意图

3. 对象化劳动的理论意义

青年马克思认识到对象化劳动包含属人性和约束性两个方面（如对象化劳动示意图所示），是一个重要的思想质点。如果将劳动的属人性和约束性对立起来，取其一者代替对劳动解放的完整理解，马克思就很难在后来的思想道路上真正实现历史唯物主义和科学社会主义的理论突破。我们看到，国民经济学正是忽略了劳动的属人性，才会止步于"见物不见人"。不少的西方学者在批判现代性和资本主义的过程中，则是将劳动的属人性和约束性对立起来，从而将人类解放的内涵局限于思维领域和精神生活，这也就否定了劳动解放作为社会革命的目标，进而也否定了工人阶级对于社会革命和未来社会构建的重要意义。

譬如，在汉娜·阿伦特看来，劳动是一种工具性的活动，它始终要受到自然必然性的限制，在她看来劳动由于其约束性而无法与自由相统一，因而她区分出"物性"（即受自然约束）的"劳动"、"事性"（即受社会约束）的"工作"和完全摆脱了"物性"和"事性"的"行动"三个不同的领域，认为只有"行动"才是自由的"人之境况"，而劳动解放不过是马克思的乌托邦理解。因此，阿伦特不同意马克思将无产阶级解放看成是人的解放的现实路径，而将工人谋求自由平等看成是人性向往自由的又一经验表现，即"工人并不甘心被自由的人统治而成为只是谋取生活必需品的奴隶，从心理学来看，也是因为他们是追求哲学精神（philosychia）而热爱生活的人。所谓哲学精神，其实也是从自由人中甄别奴隶的要素"①。

再如，马尔库塞同样认为劳动是文明和进步的基础，但是在他看来现代文明和进步被牢固地锁定在技术理性之中。当现代社会以合理化原则来组织劳动，以规模化的发达工业作为基础，劳动就始终是异化的劳动，对劳动的赞许和肯定不但无法走向人和自然的全面实现，反而恰恰是发达工业文明压抑性的基础。在马尔库塞看来，人的本能遵循着"快乐原则"，劳动中体现自然必然性的纪律性、效率性要求不是可控的和能够为人所接受的，不是有助于人自我实现的积极约束，而是对人的本能的压抑，只有区别于劳动的"游戏"和"消遣"才是符合人的生命本性的，这样的领域不是受限制的"思考"空间，而是不受限制的"想象"空间，他认为消遣"超越欲望和外部强制，是无忧无虑的生存的表现，因而是自由本身的表现"②。在拒绝劳动的基础之上，马尔库塞否认工人阶级能够成为资本主义社会中的激进革命力量，在他看来，只有在现代劳动之外的群体才是资本主义的革命者，不过他所理解的革命是无策略、无目标、无意识的"拒绝"。

无论是阿伦特对马克思的乌托邦批判，还是马尔库塞的"拒绝"策略，只要将对象化活动的属人性和约束性对立起来，将劳动视为必然受到外在制约的"手段"，进而放弃劳动解放的目标，往往就会在政治策略选择中否定工人阶级的作用。究其根本，这样的观点将人的自由解放完全归于绝对内在性、生命性的外化，显然把对人的认识退回到了费尔巴哈以前的唯心主义基础之上。

必须看到的是，对还没有走出费尔巴哈的马克思而言，属人性与约束性在对象化劳动中的统一，还只是零散的而不十分清晰的思想火花，还没有形成明确而系统的理论认知，这很大程度上与异化逻辑本身的缺陷分不开。异化逻辑往往把理想的概念看成是"真实的"，将现实看成是"异

---

① ［美］汉娜·阿伦特：《马克思与西方政治思想传统》，孙传钊译，江苏人民出版社2007年版，第14—15页。
② ［美］赫伯特·马尔库塞：《爱欲与文明》，黄勇、薛民译，上海译文出版社1987年版，第137页。

化"的，并以抽象的"复归"作为从现实向理想迈进的桥梁，这实际上并没有真正了解现实的矛盾，理想也就只能停留于一种伦理性的价值悬设。这样的缺陷同样也表现在马克思创立的劳动异化论上。当马克思从人本主义异化逻辑出发，将现实中的劳动理解为"异化劳动"，虽然批判了现实劳动的非人性，并将私有财产作为导致劳动异化的根源，但他却并没有理清现实劳动的内在矛盾，也就无法说明劳动解放的真正衡量尺度，而仅仅只是以劳动的"目的性"批判劳动的"手段性"。以"目的性"劳动批判"手段性"劳动，必然难以清晰地说明劳动属人性和约束性的统一关系，因为即便是作为目的的劳动，即表现人的内在生命的劳动，也总是由于受到相应的自然约束和社会约束，表现出克服自然限制和社会限制的手段性，而维持人的自然生命的劳动，即作为"手段"的劳动更是一切人类活动的基础和前提。

鉴于此时的马克思还不能正确处理作为"目的"的劳动和作为"手段"的劳动之间的统一关系，他也就难以处理在劳动发展中产生的交换和分工的双重作用。在《笔记本Ⅲ》中，马克思分析了分工的两面性。一方面，"分工对于社会财富来说是一个方便的、有用的手段，是对人力的巧妙运用"，另一方面，"它降低每一单个人的能力"[1]，是"人的活动作为真正类活动或作为类存在物的人的活动的异化的、外化的设定"。[2] 在《穆勒评注》中，马克思讨论了分工同劳动之间的关系。一方面，分工和交换现实地表现了人与人之间的社会联系，正像个体的劳动产品是个体自我意识外化的表现一样，分工和交换的发展是人的类本质发展的展现，所以"分工"和"交换"是作为"目的"的劳动的必然要求。然而，另一方面，分工和交换所形成的社会力量在私有财产条件下同人相分离，成为一种异己的力量。马克思讲："人自身异化了以及这个异化的人的社会是一幅描绘他的现实的社会联系，描绘他的真正的类生活的讽刺画"[3]。也就是说，私有财产条件下的分工和交换没有促成劳动者的联合与信任，从而也没有表现劳动者的"类属性"，相反却导致了劳动者的彼此对立和相互猜忌，并且使劳动沦为"谋生的劳动"，也就是单纯作为"手段"的劳动。

---

[1] 《马克思恩格斯文集》第1卷，人民出版社2009年版，第240页。
[2] 《马克思恩格斯文集》第1卷，人民出版社2009年版，第237页。
[3] 《马克思恩格斯全集》第42卷，人民出版社1979年版，第25页。

分工一方面扩大生产和财富，另一方面使每一个人片面化；交换一方面将人现实地联系在一起，另一方面又加剧了人和人之间内在的分离。要正确认识分工和交换的这种两面性，马克思就必须进入到对私有财产的历史性分析之中。我们在《笔记本Ⅲ》的增补片段［分工］中，可以看到马克思的这一思想趋势，他讲，"断言分工和交换以私有财产为基础，不外是断言劳动是私有财产的本质"，"分工和交换是私有财产的形式，这一情况恰恰包含着双重证明：一方面人的生命为了本身的实现曾经需要私有财产；另一方面人的生命现在需要消灭私有财产"。[1]

在巴黎时期，马克思虽然已经抓住了劳动这一解读人类历史的关键问题，并借助费尔巴哈完成了对劳动的唯物主义分析，但同其成熟时期的思想相比，青年马克思的劳动观有着明显的不足。其一，马克思并没有对劳动进行系统的历史考察，因而还没有认识到劳动在私有制不同发展阶段质的差异，也没有区分简单劳动和复杂劳动，进而也就难以认识到知识和技术对劳动的重要作用。所以，虽然同样是讨论人与自然之间的对象化关系，但马克思此时对人类劳动的认识不能与他后来对社会生产的理解所等同。其二，马克思虽然通过对货币的初步分析，讨论了劳动产品之间的交换问题，却没有进一步考虑不同劳动的相互通约问题，因此他还没有真正理解劳动价值论对于解读资本主义生产方式的意义，也无法区分劳动二重性，发现劳动时间这一重要的尺度和理论工具，更无法对劳动解放及其现实基础形成科学的说明。这些都是马克思在完成历史唯物主义的哲学变革并深入研究资本主义生产方式之后才能达到的思想深度。要实现为工人阶级立言，马克思还必须经历进一步的思想突破。

就马克思在巴黎时期的思想旅程来看，确立无产阶级立场同转向唯物主义一样，是一个极其重要的思想转变。异化劳动学说虽然未能科学地解释无产阶级的本质和它的历史命运，但这一理论创造一方面强调了工人阶级作为现代社会财富创造者的主体地位，论证了无产阶级解放的道义基础，另一方面又说明了工人阶级的非主体境遇，论证了无产阶级解放的动力。虽然异化劳动学说没有能够达到，更没有超越国民政治经济学对现代资本主义的理解，但劳动者的立场促使马克思跳出国民政治经济学之外，

---

[1] 《马克思恩格斯文集》第1卷，人民出版社2009年版，第241页。

以新的视角对资本主义进行批判。这使得马克思不会像蒲鲁东等李嘉图派社会主义学者一样，囿于工资、地租和利润的话语框架，陷入到分配正义的窠臼之中。同时，为劳动者立言的理论诉求，促使马克思不断强调劳动是私有财产的主体本质，而人是通过劳动自我生成的。这样的认识引导马克思不断思考私有财产同人的自由全面发展之间的关系，促使他在否定私有财产的同时又没有抹杀它的积极作用，从而将无产阶级解放同粗陋的、平均主义的共产主义区分开来。

第三节　无产阶级历史使命的现实人道主义论证

马克思在巴黎进行经济学研究的同时，德国开始出现工人争取利益的斗争，并爆发了历史上第一次重大的无产阶级起义——西里西亚纺织工人起义。尚处于君主专制环境下的德国思想家，不了解斗争之所以出现的根源，也无法理解它的历史意义，更妄论给德国新兴的工人运动以理论指导。德国工人群体中不断积蓄起来斗争情绪，亟须相应的理论指导，使其凝聚为革命力量。恩格斯从巴门市给马克思写信称："近几年来，工人们已达到了旧文明的最后阶段……如果这里的无产者按照英国无产者那样的规律发展下去，那他们不久就会明白，用这种方式，即作为个人和以暴力来反对旧社会制度是没有用的，要作为具有普遍品质的人通过共产主义来反对它。如果把道路指给他们该多好！"[1]

面对逐渐高涨起来的斗争形势，青年黑格尔派成员开始出现分化。卢格认为工人阶级的行动离不开资产阶级的领导，而以布鲁诺·鲍威尔为代表的青年黑格尔派则完全走向了贬低工人和群众的革命对立面，主张彻底脱离现实、脱离群众力量的纯粹思辨的"批判"。相反，工人斗争形势的高涨促使马克思加紧对已有的研究和思考进行系统整理，以便更自觉地为无产阶级的斗争进行理论说明。在这一过程中，同青年黑格尔派的思辨哲学进行论战成为马克思创立新世界观的前奏曲，以现实人道主义的立场宣告无产阶级的历史使命和群众的历史主体地位成为这一前奏曲中的重要音符。

---

[1]《马克思恩格斯全集》第27卷，人民出版社1972年版，第7页。

一　无产阶级立场和《神圣家族》的写作

1844年6月西里西亚织工起义爆发后,马克思参与编辑的《前进报》连续发表文章讨论织工起义相关问题。卢格以"一个普鲁士人"署名发表了题为《普鲁士国王和社会改革》的文章,他在文章中批评了路·勃朗领导的《改革报》。《改革报》主张从资本主义制度中寻找起义的原因,并得出要进行社会革命的结论。卢格认为西里西亚工人起义只是地方性事件,不具有普遍的意义,德国的贫民只关注自己家庭、工厂和地区的事物,而工人贫困问题是被"洞察一切的政治灵魂搁置在一边的"。在卢格看来,德国之所以不能治理贫困问题是由于德国是一个非政治国家,因此德国的核心问题是通过政治理智实现政治革命的问题。鉴于卢格对工人起义的贬低,马克思在《前进报上》发表了《评一个普鲁士人的〈普鲁士国王和社会改革〉》一文以批评他的观点。

马克思认为,同英法初期的工人运动相比,西里西亚织工起义恰恰反映了德国工人的特点在于其理论性和自觉性。对于工人的贫困问题,马克思则支持《改革报》的观点,他以英国和法国济贫政策的变化和结果为例,说明政治解放无法解决工人贫困的问题。在马克思看来,"政治的原则是意志",而工人的贫困问题则是社会缺陷导致的利益分配问题,"政治理智越在一方面发挥作用,因而发挥得越充分,它就越相信意志是万能的,就越分不清意志的自然界限和精神界限,因而也就越没有能力发现社会缺陷的根源"[①]。马克思在这里延续了《德法年鉴》时期的出发点,他认为政治解放不等于人的解放,而特定的政治意识形态是有自身界限的,不能越出自身界限的政治意识无法真正起到推动社会历史进步的作用。马克思还区分了"具有政治灵魂的社会革命"和"具有社会灵魂的政治革命"两个不同命题。在他看来,前者不过是同义语的反复,因为"每一次革命都破坏旧社会,就这一点来说,它是社会的。每一次革命都推翻旧政权,就这一点来说,它是政治的",而后者则是合理的命题,因为"社会主义不通过革命是不可能实现的。社会主义需要这种政治行动,因为它需要破坏和废除旧的东西。但是,只要它的有组织的活动在哪里开始,它的自我目的,即它的灵魂在哪里显露出来,它,社会主义,也就在哪里抛弃

---

① 《马克思恩格斯全集》第3卷,人民出版社2002年版,第387页。

政治的外壳"。① 在此，马克思将社会主义革命看成是政治革命的完成，看成是政治解放基础上的社会解放。然而，此时的马克思还仅仅是以"虚幻的共同体"和"真正人的共同体"来认识政治和社会之间的关系，因此，他对社会革命的理解仍然是一种从人本主义出发的伦理性要求。马克思称："社会革命之所以采取了整体观点，是因为社会革命——即使只在一个工厂区里发生的时候也是一样——是人对非人生活的抗议；是因为它从单个现实的个人的观点出发；是因为那个脱离了个人就引起个人反抗的共同体，是人的真正的共同体，是人的本质。"②

在德国革命潮流下，马克思与之分道扬镳的除了坚持资产阶级立场的卢格之外还有以布鲁诺·鲍威尔为代表的柏林青年黑格尔派思辨哲学。1844年，以鲍威尔兄弟为代表的青年黑格尔派出版了《文学总汇报》以反对《德法年鉴》。此时的布鲁诺·鲍威尔已经从早期热心政治活动的激进革命者蜕变为远离政治和社会运动的保守的无政府主义者，他的主张更是离开了黑格尔的客观唯心主义而转向主观唯心主义。按照鲍威尔的解释，他之所以会在1843年出现急剧的变化，是由于对群众的失望。包括鲍威尔在内的激进知识分子曾经力图使群众积极行动起来，但没有获得成功，而群众对普鲁士政府封闭、取消激进报刊表现出毫无反抗的冷漠态度。因此，布鲁诺·鲍威尔和以他为中心的《文学总汇报》将矛头对准了群众，这一刊物上刊载了不少批评群众的文章。在鲍威尔看来，无产阶级是群众的主要代表，无论是在物质方面还是精神方面，这个阶级都构成了贫困人口的大多数，故而是不可信任的。鲍威尔反对将政治和社会希望寄托于群众，特别是寄托于德国无产阶级的共产主义运动。然而，《文学总汇报》并没有在德国知识界形成大的影响，更得不到群众的支持，"只能满足于才能较差的撰稿人，诸如恩斯特·荣格尼茨、施里加、卡尔·恩斯特·赖哈特和弗里茨·贝克"③。这些作者被马克思讽刺地称为"神圣家族"。科尔纽认为，《文学总汇报》没有引起大的注意，其本身是不值得彻底反驳的，《神圣家族，或对批判的批判所做的批判》一书"对于马克思

---

① 《马克思恩格斯全集》第3卷，人民出版社2002年版，第395页。
② 《马克思恩格斯全集》第3卷，人民出版社2002年版，第394—395页。
③ [法] 奥古斯特·科尔纽：《马克思恩格斯传》第二卷，王以铸、刘丕坤、杨静远译，生活·读书·新知三联书店1965年版，第28页。

和恩格斯来说是为自己弄清问题的第一次共同的尝试；这次批判使他们有机会把这个思辨哲学彻底清算"①。

1844年8月，马克思和恩格斯在巴黎第二次会面，他们都看到工人运动蓬勃发展的趋势，力求把理论和革命实践结合起来，也都认识到有必要使工人群众在运动中明确自己的历史地位和使命。在《神圣家族》中，恩格斯驳斥了茹尔·法赫尔对英国工人斗争的曲解，指出英国的工人是根据自身的利益积极参与实际斗争的，他们在工作时间的立法限制、废除谷物法和宪章运动等历次运动中都收到了实际的效果。埃德加·鲍威尔以思辨抽象的方式否定了工人作为财富的创造主体，他称"工人什么东西也没有制造，所以他们也就一无所有；他们之所以什么都没有制造，是因为他们的工作始终是为了满足他们自己的需要的某种单一的东西，是平凡的工作"②。恩格斯以讽刺的口吻对埃德加的观点进行了驳斥，并指出在"批判的批判"眼中，凡是现实的、活生生的东西都是非批判的、群众的，只有"批判的批判"的理性的、虚幻的创造才是"一切"，但在现实中"批判的批判什么都没有创造，工人才创造一切，甚至就以他们的精神创造来说，也会使得整个批判感到羞愧"③。恩格斯主要是将《神圣家族》作为对《文学总汇报》讽刺式的回击，马克思则极大地扩充了该著作的内容，将这一场论战拓展为深入的理论批判。

二　无产阶级历史使命的现实人道主义论证

在《神圣家族》这一著作中，马克思综合运用了此前的历史研究和经济学、哲学研究，从不同角度对思辨哲学展开批判。在第四章关于蒲鲁东的第四节中，马克思深化了巴黎手稿的研究，对无产阶级的历史使命进行了专门的论述。蒲鲁东的《什么是所有权》一书在当时的思想界颇为轰动，引起了不少关注和讨论。布鲁诺·鲍威尔的弟弟，神圣家族的重要成员埃德加·鲍威尔在《文学总汇报》第5期上发表了评论文章《蒲鲁东》以对这部著作进行批判。在《神圣家族》一书中，马克思通过4小节"赋

---

① [法]奥古斯特·科尔纽：《马克思恩格斯传》第二卷，王以铸、刘丕坤、杨静远译，生活·读书·新知三联书店1965年版，第311页。
② 《马克思恩格斯全集》第2卷，人民出版社1957年版，第21页。
③ 《马克思恩格斯全集》第2卷，人民出版社1957年版，第22页。

予特征的翻译"批判了埃德加·鲍威尔通过错误的翻译对蒲鲁东进行的曲解，另外还通过5小节"批判的评注"揭露了埃德加的思辨哲学倾向，并以第三者的身份表达了他对蒲鲁东著作的看法。

马克思在"批判性的评注1"和"批判性的评注2"中指出，蒲鲁东著作所关注的政治经济学问题，是现实中的贫困和富有之间的不公平问题，但埃德加丝毫不在意政治经济学所讨论的现实中的贫富矛盾问题，他只关注蒲鲁东"观点"的特征，或者说只关注蒲鲁东的"批判意识"问题。在埃德加看来，蒲鲁东并没有因为否定私有制而有任何新的发现，他所称的"公平"仅仅是提出了"历史上的绝对者"，这也不过是"神学的对象"，所以他的观点还是一种宗教观念。埃德加认为，每一种宗教观念的特点就是"两个对立面中最后总有一个要成为胜利的和唯一真实的"。在埃德加看来，蒲鲁东讲的两个对立面便是"贫穷"和"财产"，当蒲鲁东认为"贫穷的事实"和"公平"相抵触，并将"贫穷的事实"作为自己的武器时，"贫穷"和"财产"之间的关系就成了"合理"与"不合理"的对立关系。埃德加从思辨哲学出发称："相反地，批判则把贫穷和财产这两个事实合而为一；它发现了二者的内在联系，使它们成为一个整体，并且向这个整体本身询问其存在的前提是什么。"① 马克思直接地回击了埃德加不顾现实中的贫富矛盾，却将蒲鲁东对现实矛盾的批判曲解为思维中的"合理"与"不合理"之对立的思辨手法。他讲："批判直到现在还丝毫不了解财产和贫穷的事实，'相反地'，它却用仅仅在自己想象中所做到的事情来反驳蒲鲁东的真实的事情。它把两个事实合而为一，并且在把两个事实变为一个唯一的事实之后，又发现了二者之间的内在联系。批判不能否认，连蒲鲁东也承认贫穷和财产这两个事实之间存在着内在的联系，并且正是由于这种内在联系的存在，他才要求废除财产，以便消灭贫困。"②

紧接着，马克思对"贫穷"和"富有"、"有产"和"无产"的现实矛盾作了正面的说明。马克思讲，无产和有产的确统一于私有制的整体之中，贫富之间的对立运动正包含在这两个方面的本性之中，然而，要分析现实中的矛盾运动，仅仅指出它们是统一体显然不够，必须进一步对矛盾双方作出具体的说明。在私有制中，"有产"是对立的肯定方面，它要保

---

① 《马克思恩格斯全集》第2卷，人民出版社1957年版，第42页。
② 《马克思恩格斯全集》第2卷，人民出版社1957年版，第42页。

持自身的存在就不能不保持自己的对立面无产阶级的存在，"无产"是对立的否定方面，它要消灭自身就必须消灭制约着它而使它成为无产阶级的对立面——私有制。实际上，如果停留于规定矛盾的肯定和否定方面，仍然还是一种抽象的分析，在现实当中，为什么"有产者"要保持自身，而"无产者"要消灭自身呢？为了说明这个问题，马克思进一步发展了异化劳动理论，他写道：

> 有产阶级和无产阶级同是人的自我异化。但有产阶级在这种自我异化中感到自己是被满足和被巩固的，它把这种异化看做自身强大的证明，并在这种异化中获得人的生存的外观。而无产阶级在这种异化中则感到自己是被毁灭的，并在其中看到自己的无力和非人的生存的现实。这个阶级，用黑格尔的话来说，就是在被唾弃的状况下对这种状况的愤慨，这个阶级之所以必然产生这种愤慨，是由于它的人类本性和它那种公开地、断然地、全面地否定这种本性的生活状况相矛盾。①

在上述引文中，马克思区分了有产阶级和无产阶级在异化中的不同感受，这是对"有产"与"无产"这对现实矛盾分析的补充说明。"自我满足"的感受使有产阶级产生"保持对立的行动"，而"自我毁灭"的感受则使无产阶级产生"消灭对立"的行动。这样，马克思就将人本主义的价值同现实的感性活动对接起来。实际上，从无产阶级立场出发的马克思借助蒲鲁东表达了自己的双向批判，一方面他从人本主义出发批判国民经济学客观逻辑的"非批判性"，另一方面他从唯物主义出发批判思辨哲学主观逻辑的"非现实性"，从而形成了《神圣家族》中的现实人道主义论证。

要从现实出发，就必须通过对现实条件的改变来推动历史发展，这种改变只有通过感性的现实活动才能实现。在明确聚焦实践这一哲学概念之前，马克思在《神圣家族》中是从政治性的革命和经济性的劳动出发来理解感性活动的，因而，他力图从革命和劳动出发说明私有制这一现实中的矛盾体是如何变化运动的。

在《巴黎手稿》中，马克思就已经意识到异化和异化的克服走的是同

---

① 《马克思恩格斯全集》第2卷，人民出版社1957年版，第44页。

一条道路。在"批判性的评注2"中,他从现实出发更明确地指出"私有制在自己的经济运动中自己把自己推向灭亡",对于这种自我运动的条件,马克思再一次强调了其客观现实性,即"它只有通过不以它为转移的、不自觉的、同它的意志相违背的、为客观事物的本性所制约的发展,只有通过无产阶级作为无产阶级——这种意识到自己在精神上和肉体上贫困的贫困、这种意识到自己的非人性从而把自己消灭的非人性——的产生,才能做到这点"①。马克思在这里理解私有制这一矛盾体的运动,还带着黑格尔的痕迹,他将私有制的解体归于无产阶级意识到自身的非人性的地位,即无产阶级这一主体在现实历史中同对立面碰撞而形成自我意识,并且在此基础上通过革命消灭自己和自己的对立面。当然,无产阶级是现实中实际存在的阶级主体,因而,马克思极力从现实的社会生活条件出发,将无产阶级必然产生革命意识的原因归于无产阶级的生活条件"达到了违反人性的顶点",以及无产阶级"经受了劳动那种严酷的但是能把人锻炼成钢铁的教育"。②可见,此时的马克思还受制于人本主义思维方式,只能从对"非人性"的愤怒和对贫困的反抗来理解无产阶级的阶级意识,同时由于马克思对革命实践了解不深,他对无产阶级形成革命意识的判断显然过于乐观了。质言之,虽然马克思此时还不能完全从客观规律出发来解释私有制的矛盾运动,但是他所强调的,必须从现实历史的矛盾运动出发,必须从现代资本主义的内在结构出发认识无产阶级解放的基本方向,却是远远高于思辨哲学的。马克思讲:"问题不在目前某个无产者或者甚至整个无产阶级把什么看做自己的目的,问题在于究竟什么是无产阶级,无产阶级由于其本身的存在必然在历史上有些什么作为。它的目的和它的历史任务已由它自己的生活状况以及现代资产阶级社会的整个结构最明显地无可辩驳地预示出来了。"③

在"批判性的评注3"之后,马克思又通过分析蒲鲁东的重要观点以及埃德加对这些观点的曲解,阐述了自己对资本主义经济活动的最初认识。他在"批判性的评注3"中指出,蒲鲁东从"平等原则"出发考察财产事实,得出财产作为一种制度和原则本身是矛盾的,这是蒲鲁东对国民

---

① 《马克思恩格斯全集》第2卷,人民出版社1957年版,第44页。
② 《马克思恩格斯全集》第2卷,人民出版社1957年版,第45页。
③ 《马克思恩格斯全集》第2卷,人民出版社1957年版,第45页。

经济学的超越，但蒲鲁东以"平等占有"反对私有制以图表现"对象世界的重新争得"，这又停留于国民经济学的范围之内了。马克思和蒲鲁东之间的区别不同于他们和"批判的批判"之间的区别，前者只是二人对私有制现实矛盾的不同理解。马克思之所以认为"平等占有"仍然是政治经济学观念，是因为这一观念只考虑到了人与物质世界之间的对象性关系，但在现代社会中，人同物质世界之间的对象性关系本身是同人与人之间的社会关系联系在一起的。所以，马克思称："对象作为为了人的存在，作为人的对象性存在，同时也就是人为了他人的定在，是他同他人的人的关系，是人同人的社会关系。"① 这里所说的社会关系与马克思在《1844年经济学哲学手稿》中从人的类本质出发所讲的人与人的关系比较而言，更多的是指现实中人与人之间的客观经济关系。

在"批判性的评注4"中，马克思讨论了蒲鲁东关于劳动时间的观点，他非常看重蒲鲁东把劳动时间作为工资和产品价值规定的尺度。一方面是因为，这一点改变了旧国民经济学中将资本和地产的物质力量看作起决定作用的因素，使人成为决定性因素，另一方面则是由于，马克思认识到劳动时间对于人类社会发展具有重要意义。现实中的人类生产活动，无论是物质生产还是精神生产都是一定劳动时间的消耗。马克思在此谈道："如果不考虑时间，我至少会遇到一种危险，即我思想中的物品永远不会变为现实中的物品，因而它也就只能获得想象中的物品的价值，也就是想象的价值。"② 但是，在此时的马克思看来，蒲鲁东对劳动时间的强调还只是"以国民经济学的、因而也是充满矛盾的形式"恢复了人的权利，因为他把时间对人的劳动的意义变为时间对工资、对雇佣劳动的意义。换句话说，马克思在这里并非是从客观逻辑出发对社会生产与劳动时间之间关系进行的科学分析，而只是为了突破国民经济学的话语限制，强调劳动时间对"真正的人"所具有的重要意义。所以说，此时的马克思还并不了解劳动时间的经济学意义，也就不可能对这一重要的尺度进行深入的分析。

在"批判性的评注5"中，马克思讨论了蒲鲁东和埃德加关于工人集体力量的争论。蒲鲁东认为，现实当中付给单个工人工资的总和，即使在每一单个人的劳动都完全得到报酬的情况下，也不足以补偿物化在产品中

---

① 《马克思恩格斯文集》第1卷，人民出版社2009年版，第268页。
② 《马克思恩格斯文集》第1卷，人民出版社2009年版，第270页。

的集体力量，这说明工人不是作为集体的一部分被雇佣的。蒲鲁东对经济事实的这一分析，被埃德加以思辨的方式改造为，工人自己不考虑集体的力量。为了驳斥埃德加将一切祸害都归结为工人思维中的错误观点，马克思以英国和法国工人联合会为例指出，工人在联合会中的表现体现了他们对集体力量全面而充分的认识。在此基础上，马克思进一步区分了群众的共产主义和"批判的批判"所讲的社会主义。群众的共产主义以熟知现实的工人为基础，他们深刻地了解财产、资本、雇佣劳动都不仅仅是思维和意识中的范畴，它们是实际存在因而只能用实际的方式消灭的客观现实。

虽然马克思借助对蒲鲁东的讨论，有力地回击了思辨哲学关于现实问题的抽象理解方式，但仅仅批判思辨哲学脱离现实的理论倾向，远不能满足德国革命和逐渐兴起的工人运动的需要。在现实运动中自发生成的德国革命，对局限于思维中的哲学思辨有着天然的免疫力，因而"批判的批判"在工人群众中并没有产生明显的影响。对于积蓄力量的德国工人而言，亟须从理论上解释新的社会变化，获得认清历史发展方向的指引。马克思在《神圣家族》中对无产阶级历史使命的说明还只是一种基于人道主义的革命必要性号召，而非基于现实发展的历史必然性说明。恩格斯在给马克思的信中也曾提及："只要我们的原则还没有从以往的世界观和以往的历史中逻辑地和历史地作为二者的必然继续用几部著作阐发出来，那就一切都还会处于半睡半醒状态，大多数人还得盲目地摸索。"① 或许有此原因，马克思在后文对布鲁诺·鲍威尔的批判中，更加注重对黑格尔思辨哲学基础的批判和对唯物主义哲学发展历程的系统性梳理。同时，他还对法国大革命的历史进行了细致的说明，以证明现实经济利益同革命之间的密切关系。马克思指出，对于不同于资产阶级的绝大多数群众来说，资产阶级革命的原则并不代表他们的实际利益，"不是他们自己的革命原则"，但"历史活动是群众的活动，随着历史活动的深入，必将是群众队伍的扩大"②。这虽然还只是马克思从政治立场出发，对历史发展规律的一种简略推论，但显示出马克思为无产阶级革命立论的理论基调，已经从说明这个阶级的历史使命逐渐转向揭示其历史命运。

---

① 《马克思恩格斯文集》第10卷，人民出版社2009年版，第17—18页。
② 《马克思恩格斯文集》第1卷，人民出版社2009年版，第287页。

第三章　确证新社会的构建主体

　　劳动异化论肯定了无产阶级作为现代社会财富创造者的地位，同时又揭露了资本主义大工业生产使劳动者陷入"非主体"境遇之中的劳动异化现象。在劳动异化论的基础上，马克思从废除私有财产，使劳动者回归自我实现的对象化劳动的意义上理解共产主义。异化劳动的立论逻辑，作为无产阶级革命的道义支撑具有一定的理论效力，但作为指导无产阶级解放的世界观和方法论基础却有明显的缺陷。强调劳动是现代社会财富的主体本质，将无产阶级视为社会财富分配必要的参与者，虽然能为无产阶级革命提供合法性说明，却至多达到国民经济学的水平，无法说明这一阶级的利益何以能够为历史所承认。异化劳动理论对国民经济学的批判，基于异化逻辑中"现实"不等于"真实"的预设，只是外在的价值批判，也就没有深入到资本主义经济现实的内部。异化逻辑的背后仍然是理想与现实相分裂的二元论基调。劳动异化论虽然明确地将消灭私有制作为克服异化的要求和无产阶级革命的目标，也驳斥了将私有制普遍化的粗陋共产主义，回答了无产阶级能够希望什么的问题。然而，此时作为批判标尺的"对象化劳动"仍然只是一种价值悬设，它难以在现实之中真正落地，无法回答无产阶级能够实现什么的问题。说到底，人本主义的异化逻辑无法带给无产阶级明确的理论指导，因为对于现实革命而言，无论是长期的战略预期还是当下的策略选择都无法仅从伦理论说中得到有效的答案。要从规划无产阶级"历史使命"的绝对命令走向揭示其"历史命运"的科学说明，找到认识这个历史新生儿并为其解放提供有效指导的科学方法，马克思必须从哲学基础上完成分析范式的转换，摆脱人本主义的历史二元论干扰，走向彻底的从客观逻辑出发的一元历史观。

第一节　追问无产阶级解放与新世界观的萌芽

马克思和恩格斯通过合作《神圣家族》，批判了思辨哲学的抽象性和主观性，指出必须从感性现实出发来分析问题。此时的欧洲，人们普遍关注的焦点是逐渐发展起来的工业，随之蔓延的工人贫困和共产主义运动，以及这三者之间究竟存在着怎样的联系。马克思和恩格斯分别以自己的方式对这些问题展开研究，恩格斯力图通过亲身的观察和记录，获得最可靠的材料，全方位地展现英国工人阶级的状况，而马克思则继续进入经济学的研究之中，希望能够在这门直接研究财富和利益问题的学科中寻得解读市民社会历史的钥匙。

一　《评李斯特》手稿的著作时间问题

马克思在完成《神圣家族》之后遭到驱逐，不得不离开巴黎前往布鲁塞尔。到达布鲁塞尔之后，马克思继续进行政治经济学的研究，并在这一时期逐渐摆脱人本主义异化逻辑，完成了对费尔巴哈的超越。从 1845 年 2 月到 1845 年 8 月，马克思留下了继续研究政治经济学的《布鲁塞尔笔记》《曼彻斯特笔记》和手稿《评弗里德里希·李斯特的著作〈政治经济学的国民体系〉》（下文称《评李斯特》）以及被恩格斯称为新世界观萌芽的《关于费尔巴哈的提纲》。

布鲁塞尔时期是马克思思想逐渐深入发展的阶段，他在这一时期综合运用各种思想资源，不断接受新概念和新话语，力图理清自身的哲学思路。学界对马克思在布鲁塞尔时期的主要著作和笔记的写作顺序，及其相互关系已有不少研究。在马克思这一时期的诸多文本中，《评李斯特》手稿是其相对集中阐发自身思想的文本。随着 MEGA2 的陆续编辑出版，对于《评李斯特》手稿的写作时间和它同《关于费尔巴哈的提纲》之间的关系出现了新的认定。对《评李斯特》手稿的写作过程及其思想深度的不同释读，直接关系到如何理解《关于费尔巴哈的提纲》和《德意志意识形态》这两个无产阶级世界观诞生的标志性文本的问题。

马克思《评李斯特》手稿被发现之后，最初的编辑者将这一手稿的写作时间定于 1845 年 3 月。也就是说，《评李斯特》一文写于《费尔巴哈提纲》之前。这一判定主要依据的是，1845年3月恩格斯在写给马克思的信中提到，他获悉马克思计划批判李斯特并预计马克思将着重"批判他的理论前提"。按照苏联学者巴加图利亚在《〈关于费尔巴哈的提纲〉和〈德意志意识形态〉》一文中对马克思1844—1847年记事本的介绍和研究，马克思于1844年年底或1845年年初从恩格斯那里获得了李斯特的《政治经济学的国民体系》一书，这也从侧面印证了手稿最初编辑者对《评李斯特》一文写作时间的判定。国内大多数学者对《评李斯特》一文思想的解读，以及对马克思与李斯特思想关系的研究，基本上都依据这一写作时间的判定，将《评李斯特》一文置于《费尔巴哈提纲》之前。认可这一思路的学者尽管对文本的具体释读各有不同，但基本上认为马克思在这一手稿中所遵循的理论逻辑依然是人本主义的异化逻辑，特别是马克思对李斯特生产力理论的否定直接反映了异化逻辑立足于"真正人"的价值批判范式。[①] 同时，李斯特作为德国历史学派的经济学家，强调各国历史发展的特殊性，强调作为"财富原因"的生产力具有时代的积累性，强调人们的精神力量和一国的社会状况对生产力产生的重要影响，这些具有现实历史主义倾向的观点又反过来促使马克思对自身的理论思路进行反思，并逐渐引导马克思走向完全从客观逻辑出发的致思理路，最终在《费尔巴哈提纲》中完成了哲学世界观的蜕变。

随着MEGA2编辑工作的推进，对《评李斯特》一文的写作时间出现了新的判定。该手稿的写作时间被推迟至1845年秋马克思赴英国旅行之后，也就是说《评李斯特》一文的写作时间可能晚于《费尔巴哈提纲》和《曼彻斯特笔记》。然而，正如译介者所言，这一说法并未引起国内学界的重视。[②] 吸收这一文献学考证结果的学者基于文献写作顺序的不同判定，对马克思在布鲁塞尔不到半年时间里经历的重大思想飞跃进行了有别于前的解读。新的观点认为，马克思写作《费尔巴哈提纲》更多的是因为受到赫斯在《德国的社会主义》和《最后的哲学家》两篇文章中对费尔巴哈进

[①] 参见孙伯鍨《探索者道路的探索——青年马克思恩格斯哲学思想研究》，南京大学出版社2002年版；陈先达《走向历史的深处——马克思历史观研究》，中国人民大学出版社2010年版；张一兵《回到马克思——经济学语境中的哲学话语（第三版）》，江苏人民出版社2014年版；唐正东《从斯密到马克思——经济哲学方法的历史性诠释》，江苏人民出版社2009年版。

[②] 参见鲁克俭《国外学者关于马克思〈评李斯特〉写作时间的文献学考证》，《哲学动态》2012年第7期。

行批判的影响，故而转变了对费尔巴哈的认识，《费尔巴哈提纲》带有强烈的"历史目的论"印迹，而《评李斯特》则是"马克思从《提纲》的'实践话语'到'生产力话语'转换的关键"。①

比较两种不同的解读思路，一个重要的问题在于如何认识 MEGA2 编辑者对《评李斯特》手稿写作时间的重新判定问题。根据译介者的介绍，国外学者对这一文献的考证集中在1989年伊科尔在《马克思恩格斯年鉴》第1卷发表的《关于马克思批判李斯特著作手稿的写作日期》一文之中。该文从文献考证的视角判定《评李斯特》手稿写于马克思从英国返回布鲁塞尔之后。这一判断主要基于两方面原因：一是，伊科尔通过篇幅的对比和相关信件信息的推断，认为《评李斯特》手稿不是恩格斯1845年3月给马克思信中提到的给海·皮特曼的《莱茵社会改革年鉴》准备的稿子，而是给德国出版商尤利乌斯·康培的著作；二是，马克思在《评李斯特》中引证的经济学家及其著作，有一些出现在马克思去英国前不久的《布鲁塞尔笔记》和在英国期间的《曼彻斯特笔记》之中。

研究马克思在布鲁塞尔时期的思想发展，不能不认真对待 MEGA2 编辑者对《评李斯特》手稿进行的新文献学考证成果，因为它会直接影响对《费尔巴哈提纲》这一"新世界观萌芽"的理解问题。但是，重视新的考证结果不能等同于完全接受和采纳将《评李斯特》手稿的写作时间划定为1845年马克思赴英国旅行之后，或者说将《评李斯特》判定为一个完全建立在《费尔巴哈提纲》基础之上的文本。

就文献考证而言，伊科尔给出的文献考证依据本身存在不够严谨的地方，并不足以充分证明，《评李斯特》的写作完全是在《费尔巴哈提纲》之后的1845年秋才开始的。就文献学考证的第一个立论基础而言，伊科尔给出了三条依据：第一，"《莱茵社会改革年鉴》第1卷（1845年8出版）只有24印张，而且包括不同作者的文章。而如前所述，《评李斯特》的篇幅不少于26张（相当于一个半印张）。因此伊科尔认为，《评李斯特》的篇幅说明它肯定不是马克思为《莱茵社会改革年鉴》而写"；第二，在一封未发表的马克思妻弟埃德加·冯·威斯特法伦1845年7月10日写给韦纳尔·冯·尔特海姆的信中提到"马克思从英国返回后将从事关于李斯

---

① 参见鲁克俭《再论马克思文本研究不能无视版本研究的新成果》，《马克思主义与现实》2007年第3期。

特的写作"；第三，1845年10月14日恩格斯给德国出版商尤利乌斯·康培的信中称"您对我们建议由您出版的那部著作的倾向有所误解"，恩格斯所用的"我们"一词说明这里讲的"著作"不是恩格斯独自批判李斯特的著作，伊科尔据此推测马克思和恩格斯在从英国返回后，向康培提交了"他们"的著作。① 在这三条依据中，第一条和第三条倘若成立，能够证明的是马克思改变了批判李斯特的写作初衷，将一个写给期刊的文章扩展成了一部著作，在写作时间上只能证明手稿是在马克思从英国返回之后完成的，而并不能证明其完整的写作时间。第二条依据被伊科尔看作是极其重要的证据，但他所提及的信中的信息极为简单，只能证明马克思从英国返回之后从事过关于李斯特的写作，并没有明确是继续写作还是开始写作。由此可见，伊科尔建立在这三条依据之上的第一个立论基础只能证明《评李斯特》手稿的完成是在1845年秋。

从经济学笔记的佐证而言，伊科尔列举了马克思在《评李斯特》手稿中所运用到的《布鲁塞尔笔记》和《曼彻斯特》笔记中的五位经济学家的材料：其中出现在《布鲁塞尔笔记》中的对费里埃、尤尔的相关摘录不会早于1845年4月，对佩基奥著作的摘录是介于1845年2月到12月。也就是说，在《布鲁塞尔笔记》里摘录过的材料并不能直接证明《评李斯特》手稿一定是马克思从英国返回之后才开始的。伊科尔认为更直接的证据是，马克思在《曼彻斯特笔记》中对布雷和格莱格著作的摘录，也在《评李斯特》手稿中有所体现。然而，仔细考察不难发现，这条证据也并不能成为《评李斯特》手稿写作时间的确凿证明。马克思对布雷和格莱格观点的运用在《评李斯特》手稿中都是概述性地出现在第Ⅲ章片断标号为"［24］"的印张中，在有标号的手稿中位置都偏后。也就是说，《评李斯特》手稿完全有可能是与《布鲁塞尔笔记》同时进行的，即马克思从1845年3、4月开始写作《评李斯特》，其间他曾前往英国旅行摘录了《曼彻斯特笔记》，从英国返回后继续完成关于李斯特的写作。

当然，伊科尔的考证判定也难以从思想发展上很好地解释马克思何以在明确地离开费尔巴哈之后，仍然以人本主义异化逻辑来批判李斯特的

---

① 参见鲁克俭《国外学者关于马克思〈评李斯特〉写作时间的文献学考证》，《哲学动态》2012年第7期。

"生产力理论",而在明确地批判李斯特的"生产力理论"之后,又迅速在《德意志意识形态》中接受了"生产力"概念,并将其作为核心概念来完成自身的理论建构。从马克思在这一时期思想发展的逻辑演进来看,他完全有可能是在批判李斯特的同时,展开经济学研究摘录的。

二 无产阶级立场与拒斥"生产力"概念

实际上,此时的马克思无论是进行经济学的研究摘录,还是对李斯特展开理论批判,或是在研究和写作的过程中融汇各种理论资源,吸收新的概念术语,清理自身的哲学世界观,都围绕着一个总问题,即寻求无产阶级解放的现实道路。当我们沿着对这一总问题的思考来把握此时马克思的思想发展时,能够获得与一般哲学思想史不同的审视视角。

在《神圣家族》中,马克思通过对思辨哲学的批判已经明确地意识到要从现代资本主义的内在结构出发来认识无产阶级解放的问题。以现代资本主义为研究对象的国民经济学同思辨哲学不同,它毫不掩饰对现实利益的追求,展现出现代财富追求过程的残酷性,这一点马克思在巴黎时期提出劳动异化论时已经有深刻的体悟。然而,这样一种残酷的、有悖人性的利益究竟是如何在现实的人类历史中成为当代社会统治权力的,这绝不仅仅关涉政治意识形态"虚假"与"真实"的问题,而是一个需要在对现实利益的研究中继续揭开的秘密,因此,到达布鲁塞尔的马克思继续投身到政治经济学的研究中。

正是在系统和深入研究经济学的过程中,马克思再次遭遇了李斯特。作为一个德国经济学家,李斯特与身处先进国度的英法经济学家有很大不同。由于德国现代工业的落后,李斯特以不同国家之间发展的历史性差别作为理论起点,批判以亚当·斯密为代表的古典政治经济学倡导的"自由贸易"主张,提出了"生产力理论"。同时,李斯特与"批判的批判"等德国思辨哲学也不同,虽然他重视人的精神力量,但他主要是从现实的工业发展出发,把人的精神力量理解为服务于现实工业运动的必要智力支持。如果单从理论指向而言,巴黎时期的马克思和李斯特有相似性,他们都对英国古典政治经济学持批判态度,也都重视现实工业的发展问题。马克思在《神圣家族》中曾批判思辨哲学称:"难道批判的批判以为,它不把比如说某一历史时期的工业,即生活本身的直接的生产方式认识清楚,它就能真正地认清这个历史时期吗?"①但是,在马克思看来,李斯特是从德国资产阶级的利益出发的,他维护的仅仅是德国资产阶级的利益,这是马克思批判李斯特的根本原因。

在"[Ⅰ.李斯特的一般评述]"中,马克思是从无产阶级的政治立场来批判李斯特。当李斯特指出国家衰落、国库空虚是比无产阶级更大的灾祸时,马克思则认为实际上真正使人发愁的是"在德国资产者还没有使工业发达起来以前,无产阶级已经存在,已经提出要求,已经令人生畏"②,而国库充实和国家强盛之所以重要,只不过因为它是令无产阶级感到"自己的状况差强人意"的要求而已。显然,此时的马克思对无产阶级革命的预期和判断延续了《神圣家族》时期的乐观态度,而这种乐观的理论预期既有当时欧洲革命趋势逐渐凸显的现实原因,也源自于异化逻辑中具有决断的现实批判性,这样天然的现实批判性远未触及现实矛盾和实际形势的复杂性、多元性。

在[Ⅱ.生产力理论和交换价值理论]一章中,马克思对李斯特"生产力理论"的批判就是从人本主义异化逻辑出发的。李斯特不是静态地将工业看成"私有财产"或是"资本",而是动态地将其看成"财富生产能力",这种能力是人自我发展的基础。他认为:"农业所需要的只是属于同一类型的个人能力,只是在简单的程序观念下把体力和耐力结合起来从事于笨重体力劳动的那类能力;而工业所需要的智力、技巧和经验却是千变万化的,这一点也是显而易见的。"③在这一点上,马克思同李斯特具有一致性,工农业不同的生产能力也让马克思认识到,现实的工业中内在包含着人对自身本质力量的占有,他讲:

> 工业可以被看作是大作坊,在这里人第一次占有他自己的和自然的力量,使自己对象化,为自己创造人的生活的条件,如果这样看待工业,那就撇开了当前工业从事活动的、工业作为工业所处的环境;那就不是处身于工业时代之中,而是在它之上;那就不是按照工业目

---

① 《马克思恩格斯文集》第1卷,人民出版社2009年版,第350页。
② 《马克思恩格斯全集》第42卷,人民出版社1979年版,第239页。
③ [德]弗里德里希·李斯特:《政治经济学的国民体系》,陈万煦译,商务印书馆1961年版,第194页。

前对人来说是什么，而是按照现在的人对人类历史来说是什么，即历史地说他是什么来看待工业；所认识的就不是工业本身，不是它现在的存在，倒不如说是工业意识不到的并违反工业的意志而存在于工业中的力量，这种力量消灭工业并为人的生存奠定基础。①

实际上，马克思和李斯特都希望能够将这种力量从一种工业形式的束缚中独立出来。所不同的是，李斯特看重国家的作用，他明确地指出："作为我的学说体系中一个主要特征的是国家"②。但在此时的马克思看来，即便是如英国、法国等实现了政治解放的工业强国，也并没有使工业中的力量复归人自身，他在异化劳动理论中深刻地揭示了现实中的工业并没有成为工人发展自身的力量基础。李斯特同马克思完全相反，李斯特认为，"在工业发达的国家，工人从精美的机器和工具所得到的帮助且不谈，就是除开这一因素，他在一天之内所完成的工作比在纯农业国家要多的多，这一点也是无可否认的"，"这时工人开始感到，他有的是体力和运用体力的技巧，这是可以改善他生活的手段"。③ 正因为对工业和工人之间的关系有不同理解，马克思认为李斯特美化了工厂制度下的"生产力"，将"生产力"看成是无限的、高于交换价值的"非物质"的目的本身。他批判称："为了破除美化'生产力'的神秘灵光，只要翻一下任何一本统计材料也就够了。那里谈到水力、蒸汽力、人力、马力。所有这些都是'生产力'。人同马、蒸汽、水全都充当'力量'的角色，这难道是对人的高度赞扬吗？"④ 显然，马克思在这里的逻辑是，只有将工业同它所处的社会条件和工厂制度区分开来，才能被视为促进人获得其本质力量的基础，只有让工人掌握控制工业力，使工业力服务于运用它的工人，人本身才会成为工业和工厂的目的，而如果笼统地将工业视为"生产力"加以追捧，不过就是对现有工厂制度的追捧，实质上不过是对人的贬损。鉴于此，在这一部分中马克思没有接受"生产力"的概念，他认为李斯特的"生产力"理论没

---

① 《马克思恩格斯全集》第42卷，人民出版社1979年版，第257页。
② ［德］弗里德里希·李斯特：《政治经济学的国民体系》，陈万煦译，商务印书馆1961年版，第8页。
③ ［德］弗里德里希·李斯特：《政治经济学的国民体系》，陈万煦译，商务印书馆1961年版，第196—197页。
④ 《马克思恩格斯全集》第42卷，人民出版社1979年版，第261页。

有考虑工人的解放，也就不可能真正上升到人的解放层面，其最终的目的只是为了增加财富，这样的拜物教观念不过是德国资产者"发家致富"的理论背书。

虽然马克思着力批判李斯特的资产阶级立场，但李斯特也促使马克思认识到，要真正在"地上"实现无产阶级解放，仅仅是重视工业是不够的。从工业出发举起"人的发展"的旗帜，可以走向资产阶级革命，也可以走向无产阶级革命，重要的不在于"人的本质"之于"工人"意味着什么，而在于"工人"这个具体的、活生生的存在者之于"人的本质"意味着什么？只有说明这个问题才能从理论上批判李斯特通过国家将工业生产力同人的发展相联系的逻辑质点，也才能打破李斯特通过国家作用来发展德国资本主义工业的基本理论立场。此时的马克思还无法达到这一批判深度，他只能以同样抽象的世界历史意义来进行回应说："在英国的工业，法国的政治和德国的哲学制定出来之后，它们就是为全世界制定的了，而它们的世界历史意义，也象这些民族的世界历史意义一样，便以此而告结束"①。也就是说，马克思所主张的发展，是融合了德国哲学、法国政治的工业道路，是用德国哲学、法国政治克服了异化弊端的工业道路。然而，如此一来，德国克服英法资本主义工业的"非人性"恰恰在于德国哲学对现代社会的"超越性"，于是便又回到了马克思在《神圣家族》中所批判的观点。

要在与"人"相关的社会历史领域中，突破唯心主义的限制，马克思必须对被他视作能够给共产主义提供理论基础的德国哲学，即费尔巴哈人本主义哲学进行反思，尤其是要追问它的核心观念"人的类本质"及其对象化过程。"人的类本质"在现实历史中究竟有怎样的表现，人到底应该如何占有这一本质力量？作为单个的、具体的人，如"工人""资本家"同这种本质力量之间的关系如果不一致，又是什么导致了他们之间的差异？这些问题是费尔巴哈哲学无法回答的，也是马克思离开费尔巴哈的内在原因。

三 新世界观萌芽与接受"生产力"概念

思考人在现实历史中如何占有自身本质力量的问题，让马克思将研究

---

① 《马克思恩格斯全集》第42卷，人民出版社1979年版，第257页。

目光投向工业条件下的机器大生产问题。在 5—7 月的《布鲁塞尔笔记》中马克思研究了"机器问题",他先后摘录了奥古斯特·德·加斯帕兰(Auguste de Gasparin)的《论机器》、查理·拜比吉(Charles Babbage)的《论机器和工厂的节约》,以及安德鲁·尤尔(Andrew Ure)的《工厂哲学》。对"机器问题"的研究,一方面让马克思再次确证了,在现实历史中实现人的解放必须以机器大生产作为物质基础,另一方面也让他了解到,现代工厂中机器体系对人的统治是劳动从属于资本的物质技术基础。[①] 机器大生产带来的这种双重社会效益和冲突,说明了不能因为工业中蕴藏着人的"本质力量",便认为只要工业自然地继续发展下去,就能够消除劳动的异化,实现劳动的解放和无产阶级的解放。"人的类本质的对象化"只是一个哲学抽象,对于无产阶级何以掌握机器大生产这样现代社会物质生产基础的现实问题而言,这一概念批判力有余,建设性不足。要立足于机器大生产来求解无产阶级的历史命运,马克思除了面向客观现实之外,必须超越人本主义异化逻辑,实现哲学思维上的转换。马克思在《关于费尔巴哈的提纲》中对费尔巴哈哲学的反思,体现了他从哲学思维上走出人本主义异化逻辑的开始。由于关注领域的差异,马克思在最初转向费尔巴哈时就同他并不完全一致,随着赫斯和施蒂纳对费尔巴哈的批判,加上继续进行经济学研究对马克思产生的冲击,他开始比较自觉地总结与费尔巴哈之间的差异,并试图厘清人本主义异化逻辑存在的问题。

  与停留于宗教领域的费尔巴哈相比,注重政治和经济批判的马克思,一开始就不是从感性直观而是从感性活动出发来理解现实的,无论是国民经济学从劳动来理解财富的主体本质,还是李斯特从"创造财富的能力"来理解工业都更加确证了感性活动构成人类历史的现实内容。马克思在《评李斯特》中曾提及:"如果要给私有财产以致命的打击,那就不仅必须把它当作物质状态,而且也必须把它当作活动,当作劳动来攻击。"[②] 因此,马克思在《提纲》中提出的第一个理论要点便是,费尔巴哈哲学忽略了现实历史是由人的实践活动构成的,世俗领域中的实践活动不仅仅是唯利是图的,同时也是具有"革命的"意义和"实践批判的"意义的。马克

---

  ① 参见张福公《马克思的工艺学研究以及对其世界观形成的影响———基于对〈布鲁塞尔笔记〉的文本解读》,《哲学研究》2018 年第 7 期。

  ② 《马克思恩格斯全集》第 42 卷,人民出版社 1979 年版,第 254 页。

思正是从不同于宗教的政治革命和工业生产活动中看到，实践是能够趋向于真理的，同时他还进一步指出，人思维的真理性、现实性和此岸性只有在实践中才能得到证明。对于人的实践活动的意义，马克思讲："环境的改变和人的活动或自我改变的一致，只能被看做是并合理地理解为革命的实践"①，这即是说，具有革命意义的实践活动能够改变自然环境、社会环境，也就是改变历史，因而现实历史中的人，既不像启蒙学者所认为的由抽象的"人性"所决定，也不是旧唯物主义认为的简单地由环境所决定，而是自我决定、自我改变的。当马克思自觉地通过"实践"概念将人的能动性和受动性统一起来，并在这种统一中看到历史的发展变化，他也就更清晰地从哲学基础上理解了劳动活动的属人性和约束性之间的统一关系，理解了作为"目的"的劳动和作为"手段"的劳动之间的不可分离性，以及以"目的"来批判"手段"的非科学性。

《提纲》中的第二个理论要点强调了"人的本质不是单个人所固有的抽象物，在其现实性上，它是一切社会关系的总和"②。关于如何理解人的本质，如何理解个体和类的关系问题，是当时德国学者热议的问题。费尔巴哈以自然存在的个人所具备的理性、意志和爱这些"类"特性为出发点来理解人的本质，也就撇开了历史的进程，将人的本质规定为"一种内在的、无声的、把许多个人自然地联系起来的普遍性"。这样理解人的本质，导致了从个体出发来理解人与人之间的关系，并将符合"类"特性的关系理解为"本真"的，而不符合"类"特性的理解为"异化的"。针对费尔巴哈对"类本质"的这一理解，施蒂纳从极端唯我主义出发批判说"最高本质无疑是人的本质，但恰恰是因为最高本质是他的本质而不是他自己，这样我们究竟是在他之外看到它并看作'神'，或者在他之中发现它并称之为'人的本质'，或称为'人'就完全是一样的了"。③赫斯则讽刺地指出了存在于人本主义异化逻辑之中的主观性，他批判费尔巴哈说："通过'现实'的人这种说法，理解市民社会的被个别化的人，通过'现实'这种说法，把市民社会的法、市民社会的婚姻、市民社会的所有一切统统理解为'恶的现实'——即一方面他对狭窄的个人主义、实践的利己主义表

---

① 《马克思恩格斯文集》第 1 卷，人民出版社 2009 年版，第 500 页。
② 《马克思恩格斯文集》第 1 卷，人民出版社 2009 年版，第 505 页。
③ ［德］麦克斯·施蒂纳：《唯一者及其所有物》，金海民译，商务印书馆 1989 年版，第 35 页。

示敬意；另一方面他预见社会的人、'类的人'、'人的本质'，并且这种本质，确实将其设想为存在于认识的各个人当中。这种哲学的妄想能够成为现代国家的智慧吗？"① 李斯特则与上述哲学思考不同，在李斯特那里，"类"不是个体内在的普遍性，而是人类总体，他讲："国家的性质是处于个人与整个人类之间的中介体，我的理论体系的整个结构就是以这一点为基础的"②。在对诸多观点的对比中，一方面，马克思认识到以个体身上的"内在普遍性"规定人的本质是抽象的，另一方面，他也不认同"国家"就能表征个人的具体性和现实性，很显然，在同一个国家中依然存在着处于不同地位的人。只有以"社会关系"来规定"人的本质"才能抓住具体的、现实的人本身。"一切社会关系的总和"一方面共时性地表征了同一时代不同人之间的本质性差别，另一方面也历时性地表征了不同时代人之间的本质性差别。触及"一切社会关系的总和"这一思想层面，马克思就能够恰当地解释他在批判李斯特时所遇到的难题，即如何理解以机器大生产为基础的现代工业和人的解放之间的关系。一方面机器大工业是人类自身历史发展的结果，是现代一切社会关系的基础，另一方面机器大工业又造就了无产阶级和资产阶级这对现代社会特有的"社会关系"范畴，这才能够从现实性上准确地解释现代社会的"人的本质"，也才能够说明要实现现代人的解放，必须在机器大工业的基础上实现无产阶级的解放，而不是将发展工业一味地指责为"见物不见人"，或是吹捧为"人的展现"。

在理清新的逻辑思路之后，马克思提出了《关于费尔巴哈提纲》中的第三个理论要点，即第十、第十一条："旧唯物主义的立脚点是市民社会，新唯物主义的立脚点则是人类社会或社会的人类"，"哲学家们只是用不同的方式解释世界，问题在于改变世界"。③ 这可以理解为马克思从哲学思路上对前两个理论要点进行的总结，也是他对自身理论的发展方向和历史任务的规划。人类历史通过实践自我发展、自我改变，并在这一过程中形成相应的社会关系，而新唯物主义就是研究现实社会关系的矛盾运动，通过认识这一矛盾运动，推动改变世界的新实践。当马克思厘清这样的逻辑思

---

① [德]莫泽斯·赫斯：《赫斯精粹》，邓习议编译，南京大学出版社2010年版，第187页。
② [德]弗里德里希·李斯特：《政治经济学的国民体系》，陈万煦译，商务印书馆1961年版，第8页。
③ 《马克思恩格斯文集》第1卷，人民出版社2009年版，第502页。

路，再回到经济学研究，他的关注点就逐渐从批判政治经济学的"见物不见人"走向研究国民经济学所体现的现代社会关系，以及这种关系下劳动者的历史命运与前途，这是马克思的新思路。

在新的思路下，马克思前往英国旅行，他在《曼彻斯特笔记》中特别摘录了英国空想社会主义经济学家的著作，其中包括出现在《评李斯特》手稿第三章中的布雷。英国空想社会主义思想家同样是从无产阶级立场出发，批判资产阶级国民经济学家只关心财富的生产和积累，从而将人等同于物，但他们认为在社会经济过程中存在着需要政治经济学研究的规律，因此他们肯定政治经济学作为一门科学的价值，并认为社会主义不能依靠伦理来实现，而必须建立在客观规律之上。这无疑是马克思人本主义异化逻辑彻底解体的催化剂。同时，不少英国空想社会主义经济学家一方面肯定了资本主义社会在发展生产力上的作用，另一方面也认为资本主义自由竞争造成了无政府状况，而大工业对人的贬损也会造成对生产力的破坏。他们认为只有改变现有的社会结构，才能使机器大工业不再制造祸患，而是促进劳动者和人类的幸福。然而，空想社会主义者只是将超越现代社会看成是通过合理的设计方案来解决对立的过程，没有将历史看成是社会关系在生产实践中自我生成的过程，因而无法达到历史唯物主义的层面，但是，他们从无产阶级立场出发研究经济活动的规律，将劳动者视为推动生产力发展的力量和新社会的构建者，则能够给马克思以启示。

实际上，仔细考察《评李斯特》第三章以后的内容，不难发现马克思在第三章之后对"生产力"概念的运用与第二章中有所不同。在第二章中，马克思除了在评论圣西门学派的观点时中性地使用了"生产力"概念，其余几乎完全是在讽刺和批判的意义上使用这一概念，但在第三章以后，马克思基本上是在中性的意义上使用"生产力"概念的。从马克思对布雷的引证中，可以看到他对发展生产力的认同，他讲："这种'生产的持续性和不间断性'不是留给工业家先生们的而是留给一代人的遗产（例如见布雷）"[1]。当马克思强调"生产的持续性和不间断性"并将其看成"留给一代人的遗产"时，他就已经不再是从"真正的人"来看待"生产"，而是从"生产"来看处于特定时代的"现实的人"，不同时代的人

---

[1] 《马克思恩格斯全集》第42卷，人民出版社1979年版，第265页。

继承了不同的生产遗产。这样的致思理路说明，马克思已经为无产阶级解放事业推开了历史唯物主义世界观的大门。进一步的问题是，如果不从"真正的人"出发，马克思又该以什么作为批判现代资本主义的理论支点？如果将人的本质理解为以实践活动为基础的社会关系总和，那么追求人类解放的价值理想又该如何理解，无产阶级解放又在什么意义上能够同人类解放相一致，这些问题当然不会因为马克思思维范式的转换而淡出他的理论视野，而是成为马克思恩格斯"清算自己从前哲学信仰"，系统阐述历史唯物主义的组成部分。

第二节　历史新主体与共产主义的科学理解

1845年11月，马克思和恩格斯再次合作，对包括费尔巴哈在内的青年黑格尔派进行批判，留下了《德意志意识形态》的手稿。《德意志意识形态》是一部尚未完成的著作，在马克思恩格斯生前没有能够整理出版。虽然这部著作在后来的出版传播过程中产生了关于编排方式和文本释读的诸多争议，但它作为唯物史观诞生标志的思想史地位却是无可否认的。在《德意志意识形态》中，马克思首次对科学认识历史的理论前提、逻辑起点、分析构架进行了专门说明，并将无产阶级解放问题置于客观历史发展的内在矛盾演进之中来考察。

在《关于费尔巴哈的提纲》中，马克思以"实践"和"社会关系"范畴为基础，开启了有别于人本主义的历史认识思路，然而站在这样一条思路基础之上关照无产阶级解放这一改变世界的核心主题，有必要对这两个一般哲学范畴进行进一步的追问。在诸多的实践形式中，有没有一种"实践"对历史发展起着根本性的决定作用，什么样的"实践"塑造了不同时代历史的本质性特征？如果"人的本质是一切社会关系的总和"，那么"人的社会关系"又是由什么决定的，现代社会所呈现出来的"社会关系总和"给"现代人"带来了怎样的规定，它在什么意义上实现了人的发展，又在什么意义上制约着人的自由和解放？无产阶级解放将在什么意义上超越现代社会的"社会关系总和"？只有进一步说明这些问题，才能够使充满德意志意识形态色彩的思辨"哲学概念"真正落到地上。鉴于此，在《德意志意识形态》中，马克思运用他的经济学和历史学研究成果，将这两个一般哲学范畴具体化，以"生产"概念作为历史唯物主义的核心范畴。

以"生产"作为核心范畴，马克思是进行了集中论证的。马克思指出，理论的前提只能是可以用纯粹经验的方法来确认的"现实的个人"，是"他们的活动和他们的物质生活条件，包括他们已有的和由他们自己的活动创造出来的物质生活条件"①。之所以必须以"现实的个人"为前提，归根究底在于一个无法辩驳的事实，即"全部人类历史的第一个前提无疑是有生命的个人的存在"，这是可以用纯粹经验方法确证的历史公理。以此为基础，认识历史第一个需要确证的事实就是"个人的肉体组织以及由此产生的个人对其他自然的关系"，而人同动物之间的区别便在于，动物依靠本能来处理自身和自然之间的关系，而人是通过生产来处理同自然之间的关系的。这就是说，"生产"既是人作为感性存在物的肉体组织存续的基础，也是人作为生命主体存在的基础，因而也是人类历史活动中最根本和具有决定性作用的"实践"活动。马克思讲："个人怎样表现自己的生命，他们自己就是怎样。因此，他们是什么样的，这同他们的生产是一致的——既和他们生产什么一致，又和他们怎样生产一致。"②更进一步而言，人的生产活动和动物的本能活动区别开来，是与个人彼此之间的交往紧密相连的。马克思讲："这种生产第一次是随着人口的增长而开始的。而生产本身又是以个人彼此之间的交往［Verkehr］为前提的。这种交往的形式又是由生产决定的。"③这就揭示出人类历史的核心内容是生产及其所决定的交往关系。

在不少西方学者看来，马克思以"生产"作为历史唯物主义的核心概念，是理论上的自我捆绑。提出"重建历史唯物主义"的哈贝马斯认为，以"生产"为核心的历史唯物主义解释框架不可能走出工具理性的统治，因而也无法进入生活世界把握"交往行为"这一将文明社会与原始社会相区别的根本性特点。被称为"后现代主义高级牧师"的鲍德里亚认为，"生产"概念是马克思对资本主义政治经济学的话语继承，它本身是现代化范围内的概念。在今天的消费社会中，由文化传媒和意识形态塑造的符

---

① 《马克思恩格斯文集》第1卷，人民出版社2009年版，第519页。
② 《马克思恩格斯文集》第1卷，人民出版社2009年版，第520页。
③ 《马克思恩格斯文集》第1卷，人民出版社2009年版，第520页。

号价值远远高过使用价值和交换价值,"生产"不再是起决定作用的因素,而历史唯物主义由于深陷生产主义,因此难以走出现代意识形态尊崇的计算逻辑和产品效益。激进民主理论最具影响力的代表拉克劳与墨菲则认为,马克思强调"生产力"在历史发展中的决定性作用是其本质主义的表现,只要坚持"生产力"的决定性和中心地位就意味着主张一种"严格内生的经济运动规律",从而终究陷于经济主义和还原论,他们主张以"去中心化"的纯粹话语链接来构建多元化的政治主体。

当各式各样的对历史唯物主义进行"重建"和"释读"的理论努力一方面试图从马克思那里获得批判资本主义社会的理论共鸣,另一方面又为马克思这一新哲学世界观贴上"经济决定论""社会进化论""普遍主义"和"本质主义"等标签时,我们不难发现它们的共同之处,即它们都将历史唯物主义理解为特定哲学倾向和研究视角下的一种社会解释模式,并认为这种解释模式虽然对现代性持批判态度,却没能超越现代性的视域范围。我们需要从具体理论观点来分析这些理论评判的得与失,但更要看到的是,如果不从无产阶级解放这一根本的问题意识和立场出发来检视马克思所实现的哲学变革,或者说,如果不将历史唯物主义视为无产阶级世界观,就容易将历史唯物主义混同于旨在"解释世界"的一般哲学流派,而忽略了它"改变世界"的精神实质,从而只能在其中看到"批判"的立场而无法汲取"建构"的资源。换句话说,只有从以无产阶级解放为基础的人类解放出发,才能在历史唯物主义的系统阐释中读出"建构性"的内容,同时,只有真正进入历史辩证法的哲学视野中,才能说明无产阶级解放的历史必然性。

一 无产阶级立足世界历史

马克思在《巴黎手稿》中通过劳动异化和交往异化说明无产阶级的历史境遇,虽然能够引入批判性和历史性的视角,但批判性来源于人本主义伦理的价值悬设,而历史性则源于黑格尔主奴辩证法的自我实现原则,二者都不是现实的客观逻辑。在《德意志意识形态》中,马克思从历史科学的客观逻辑出发,将无产阶级看成一个具有世界历史意义的阶级,又从开辟世界历史出发,引出了有别于异化逻辑的资本主义批判线索。

如果说马克思在《巴黎手稿》中将分工看作是异化劳动的表现,并没有真正理解分工的原因和它的历史意义,那么在《德意志意识形态》中,马克思将分工同生产力的发展联系起来,并以劳动分工的发展来叙述世界历史的进程,就是从现实历史的内在结构和矛盾出发来认识分工了。马克思认为分工以性别、天赋等自然形成的分工为起点,逐渐发展为物质劳动和精神劳动的分工,而物质劳动和精神劳动的分化又促使城市和乡村的分离,各种要素在城市的集中和在乡村的分散形成了城乡之间的对立。随着分工的进一步扩大,生产和交往相分离,交往集中于商人阶级的手中又促成了通商的扩大和城市之间的联系,而生产和交往的分工,又带来了各城市依据优势工业在生产方面的新分工,这就导致了地域局限性逐渐消失。不同城市之间的分工激励了工场手工业的产生,工场手工业又不断集中乡村人口和资本,并促生了简单的机器生产。随着工场手工业的出现,一方面是国内宗法关系开始为雇佣关系所代替,另一方面是各国之间相互竞争的出现。伴随着各国的竞争,对殖民地的瓜分开辟出世界市场,而斗争中崛起的海上强国英国在巨大的需求刺激下"把自然力用于工业目的,采用机器生产以及实行最广泛的分工"①,于是产生了大工业。大工业创造了交通工具和现代世界市场,使流通加速、资本集中、竞争进一步普遍化。普遍的竞争消灭了各国以往自然形成的闭关自守状态,开创了世界历史,并造就了一个"真正同整个旧世界脱离而同时又与之对立的阶级"②。这样一来,马克思通过勾勒分工的历史,展现出无产阶级的现实的生产生活条件,即工人处于其中的"现代社会关系总和",同时也将这个阶级的产生看成是历史发展的产物。无产阶级作为大工业的产物,决定了它是站在新文明起点之上的历史主体。在《德意志意识形态》中,马克思分析了大工业和世界历史开始之后新的文明特点。

第一,机器大工业与以往各个时代都不同的地方在于,"出现了自然形成的生产工具和由文明创造的生产工具之间的差异"③。以自然形成的生产工具为主要生产力的情况下,个人受自然界的支配,交换主要是人和自然之间的交换,并且体力活动和脑力活动彼此还没有完全分开,财产也表现为直接的、自然形成的统治,各个人以自然联系为纽带结合在一起,所

---

① 《马克思恩格斯文集》第1卷,人民出版社2009年版,第565页。
② 《马克思恩格斯文集》第1卷,人民出版社2009年版,第567页。
③ 《马克思恩格斯文集》第1卷,人民出版社2009年版,第555页。

有者对非所有者的统治可以依靠个人关系和各种形式的共同体来实现；在由文明创造的生产工具为主要生产力的情况下，各个人受劳动产品的支配，交换主要是人和人之间进行的交换，脑力劳动和体力劳动已经实行了分工，财产表现为积累起来的劳动即资本的统治，各个人之间互不依赖，统治采取物的形式即货币来实现。这种质的差异决定了生产工具和私有制之间的矛盾只有在大工业高度发达的情况下才会产生，"只有随着大工业的发展才有可能消灭私有制"[1]。

第二，普遍的、世界性的交往使得现代文明得以获得持续性的发展。在马克思看来，一方面，某一个地域创造出来的生产力，能否在后来的发展中存续下来，很大程度上与交往扩展的情况相关，"只有当交往成为世界交往并且以大工业为基础的时候，只有当一切民族都卷入竞争斗争的时候，保持已创造出来的生产力才有了保障"[2]。在现代社会，普遍的交往使已有生产力的发展水平不会因为偶然的因素而发生大踏步逆转和消亡，文明进入到快速发展的阶段，人在社会生产力中的创造性作用也更直接地展现出来。另一方面，大工业基础上发达的生产力是与无产者相分离的东西，因为这种生产力是由彼此独立的个人之间相互交往和联系才发展起来的，所以对于个人而言，它具有物的形式，只有在个人是所有者的情况下，这种生产力才体现为个人的力量。对于无产者而言，"他们同生产力并同他们自身的存在还保持着的唯一联系，即劳动，在他们那里已经失去了任何自主活动的假象，而且只能用摧残生命的方式来维持他们的生命"[3]。无产者是现代社会的大多数，但在资本主义条件下，大多数人内在的生命创造力被维持生命本身所压制，可见对现代文明而言，"生产力已经不是生产的力量，而是破坏的力量"[4]。这种破坏性表现为无产者个人虽然处于社会之中，却又远离社会力量，因而"丧失了一切现实的生活内容，成了抽象的个人"[5]。马克思在这里所讲的"抽象"不是感性现实在思维中褪去实在性、具体性，而是无产者因为与"社会生产力"的分离而在现实的感性生活中成为被剥离了生命创化潜能的劳动力"标本"，即是

---

[1] 《马克思恩格斯文集》第1卷，人民出版社2009年版，第556页。
[2] 《马克思恩格斯文集》第1卷，人民出版社2009年版，第560页。
[3] 《马克思恩格斯文集》第1卷，人民出版社2009年版，第580页。
[4] 《马克思恩格斯文集》第1卷，人民出版社2009年版，第542页。
[5] 《马克思恩格斯文集》第1卷，人民出版社2009年版，第580页。

说现存的社会关系无法释放大多数人的生命创造力。

从上述意义来讲，当马克思通过分析"生产活动"中的自然关系和社会关系，以分工的历史为线索，从中解析生产力和交往关系的矛盾运动，将现代资本主义社会看成人类生产活动发展的结果和新生产活动的基础，并在无产阶级身上看到伴随现代资本主义生产方式而来的个人与社会力量的分裂时，他就从历史的客观逻辑出发认识到无产阶级解放、人类解放和历史朝着世界历史发展之间的一致性。也就是说，寻求人类解放的现实道路，揭示历史之谜，认识无产阶级历史命运的这一理论诉求让马克思在批判现代社会的同时发现了现代社会。如果说准确定位现代资本主义生产方式的历史价值是社会主义从空想到科学的重要环节，那么为无产阶级解放规划革命策略时不以拒绝的姿态面对现代性，不为了超越现代性而放弃现代化，也是历史唯物主义原则比诸多现代性批判理论以及后现代主义更具建构性，更具实践影响力的原因。

二　无产阶级开启共产主义运动

在《德意志意识形态》中，马克思强调"解放"是现实的改变历史的活动，"只有在现实的世界中并使用现实的手段才能实现真正的解放"①。这就是说，无产阶级解放不同于宗教、哲学在主观领域中所讲的思想解脱和个性自由。马克思讲，"对实践的唯物主义者即共产主义者来说，全部问题都在于使现存世界革命化，实际地反对并改变现存的事物"②。在马克思看来，无产阶级立足于世界历史的新起点，那么这个阶级创造历史的解放运动便具有不同于以往革命阶级的新特点，它开启了实现社会革命的共产主义运动。

在马克思看来，个人隶属于阶级本身是一个历史发展的过程。从西欧的历史来看，封建等级向现代阶级转变是伴随着城市兴起而来的。在自然经济下，封建农奴能够积累起一部分动产，为了挣脱封建领主的统治，逃亡农奴建立起新的城市，转变为自由市民。每一城市中的自由民出于自卫和反对农村贵族而联合起来形成市民团体，"各个市民的生活条件，由于同现存关系相对立并由于这些关系所决定的劳动方式，便成了对他们来说

---

① 《马克思恩格斯文集》第1卷，人民出版社2009年版，第527页。
② 《马克思恩格斯文集》第1卷，人民出版社2009年版，第527页。

全都是共同的和不以每一个人为转移的条件"①。原本孤立的城市随着商业交往的扩大而了解到彼此具有同样的利益、同样的敌人，这些城市为了共同的利益相互联系，于是相同的条件发展为阶级条件。这就是说单个人从属于阶级是为了反对另一个阶级进行共同的斗争。一方面阶级是由各个人组成，同阶级的个人之间依然存在竞争和敌对，另一方面阶级对各个人又是独立的，个人的社会地位和发展是由阶级决定的，个人隶属于阶级。马克思讲："个人隶属于一定阶级这一现象，在那个除了反对统治阶级以外不需要维护任何特殊的阶级利益的阶级形成之前，是不可能消灭的。"②

马克思将个人隶属于阶级看成是历史的现象，阶级在生产发展的过程中历史地产生也必然历史地消亡，无产阶级的解放就是以消灭阶级的存在为前提的。从历史比较来看，自然经济条件决定了逃亡农奴可以单个地零散地解放出来。对于逃亡农奴而言，先前的农奴地位是一种压制他们个性的偶然的东西，他们只要自由地发展他们已有的生存条件即自由劳动，就获得了个性的解放；但在大工业条件下，人与人相互交往而形成的生产力转化为物的力量，这就决定了现代社会的全部生存条件对于无产者而言变成一种偶然的东西，成为限制他们个性发展的东西，这些条件是单个无产者无法加以控制的，因此无产者"在本阶级的范围内没有机会获得使他转为另一个阶级的各种条件"，而无产者"为了实现自己的个性，就应当消灭他们迄今面临的生存条件，消灭这个同时也是整个迄今为止的社会的生存条件，即消灭劳动"。③ 当然，要实现这一点不能靠人们从头脑中抛开关于这种物的力量的一般观念，而只能靠个人通过共同体重新驾驭这一力量。

进一步的问题在于，什么样的共同体能够实现无产阶级的解放呢？回答这一问题还必须从共同体发展的历史来考察。从历史发展的前提来看，物质生活的生产和生命本身的生产，包含着自然关系和社会关系。马克思讲："社会关系的含义在这里是指许多个人的共同活动，不管这种共同活动是在什么条件下、用什么方式和为了什么目的而进行的。"④ 人们最初的

---

① 《马克思恩格斯文集》第1卷，人民出版社2009年版，第569页。
② 《马克思恩格斯文集》第1卷，人民出版社2009年版，第570页。
③ 《马克思恩格斯文集》第1卷，人民出版社2009年版，第573页。
④ 《马克思恩格斯文集》第1卷，人民出版社2009年版，第532页。

共同活动表现为一种类似畜群的自然共同体,随着分工的发展,产生了单个人、单个家庭的利益与相互交往的人们的共同利益之间的矛盾,而各个人为了维护自身的生存条件逐渐联合为阶级。正是由于特殊利益和共同利益之间的矛盾,共同利益采取了与实际的单个利益和全体利益相脱离的独立形式,即"虚幻的共同体"的形式。这种"虚幻的共同体'是相对于各个人而独立的,是一个阶级统治另一个阶级的联合,在这样的共同体中,各个人是作为"阶级人"参与到共同体之中的,只有在统治阶级范围内发展的个人才有个人自由,对于被统治阶级而言,共同体只是"虚幻的共同体",实际上更多地表现为对个人自由的桎梏。无产阶级解放必须通过共同体来驾驭"分工—交往"形成的生产力,使处于大工业条件下的现代各个人,尤其是在现存条件下与社会生产力相分离的无产者个人,能够借助共同体驾驭这种力量来实现个性发展,这即是说"虚幻的共同体"必须为"自由人的联合体"所代替。因此,共产主义运动"第一次自觉地把一切自发形成的前提看做是前人的创造,消除这些前提的自发性,使这些前提受联合起来的个人的支配"①。

除了对个人与共同体之间的关系进行历史的考察,以说明打破建立"真正共同体"是共产主义运动的目标之外,马克思特别强调了不应该将共产主义运动理解为理论推论的结果,共产主义运动是"消灭现存状况的现实的运动",并且"这个运动的条件是由现有的前提产生的"。以往的革命阶级为了达到自身目的,不得不把自己的利益说成是社会全体成员的共同利益,并赋予自己的思想以普遍性的形式,把它们描绘成唯一合乎理性的、有普遍意义的思想。因此占统治地位的思想是越来越抽象的思想,而每一新阶级赖以实现自身统治的基础也更宽广,同时为争得统治而进行的斗争也比过去一切阶级更加坚决、更加彻底。对于共产主义运动而言,它依然要面对"虚幻共同体"形式下"各个不同阶级间的真正的斗争",因此无产阶级解放也必须遵循阶级社会条件下革命运动的规律,即首先夺取政权获得思想领导权。这便是马克思所讲的"每一个力图取得统治的阶级,即使它的统治要求消灭整个旧的社会形式和一切统治,就像无产阶级那样,都必须首先夺取政权,以便把自己的利益又说成是普遍的利益,而

---

① 《马克思恩格斯文集》第 1 卷,人民出版社 2009 年版,第 574 页。

这是它在初期不得不如此做的"①。

三 无产阶级生成历史新主体

当马克思从历史发展的客观逻辑出发,将生产力和交往关系的矛盾作为历史发展的动力,把历史看成是生产方式前后相继的演变过程,他的确在私有制社会中看到,社会关系的发展不受人的控制而展现出一种"似自然性",但这并不意味着马克思如阿尔都塞所言,认为历史是一个无主体的过程。马克思在强调社会关系客观性的同时并没有忽视历史主体的作用,相反,在他看来生产力和交往关系之间的矛盾是通过历史主体的发展表现出来的,而历史的主体是"现实的个人"。作为历史主体的"现实的个人"首先必须是"有生命的个体",马克思讲这是一切历史的前提。但是,仅仅是"有生命的个体"还不是历史的主体,动物存在的前提也是"有生命的个体",但人却是以自然和他人为对象的,同时根据自身的需要来改造对象的生命存在,这是人能够作为历史主体的基础。这种对象性的生命存在决定了作为历史主体的"现实的个人"不是离群索居的、原子化的抽象的"个人",它不能被理解为一般的"有个性的个体",而是处于由生产决定的、具体的、历史的社会关系中的人,它内在地包含着对"一切社会关系总合"的理解。但这种"社会关系总和"不是卢卡奇所认为的表现为总体的、同一的"主—客"统一体,而是一种现实中的历史积淀,这种历史积淀使个人成为不同的个人,在生产中居于不同的地位,受不同的思想支配,产生不同的需要,结成不同的共同体,隶属于不同的阶级。这样的历史主体在现存的条件下改变现实创造历史,又在历史创造中改变自身,形成新的历史主体。也就是说,人既是历史的剧作者又是历史的剧中人。

在《德意志意识形态》中,马克思同样将无产阶级看成是这样的"既是剧作者又是剧中人的"生成中的历史主体。在文中,马克思批判了施蒂纳对历史主体和共产主义的理解。

施蒂纳将共产主义想象成"宗教原则的俘虏所热心追求的神圣社会",他以这种想象为基础,提出只要组成和构成社会的那些人依然是"旧人"的时候,社会就不能更新。在马克思看来,从"旧人"到"新人"的转变

---

① 《马克思恩格斯文集》第1卷,人民出版社2009年版,第536—537页。

不是一种可以受"箴言"启示的顿悟，但只要通过社会革命，把生产关系和交往关系置于新的基础之上，新的生活方式就会产生"新人"，而社会革命的过程本身就是"新人"生成的过程。马克思讲："这些无产者的不懈的宣传，他们每天彼此之间进行的讨论，都充分地证明：他们本身是多么不愿再做'旧人'以及他们是多么不愿人们再做'旧人'。只有当他们和桑乔一起'在自身中寻找过错'的时候，他们才会依然是'旧人'；但他们非常清楚地知道：只有改变了环境，他们才会不再是'旧人'，因此他们一有机会就坚决地去改变这种环境。在革命活动中，在改造环境的同时也改变着自己"①。对于共产主义运动中创造的"新人"可能具备哪些素质，马克思也有简单地涉及。

第一，受到有局限性的生产工具和有局限性的交往的束缚，以往的革命只是实现新的局限性，而物质生活的生产由于个人本身的局限性还被认为是自主活动的从属形式，生产物质生活的劳动既是劳动者自主活动的唯一可能形式，也是自主活动的否定形式。共产主义运动是同发展成为一定总和并且只有在普遍交往的范围里才存在的生产力相适应的，因此"只有完全失去了整个自主活动的现代无产者，才能够实现自己的充分的、不再受限制的自主活动，这种自主活动就是对生产力总和的占有以及由此而来的才能总和的发挥"②。这也就是说，无产阶级成员要成长为共产主义"新人"，是要能够自主地发挥自身才能总和的。这里的"自主活动"不同于前现代社会中受行业、身份等限制的有局限性的"自主劳动"，同时还是构成生产力总和并占有生产力总和的积极社会参与者。我们可以把这种积极自主的社会参与理解为新社会主体的意识形态和活动方式雏形。

第二，马克思反复提到，社会革命之所以必须，是因为只有在革命过程中无产阶级才能够锻炼自身的能力，胜任重建社会的工作。无产阶级在这一过程中，需要逐渐摆脱民族局限和地域局限而同整个世界的生产（包括精神生产）发生实际的联系，获得利用全球全面生产的能力，使自身在现实关系丰富性的基础上，形成精神上的现实丰富性。同时，共产主义革命要实现对"本来是由人们相互作用产生的，但是迄今为止对他们来说都作为完全异己的力量"的控制和自觉地驾驭。也就是说，无产阶级不但要

---

① 《马克思恩格斯全集》第 3 卷，人民出版社 1960 年版，第 234 页。
② 《马克思恩格斯文集》第 1 卷，人民出版社 2009 年版，第 581 页。

参与创造出高度发达的社会生产力，同时还需要学会认识、利用、调节这种高度的社会生产力，才能够使其为各个人的全面发展所服务。我们可以将这种"丰富性"和"控制力"理解为，新历史主体随共产主义运动发展起来的精神疆域和认识高度。

第三，重新掌握社会生产力的"真正的共同体"，不是各个人随心所欲的活动集合，而是一种新的社会组织方式。要形成新的社会组织是一个长期的过程，一来，只有经过长期的发展，才会创造出使人实现普遍联合的生产力基础，即大工业城市和便利廉价的交通；二来，只有"经过长期的斗争，才能战胜同这些孤立的、生活在每天都重复产生着孤立状态的条件下的个人相对立的一切有组织的势力"①。这种"真正的共同体"是新历史主体组成社会整体的制度原则。

可以说，马克思在《德意志意识形态》中以分工为线索，把对哲学抽象的批判、对现代资本主义的批判、对世界历史的现实展开以及对无产阶级解放和共产主义的论证统一起来，同时还从客观逻辑出发，把自然与社会、个体与人类、历史与未来、普遍利益与特殊利益、现实叙述与价值判断、物质生产与精神生产统一起来，其理论创见令人叹服。时至170多年后的今天，历史实践的丰富多变、曲折反复、纷乱繁杂已是任何理论无法精准预计的。一方面，生产扩大决定的交往联系的确使资本在现实中实现了全球流动，世界更加紧密地联系在一起；另一方面，随着民族解放运动和主权国家的兴起，先发国家与后发国家间的分歧与合作同在，不同文化间的碰撞和对话兼具，金融资本的全球危机和消费社会的个体放纵并行，技术爆炸的乐观预期和生态灾难的日益严峻共存。我们不能要求马克思在170多年前就给出所有问题的答案，但可以直接而清晰地感受到我们依然身处马克思所揭示的世界历史的基本逻辑之中，在改变现存状况，争取"真正共同体"的共产主义运动中形塑无产阶级这一历史新主体，依然是超越现代资本主义，追求人类解放的基本方向。

第三节　唯物史观与工人运动的最初结合

在完成《德意志意识形态》的同时，马克思开始参与工人运动的实

---

① 《马克思恩格斯文集》第1卷，人民出版社2009年版，第568页。

践，他同恩格斯于 1846 年年初在布鲁塞尔建立了共产主义通讯委员会。马克思曾向蒲鲁东介绍，成立共产主义通讯委员会的目的是"要让德国的社会主义者同法国和英国的社会主义者建立联系，使外国人了解德国不断发展的社会主义运动，并且向德国国内的德国人报道法国和英国社会主义运动的进展情况。通过这种方式，可以发现意见分歧，交流思想，进行公正的批评。这是以文字形式表现的社会运动为了摆脱民族局限性而应当采取的一个步骤。而在行动的时刻，当然每个人都非常希望对外国情况了解得像本国情况一样清楚"[1]。通过这一组织，马克思和恩格斯同欧洲各地的共产主义者建立了联系，并在德国、英国和法国建立了通讯委员会。根据恩格斯在《关于共产主义者同盟的历史》一文中的介绍，马克思恩格斯在布鲁塞尔创建了德意志工人教育协会，并逐渐取得了"德意志—布鲁塞尔报"的领导权，使这份原本由德国政治流亡者创办的报纸逐渐发展为 1848 年革命前马克思恩格斯领导共产主义者同盟的机关报。同时，他们与英国宪章派建立联系，成为宪章运动中央机关报"北极星报"的撰稿人。此外，他们还与布鲁塞尔的民主党人以及法国的社会民主党结成了联盟关系，马克思担任了布鲁塞尔民主协会副主席。在组织共产主义通讯委员会的同时，马克思还通过德意志工人教育协会在工人中讲授政治经济学。可以说，从 1846 年年初到马克思被迫离开布鲁塞尔，是他将新世界观运用于指导无产阶级解放运动的最初尝试，也是马克思参与塑造共产主义"新人"的实践起点。然而，当我们从马克思思想的继续跃迁来看，这同样是一个在批判中前进的过程。

《德意志意识形态》是马克思从新世界观出发对德国唯心主义哲学的系统批判，他特别强调从客观物质生产出发来理解历史。为了从客观物质生产出发来批判现代资本主义，说明无产阶级解放的历史必然性，马克思又以分工的历史发展为线索，指出在资本主义私有制下，伴随着社会交往形成的共同生产力同无产者个人之间存在着难以调和的矛盾，而生产力和现存交往关系之间的矛盾运动将促使新历史主体的产生，并推动历史最终超越资本主义。在《德意志意识形态》中，马克思谈到的"交往关系"还是指基于"分工—合作"而达成的人与人之间的一般关系，具体来说，这

---

[1] 《马克思恩格斯文集》第 10 卷，人民出版社 2009 年版，第 31 页。

里的"交往关系"在更多的时候还指的是流通领域内的交换关系。仅限于流通领域中的交换关系来认识无产阶级,可以在贫困现象中看到无产阶级是现代社会的"受苦者",也可以在失业现象中看到无产阶级是不自由的"受困者",但却没有科学回答体现在无产阶级身上的不公正和不平等问题。要回答这一问题,就必须深入到资本主义生产方式的内部,解剖资本主义经济运行机制,揭示其内在本质。马克思这一新思想征程是以他在《哲学的贫困》一文中,批判蒲鲁东在政治经济学上的抽象方法为起点的,这也是历史唯物主义新世界观的第一次公开亮相。

一 批判构成价值理论与唯物史观的纵深发展

作为法国社会主义思想的重要代表,蒲鲁东非常注重自由、平等和劳动者的公平问题,然而他对平等、公平的理解始终建立在抽象法权的基础之上。此前,马克思曾对蒲鲁东有过较高的评价,1846年马克思邀请蒲鲁东参加共产主义通讯委员会并担任法国的通讯作者,遭到蒲鲁东的拒绝。同一年,蒲鲁东出版了《贫困的哲学》,次年格律恩将其翻译为德文,蒲鲁东的思想随之在法国和德国的工人群体中产生了广泛的影响,并在工人运动中造成不小的思想混乱。开始积极参与共产主义运动实践的马克思,已经超越了仅仅在法权层面上理解"财产"和从抽象的社会、抽象的理性出发来理解人类发展的历史,并力图用科学的世界观来指导和武装工人运动。他不能够接受蒲鲁东的错误观点,在致安可年夫的信中,马克思将蒲鲁东的《贫困的哲学》称为"一本很坏的书"。他评价说:"蒲鲁东先生用自己头脑中奇妙的运动,代替了由于人们既得的生产力和他们的不再与此种生产力相适应的社会关系相互冲突而产生的伟大历史运动,代替了在一个民族内各个阶级间以及各个民族彼此间酝酿着的可怕的战争,代替了唯一能解决这种冲突的群众的实践和暴力的行动,总之,代替了这一广阔的、持久的和复杂的运动。"[①]

从马克思的评价中可以看到,蒲鲁东对工人运动的坏影响在于,他不是从工人自身的斗争出发组织和鼓舞工人自己争取自己的权益,而是寄望于由"社会天才"揭开存在于社会生活中的"精神"和"原理",并按照

---

① 《马克思恩格斯文集》第10卷,人民出版社2009年版,第51页。

这一原理来设计符合平等自由原则的社会。蒲鲁东所谓的社会生活中的"原理",就是指他自己的政治经济学理论。在《贫困的哲学》一书中,蒲鲁东构建了他的政治经济学体系,这一体系的核心概念是蒲鲁东创造的"构成价值"。蒲鲁东认为,社会财富是不同产品按照一定的比例关系构成的整体,而处于恰当比例关系中的产品价值就是构成价值。形成构成价值的关键是使需求和供给相互协调,实现使用价值和交换价值的统一。只要按照构成价值来进行交换,产品的价格就能够体现真实的价值和公平的关系,蒲鲁东的理论体系正致力于找到构成价值的规律。

在《哲学的贫困》一文中,马克思指出了蒲鲁东构成价值理论在政治经济学上的逻辑颠倒。在现实的经济生活中,只有当供求互相均衡的时候,产品的相对价值恰好由包含在产品中的劳动量来确定,但对于蒲鲁东而言,则变成只要先开始用产品中所包含的劳动量来衡量产品的相对价值,那么供求就必然会达到平衡。对此,马克思用了非常形象的比喻来批判蒲鲁东的逻辑颠倒,他称"一般人都这样说:天气好的时候,可以碰到许多散步的人;可是蒲鲁东先生却为了保证大家有好天气,要大家出去散步"①。

马克思还进一步说明了,蒲鲁东对构成价值的论证依据也脱离了现实的历史过程。在蒲鲁东看来,生产产品所必要的劳动时间能够说明该产品和需要之间的真正关系,生产最有效用的东西需要的时间最少,而社会总是先从最轻便的生产部门开始,然后才逐步转到生产那些花费劳动时间最多并适合更高级需要的东西。为了批判蒲鲁东这种脱离现实的论证,马克思指出:

> 当文明一开始的时候,生产就开始建立在级别、等级和阶级的对抗上,最后建立在积累的劳动和直接的劳动的对抗上。没有对抗就没有进步。这是文明直到今天所遵循的规律。到目前为止,生产力就是由于这种阶级对抗的规律而发展起来的。如果硬说由于所有劳动者的一切需要都已满足,所以人们才能创造更高级的产品和从事更复杂的生产,那就是撇开阶级对抗,颠倒整个历史的发展过程。②

---

① 《马克思恩格斯全集》第 4 卷, 人民出版社 1958 年版, 第 102—103 页。
② 《马克思恩格斯全集》第 4 卷, 人民出版社 1958 年版, 第 104 页。

马克思在这里已经不只是从政治革命和利益博弈的角度来理解历史上的阶级对抗，同时还将阶级对立理解为由生产力发展所决定的一种现实历史条件。在具体的历史条件下"产品的使用取决于消费者所处的社会条件，而这种社会条件本身又建立在阶级对抗上"①。马克思讲，如果按照蒲鲁东的论证，因为最便宜的物品使用最广，就认为这些物品就应当有最大的效用，就无异于告诉无产者"马铃薯比肉对他们更有益"。

对马克思而言，批判蒲鲁东在政治经济学领域内的形而上学的抽象与批判德国思辨哲学的抽象不同。面对哲学领域内的抽象，马克思只注重强调和论证社会关系的客观现实性就能够驳倒对手，但蒲鲁东并不否认客观社会现实。他在《贫困的哲学》第一章的开篇就明确地讲："我肯定经济学具有现实性"，"经济学是形而上学的一种客观形式和具体体现，是在行动中的形而上学，是以不断流逝的时间为背景的形而上学"。②只不过在蒲鲁东看来，以往的政治经济学虽然提供了自发的事实和现象，但对即成事实一概欢迎，认定应该存在的事物已经存在，而社会主义控诉现存社会的畸形，认为应该存在的事物尚未存在，但社会主义却反科学地蔑视事实。蒲鲁东认为社会主义和政治经济学实际上都是将人类的自由、安定和幸福作为目的的，只不过二者需要取长补短，达到彼此协调，而这正是蒲鲁东本人要完成的工作。他也是在协调这种实然与应然的意义上认为自己是科学的社会主义。要批判政治经济学领域内的这种蒲鲁东式的抽象原则，不仅要说明经济学范畴来自客观现实的社会关系，还必须深入到社会关系的内在结构之中，指出社会历史发展的真实进程，以驳斥蒲鲁东揭示的所谓"规律"。这促使马克思对他在《关于费尔巴哈提纲》和《德意志意识形态》两篇文章中所引入的社会关系线索作更进一步的说明。他讲：

> 蒲鲁东先生使之复活的这个普罗米修斯究竟是什么东西呢？这就是社会，是建立在阶级对抗上的社会关系。这不是个人和个人的关系，而是工人和资本家、农民和地主的关系。抹杀这些社会关系，那就是消灭整个社会，而你的普罗米修斯也就变成一个没有手脚的怪

---

① 《马克思恩格斯全集》第4卷，人民出版社1958年版，第104页。
② [法]蒲鲁东：《贫困的哲学》第一卷，余叔通、王雪华译，商务印书馆1998年版，第38页。

影,就是说既没有工厂也没有分工,总之,没有最初你为了使他能获得这种劳动的剩余而给他的一切东西。①

质言之,对蒲鲁东的这一批判使马克思不再满足于从"分工—交换"的一般交往关系层面上来理解社会关系,而是进一步从人们在特定生产方式中所处的不同地位,也就是从生产关系的层面上来理解社会关系,并将历史理解为生产力在阶级对抗的过程中不断发展,并最终突破现有生产关系形成新生产方式的过程。

二 无产阶级从自在到自为的成长轮廓

作为唯物史观第一次公开亮相的作品,《哲学的贫困》的意义不只在于批判蒲鲁东错误的经济学观点,它还是马克思为武装工人头脑所提供的第一个科学教程。恩格斯在与路易·勃朗会面时将这部著作称为"我们党的纲领"。在《哲学的贫困》中,马克思在唯物史观的基础上对无产阶级的发展及其革命运动进行了更深入的解读。

既然一定的生产方式对应着一定的生产关系,那么对于政治经济学研究的现代资本主义生产方式而言,工人和资本家形成了怎样的生产关系,究竟如何理解这二者之间的对立呢?马克思在《哲学的贫困》中对这一问题进行了初步的回答。在马克思看来,李嘉图对工人工资本质的理解,即工资是由生产工人一切生活必需品所必要的劳动时间决定的,这一观点虽然"把人变成了帽子",但却揭示出"劳动本身就是商品"。在这里马克思已经完全摆脱了从人本主义的角度来批判政治经济学,他讲"刻薄在于事实本身,而不在于表明事实的字句",政治经济学不过是揭示出了"劳动成为商品"这一事实。马克思批判蒲鲁东的构成价值方案称:"由劳动时间衡量相对价值不过是工人遭受现代奴役的公式,而不是蒲鲁东先生所希望的无产阶级求得解放的'革命理论'。"②虽然马克思在这里还没有区分开"劳动"和"劳动力"的概念,但他借助"劳动成为商品"阐明了,工人的雇佣劳动是现代生产关系的集中表现。紧接着,马克思又从劳动产品分配的角度来说明这种关系的矛盾性。他讲:"把劳动时间作为价值尺

---

① 《马克思恩格斯全集》第4卷,人民出版社1958年版,第135页。
② 《马克思恩格斯全集》第4卷,人民出版社1958年版,第95页。

度这种做法和现存的阶级对抗、和劳动产品在直接劳动者和积累劳动占有者之间的不平等分配是多么不相容。"① 马克思在这里是用"直接劳动者"和"积累劳动占有者"之间分配的不平等和由此导致的对抗来解释现代生产方式的内在矛盾运动,这虽然还不能说明资本主义生产方式下工人被剥削的秘密,但却是从现代生产方式的内部矛盾出发来阐释其被超越的必然性和劳动阶级的革命作用。

再则,马克思对资本主义产生和发展的历程中,资产阶级和无产阶级的对抗及其在理论上的表现进行了概述。他在第二部分《政治经济学的形而上学》中指出,资产阶级从一开始就与一个本身是封建时期劳动阶级残存物的无产阶级相伴随,资产阶级在其历史发展过程中不可避免地发展它的对抗性质,在生产财富的同时也生产贫困,而现代无产阶级则在对抗和斗争中不断壮大。与此相应,资产阶级理论家在面对阶级对抗时,形成了漠视贫困的宿命论经济学家,意欲缓和贫富对比的人道学派和否认对抗必然性的博爱学派,而代表无产阶级的社会主义者和共产主义者也在对抗中发展出自身的理论,这些理论随着历史的演进和无产阶级斗争的发展逐渐从空想到科学。在这里,马克思提出了科学社会主义理论的两个关键要点,一是不再需要从理论家的头脑里找寻科学,而要注意眼前发生的事情并将其表达出来,二是不再将现代社会的贫困仅仅看作苦难,而是在其中看到推翻旧社会的革命的一面。

在"罢工和工人同盟"一节中,马克思对无产阶级争取解放的斗争形式、成长过程以及发展目标进行了论述。蒲鲁东、资产阶级经济学家和空想社会主义者都反对工人结成同盟开展争取提高工资的罢工和斗争。经济学家希望工人在已经形成的旧社会里停滞不前,遵循他们在教科书里揭示的"自然规律";包括蒲鲁东在内的空想社会主义者则劝告工人不要触动旧社会,以便能更好地进入他们用非凡的先见之明准备就绪的新社会,而蒲鲁东的天才洞见就是揭示构成价值和形成构成价值的比例关系。马克思指出,这些"希望"和"劝告"都并不能阻挡工人罢工和经常性同盟在实际的历史运动中不断扩大,事实上,工人同盟从伴随罢工而建立的"局部性同盟"逐渐发展为"经常性同盟",工人斗争也从"维护工资"发展到

---

① 《马克思恩格斯全集》第4卷,人民出版社1958年版,第95页。

维护同盟本身。也就是说，马克思认为，历史形成的共同地位和利害关系会使工人群众成为一个自在的阶级，而斗争中的联合，则促使这个群体发展成为一个自为的阶级。

在对马克思阶级理论的研究中，如何理解马克思对自在阶级和自为阶级的划分是一个反复被提及的问题。虽然绝大多数观点都以《哲学的贫困》中的论述为据，认定马克思将"自为阶级"作为阶级最终形成的标志，但也不乏反对的意见。阿尔都塞的学生普兰查斯从结构主义出发，将马克思对"自在阶级"和"自为阶级"的区分理解为他对黑格尔旧术语的不成熟的借用，指出不能把"自在阶级"到"自为阶级"解释为"阶级"的创生。在普兰查斯看来，将"自为阶级"理解为阶级的创生，只会走向唯心主义的"历史循环论"。回到《哲学的贫困》中，我们可以看到，马克思以"自在"和"自为"来指称无产阶级发展的不同阶段，首先是为了反对蒲鲁东用具有空想性质的理想设计来指导工人运动。为了彻底揭露蒲鲁东理论的形而上学本质，马克思不仅对蒲鲁东用以构建体系的政治经济学范畴都作了历史的分析，同时还指出无产阶级本身也是历史地发展起来的。这个阶级在实际运动中，通过运动的展开从"自在"走向"自为"，并在不同的历史条件下以不同的面貌和方式参与创造历史。所以，"自在""自为"概念虽然来自黑格尔，但马克思在这里用"自在"表达的不是直观的任意性、偶然性，而是无产阶级在资本主义生产方式下的客观存在性，而他用"自为"表达的也不仅仅是思想的规范性，而是指无产阶级形成独立的阶级意识，并在科学的理论指导下从事革命实践。在马克思看来，无产阶级从自在到自为的发展过程，既是其阶级意识逐渐生成的过程，又是它参与创造历史的革命实践过程。可以说，强调这一点与马克思本人在布鲁塞尔的实际观察和亲身实践密切相关，他在运动中深切地感受到，工人群体在斗争中自发产生了组织起来的要求和对科学理论的呼唤，这种要求本身是无产阶级阶级意识在特定发展阶段的反映。

从马克思在《哲学的贫困》一文中对自在阶级和自为阶级的说明可以看到，他认识的无产阶级阶级意识包含几个基本要点，其一，无产阶级的阶级意识是从工人运动中历史地发展起来的，它不能脱离工人为争取自身利益而进行的客观斗争过程。革命实践中初步形成的阶级心理将相互对立的不同阶级区别开来，而最初的阶级心理又只有在革命实践中才能发展成为独立的阶级意识。其二，无产阶级的阶级意识以工人群体中自发形成的共同性心理为基础，却不能等同于这种自发的阶级心理。无产阶级必须以运动中发展起来的组织作为其核心，如果说自发形成的阶级心理如同直接面对客观刺激的神经元，那么组织核心便是形成阶级意识的神经中枢。其三，无产阶级的阶级意识必须表现为系统科学的理论。这一理论要能够从生产力和生产关系的矛盾运动出发，科学说明无产阶级的阶级地位、阶级属性和历史命运，也要能够从现实的斗争条件出发，客观分析无产阶级的革命形势，为无产阶级解放事业提供具体的方针和策略。只有这样的科学理论才能使无产阶级不断凝聚为改变社会的现实力量，成长为革命阶级，从而在实现自身解放的同时建立新社会。马克思讲："被压迫阶级的存在就是每一个以阶级对抗为基础的社会的必要条件。因此，被压迫阶级的解放必然意味着新社会的建立。要使被压迫阶级能够解放自己，就必须使既得的生产力和现存的社会关系不再能够继续并存。在一切生产工具中，最强大的一种生产力是革命阶级本身。"[①] 必须承认，囿于《哲学的贫困》一文本身的主题所限，加之马克思此时参与工人政治实践的程度有限，他对"自在阶级"到"自为阶级"的指认，仅仅是无产阶级成长的一个基本轮廓。马克思在这里对无产阶级能够发展为自为阶级的条件与基础、曲折与阻碍，以及促进无产阶级阶级意识形成的途径与策略都没有涉及。后来的历史告诉我们，如何提升无产阶级的自为性，促使它在社会革命中充分发挥主观能动性，是一个相当复杂的问题。只有深入到具体实践之中，对无产阶级面临的客观条件进行实事求是的考察，具体问题具体分析，才能制定出正确的策略以应对不断变化的具体形势。实际上，马克思本人在其后来的政治实践中为我们做出了榜样。

[①] 《马克思恩格斯文集》第 1 卷，人民出版社 2009 年版，第 655 页。

第四章 解读十九世纪中叶欧洲的革命力量

正如法国著名政治思想家，时任法国众议院议员的托克维尔所言，19世纪40年代中期的欧洲犹如一座即将喷发的火山，空气中弥漫着革命的味道。英国历史学家霍布斯鲍姆则称，1848年的欧洲革命几乎是被普遍地预见到，"整个欧洲大陆都在等待着，他们已准备就绪，可立即将革命的消息藉由电报从城市传向城市"①。一方面，面对日渐高涨的革命形势，马克思积极投身到革命实践中，通过创建共产主义者同盟、创办《新莱茵报》等形式展开革命宣传，介绍科学社会主义思想，并直接参与指导德国的革命运动。另一方面，马克思以历史唯物主义的原则和阶级分析方法观察、研究这场革命，通过评论重大事件，预判革命形势，自觉地将理论和实践相结合。直接的革命实践，使马克思对欧洲各国的社会结构和阶级力量的对比状况有了更为全面的了解，他对无产阶级阶级意识、理论准备、组织形式等方面的发展程度有了更直接的认识。回答无产阶级在1848年革命中的目标和任务，应对无产阶级在革命过程中所遇到的挑战和困难，总结无产阶级参与革命的经验教训，促使马克思在检验历史唯物主义新世界观的同时，进一步丰富和发展了科学社会主义理论。

第一节 制定无产阶级的革命总纲

随着革命脚步的临近，马克思和恩格斯越发认识到有必要建立一个以科学理论为指导的工人阶级组织。在巴黎给共产主义通讯委员会的报告中，恩

---

① ［英］艾瑞克·霍布斯鲍姆：《革命的年代1789—1848》，王章辉等译，江苏人民出版社1999年版，第416—417页。

格斯曾描述了德国工人组织正义者同盟,由于缺乏科学理论指导而出现的混乱情况。当时的同盟领导人讲"一种混乱不堪的政治经济学,用'人道主义'解释《德法年鉴》",盟员们"撇开了一切政治而讨论某种'社会问题'"。恩格斯敏锐地看到,"象现在这样的情况,已经不能继续下去了。在这些人中间,已出现某种淡漠情绪,因为他们自己也感到无聊了"[①]。

正义者同盟从成立之初就一直为制定党纲而进行着不懈的努力。在1834年,流亡者同盟成立之初,就曾制定了《流亡者同盟信条》作为纲领性的文件,1838年改组为正义者同盟之后,又制定了《正义者同盟章程》,但这些纲领主要是组织和活动原则的条款,关于宗旨性的内容缺乏系统的理论支持。在后来的反复讨论过程中,魏特琳所作的《现实的人类和理想的人类》,沙佩尔起草的《财产公有》都曾作为同盟的纲领性文件。1839年5月,同盟成员参加了法国布朗基主义者发动的"四季社"起义,起义失败后,沙佩尔和魏特林等同盟领导人流亡到英国和瑞士。巴黎的同盟组织在纠正了布朗基主义的盲动错误之后,一度推行卡贝的空想社会主义主张,遭到了沙佩尔等人的批评,同盟寻求科学纲领的探索仍在艰难前行。

马克思和恩格斯在经历急速思想跃迁的同时,也同正义者同盟取得了联系。在马克思和恩格斯的影响下,同盟领导人的思想逐渐向他们靠近,并在同盟内部围绕着对共产主义的理解及其与无产阶级之间的关系开展了多次大讨论。随着马克思的理论与工人运动的结合日益深入,将同盟组建为无产阶级政党的条件也趋于成熟。1847年,同盟领导人莫尔赴布鲁塞尔邀请马克思加入同盟。同年6月,共产主义者同盟第一次代表大会在伦敦召开,"正义者同盟"改组为"共产主义者同盟",并通过了恩格斯起草的《共产主义信条草案》。在代表大会召开之后,各地的同盟组织就《共产主义信条草案》进行了讨论,根据修改意见和建议,恩格斯又起草了同盟纲领第二稿《共产主义原理》,提交给同盟第二次代表大会。1847年11月,共产主义者同盟第二次代表大会在伦敦召开,马克思参加了这次大会,并在会上发言阐述了科学社会主义思想,这一思想迅速成为同盟认可的精神原则。大会委托马克思恩格斯起草正式的同盟纲领。1848年1月,

---

① 《马克思恩格斯全集》第27卷,人民出版社1972年版,第45页。

《共产党宣言》完成,并于2月份在伦敦发行出版。

自《共产党宣言》问世之后,这一文件便成为无产阶级进行革命的旗帜和各国共产党人的思想武器,而帮助起草党的纲领也成为马克思恩格斯指导国际工人运动的重要方式。随着国际工人运动和世界社会主义运动的发展,《共产党宣言》(下文称《宣言》)成为世界上传播最广、影响力最大的社会政治著作。根据德国学者海·格姆科夫的研究,到21世纪,《宣言》在全世界已经用200多种语言出版了1000多个版本,它在今天依然激励着人们在科学批判资本主义的基础上,坚守人类自由解放的理想,推进无产阶级解放事业。正如马克思和恩格斯多次在序言中强调的,实际运用《宣言》中的原理必须以变化着的历史条件为转移,我们今天研读《宣言》既要深耕文本,准确掌握《宣言》的基本原理,更要重视蕴含其中的方法和原则。

一 科学分析资本主义的发展和矛盾

《共产党宣言》是马克思在完成新世界观转变之后,首次运用历史唯物主义指导无产阶级的政治实践。在《宣言》中,他彻底摆脱了伦理价值批判和异化逻辑的干扰,完全立足于历史科学的客观逻辑,系统地分析了资本主义的历史作用和它的历史命运。

如前文所述,马克思在《哲学的贫困》一文中揭示出,生产力和生产方式的改变决定了人们社会关系的改变,不同历史阶段的社会关系又表现为不同的阶级关系。在这一思想的指导下,马克思在《宣言》中首先概括了资本主义诞生的历史。他指出,美洲的发现、绕过非洲的航行、东印度和中国的市场、殖民地贸易、交换手段和商品的增加,促使商业、航海业和工业空前高涨,而急剧增加的需求必然使封建行会经营方式让位于工场手工业,工场手工业让位于机器大工业,并随之诞生了作为产业大军首领的现代资产阶级。马克思讲:"现代资产阶级本身是一个长期发展过程的产物,是生产方式和交换方式的一系列变革的产物。"[①] 从最初的城关市民到机器大工业的首领,资产阶级在其发展的每一个阶段都伴随着政治上和意识形态上的进展,并最终建立起了自由竞争和与自由竞争相适应的社会

---

① 《马克思恩格斯文集》第2卷,人民出版社2009年版,第33页。

制度和政治制度。马克思讲："现代的国家政权不过是管理整个资产阶级的共同事务的委员会罢了"，"信仰自由和宗教自由的思想，不过表明自由竞争在信仰领域里占统治地位罢了"。①

在叙述资本主义诞生史的同时，马克思明确地指出，资产阶级在历史上曾经起过非常革命的作用。这种革命的作用，首先表现为资产阶级第一次证明了人的活动能够取得什么样的成就，即"资产阶级在它的不到一百年的阶级统治中所创造的生产力，比过去一切世代创造的全部生产力还要多，还要大"②。再者，为了与急速爆发的生产力相适应，资产阶级炸毁了阻碍生产力发展的封建所有制关系，实现了政治解放，使"一切等级的和固定的东西都烟消云散了，一切神圣的东西都被亵渎了。人们终于不得不用冷静的眼光来看他们的生活地位、他们的相互关系"③。

除了肯定资本主义曾经的革命作用，马克思还通过阐述资本主义的发展历程，说明了这一生产方式的基本特征。他讲："我们的时代，资产阶级时代，却有一个特点：它使阶级对立简单化了。整个社会日益分裂为两大敌对的阵营，分裂为两大相互直接对立的阶级：资产阶级和无产阶级。"④ 不少解读者将这段话理解为，马克思对资本主义社会结构作了简单的两极化预测，这种理解不过是一种误读。在《宣言》的第三部分，马克思明确指出，"在现代文明已经发展的国家里，形成了一个新的小资产阶级，它摇摆于无产阶级和资产阶级之间，并且作为资产阶级社会的补充部分不断地重新组成"⑤。可见，马克思在这里所讲的阶级对立简单化，并不是对具体社会结构的分析，而是指资本主义生产方式具有一种侵略扩张的本性。同以往的生产方式相比，资本逻辑几乎席卷了全部社会领域，使得统治和被统治关系在各个领域中都最终表现为资本和劳动的关系。

对于资本的扩张本性，马克思在《宣言》中进行了详细的分析。其一，资本打破了传统的自然纽带，"无情地斩断了把人们束缚于天然尊长的形形色色的封建羁绊，它使人和人之间除了赤裸裸的利害关系，除了冷酷无情的'现金交易'，就再也没有任何别的联系了"，它"撕下了罩在

---

① 《马克思恩格斯文集》第2卷，人民出版社2009年版，第33、51页。
② 《马克思恩格斯文集》第2卷，人民出版社2009年版，第36页。
③ 《马克思恩格斯文集》第2卷，人民出版社2009年版，第34—35页。
④ 《马克思恩格斯文集》第2卷，人民出版社2009年版，第32页。
⑤ 《马克思恩格斯文集》第2卷，人民出版社2009年版，第56页。

家庭关系上的温情脉脉的面纱，把这种关系变成了纯粹的金钱关系";① 其二，资本占领了社会上的各种职业，抹去了向来受人尊崇和令人敬畏的职业的神圣光环，"它把医生、律师、教士、诗人和学者变成了它出钱招雇的雇佣劳动者"②；其三，资本冲破了地域和民族的限制。资产阶级奔走于世界各地，使一切国家的生产和消费都成为世界性的了，"资产阶级，由于一切生产工具的迅速改进，由于交通的极其便利，把一切民族甚至最野蛮的民族都卷到文明中来了。它的商品的低廉价格，是它用来摧毁一切万里长城、征服野蛮人最顽强的仇外心理的重炮"③。通过扩张，资本按照自己的面貌为自己创造出一个世界。

资本之所以表现出扩张性，是因为它只有在不断运动中才能够存在，只有在不断变革和增殖中才能够存在。马克思讲："资产阶级除非对生产工具，从而对生产关系，从而对全部社会关系不断地进行革命，否则就不能生存下去。反之，原封不动地保持旧的生产方式，却是过去的一切工业阶级生存的首要条件。生产的不断变革，一切社会状况不停的动荡，永远的不安定和变动，这就是资产阶级时代不同于过去一切时代的地方。"④ 这种变动和扩张的本性，一方面推动资本主义创造出巨大生产力，另一方面又将资本主义置于难以克服的内在矛盾之中。马克思讲："这个曾经仿佛用法术创造了如此庞大的生产资料和交换手段的现代资产阶级社会，现在像一个魔法师一样不能再支配自己用法术呼唤出来的魔鬼了。"⑤ 商业危机、生产过剩危机总是周期性地重复出现，而每一次危机总是表现出对大量产品的毁灭，对已创造出的生产力的毁灭，表现出社会财富的萎缩。马克思在《宣言》中已经看到，资产阶级总是以消灭大量生产力、开拓新市场和彻底利用旧市场的方式来克服危机，但这只能引起更猛烈的危机和使防止危机的手段越来越少。受政治经济学研究程度的限制，在《宣言》中，马克思还无法说明资本主义生产的规律和危机发生的机制，但他已经从资本主义的客观历史出发，从分析资本主义生产方式的本质性特征以及由此决定的矛盾出发，来说明资本主义必然走向灭亡。

---

① 《马克思恩格斯文集》第2卷，人民出版社2009年版，第34页。
② 《马克思恩格斯文集》第2卷，人民出版社2009年版，第34页。
③ 《马克思恩格斯文集》第2卷，人民出版社2009年版，第35页。
④ 《马克思恩格斯文集》第2卷，人民出版社2009年版，第34页。
⑤ 《马克思恩格斯文集》第2卷，人民出版社2009年版，第37页。

如果说《哲学的贫困》一文的批判主题还使马克思只是隔着蒲鲁东来分析资本主义，那么在《宣言》中，马克思已然开启了以客观科学的态度直接面对资本主义生产方式的研究路向。《宣言》发表之后的170多年间，资本主义保持了日新月异的发展扩张，但始终没有走出周期性危机的怪圈。资本运动的疆域不断拓展，在"夺取新市场"方面，经济全球化的发展开辟了世界市场，在"更加彻底地利用旧市场"方面，随着福利制度和超前消费的不断推行，堆积出公共债务危机和家庭债务的急剧上升。这些都充分显示出《宣言》科学研究路向的历史穿透力。可以说，《宣言》在政治上为无产阶级解放提供了旗帜，在理论上为无产阶级解放找到了锻造科学思想武器的方法。

二　全面认识无产阶级的地位和特征

在科学分析资本主义生产方式的基础上，马克思在《宣言》中对资本主义生产方式决定的无产阶级的地位、特征和发展也进行了科学解读。马克思指出，无产阶级即现代工人阶级是伴随着资本主义的发展而发展起来的，而现代无产阶级完全是附属于资本的。在《宣言》中，马克思从四个方面分析了现代工人的附属地位。

第一，现代雇佣工人被抛入市场，他的劳动只有服务于资本增殖才有存在的价值。马克思讲"这些不得不把自己零星出卖的工人，像其他任何货物一样，也是一种商品，所以他们同样地受到竞争的一切变化、市场的一切波动的影响。"[①] 马克思在此谈到工人的"商品化"已经不再仅仅将其视为国民经济学"见物不见人"的表现，而是认识到这是资本主义生产方式的本质所决定的。要理解现代工人的状况和他们的遭遇必须了解竞争的变化和市场的波动。

第二，现代工人的劳动失去了独立的性质，沦为了机器的附属物。需要看到的是，马克思在《宣言》中已经不再从劳动的非人性来看待这种"附属"，而是指出："机器越推广，分工越细致，劳动量也就越增加，这或者是由于工作时间的延长，或者是由于在一定时间内所要求的劳动的增加，机器运转的加速，等等。"[②] 这一论述虽然尚未达到《资本论》中对

[①] 《马克思恩格斯文集》第2卷，人民出版社2009年版，第38页。
[②] 《马克思恩格斯文集》第2卷，人民出版社2009年版，第38页。

资本有机构成规律的准确表达，也没有指出工作时间延长、劳动效率提高与工人受剥削程度之间的准确关系，但可以看到马克思已经试图从资本主义生产内在机制，从其特定的生产力基础出发来说明资本对劳动的剥削关系。

第三，现代工人的劳动过程受到严格的管控，工人本身成为工厂制度的附属物，"他们不仅仅是资产阶级的、资产阶级国家的奴隶，他们每日每时都受机器、受监工、首先是受各个经营工厂的资产者本人的奴役"①。马克思在这里转入到生产劳动过程中，从主体向度出发揭示了现代资本主义社会阶级统治的微观制度基础。

第四，在生产劳动之外，现代工人还受制于商品交易，成为市场的附属品。马克思讲："当厂主对工人的剥削告一段落，工人领到了用现钱支付的工资的时候，马上就有资产阶级中的另一部分人——房东、小店主、当铺老板等等向他们扑来。"②

马克思在《宣言》中通过揭示这四个方面的附属关系，以简洁和生动的语言，从本质到现象全方位地论述了无产阶级在资本主义社会当中的地位。

如果说讲清现代工人在资本主义生产方式中所处的阶级地位，是从客体向度上揭示现代工人的阶级本质，那么马克思在《宣言》中还从主体向度出发，考察了无产阶级的发展过程，以及这个阶级在成长过程中表现出来的主体性特征。

首先，马克思叙述了无产阶级在斗争中逐渐发展为独立阶级的过程。工人同资产者的斗争最早是从单个人的斗争开始的，起初表现为攻击生产工具本身，其目的是力图恢复中世纪工人的地位。伴随着资产阶级争得政治权力的斗争日渐兴起，他们不得不将无产阶级发动起来，这就促使其在资产阶级的旗帜下走向联合。当资产阶级扫清了封建障碍，大工业迅速发展起来，现代无产阶级的人数和力量又都得到增长，他们的生活状况和利益越来越趋于一致，"单个工人和单个资产者之间的冲突越来越具有两个阶级的冲突的性质"③，而工人建立起的经常性团体以及日益发达的交通工

---

① 《马克思恩格斯文集》第2卷，人民出版社2009年版，第38页。
② 《马克思恩格斯文集》第2卷，人民出版社2009年版，第39页。
③ 《马克思恩格斯文集》第2卷，人民出版社2009年版，第40页。

具又构成了这个阶级不断扩大其联合的基础。

其次，马克思在《宣言》中特别强调了无产阶级队伍中的教育因素。他分析了无产阶级队伍中教育因素的来源，指出无产阶级掌握文化元素首先是资本主义发展本身的要求，其次则是统治阶级的成员由于主客观原因转入到无产阶级队伍中所带来的。掌握文化教育因素是无产阶级区别于历史上其他劳动阶级的重要特征。这一特征决定了这个阶级能够形成自身的阶级意识，不断构建和培育无产阶级自身的世界观和意识形态基础，形成认识资本主义的科学理论。不得不说，青年马克思对无产阶级革命意识的判断和期待过于乐观了。无论是在紧随《宣言》而来的1848年欧洲革命过程中，还是从世界社会主义运动后来的发展来看，无产阶级阶级意识的形成都不会只沿着单向的上升路线发展。但正因为此，马克思对无产阶级这一特征的分析则尤为重要。一方面它提示出，在资本主义社会中，对掌握了文化因素的劳动群众所进行的思想统治，决不会像以往的统治思想一样直接简单；另一方面也说明，坚持用科学知识和科学理论武装无产阶级的头脑，不放松学习和教育是无产阶级保持先进性和革命性的前提。

再次，无产阶级由于所处的历史条件不同，它实现自我解放的运动也不同于以往的阶级斗争运动。历史上的运动只是为少数人谋利益，革命阶级在争得统治之后，总是使整个社会服从于自身的利益，"它只是用新的阶级、新的压迫条件、新的斗争形式代替了旧的"①。无产阶级运动是为绝大多数人谋利益的独立的运动，但由于无产阶级与生产资料不发生任何联系，因此现代工人的经济地位不是随工业的进步逐渐上升，而是越来越降到本阶级的一般条件以下。在自然经济条件下，农奴能够挣扎到公社成员的地位，小资产者也能够上升到资产者的地位，"无产者只有废除自己的现存的占有方式，从而废除全部现存的占有方式，才能取得社会生产力"②。

最后，马克思明确阐述了无产阶级政党的阶级性和先进性。在马克思看来，政党的形成是阶级斗争发展的结果，早期的政党是在资产阶级革命过程中形成的。资产阶级往往强调政党的外部特征，回避政党的阶级属性，将资产阶级政党标榜为超阶级的组织，认为政党是具有一定组织形式的、能够通过一定的施政纲领和政治目标来反映和集中民意的集团。马克

---

① 《马克思恩格斯文集》第2卷，人民出版社2009年版，第32页。
② 《马克思恩格斯文集》第2卷，人民出版社2009年版，第42页。

思指出，共产党不回避自身的阶级属性，它是无产阶级的政党，"他们没有任何同整个无产阶级的利益不同的利益"。同时，共产党是具有先进性的政党，由无产阶级的先进分子所组成，"在实践方面，共产党人是各国工人政党中最坚决的、始终起推动作用的部分；在理论方面，他们胜过其余无产阶级群众的地方在于他们了解无产阶级运动的条件、进程和一般结果"。① 为了奠定共产党人的科学世界观，马克思恩格斯在《宣言》中批判了反动的社会主义、保守的资产阶级的社会主义和空想的社会主义，揭露这些错误思想的阶级本质及其危害，为共产党人掌握科学社会主义扫清了思想障碍。

三　正确制定革命斗争的目标和战略

马克思在起草《宣言》的过程中，始终贯穿着将无产阶级解放的最高纲领和当前革命的最低纲领统一起来的基本精神，即是说"共产党人为工人阶级的最近的目的和利益而斗争，但是他们在当前的运动中同时代表运动的未来"②。

《宣言》中明确指出了共产党人的最高纲领是废除资产阶级私有制，消灭剥削，实现共产主义。如前文所述，在《宣言》中马克思开启了对资本主义的科学分析，他在《宣言》中对实现共产主义这一最高纲领的规定是基于对资本和雇佣劳动的客观认识而言的，体现了科学分析和价值规范相统一的基本精神。马克思指出"资本不是一种个人力量，而是一种社会力量"，它只有通过社会成员的共同活动才能够运动起来并实现增殖，但在资本主义生产方式下，资产阶级私有制使这种社会力量为资本家所有，具有了阶级性质。相反，雇佣工人靠自己劳动所获得的工资，只能维持雇佣劳动本身的再生产，活劳动成为增殖积累起来的死劳动的手段。共产主义就是要使蕴含在资本这一集体产物中的力量服务于社会，"共产主义并不剥夺任何人占有社会产品的权力，它只剥夺利用这种占有去奴役他人劳动的权力"③。正是共产党的无产阶级性质决定了它的最高纲领是要实现共产主义，所以马克思进一步指出"工人革命的第一步就是使无产阶级上升

---

① 《马克思恩格斯文集》第 2 卷，人民出版社 2009 年版，第 44 页。
② 《马克思恩格斯文集》第 2 卷，人民出版社 2009 年版，第 65 页。
③ 《马克思恩格斯文集》第 2 卷，人民出版社 2009 年版，第 47 页。

为统治阶级,争得民主"①。

无产阶级只能通过消灭剥削、消灭阶级来实现自身解放,所以这一解放运动不同于以往阶级统治的新老交替,它不可能一蹴而就。再者,任何革命运动都不能脱离运动本身所处的环境,所以,马克思在论述了最高纲领之后,他在《宣言》的第四部分,分别就欧洲各国的情况提出了不同的策略。在法国,共产党人同社会主义民主党联合起来反对保守的和激进的资产阶级;在瑞士支持激进派,但不忽略这个政党是由相互矛盾的分子组成的;在波兰支持发动过1846年克拉科夫起义的政党;在德国则支持一切反封建的斗争。在随后的1848年革命过程中,马克思更是密切关注瞬息万变的革命情况,依据不同的形势和具体的问题,及时调整方案和策略以指导革命运动。

除了准确制定革命策略之外,在《宣言》中,马克思还特别强调了无产阶级的团结和教育问题,这是无产阶级政党建设的关键。不断扩大工人的组织队伍,不断提升工人的思想水平,是无产阶级政党将当前任务与长远目标相联系,不断赢得胜利的基础。在无产阶级实现自我解放的过程中,工人的团结和教育这两者是密切相连的。对工人进行教育是为了实现无产阶级更广泛、更紧密的联合,而加强无产阶级的联合也是为了更好地教育工人,使工人及其联合本身更加有力。

在《宣言》的结尾,马克思发出了"全世界无产者,联合起来!"的号召,这一号召成为全世界无产阶级的战斗号角,在后来的历史中不断鼓舞着各国的革命者。深入分析这一口号不难看到,它既是呼吁各国工人组织起来的革命集结号,同时也是对整个《宣言》内容的总结。在一国之内,工人需要组织起来为争取利益而斗争,这是以联合的力量打破资本的法权统治,迫使资产阶级以法案的形式承认工人的利益,比如《宣言》中特别提及的英国工人争取十小时工作日法案的斗争。在一国之外,借助世界市场的开辟,资本在殖民地半殖民地形成霸权统治,逐渐建立起中心—边缘的世界体系。马克思在《宣言》中讲:"正像它使农村从属于城市一样,它使未开化和半开化的国家从属于文明的国家,使农民的民族从属于资产阶级的民族,使东方从属于西方。"②在这种"中心—边缘"的世界

---

① 《马克思恩格斯文集》第2卷,人民出版社2009年版,第52页。
② 《马克思恩格斯文集》第2卷,人民出版社2009年版,第36页。

体系下，边缘国家的落后和贫困成为中心国家保持优越和繁荣的条件。要冲破资本在世界范围内形成的霸权统治，需要各国无产阶级及其政党联合起来团结协作，为建立公正合理的世界秩序而共同努力。进一步而言，无论是资本在一国范围内的法权统治还是在国际范围内的霸权统治，其基础都在于资本必须在运动中实现增殖的本性。资本主义私有制下，资本逻辑取得了支配一切的权力，社会生产生活围绕着资本增殖运行。在资本逻辑的统治下，工人劳动只能以雇佣劳动的形式成为资本增殖的手段，而打破资本逻辑，就要"从劳动不再能变为资本、货币、地租，一句话，不再能变为可以垄断的社会力量的时候起，就是说，从个人财产不再能变为资产阶级财产的时候起"①，这就意味着必须以劳动的自觉联合代替资本的整合作用。在资本逻辑的统治下，"资本具有独立性和个性，而活动着的个人却没有独立性和个性"，而无产者联合起来则是要建立"这样一个联合体，在那里，每个人的自由发展是一切人的自由发展的条件"。② 也就是说，只有通过无产者联合对社会生产进行合理支配，才能取代资本逻辑的盲目统治，促使每一个劳动者参与社会劳动的过程，成为劳动者为自我丰富和自我发展而创造条件的过程。所以说，无论是组织日常斗争、革除资产阶级的法权统治，还是发挥国际主义、推翻资本主义的霸权压迫，或是探索联合劳动形式、瓦解资本逻辑的剥削，无论是践行革命策略以完成当前任务，还是树立革命理想以坚守最高纲领，都需要全世界无产者联合起来的基本精神。

《共产党宣言》是第一个以科学理论为指导的无产阶级政党——共产主义者同盟的纲领，也是共产党人的宣言书。然而，就马克思思想发展的整体而言，《宣言》还只是马克思科学诊断资本主义病理的开始。对于资本逻辑何以展开，"活劳动"究竟如何被"死劳动"所吞噬，马克思此时还无法很好地回答，资本主义的拜物教意识形态所造成的思想迷局，也还没有为马克思所准确把握。当然，这并不影响《宣言》成为指导和激励无产阶级追求自身解放的精神源泉。时至今日，《共产党宣言》中的论断依然是思考人类未来的有志之士们不断叩问的主题，它不愧为人类思想史上耀眼的瑰宝。

---

① 《马克思恩格斯文集》第 2 卷，人民出版社 2009 年版，第 47 页。
② 《马克思恩格斯文集》第 2 卷，人民出版社 2009 年版，第 46、53 页。

第二节　阐明无产阶级的革命立场

就在《共产党宣言》付梓之时，法国巴黎爆发了二月革命，这一革命旨在推翻代表金融资产阶级的七月王朝，建立共和国。法国二月革命成为整个欧洲革命的引爆点。短短几个星期，革命便蔓延至整个欧洲，包括法国、德国、匈牙利、意大利、比利时、波兰、瑞士、丹麦等十八个国家和地区都经历了大小不一的革命。霍布斯鲍姆评价1848年的欧洲革命称："在世界近代史上发生过许多大革命，并且确实有许多比1848年革命更为成功。然而，却没有一场比这场革命传播得更快、更广泛。"[①] 革命爆发之后，马克思遭到比利时政府的驱逐，他离开布鲁塞尔，重回已经组成了临时政府的巴黎。德国三月革命爆发后，马克思对德国革命抱有很高的期待，他携带着首次印刷的《共产党宣言》回到位于德国发达工业区的科伦，并在科伦创办了《新莱茵报》。从1848年6月到1849年5月，马克思在《新莱茵报》上发表署名文章80多篇，恩格斯发表署名文章90多篇，他们希望通过报刊的影响，帮助德国人民了解德国和整个欧洲的革命局势。

在马克思回到德国创办《新莱茵报》之际，法国二月革命和德国三月革命最初的高潮逐渐消退，但国内外各方力量之间的博弈较量却波谲云诡，错综复杂。面对复杂的局势，无产阶级要不断推动革命向前发展，就必须科学地分析各国的社会发展状况，准确评估各种革命力量，明确革命的性质和任务，如此才能够在风云变幻的革命斗争中，既坚持进步的革命立场又形成清晰的革命思路。马克思和恩格斯在《新莱茵报》时期的工作，就始终围绕着为无产阶级分析革命局势，明确革命目标这一中心展开。

一　无产阶级与民主革命

马克思在这一时期，最关注的便是德国革命。相较于英、法快速的工业化进程，德国工业发展落后，封建势力顽固，完成反封建的民主革命是德国革命的首要任务。在《共产党宣言》中，马克思明确声明："在德国，

[①] [英]艾瑞克·霍布斯鲍姆：《资本的年代1848—1875》，张晓华等译，江苏人民出版社1999年版，第4页。

只要资产阶级采取革命的行动,共产党就同它一起去反对专制君主制、封建土地所有制和小资产阶级。"① 德国三月革命爆发后,马克思又撰写了《共产党在德国的要求》一文,他将《宣言》中的总则细化为17条措施,其中包括争取普选权的民主政治要求,无偿废除农民封建义务、限制继承权和施行普遍免费国民教育的人民主权要求,以及将各邦君主的领地和其他封建地产归国家所有的经济要求。三月革命之后,德意志邦联的各邦代表组成制宪国民会议,制宪国民会议于5月在法兰克福开幕。在《新莱茵报》第一号上,马克思再次明确表明:"国民议会的第一个行动必须是,大声而公开地宣布德国人民的这个主权。它的第二个行动必须是,在人民主权的基础上制定德国的宪法,消除德国现存制度中一切和人民主权的原则相抵触的东西。"② 由于德国无产阶级尚未发展成熟,比较先进的工人团体主要是长期流亡在国外的工人组织,马克思认为无产阶级参与反对封建专制的斗争还只能是在资产阶级民主派的旗帜之下。为了尽可能团结革命力量,他将《新莱茵报》的副标题定为"民主派机关报"。恩格斯后来说明:"如果我们当时不愿意这样做,不愿意站在已经存在的、最先进的、实际上是无产阶级的那一端去参加运动并推动运动前进,那我们就只好在某一偏僻地方的小报上宣传共产主义,只好创立一个小小的宗派而不是创立一个大型的行动党了。"③

虽然积极支持民主革命,但马克思在参与革命之初,便认识到德国资产阶级在革命中的妥协性。一方面,德国资产阶级并没有自觉地在三月革命中充当领导力量,而是在人民群众通过战斗反对封建统治之后收获了权力。由于德国资产阶级缺乏独立的政治担当,它在获得权力之后,没有带领人民创立新的社会制度和政治制度,而是寻求同封建势力的妥协。另一方面,由于德国民主革命具有后发性,德国资产阶级在同封建制度斗争的同时,已经看到无产阶级对自身的威胁,因而在尚未扫清自身发展障碍的时候,就开始提防无产阶级的反抗,这种双面性决定了德国资产阶级极有可能走向与反革命的联合。因此,马克思在《新莱茵报》创办之初,就在题为《民主派》的文章中警告革命群众不要"陶醉于最初的胜利",不要

---

① 《马克思恩格斯文集》第2卷,人民出版社2009年版,第66页。
② 《马克思恩格斯全集》第5卷,人民出版社1958年版,第14页。
③ 《马克思恩格斯文集》第4卷,人民出版社2009年版,第5页。

空洞地考虑"民主运动的目的、人民的福利和所有的人的幸福",而是要了解斗争的法则和惯例是"在观点、利益和目的不一致的情况下,新时代的幸福是不能用假想的合理妥协和虚伪的合作等办法来达到的,这种幸福只有经过各个党派的斗争才能达到"[①]。德国革命的过程充分印证了马克思对德国资产阶级妥协性的判断。

二 无产阶级与德国统一

对于德国革命而言,反对封建专制统治与实现德意志民族的统一是一个问题的两面。1815年维也纳代表大会成立了德意志各邦联盟,联盟由36个封建专制制度的德意志邦组成,由于没有中央政府,德国在政治和经济上实际都处于分散状态。再者,位于东西欧之间的德国深受以沙俄为代表的国际反动势力的影响,沙皇和奉行"均势政策"的梅特涅都以保持德意志的分裂和支持各邦君主的封建专制统治作为反对欧洲资产阶级的主要手段。四分五裂的局面导致了德国落后于其他欧洲大国,实现德国统一成为德意志民族迈向现代社会所亟待解决的问题。虽然统一问题是德国社会最主要的矛盾,但经过了三月革命之后的德国各阶级并没有在这一问题上达成一致。对于统一的形式问题,究竟是建立统一的共和国还是采取联邦制,各方势力争论不休。从维持自己的统治和利益出发,以王权为代表的封建势力主张建立联邦制。相反,颁布统一的宪法、建立统一的政权符合资产阶级的发展要求,然而资产阶级内部不同力量对统一的具体方案却意见纷纭。有主张建立由奥地利皇帝领导的德意志帝国,也有主张建立由普鲁士领导的君主立宪国家,还有小资产阶级希望建立的瑞士式的联邦共和国。

对于德国统一问题,马克思认为,无产阶级应当支持德国彻底统一为一个民族,建立不可分割的德意志共和国。他在《共产党在德国的要求》第一条中指出,"全德国宣布为一个统一的、不可分割的共和国"[②]。马克思揭示出,联邦制的统一方案不过是以统一的表象掩盖了各邦国之间的矛盾,是资产阶级对封建势力的暂时妥协。针对资产阶级将美国联邦制度作为德国宪法的蓝本,马克思指出,只有欧洲联邦才同美国具有可比性,但

[①] 《马克思恩格斯全集》第5卷,人民出版社1958年版,第25页。
[②] 《马克思恩格斯全集》第5卷,人民出版社1958年版,第3页。

是"为了使德国和其他国家结成联邦,它自己首先就应该成为统一的国家"。德国统一方式的问题不仅仅是选择更优国家形式的问题,"在德国,中央集权制和联邦制的斗争就是近代文明和封建主义的斗争"。①

对于德国实现统一的道路问题,马克思特别批判了认为只要通过在国民议会中选出中央政权就能实现德国的统一的资产阶级民主派幻想。马克思讲:"国家制度的最终确立不能依靠颁布命令的办法,而要在我们即将进行的运动中实现。因此,问题不在于实现这个或那个意见,这种或那种政治思想;问题在于理解发展的进程。"② 在马克思看来,三月革命后成立的德意志国民议会如果不借助革命群众的威慑肃清反动势力,就只会给反动的封建势力留下集结反攻的余地,也就不可能真正实现德国的统一。再者,马克思也反对大资产阶级由于忌惮沙皇俄国的威胁而主张由普鲁士领导君主立宪来实现德国的统一。在马克思看来,当时的普鲁士统治者早已由于专制统治而丧失了在人民中间的威信,它不可能发动群众,也就无法获得统一的力量,最终只能依靠沙俄的帮助,这样完成的统一会使德国回到旧式君主国,是反动的统一。所以,马克思恩格斯讲:"我们希望德国统一,但是这种统一的因素只有从德意志大君主国瓦解中才能分离出来。"③ 在他们看来,"德国的统一以及德国的宪法只能通过这样一种运动来实现,这种运动的决定因素将是国内的冲突或对东方的战争"④。

三 无产阶级与民族解放

马克思和恩格斯认为各国无产阶级应该支持被压迫民族的解放运动。在1847年于伦敦举行的纪念波兰起义17周年的国际大会上,马克思就曾发表演说论及无产阶级解放同被压迫民族解放之间的关系。在这一演说中,马克思从理论和实践两个层面讨论了无产阶级应该如何认识民族解放问题。就理论层面而言,"现存的所有制关系是一些国家剥削另一些国家的条件;消灭现存的所有制关系只符合工人阶级的利益",因而马克思认为"无产阶级对资产阶级的胜利同时就是一切被压迫民族获得解放的信

---

① 《马克思恩格斯全集》第5卷,人民出版社1958年版,第48页。
② 《马克思恩格斯全集》第5卷,人民出版社1958年版,第47页。
③ 《马克思恩格斯全集》第5卷,人民出版社1958年版,第121页。
④ 《马克思恩格斯全集》第5卷,人民出版社1958年版,第47页。

号"。① 就实践层面而言，马克思认为各国无产阶级不应该仅限于表达解放各民族的善良愿望，而应该致力于实际地去战胜国内的压迫者，他呼吁英国的无产阶级"打倒你们国内的敌人，那时你们就可以自豪地感到，你们消灭了整个旧社会"②。

随后而来的1848年革命唤醒了欧洲的被压迫民族，波兰、捷克、匈牙利和意大利等国都掀起了反抗压迫的民族解放运动。迅速而普遍的革命高潮加剧了欧洲各国之间复杂的矛盾关系，在各国内部不同力量进行的革命鼓动、妥协辩护、反动宣传中，都杂糅着各种对民族情感的渲染和地缘考量的说明。各阶级、各民族间盘根错节的关系和矛盾，使得革命群众在如何处理革命主张和民族传统之间的关系问题上易受蛊惑。马克思和恩格斯始终秉持人类文明进步和各民族自由平等相统一的原则来认识各民族问题。马克思恩格斯认为，强势民族在自己获得自由的同时，也应该让一向受它压迫的人民获得自由，这是无产阶级政党在民族问题上应该坚持的原则。恩格斯在《德国的对外政策》一文中，历数了德意志各邦国推行民族压迫政策的历史及其残酷的影响，谴责资产阶级政府继续推行的封建专制王朝反动对外政策。恩格斯在文中指出："当德国人在抛弃自己身上的羁绊的时候，也应当改变一下他们对其他民族的全部政策。不然的话，我们的年轻的、几乎是刚刚预感到的自由就会被束缚在我们用来束缚别国民族的锁链上。德国将来自由的程度要看它给予毗邻民族的自由的多少而定。"③

马克思认为，谋求民族独立的民族解放运动和无产阶级解放运动是紧密相连、互为同盟的。法国六月革命失败后，马克思在《革命运动》一文中特别提到："法国工人阶级的失败和法国资产阶级的胜利，同时也就是那些用谋求解放的英勇行动来回答高卢雄鸡的叫声的民族遭受新的奴役"，"法国工人阶级的失败和法国资产阶级的胜利，同时也就是东方对西方的胜利，文明在同野蛮做斗争中的失败"。④ 在支持民族解放运动的同时，马克思恩格斯也旗帜鲜明地反对各民族为了狭隘的民族利益与反革命势力为

---

① 《马克思恩格斯文集》第1卷，人民出版社2009年版，第694—695页。
② 《马克思恩格斯文集》第1卷，人民出版社2009年版，第695页。
③ 《马克思恩格斯全集》第5卷，人民出版社1958年版，第178页。
④ 《马克思恩格斯全集》第6卷，人民出版社1961年版，第174页。

伍，从而在人类追求自由解放的道路上开历史倒车。1848年革命爆发后，在哈布斯堡王朝统治下的奥地利境内，各民族间的冲突不断，同一民族内部不同阶级之间也进行着激烈的斗争。1848年6月捷克人民起义，但起义领导权为大资产阶级获取，他们投靠哈布斯堡王朝，希望借助沙皇俄国的力量，把分散在欧洲的斯拉夫民族联合起来组成一个联邦，形成了泛斯拉夫主义。泛斯拉夫主义的主张会导致斯拉夫人为俄国沙皇政府所利用，成为沙皇政府反对欧洲其他民族推进民主革命的武器。这就让斯拉夫人的斗争不但无法促进欧洲民主革命的胜利，反而成为反对封建专制的阻碍。因此，马克思和恩格斯明确地反对泛斯拉夫主义形式的民族主义思想。他们依据民族运动为谁的利益服务，以及在整个欧洲革命态势中所起的作用，将不同的民族分为革命民族和反革命的民族。1848年革命失败之后，欧洲的民族解放运动逐渐低落，但就整个世界范围而言，在亚洲兴起了殖民地、半殖民地反抗西方列强殖民压迫的革命运动。马克思坚决地支持亚洲的民族解放斗争，他揭露鸦片贸易的罪恶，高度评价了殖民地和半殖民地人民的革命精神。

第三节　总结无产阶级的革命经验

法国二月革命是整个欧洲1848年革命的引爆点，四个月后的法国六月革命则是欧洲革命的转折点。与法国的二月革命、德国的三月革命相比，法国六月革命是巴黎无产阶级发动的，旨在维护工人利益的起义，然而孤立的无产阶级在六月革命中遭到镇压，这成为整个欧洲革命走向衰落的转折点。各国反革命力量在法国六月革命之后都开始了反攻，轰轰烈烈的1848年欧洲革命最终以失败告终。马克思后来形容1848欧洲革命称："19世纪的革命，则经常自我批判，往往在前进中停下脚步，返回到仿佛已经完成的事情上去，以便重新开始把这些事情再做一遍；它十分无情地嘲笑自己的初次行动的不彻底性、弱点和拙劣；它把敌人打倒在地，好像只是为了要让敌人从土地里汲取新的力量并且更加强壮地在它前面挺立起来"[①]。

[①]《马克思恩格斯文集》第2卷，人民出版社2009年版，第474页。

第四章　解读十九世纪中叶欧洲的革命力量

六月革命爆发之前,《新莱茵报》遭到普鲁士当局的查封,不得不停刊,马克思再次被驱逐,他转道巴黎到达伦敦。在伦敦定居的马克思重建共产主义者同盟,出版《新莱茵报:政治经济评论》,继续参与工人团体的活动。自革命形势由盛转衰开始,马克思一方面继续为推进革命做了大量的宣传鼓动工作,另一方面也注意研究革命的发展演变历程,总结失败的原因。在德国,他先后发表了《危机和反革命》《资产阶级和反革命》等文章分析总结德国革命,到达伦敦后他又在《路易·波拿巴的雾月十八日》和后来被编为《1848年至1850年的法兰西阶级斗争》的系列文章中分析法国革命,从理论层面上总结了无产阶级参与革命斗争的经验。

一　排除思想干扰,争取革命主动权

革命既是各方力量斗争和较量的过程,也是各种思想激荡和博弈的过程,正如马克思对法国二月革命的形容:"任何其他时期都没有当时那样错综复杂:浮夸的空话同实际上的犹豫不决和束手无策相混杂,热烈谋求革新的势力同墨守成规的顽固积习相混杂"[1]。在反思法国革命时,马克思指出,无产阶级革命与资产阶级革命不同,资产阶级革命是以新的剥削制度代替旧的剥削制度,因此资产阶级革命会"请出亡灵来为自己效劳,借用它们的名字、战斗口号和衣服,以便穿着这种久受崇敬的服装,用这种借来的语言,演出世界历史的新的一幕"[2],无产阶级革命是要彻底消灭剥削制度,因此,"19世纪的社会革命不能从过去,而只能从未来汲取自己的诗情。它在破除一切过去的迷信以前,是不能开始实现自己的任务的"[3]。马克思将二者之间的区别概括为"从前是辞藻胜于内容,现在是内容胜于辞藻"。这即是说,在马克思看来,无产阶级要求彻底的革命,它能否以自身的世界观为标尺,排除各种虚假意识所造成的思想干扰,洞悉政治话语背后的现实利益,透视"辞藻"中的"内容",掌握革命的主动权,对于推进革命进程而言至关重要。

在亲自参与指导德国革命的过程中,马克思尤其重视同反革命的思想言论作斗争。法国二月革命的火花,瞬间点燃了德意志的三月革命。率先

---

[1]《马克思恩格斯文集》第2卷,人民出版社2009年版,第477页。
[2]《马克思恩格斯文集》第2卷,人民出版社2009年版,第471页。
[3]《马克思恩格斯文集》第2卷,人民出版社2009年版,第473页。

爆发的维也纳起义使梅特涅逃亡伦敦,又将奥地利皇帝裴迪南逐出维也纳,随之而起的柏林起义则击败了普鲁士国王军队,赶走了镇压革命的"霰弹亲王"威廉一世,迫使普鲁士国王威廉四世投降,由自由资产阶级代表康普豪森组阁,三月革命发展至高潮。然而,康普豪森主张向普鲁士国王妥协,实行君主立宪。为了推动德国民主革命的发展,马克思不断通过《新莱茵报》揭露法兰克福国民议会、柏林议会以及普鲁士内阁发表的各种政治言论中隐含的妥协性,分析在这些言论背后实际掩藏着的权力博弈和阶级关系。康普豪森组阁后,拒绝承认三月革命的斗争具有"革命"的意义,而仅仅将其定义为一次促进了德国"内部制度改造"的"事件"。同时,康普豪森还以"在现存制度和它所提供的合法道路的基础上实现向新制度的过渡,并不割断新旧之间的联系"为由,力图将三月革命前的等级制"联合议会"改装为"制宪会议",通过与国王协商制定宪法向王权妥协。马克思辛辣地讽刺康普豪森的主张是"召唤死后的幽灵出来办理遗产手续,并取得作这个幽灵合法继承人的权利"。他揭露说:"柏林国民代议机关否决了关于承认三月革命的提案,从而确认自己是普鲁士资产阶级的代议机关,是协商派议会",而"法制基础"不过意味着"人民权利的合法根据——革命,在政府和资产阶级之间所缔结的 contrat social[社会契约]中并不存在。资产阶级从旧普鲁士的立法中引申出自己的要求,为的是不让人民从新普鲁士的革命中引申出任何要求"。①

在康普豪森内阁垮台后,曾在其中出任财政大臣的汉泽曼成为新一届内阁的实际决策人。汉泽曼是工业资产阶级的代表,他宣布"恢复破坏了的信任"是一项刻不容缓的任务,声称要消灭劳动阶级的贫困,就要振兴工业,而振兴工业的前提是要恢复人们已经动摇了的信任,使他们相信法律秩序,相信君主立宪能够巩固确立起来。这样,汉泽曼内阁虽然承认了三月起义的革命性质,却以"恢复信任"为由取消了人民在革命中取得的民主成果,彻底倒向同王权结盟。马克思深刻地揭露了这一主张背后的意图,他称:

信用是建立在对下列事实的确信上的:资本将继续剥削雇佣劳

---

① 《马克思恩格斯全集》第6卷,人民出版社1961年版,第130、132页。

动，资产阶级将继续剥削无产阶级，大资产阶级将继续剥削小资产阶级。因此，无产阶级的任何政治运动，不管它的性质如何，即使它是直接由资产阶级领导的，都在动摇着信任、信用。因此，'恢复被破坏了的信任'，在汉泽曼的口中就意味着：镇压无产阶级中和一切社会阶层中的一切政治运动，因为这一阶级和这些阶层的利益并不是直接同自认为掌握国家政权的那个阶级的利益相一致的。①

汉泽曼为了"恢复信用"提出要加强"国家权力"，但他的一系列措施最终只是加强了旧普鲁士的国家机器，并使政府越来越依赖金融贵族和大资产阶级。马克思讽刺地将汉泽曼内阁称为替封建势力办事的"办事内阁"，预言它必然只是一个短命的过渡内阁。马克思的预言很快得到证实，经过两届内阁的妥协，在革命中遭到打击的王权得到喘息的机会，为王权服务的勃兰登堡内阁得以组建并很快代替了汉泽曼内阁。勃兰登堡内阁完全代表封建贵族的利益，它的组阁标志着三月革命的成果被取消了。

在普王威廉四世组建勃兰登堡内阁，解散普鲁士国民议会之际，国民议会作出勃兰登堡内阁无权动用国家资金和征税的决议，以示抗争。在此形势下，马克思抓住机遇，发出拒绝捐税的倡议以继续同王权斗争，推进德国民主革命。面对抗税运动，勃兰登堡内阁建议将不纳税的人分为两类，即拒绝纳税的人和纳不起税的人，对拒绝纳税的人采取暴力手段，而对无力纳税的人予以宽大处理。马克思揭露勃兰登堡内阁这一决议的意图不过是"它想分裂民主派，它想唆使农民和工人把自己算做是无力纳税的人，以便把他们同那些根据法律拒绝纳税的人分开，从而使后者失去工人和农民的支持"②。在整个德国革命的过程中，马克思始终站在无产阶级的立场上，而当封建势力开始对民主革命进行反攻，承诺以封建行会制度保护德国手工业时，他告诫工人和小资产者"宁肯在现代资产阶级社会里受苦，也不要回到已经过时了的旧社会去！因为现代资产阶级社会以自己的工业为建立一种使你们都能获得解放的新社会创造物质资料，而旧社会则以拯救你们的阶级为借口把整个民族抛回到中世纪的野蛮状态中去！"③

---

① 《马克思恩格斯全集》第6卷，人民出版社1961年版，第136—137页。
② 《马克思恩格斯全集》第6卷，人民出版社1961年版，第45页。
③ 《马克思恩格斯全集》第6卷，人民出版社1961年版，第230页。

二 推进理论发展，锻造思想武器

准确判断革命形势的基础在于科学认识社会各阶级之间的关系，而要深入理解各阶级之间的关系，又必须具备相应的政治经济学知识。除了及时揭露各种政治主张的阶级本质之外，马克思还力图通过普及政治经济学知识，从理论上说明无产阶级和资产阶级之间的关系，教育工人不能指望资产阶级来实现他们的利益。他把在布鲁塞尔给德意志工人协会做演讲的材料整理为《雇佣劳动与资本》一文发表在《新莱茵报》上，用通俗易懂的语言为工人群众介绍以剥削雇佣劳动为基础的资本主义生产关系。《雇佣劳动与资本》一文围绕着工人工资和资本之间的关系展开，通过对劳资关系的解剖揭示了无产阶级同资产阶级之间的本质性对立。尽管这一著作在《新莱茵报》上最初发表时，马克思还没有严格区分劳动和劳动力，但他已经从唯物史观的角度将雇佣劳动和资本看成是特定社会关系的表现，并试图从生产关系的角度出发，解释资本家是通过什么样的经济机制实现对劳动者的统治的。

马克思在《雇佣劳动和资本》中指出，劳动并不向来就是雇佣劳动，同奴隶和农奴的劳动相比，雇佣劳动是自由劳动，自由工人自己出卖自己，并且是零碎地出卖。工人既不像奴隶一样属于私有者，也不像农奴一样属于土地，但是他的每一个工作日却属于它的购买者，自由劳动对于雇佣工人而言意味着他"不是属于某一个资产者，而是属于整个资产阶级"[1]。同样，"资本也是一种社会生产关系。这是资产阶级的生产关系，是资产阶级社会的生产关系"[2]。能够明确地从社会关系出发来认识雇佣劳动和资本是至关重要的。如果仅仅从物的维度来理解资本，那么雇佣工人和原料、劳动工具等同样都是新生产的手段，而资本和雇佣劳动之间的关系就是简单的、公平的交换关系。相反，如果从社会关系维度来认识雇佣劳动和资本，就必须追问劳动是如何成为雇佣劳动的，而"一些商品即一些交换价值的总合"又究竟是怎样成为资本的？马克思在这里回答说："只是由于积累起来的、过去的、对象化的劳动支配直接的、活的劳动，

---

[1] 《马克思恩格斯全集》第6卷，人民出版社1961年版，第479页。
[2] 《马克思恩格斯文集》第1卷，人民出版社2009年版，第724页。

积累起来的劳动才变成资本"①,"资本的实质并不在于积累起来的劳动是替活劳动充当进行新生产的手段。它的实质在于活劳动是替积累起来的劳动充当保存并增加其交换价值的手段"②。显然,马克思已经认识到雇佣工人创造的价值不仅能补偿工人的工资,而且还能够促使作为资本的积累劳动具有比以前更大的交换价值。如此一来,代表活劳动的雇佣工人与代表死劳动的原料、劳动工具之间的区别也就突显出来,雇佣工人不仅仅是资本交换而来的生产手段,更是资本保值增殖从而作为资本而存在的关键。实质上,认识到这一点,马克思离区分劳动和劳动力就不远了,因为一切形式的劳动都以劳动者的劳动力作为物质基础,但劳动者的劳动力只有通过雇佣劳动这一特定的社会关系形式才会成为增殖资本的活劳动。

明确了雇佣劳动和资本在本质上代表了资本主义的生产关系之后,马克思紧接着对这种生产关系进行了具体的考察,揭示出资本主义生产关系中的对立性。马克思指出,断言资本的利益和劳动的利益是一致的,事实上是说资本和雇佣劳动是同一种关系的两个方面,而他在进一步分析了工资和利润的关系之后,指出:"所谓生产资本的尽快增加是对雇佣劳动最有利的条件这种论点,实际上不过是说:工人阶级越迅速地扩大和增加与它敌对的权力,即越迅速地扩大和增加支配它的他人财富,它就被允许在越加有利的条件下重新为增加资产阶级财富、重新为增大资本的权力而工作,满足于为自己铸造金锁链,让资产阶级用来牵着它走"③。

虽然马克思在这里还没有揭示出资本、利润和雇佣劳动之间的内在联系,但他以工人在现实生活中的经验感受为基础,从政治经济学的一系列客观范畴及其相互关系出发,论证了工人和资本家之间统治和被统治的权力关系。这就从理论上将资产阶级和无产阶级之间不同的利益基础揭示出来,而无产阶级只有从理论上理解自身的利益何以与其他阶级不同,才可能树立起自己的革命旗帜,从自在走向自为。

三 建设独立政党,增强革命领导

严格来讲,对于19世纪中叶这场席卷整个欧洲的革命而言,无产阶

---

① 《马克思恩格斯全集》第6卷,人民出版社1961年版,第488页。
② 《马克思恩格斯文集》第1卷,人民出版社2009年版,第726页。
③ 《马克思恩格斯文集》第1卷,人民出版社2009年版,第735页。

级并不是运动的领导者，但却是运动中重要的革命力量，尤其是在相对先进的法国，无产阶级时常充当了革命的急先锋。然而，由于群众在政治斗争方面极不成熟，对革命规律也缺乏认识，无产阶级革命力量在这场革命中遭到了严重的打击和削弱。通过1848年欧洲革命，尤其是对德国三月革命和法国六月革命的观察和研究，马克思认识到，无产阶级只能自己解放自己，而无产阶级要实现自我解放，必须建立独立的无产阶级政党作为革命的领导核心，并在此基础上完成无产阶级的理论武装。

在德国和法国的革命过程中，马克思特别注意到，无产阶级缺乏自身有力的领导核心，难以将本阶级的力量组织起来，而分散的工人群众只会在革命中受到资产阶级民主派和小资产阶级的控制和影响，成为资产阶级和小资产阶级的"随声附和的合唱队"。当资产阶级通过革命取得了它希望获取的权利和权力，小资产阶级也完成了自己的组织，无产阶级的利益就注定被忽略。因此，马克思在《共产主义者同盟中央委员会告同盟书》中讲："为了要达到自己的最终胜利，他们首先必须自己努力：他们应该认清自己的阶级利益，尽快采取自己独立政党的立场，一时一刻也不能因为听信民主派小资产者的花言巧语而动摇对无产阶级政党的独立组织的信念。"[①]

除了工人群众的依附性之外，马克思在考察革命运动时，也特别批判了流氓无产阶级的反革命性质。他指出："这是盗贼和各式各样罪犯滋生的土壤，是专靠社会餐桌上的残羹剩饭生活的分子、无固定职业的人、游民——gens sans feu et sans aveu；他们依各人所属民族的文化水平不一而有所不同，但是他们都具有拉察罗尼的特点。"[②] 由于无产阶级缺乏自身强有力的组织和武装，缺乏本阶级的科学的旗帜和团结的核心，反革命常常利用流氓无产阶级群体来瓦解无产阶级队伍，"使一部分无产者与另一部分无产者相对立"[③]。在法国二月革命后，流氓无产阶级被组织为别动队，无产阶级错误地将其认作自身的武装，然而被收买的别动队却成为镇压无产阶级的工具。

在马克思看来，没有自身独立的政党的无产阶级在革命中犹如失去中

---

① 《马克思恩格斯文集》第2卷，人民出版社2009年版，第199页。
② 《马克思恩格斯文集》第2卷，人民出版社2009年版，第95页。
③ 《马克思恩格斯文集》第2卷，人民出版社2009年版，第95页。

枢神经的躯壳,只有即时的、感性的应激反应,虽然能够激起瞬间的革命热情却难以形成理性的思考,无法掌握科学理论。没有科学理论武装的革命者不可能对革命纲领有清晰的理解,也难以对革命目标形成稳定认识。马克思在文章中经常批判无产阶级陶醉于表面的胜利,他认为二月革命在欧洲引起的反响一度麻痹了巴黎的革命群众。"二月革命的浪潮又在整个大陆高涨起来了;每一次来的邮件,时而从意大利,时而从德国,时而从最遥远的欧洲东南部地区都传来新的革命消息,不断地给人民带来胜利的证据,使人民普遍地沉浸在欣喜的情绪之中,而实际上他们已经丧失了这种胜利。"[1] 因此,马克思在《共产主义者同盟中央委员会告同盟书》中特别告诫:"工人应该用一切方法,尽可能抑制那种随着每次巷战胜利而出现的新形势所引起的陶醉于胜利的情绪,应该镇定清醒地认清形势"[2]。

再者,由于缺乏科学系统的理论武装,无产阶级难以冲破旧的社会意识形态限制,也就不可能建设有利于无产阶级的舆论环境,获得思想革命的成果。马克思特别分析了二月革命之后在法国建立"国家工场"的舆论伎俩。法国二月革命之后,工人群众要求建立专门的劳动部,空想社会主义者路易·勃朗作为工人阶级的代表进入临时政府,宣传建立合作性质的"人民工场"。在马克思看来,"如果不是就内容来说,而是就名称来说,国家工场是无产阶级反对资产阶级工业,反对资产阶级信用和反对资产阶级共和国的具体表现"[3],然而,由资产阶级把持的临时政府实际建立起来的国家工场是让工人从事单调的、非生产性的掘土工作,这样的国家工场根本不能体现合作劳动的精神,其实质不过是对工人实行以工代赈的救济,并试图利用这种救济性质的国家工场破坏组织劳动的思想,打压工人代表的威信。当无产阶级不能从科学的世界观和历史观出发来理解社会主义,也就无力识别其中偷换概念的舆论操纵伎俩。马克思称:"在巴黎资产阶级半天真半故意地混淆这两种东西的过程中,在法国和欧洲当时受到操纵的舆论中,这些习艺所竟成了实现社会主义的第一步,于是,社会主义就一起被钉在耻辱柱上了。"[4] 这种欺骗伎俩,从舆论上抹黑社会主义,

---

[1] 《马克思恩格斯文集》第2卷,人民出版社2009年版,第97页。
[2] 《马克思恩格斯文集》第2卷,人民出版社2009年版,第194页。
[3] 《马克思恩格斯文集》第2卷,人民出版社2009年版,第97页。
[4] 《马克思恩格斯文集》第2卷,人民出版社2009年版,第96—97页。

也就在政治上使无产阶级四面树敌，进而在后来的革命运动中落入孤立无援的局面。

1848年革命的发展和失败使马克思认识到，建立独立的、有科学理论武装的政党组织是无产阶级从自在走向自为的一个关键环节，也是这场革命极为重要的经验。马克思将"主张变革的党"与"真正革命的党"区分开来。"主张变革的党"是无产阶级自发形成的，它是无产阶级对抗压迫和剥削的政治应激反应，是没有形成独立的阶级意识和科学理论指导的组织。"主张变革的党"虽然能够鼓动无产阶级群众积极响应打破旧世界的号召，但它不了解历史潮流的走向，无法明确自身所处的历史方位，因而在同各种力量的博弈斗争中难以协调当前的目标和长远的目标，总是易于在休战后的复杂局面中迷失方向，无法提出有效的建设性策略。在马克思看来，无力建立新世界的党还不是严格意义上"真正革命的党"。"真正革命的党"是在革命运动中成长起来的，只有经过了革命锻炼，才不但能够明确革命的目标和方向，而且能够在变化的革命局势中提出有效斗争策略的党才是"真正革命的党"。马克思在总结法国革命时特别指出："总之，革命的进展不是在它获得的直接的悲喜剧式的胜利中，相反，是在产生一个联合起来的、强大的反革命势力的过程中，即在产生一个敌对势力的过程中为自己开拓道路的，只是通过和这个敌对势力的斗争，主张变革的党才走向成熟，成为一个真正革命的党。"[①]

四　调整斗争策略，凝聚革命力量

"革命是历史的火车头"，而这一火车头要带动历史前进，需要灵活恰当的革命策略和手段，最大限度地凝聚革命力量，以促成不断向前发展的革命势头。马克思在参与革命斗争和总结1848年革命经验的过程中，十分重视选择革命策略和团结革命力量的问题。

早在研究法国大革命时，马克思就认识到，进步的革命阶级要取得革命胜利，必须能够激起绝大多数群众的热情，获得普遍的支持。在德国革命过程中，马克思就重视团结农民和小资产阶级的力量以抵制大资产阶级对封建势力的妥协。在《共产党在德国的要求》这一纲领性文件中，马克

---

① 《马克思恩格斯文集》第2卷，人民出版社2009年版，第79页。

思明确提出了"无偿地废除一切至今还压在农民头上的封建义务"的要求，促进农民和无产阶级的联合。在总结法国革命经验的过程中，马克思更是将失去农民和小资产阶级的支援看成是二月革命和六月革命失败的直接原因。马克思认为，在法国这样的农民占人口多数的国家，无产阶级在除巴黎以外的其他地方，仅仅是集聚在一个个零散的工业中心，几乎淹没在农民和小资产阶级中间，所以，不论是反对封建主义还是反对资本主义的斗争，争取同农民的联盟都关系到革命的成败。马克思分析指出，路易·波拿巴之所以在普选中获胜，一个重要的原因就在于，他被农民看成是自身利益的代表，而无产阶级如果不与农民一起合唱，那么"它在一切农民国度中的独唱是不免要变成孤鸿哀鸣的"①。

除了联合一切可能的革命力量之外，马克思也注重选择恰当的革命手段，避免不必要的牺牲。就在德国三月革命爆发之初，马克思在巴黎的德国侨民大会上发表演说，极力反对小资产阶级民主派伯恩施泰德等人准备组织义勇军打回德国的冒险计划，而是号召德国流亡工人参加巴黎工人的革命斗争，或者单个回国参加革命。在马克思看来，贸然的武装行动"就等于破坏德国的革命，加强各邦政府，并且使义勇军徒手去受德国军队摆布"②。随后，共产主义同盟中央委员会委员分赴德国各城市组织新的同盟支部和公开的工人团体。鉴于同盟只有30个支部和小组，为数不多的盟员又分散于各地，同盟中央决定让各地盟员个别参加民主运动和民主团体，借助民主派的力量争取并提高群众觉悟，通过宣传鼓动、集会游行、议会斗争等方式，将秘密斗争和合法斗争相结合，推进民主革命。对于力量极其薄弱的德国无产阶级而言，同盟所选择的策略即隐蔽了无产阶级的骨干力量，又使其在各地的革命活动中发挥了积极作用。虽然马克思在1848年革命过程中一直反对受到挑衅后的盲目暴动，但他并不是一味地反对武装行动。当巴黎资产阶级夺取二月革命的果实，将斗争的矛头对准无产阶级，在临时政府中取消无产阶级代表，否决设立劳动部提议时，巴黎无产阶级发动了起义。马克思称"这是分裂现代社会的两个阶级之间的第一次大规模的战斗"，"工人们没有选择的余地：不是饿死，就是斗争"，

---

① 《马克思恩格斯文集》第2卷，人民出版社2009年版，第573页。
② 《马克思恩格斯文集》第4卷，人民出版社2009年版，第239页。

他称赞巴黎无产阶级在起义中表现出了"无比的勇敢和机智"。①

由于后来的社会主义革命实践多以武装斗争为主要形式,在很长时间内,马克思关于无产阶级革命的理论被看作是激进的、暴力革命的代表。这一指认显然是以偏概全、失于偏颇的。有学者通过研究马克思在1848年到1852年的政治文献发现,马克思主要是将"暴力"与反动势力相联系,并有意识地把革命和暴力两个概念分开来,"在马克思看来,暴力不是无产阶级的本质属性,在与资产阶级的斗争中,无产阶级都是在被迫的情况下使用暴力来反击资产阶级"②。除了被误读为暴力论外,马克思关于无产阶级革命的理论也时常被冠以主张"恐怖"和"极权"论,这是由于马克思提出,无产阶级革命必然走向无产阶级专政。关于无产阶级专政的思想,马克思在《哲学的贫困》和《共产党宣言》中就有所论及,并在1848年革命过程中正式提出这一概念,又在总结巴黎公社经验的过程中丰富发展。关于无产阶级专政的问题我们将在下一章中进行专门的论述。在这里需要特别提及的是,1848年革命失败的经验使马克思认识到,只有借助国家政权的力量,才能从经济基础和上层建筑,社会存在和社会意识各个方面完成相应的社会改造,这是一般的革命手段所无法替代的。无产阶级要想真正实现本阶级的利益,必须通过革命掌握国家政权,建立起无产阶级专政。

马克思参与和总结1848年欧洲革命最突出的特点便是运用阶级分析方法来解读这场革命。他在瞬息万变的革命局势当中,多方搜集信息,力图通过客观分析各种社会力量的利益诉求、实力消长,辨析纷繁复杂的政治言论,以便对形势变化做出及时反映,尽可能为无产阶级的革命行动提供理性而全面的指导,促使无产阶级在革命行动中最大限度地争取革命成果和避免不必要的牺牲。他所作的分析又总是以历史唯物主义为基础,其核心是从客观现实出发,将历史理解为不断变化着的人的实践过程和结果。如果不从历史唯物主义世界观出发来理解这些著作,就容易陷入一种困惑,即马克思的无产阶级革命理论并没有提供确定的革命手段,他的阶级理论没有给出一以贯之的社会结构分析模型,而他的政治主张也没有形

---

① 《马克思恩格斯文集》第2卷,人民出版社2009年版,第101页。
② 彭宏伟、崔爽:《"革命"的非模式化解读——1848—1852年马克思恩格斯政治文献研究》,中国人民大学出版社2017年版,第184页。

成一套具有稳定概念的政治学理论体系。英国学者密利本德就曾这样讲："即使对原著进行最仔细的阅读，也不可能产生一个顺畅的、和谐的、首尾一贯和没有疑问的马克思主义政治理论。"这些困惑和疑问实际上忽略了一个重要问题，即马克思对历史事件进行阶级分析和他展开各种政论激辩的宗旨，从来就不是要在革命运动尘埃落定之后，建立一套能够对历史运动进行精准还原和精巧解释的理论体系，以便对革命盖棺定论。相反，与构建逻辑严密、概念精美的革命学说和阶级理论体系相比，马克思更注重阐明无产阶级参与革命的立场、目标和策略。他总是根据各国的具体实际和各个革命阶段的具体形势，不断地变换分析对象，调整斗争策略，其理论成果也因此呈现为不同于固定模型的丰富论断。

从马克思运用阶级分析方法指导和研究1848年欧洲革命的过程来看，阶级分析绝不是后马克思主义激进民主理论所理解的经济主义还原论。实际上，后马克思主义通过主张"话语链接"所强调的政治动员力，并不为马克思所忽视和拒绝。在参与政治革命之初，马克思便重视政治舆论的作用，也力求革命话语能够在当前的形势下实现最大的包容性和凝聚力。从他对革命的指导中可以看到，对马克思而言，社会意识对社会存在的反作用、上层建筑对经济基础的反作用从来不是一句抽象的概括，也不是机械的、公式化的补充说明。这种"反作用"在具体实践中可能受到传统惯性的强弱、宣传技巧的高低、施政手段的软硬、策略空间的宽窄、领袖能力的好坏等诸多因素的影响，只有具体问题具体分析，才能对这种"反作用"的历史影响形成准确的认识。时过境迁，1848年革命的硝烟早已散尽，今天资本主义的面貌发生了巨大变化，资产阶级的统治方式更为精致复杂，当代资本主义社会结构和阶级关系的面貌同19世纪相比已是天差地别，反抗资本主义的社会运动形式也随之呈现出主体多元、形式多元、诉求多元的特征。但只要资本主义社会的根本矛盾依然存在，无产阶级解放和人类解放的任务就依然是历史的主题，社会革命就依然是这个时代无法告别的命题，马克思在1848年革命过程中进行的理论和实践探索也依然有着重要的借鉴意义。

第五章　助力无产阶级政权的开创先驱

　　1848年革命失败之后，欧洲反革命势力卷土重来，工人运动逐渐跌入低潮。革命民主主义的进步报刊普遍遭到禁止，《新莱茵报·政治经济评论》于1850年被迫停刊。共产主义同盟的组织也不断遭到破坏，不少领导人被捕，难以继续开展有组织的活动。在马克思的建议下，共产主义者同盟存在了五年之后于1852年11月宣告解散。同盟解散后，定居伦敦的马克思一方面重新退回书斋，继续进行政治经济学研究，争取弄清楚资本主义经济的基本问题，另一方面，他通过给美国的《纽约每日论坛报》和英国宪章派机关报《人民报》撰写政论文章来继续政治活动。这一时期，马克思密切关注工人运动的新动向，同各国工人活动家保持密切联系，帮助他们在反动的条件下继续开展斗争，同时从思想上争取和影响工人领袖，努力使他们向科学社会主义理论靠拢。19世纪50—60年代兴起的第二次工业革命，带动英、法、美、德等国的工业化和经济迅速发展，产业工人的队伍也随之扩大，为新的更大规模的工人运动准备了力量。马克思在1856年《人民报》创刊4周年纪念会上曾谈到，1848年革命"吵吵嚷嚷、模模糊糊地宣布了无产阶级解放这个19世纪的秘密，本世纪革命的秘密"[①]。为团结各国的工人阶级力量，推动无产阶级解放运动的复兴，马克思于1864年参与组建了国际工人协会，史称第一国际。在第一国际的影响下，诞生了世界上第一个无产阶级政权——巴黎公社。对于马克思而言，参与创建第一国际、支援巴黎公社运动，是他继1848年革命之后最重要的政治实践活动。这一时期的工作，直接丰富了马克思关于无产阶级政党建设和无产阶级专政的理论，也间接地为他的政治经济学研究积累了丰富的资料。

---

① 《马克思恩格斯文集》第2卷，人民出版社2009年版，第579页。

第五章　助力无产阶级政权的开创先驱

第一节　第一国际推动无产阶级政党发展

　　1848年革命虽然最终以失败告终，但它严重打击了欧洲的封建主义势力。为了联合资产阶级镇压革命，封建势力进行了相应的妥协，大批封建义务得以废除，这客观上为资本主义发展扫清了道路，促进了第一次工业革命的成果在欧洲大陆推广开来。法国、德国等欧洲主要国家的工业化水平在19世纪中期有了较快的增长，也都加入到技术革新的行列之中。螺旋桨取代了击水明轮，钢铁船壳开始代替木结构船壳，造船业在各个港口城市兴盛起来。转炉炼钢法、平炉炼钢法相继发明，开始了炼钢的新纪元。第一次工业革命时期采煤业和纺织业的发展带动了化学工业的发展，1863年瑞典人阿尔弗雷德·诺贝尔发明了安全炸药，为采矿、工业及筑路提供了爆破物，而德国有机化学之父李比希引入实验教学法，促使德国化工业迅速发展，出现了第一批生产磷肥和钾肥的工厂。以电气化为代表的第二次工业，在这一时期也开始初露端倪。1866年德国乌·冯·西门子制成发电机，次年在巴黎万国博览会上展出了他们试制的发电机，与此同时，连接英美的新的可供稳定通信的大西洋海底电缆也架成。随着欧洲工业的巨大发展，产业工人的队伍增长了近一倍，到19世纪60年代，欧洲的手工业工人超过1000万人。然而，资本主义的发展总是难逃周期性危机的侵扰，继1847年经济危机之后，几乎每隔10年便爆发一次危机，1857年和1866年连续爆发两次世界性经济危机。危机带来的萧条使得工人的境况十分艰难。马克思在《国际工人协会成立宣言》中讲道："不论是机器的改进，科学在生产上的应用，交通工具的改良，新的殖民地的开辟，向外移民，扩大市场，自由贸易，或者是所有这一切加在一起，都不能消除劳动群众的贫困；在现代这种邪恶的基础上，劳动生产力的任何新的发展，都不可避免地要加深社会对比和加强社会对抗。"[1] 社会矛盾的加剧促使欧洲工人运动逐渐复苏，多国工人都开展了争取经济和政治权益的斗争，各国的工人团体也逐渐发展起来。英国工人成立了全国性的"混合机器工人联合会"，法国工人经过努力迫使第二帝国政府于1864年废除了

---

[1] 《马克思恩格斯文集》第3卷，人民出版社2009年版，第10页。

禁止工人结社的立法，德国工人也于1863年成立了全德工人联合会。逐渐高涨起来的工人运动开始注意到国际之间的联合问题。英国宪章派领导人开始团结联络1848年革命的流亡志士，建立了国际委员会，组织开展纪念1848年革命、声援波兰人民起义等活动。在此背景下，成立各国工人的联合组织，成为工人运动发展的大趋势。

1864年9月，国际工人协会成立大会在伦敦的圣马丁教堂召开，马克思出席了这次大会，大会选举的中央委员会委托马克思为国际工人协会起草纲领和宣言。接受委托一周之后，马克思为无产阶级解放事业奉上了既《共产党宣言》之后的第二个纲领性文件《国际工人协会成立宣言》，他还为协会起草了《临时章程》，并作为德国的通讯书记为协会工作。由于第一国际是国际工人运动历史上首次展开国际联合的尝试，它既是各国工人展开互助合作的组织，也是各国工人队伍中的不同理论、不同思潮互相辩论、彼此交锋的平台。第一国际的活动使马克思对工人阶级的斗争运动有了更为直接和具体的了解，对无产阶级解放事业形成了更加深入的认识。马克思的理论和实践工作也为第一国际的成立和壮大团结了力量，他在第一国际时期的工作和思考是世界社会主义运动史上宝贵的财富。

一 规范无产阶级的政党政治实践

对于第一国际的性质，学界存在两种看法：一是，认为国际工人协会是"国际无产阶级群众性组织"[①]，二是，将其理解为"政党型的国际工人联合组织"[②]。第一种观点认为，第一国际是欧美工人和工人团体进行国际联合的中心，也是各国无产阶级政党的历史先驱，但还不是无产阶级政党本身，它团结的对象大多还是工会性质的工人团体，因而也不是严格意义上的政党联盟。第二种观点则认为，在马克思为第一国际起草的《国际

---

① 这种观点的代表有，苏联学者巴赫在《第一国际》中将其认定为"各国无产阶级群众的真正战斗的国际联盟"（参见［苏］И·А·巴赫、П·И·戈尔曼、В·Э·库尼娜编《第一国际》第一卷，杭州大学外语系俄语翻译组译，生活·读书·新知三联书店1980年版）。我国《国际共产主义运动史文献》编辑委员会组织编译的《第一国际总委员会会议记录》的前言中，也将其认定为"国际无产阶级群众性组织"（参见《第一国际总委员会会议记录1864—1866》,《国际共产主义运动史文献》编辑委员会编译，中国人民大学出版社1986年版）。

② 高放：《第一个政党性的国际工人组织——第一国际光芒四射》，《中国延安干部学院学报》2014年第1期。

工人协会成立宣言》中明确地提出,"夺取政权"是工人阶级的"伟大使命",这就表明他要将第一国际建设为"政党组织",因为"群众组织"是不可能承担"夺取政权"的历史使命的。也有学者从政党政治的诸多要素出发,对第一国际的"生成条件、指导思想、政治纲领、组织章程、价值指向以及组织的实际领导权"进行全面考察,认为第一国际是"社会主义政党政治的创造性实践"。[①] 在这里,我们认同将第一国际理解为具有政党属性的无产阶级国际组织。虽然国际工人协会没有明确以夺取某个国家的政权为目标,但它将建立无产阶级政权作为价值追求,同时第一国际不断发展成熟的指导思想、组织架构、活动机制为后来的无产阶级政党提供了可供参照的蓝本和基础。

马克思受托起草的《国际工人协会成立宣言》是第一国际的纲领,这一纲领极大地促进了第一国际的工作沿着科学和规范的方向前进。在第一国际成立之时,英国的工联主义、法国的蒲鲁东主义、意大利的马志尼主义等各种思想派别都参与进来并产生影响,出现了派别林立、谬见迭出的局面。为了最大限度地团结各国工人团体,马克思坚持原则性和灵活性相统一,巧妙地将各派能够接受的观点都纳入到科学社会主义的轨道上,形成了以历史唯物主义世界观为基础的纲领。

首先,马克思分析了资本主义在1848年革命后的发展,及其给工人带来的影响,分析了各国工人运动的形势。这就是将国际工人协会的成立看成是历史的产物,工人运动发展的产物,揭示了工人阶级的不分派别的共同利益。显然,马克思是从客观的历史现实而不是从抽象的原则出发,从斗争的实际运动而不是从悬置的空想设计出发来论述成立国际工人协会的意义,这充分体现出历史唯物主义的精神要义。其次,马克思肯定了争取十小时工作日法案和开展合作劳动的成就与意义,他把这两个斗争运动解释为"劳动的政治经济学对财产的政治经济学"的胜利。这一方面鼓舞逆境中的工人运动继续开拓前进,团结了英、法改良主义的工人团体,另一方面又将衡量工人运动成败的标准置于科学的政治经济学规律的基础之上。最后,马克思指出,1848年到1864年的经验证明,日常的经济斗争和合作运动都有其局限性,不可能实现无产阶级的彻底解放。通过

[①] 王韶兴:《第一国际的共产主义活动与社会主义政党政治逻辑》,《中国社会科学》2015年第11期。

分析客观的政治经济形势和工人运动的发展，马克思提出"夺取政权已成为工人阶级的伟大使命"①。工人阶级要夺取政权就要努力"改组为政党"，联合起来获得知识的指导，使工人阶级的人数优势转化为政治力量而发挥作用。各国的工人斗争不能因为各自为阵而忽视并肩作战的重要性，相互之间只有彼此配合，相互援助，才不至于因为"分散的努力"而遭到"共同的失败"，成立国际工人协会正是为了促进各国工人的联合。这样，"全世界无产阶级联合起来"这一《共产党宣言》的核心精神又在《国际工人协会成立宣言》中得到了继承。

为了使第一国际能够有效地促进各国工人运动之间的联合，马克思起草了《协会临时章程》，这个章程经过修订和补充于1866年正式获得第一国际第一次代表大会批准实施。后来，马克思同恩格斯一起根据形势变化以及历次代表大会和代表会议的决议于1871年对这个章程进行了系统的修订。为了保障章程译文的准确性，他们监督审定了章程的法文和德文译本。1872年协会总委员会就修订的章程草案进行了讨论，并将讨论结果提交海牙代表大会通过。修订后的《国际工人协会共同章程》（下称《共同章程》）和《组织条例》对协会的入会资格、组织构架和活动机制进行了详尽的规定。

按照《共同章程》的规定，各国工人团体和个人只要承认并维护国际工人协会原则，都可被接受为国际工人协会的会员。同时，《共同章程》要求每一个支部要对它的会员的"品质纯洁"负责。这就一定程度上决定了协会是工人阶级先进分子的组织。为了保证协会的无产阶级性质，协会总委员一度讨论加入"每一个支部都必须由至少三分之二的雇佣工人组成"的规定，但并未提交代表大会通过。

就组织结构而言，第一国际每年召开由协会各支部派代表组成的全协会工人代表大会，代表大会也是第一国际的权力机关。代表大会选举产生总委员会委员并确定总委员会驻地。设有国际经常性组织的各国中央委员会定名为联合会委员会，冠以各国国名。联合会下设地方支部、小组，所有的地方支部、小组及其委员会定名为国际工人协会支部、小组和委员会，冠以地方名，而不得使用宗派名称。总委员会负责执行代表大会的决议。各支部有权制定自己的地方性章程和条例，但不得与共同章程和条例

---

① 《马克思恩格斯文集》第3卷，人民出版社2009年版，第13页。

抵触。总委员会和各支部都不设主席,协会所有机关报每三个月公布一次总委员和国际所有委员会的地址。这样,第一国际从组织结构上排除了密谋性、帮会性的组织形式,将附属于它的工人团体纳入到规范的组织管理之中。

就工作机制而言,第一国际建立了规范的报告制度及相应的财务监督制度。按照《协会章程》和《组织条例》的要求,总委员会每年向代表大会提交关于过去一年活动的公开报告,各支部和支部联合会向总委员会提交该组织本年度的工作报告,联合会委员会应向总委员每月呈交一次报告,每三个月提交一次有关所属各支部的组织工作和财务状况的报告。总委员会每周定期召开会议,并形成会议记录,在下次会议召开时宣读批准。协会不定期编制资产负债表,并由总委员会委派人员负责督察审定,总委员会向代表大会提交财务报告。协会严格遵照少数服从多数的议事原则,对重要的原则性问题实行投票表决制。

虽然在第一国际之前,国际共产主义运动的历史上还存在过共产主义同盟,马克思也为同盟起草了《共产党宣言》和《共产主义者同盟章程》,但由于迅速爆发的革命,同盟的组织几乎完全被破坏,《共产主义者同盟章程》基本上没有得以实施。与同盟相比,第一国际存在了12年,它的纲领宗旨、章程条例以及组织原则和各项工作机制经过了一个发展完善的过程。虽然第一国际不是严格意义上的无产阶级政党,但就规范无产阶级政治实践所做的最初尝试而言,第一国际无疑开创了无产阶级政党政治的先河,为后来的无产阶级政党建设和发展奠定了基础。

二 支持推动社会发展的各式工人运动。

在第一国际存在的12年间,从1866年起分别在日内瓦、洛桑、布鲁塞尔、巴塞尔、海牙召开了5次代表大会,前四年都依照年会制的要求如期召开,1870年和1871年由于爆发了普法战争和巴黎公社运动,原定于巴黎召开的代表大会改为在伦敦召开代表会议。前四次代表大会马克思均没有出席,但他受总委员会的委托,4次撰写提交代表大会的年度报告,包括提交1866年日内瓦代表大会的《临时中央委员会给代表的指示》,提交1868年布鲁塞尔代表大会的《国际工人协会总委员会第四年度报告》,提交1869年巴塞尔代表大会的《总委员会向国际工人协会第四次年度代表大会的报告》，提交1872年海牙大会的《总委员会向在海牙举行的国际工人协会第五次年度代表大会的报告》。其中，《临时中央委员会给代表的指示》总结了1865年伦敦代表会议的讨论决议，为第一次代表大会的议题设置定下了基调，也为第一国际各项工作的开展提供了指导。

第一国际最重要的工作是支援各国工人阶级争取自身权益的罢工斗争。在《临时中央委员会给代表的指示》中，马克思将"在协会帮助下实现劳资斗争中的国际联合行动"作为继协会组织问题之后的首要问题，指出"协会的目的就在于把至今仍然分散的各国工人阶级争取自身解放的斗争联合起来，把它纳入共同的轨道"。① 第一国际为各国工人的罢工运动募集资金捐款，帮助进行信息沟通。当工厂主采取同盟歇业或是从其他国家招募工人的方式来对抗罢工运动时，协会会通过自身组织将罢工消息传播给各国的支部，向各国工人发出"警告"以共同抵制工厂主的对抗策略。1865年莱比锡印刷工人罢工，1866年新的经济危机爆发后出现的英国码头工人罢工，伦敦缝纫工人罢工、编筐工人罢工，1867年巴黎铜业工人罢工，1868年日内瓦建筑工人罢工、比利时煤矿工人罢工等各国罢工运动都得到了第一国际的支持。工人举行罢工运动的直接目标是要求增加工资和缩短工作日。在《国际工人协会成立宣言》中，马克思就指出英国工人争取十小时工作日法案"不仅是一个重大的实际的成功，而且是一个原则的胜利"②。1866年，美国全国劳动同盟在巴尔的摩举行的全国代表大会上，提出将八小时工作日的要求作为劳动从资本主义奴役下解放出来的必要条件。马克思在《临时中央委员会给代表的指示》中肯定了这一要求，并提议日内瓦代表大会使它"成为全世界工人阶级的共同行动纲领"。

第一国际还支持工人讨论社会问题，积极参与各种争取平等权利的斗争。在《临时中央委员会给代表的指示》中，马克思专门就妇女儿童权益问题进行了论述。对于妇女劳动，提出"必须绝对禁止妇女从事任何夜工，也禁止她们从事对妇女较弱的身体有害的，以及可能使她们受到有毒物质及其他有害物质影响的各种劳动"，对于儿童教育，提出"对儿童和少年工人应当按不同的年龄循序渐进地授以智育、体育和技术教育课程"，"法律应当严格禁止9—17岁（包括17岁在内）的人在夜间和在一切有害

---

① 《马克思恩格斯全集》第16卷，人民出版社1964年版，第214页。
② 《马克思恩格斯文集》第3卷，人民出版社2009年版，第12页。

健康的生产部门劳动"。① 在第一国际的洛桑代表大会上，大会增补了1名女性担任总委员会委员，在布鲁塞尔代表大会上，再次增补了2名女性担任总委员会委员，这充分显示了第一国际对妇女权益的重视和尊重。马克思在1871年修订第一国际章程时，也提出了专门设立女工支部的问题。此外，第一国际支持工人争取各项政治权利的斗争，认为政治自由是工人阶级实现社会解放的条件，主张工人应该继承资产阶级政治解放所取得的成果并将其扩大。第一国际积极支持英国工人争取普选权的斗争，在经济上和理论上帮助各国工人反对迫害和争取言论、集会、出版自由的斗争。在马克思看来，争取政治权利的斗争，无论就内容还是形式而言都应当是多元的。当总委员会中的英国自由派工联主义者企图把工人的政治活动问题局限为议会代表权问题时，马克思立即发言提出，"对政治性的工人运动有种种考虑方式，我们必须有一个广泛的形式把它们包括起来"②。

除了支持工人争取各种权益的斗争之外，第一国际也将支持各被压迫民族的解放运动、支持反对侵略战争和维护和平的运动、支持各国的民主运动作为重要的工作内容。国际工人协会诞生于英、法工人对波兰民族起义的声援中，在《国际工人协会成立宣言》中马克思特别指出，在对待国际霸权问题上，无产阶级必须表现出不同于资产阶级的国际主义精神。他以波兰问题为例，号召工人阶级要洞悉国际政治的秘密，监督本国政府的外交活动，将争取维护正义的对外政策看作"争取工人阶级解放的总斗争的一部分"③。国际连续三年召开了纪念波兰人民起义的群众大会。为了支持爱尔兰民族反抗英国殖民统治的斗争，第一国际还组织了群众运动声援爱尔兰独立运动中被捕的领导人。

在维护和平问题上，马克思保持了非常清醒的认识，为第一国际提出了正确的策略建议。1867年，资产阶级的和平主义组织和平和自由联盟在日内瓦开幕，总委员会讨论了是否派代表参加大会。在讨论中马克思分析指出，欧洲军队扩充的原因主要是由于1848年革命引起的，他对参加和平大会的各派可能的主张作了说明，认为"国际工人协会代表大会本身就

---

① 《马克思恩格斯全集》第16卷，人民出版社1964年版，第216、218页。
② 《第一国际总委员会会议记录1868—1870》，《国际共产主义运动史文献》编辑委员会编译，中国人民大学出版社1986年版，第267页。
③ 《马克思恩格斯文集》第3卷，人民出版社2009年版，第14页。

是和平的大会，因为各国工人阶级的团结最终应该使各国之间的战争成为不可能"，"那些拒绝参加改变劳资关系事业的人，他们忽视了普遍和平的实际条件"。① 鉴于此，马克思支持尽量多的代表以个人身份出席和平大会，但不派遣国际协会的正式代表，这一建议后来得到了洛桑代表大会的肯定。

在美国内战中，第一国际支持消灭奴隶制。1861年林肯再次当选美国总统后，总委员会委托马克思起草了《致美国总统阿伯拉罕·林肯》的信，他在信中介绍了欧洲工人不顾因美国内战而起的棉业危机带给他们的困难，依然支持美国北方的解放运动，并指出"只要作为北部的真正政治力量的工人竟容许奴隶制玷污自己的共和国，只要他们在那些不问是否同意就被买卖的黑人面前夸耀白人工人享有自己出卖自己和自己选择主人的高贵特权，那他们就既不能取得真正的劳动自由，也不能支援他们欧洲兄弟的解放斗争"②。

回顾第一国际的历史不难发现，马克思从来没有将无产阶级的解放只看成是工厂工人的事业，也不排斥以任何形式推动社会进步的斗争。站在实现人类解放这一历史使命的高度上，争取经济权益的罢工运动、争取平等权利的政治运动、被压迫民族的解放斗争以及在当代不断凸显的生态保护运动、反歧视运动等都是无产阶级解放的"总斗争的一部分"。问题的关键在于，如何使这些斗争不至于因为"分散的努力"而遭到"共同的失败"。

三 培育各国工人阶级政党

第一国际是各国工人合作的中心，但它始终尊重各国工人团体和组织的自主权。从成立之初，国际便注重收集了解各国工人阶级的具体情况，培育各国工人的阶级意识。马克思在最初起草的《协会临时章程》中提出，总委员会"应该使一国工人能经常知悉其他各国工人阶级运动的情况"。在《临时中央委员会给代表的指示》中，马克思指出"由工人阶级自己所进行的对各国工人阶级状况的统计调查将是'国际联合行动'的伟大范例。为了行动起来有些把握，应该熟悉所要涉及的资料。工人一旦开

---

① 《马克思恩格斯全集》第16卷，人民出版社1964年版，第612、613页。
② 《马克思恩格斯全集》第16卷，人民出版社1964年版，第21页。

始这项巨大的劳动,就会证明:他们能够把自己的命运掌握在自己手中"。① 为此,他建议协会各分部收集工人阶级的统计资料,并为各个分部制定了调查大纲。大纲具体内容如下:

"调查大纲(当然每个地区均可有所改动)

1. 生产部门的名称。

2. 该生产部门从业工人的年龄和性别。

3. 该生产部门从业工人的人数。

4. 工资:(a)学徒工资;(b)计日工资或计件工资;中间人所付的工资额。平均周工资、平均年工资。

5. (a)工厂中工作日的长短。(b)如有小企业和家庭生产,则调查其中的工作日长短。(c)夜工和日工。

6. 吃饭的时间和对工人的态度。

7. 对工场和劳动条件的评定:房屋拥挤,通风不良,光线不足,采用瓦斯照明,清洁条件等等。

8. 工种。

9. 劳动对身体的影响。

10. 道德状况。教育。

11. 生产情况。是季节性的生产还是全年内开工比较均衡,是否经常发生很大的波动,是否遭到国外的竞争,它主要是为国内市场服务还是为国外市场服务,等等。"②

在协会代表大会通过的《组织条例》中专门列有"关于劳动的普遍统计"这部分内容,这一提纲随附在该部分内容的末尾。《组织条例》规定,每个地方支部任命专门的统计委员会,并建议所有支部对统计委员会书记支付薪金。

在调查了解各国工人状况的基础之上,国际鼓励各国工人团体根据本国实际尽可能地形成统一的组织。马克思在起草《协会临时章程》时提出:"每个国家的工人运动的成功只能靠团结和联合的力量来保证,而国

---

① 《马克思恩格斯全集》第16卷,人民出版社1964年版,第214、600页。
② 《马克思恩格斯全集》第16卷,人民出版社1964年版,第215页。

际中央委员会活动的成效又在很大程度上取决于它是同少数全国性的工人协会中心还是同许多细小而分散的地方性团体联系,所以,国际协会的会员应该竭力使他们本国的分散的工人团体联合成由全国性中央机关来代表的全国性组织。但是,不言而喻,章程中这一条的运用要取决于每一个国家法律的特点,同时不管是否存在法律造成的障碍,并不排斥独立的地方性团体同伦敦的中央委员会发生直接的联系。"[①] 这一条款鼓励各国工人组织团结为一个整体,一方面提升了国际总委员会的工作效能,另一方面促成了各国工人组织的壮大和发展,为各国工人培育本国无产阶级政党奠定了基础。同时,在组织原则上,马克思不排斥零散的工人团体加入第一国际,又注重兼顾各国不同的政治环境,这就在有效壮大整个国际协会力量的同时,又通过国际协会的约束,防止各国工人阶级中出现专断主义、宗派主义倾向。1868年,国际布鲁塞尔代表大会专门讨论了关于工会和罢工的问题。会议决定在尚没有工会的行业中建立工会组织,号召各国不同行业间的工会组成联合会,并建立用于支持罢工的基金。地方支部应当成立一个由各工会代表组成的委员会,由这个委员会作为仲裁组织,决定罢工是否适宜。这一决议同马克思在《贫困的哲学》中对无产阶级成长历程的说明具有一致性,而建立基金和仲裁委员会则是加强工会组织之间的联系,克服传统的行会主义保守性,促成各国工人阶级形成统一行动的关键。可见,第一国际不但是各国工人运动联合的中心,也是各国工人组织的孵化器。

除了帮助各国工人建立自身的组织之外,马克思还尽可能维护各国工人组织的团结,保护各国工人组织。1865年,第一国际的一个任命决定引起了法国工人内部的冲突。按照马克思原本的设想,他希望能把一部分受资产阶级合作社派影响的法国工人吸引到国际的队伍中来,并且利用该派的"联合"杂志宣传国际的思想,因此要求总委员会委派参加过国际成立大会准备工作,又同法国通讯书记保持着友好联系的"联合"杂志编辑勒弗尔作为国际在法国的"报刊辩护人"。然而,这一委派引起巴黎支部成员的不满,原因在于"联合"杂志的人诽谤性地指责国际巴黎支部创始人托伦同波拿巴主义者集团有联系。随后,巴黎的32个国际会员举行会议,

---

① 《马克思恩格斯全集》第16卷,人民出版社1964年版,第17页。

表示信任托伦等支部创始人，并形成决议要求支部领导职务只能委派工人担任。随后，托伦等人带着这一决议到伦敦提交总委员会。马克思代总委员会起草了关于巴黎支部冲突的决议，决议一方面尊重巴黎支部的决定，撤销了对勒弗尔的委派，另一方面又反对只有工人才可以被任命为协会负责人的原则，并建议巴黎支部能同勒弗尔达成协议，使他们所代表的那一批工人在支部中有三名代表。马克思起草的这份决议在充分尊重巴黎支部自主权的同时，力求能够化解巴黎工人内部的冲突，尽可能使更多的工人团结在国际的队伍之中。除了法国，在德国工人联合会成立后，作为主席的拉萨尔转向依靠王权来争取权益，这引起了其他领导人的不满，前共产主义同盟盟员李卜克内西和书记瓦尔泰希都表示反对，瓦尔泰希要求召开联合会理事会批评拉萨尔，如果他拒不改正就要撤换他的主席职位。马克思得知德国工人联合会内部的斗争，写信劝告瓦尔泰希等人与拉萨尔斗争要讲究策略，避免给普鲁士政府取缔联合会以借口。

巴黎公社运动失败之后，各国反动政府加紧镇压工人运动，各国工人斗争重新陷入低潮，而迁往美国的国际总委员会很难实际发挥作用，最终在费城代表会议之后宣布解散。然而，经过第一国际12年的努力，各国工人阶级的阶级意识、组织机构和领导力量都有了长足的发展。1869年德国社会民主党诞生，此后欧洲各国社会主义政党纷纷成立，无产阶级解放进入了新的发展阶段。正如马克思所言："各国工人阶级的国际活动绝对不依赖于'国际工人协会'的存在。'国际工人协会'只是为这种活动创立一个中央机关的第一个尝试；这种尝试由于它所产生的推动力而留下了不可磨灭的成绩"[①]。

第二节 巴黎公社首创无产阶级政权

1848年欧洲革命失败之后，马克思曾在《路易·波拿巴的雾月十八日》一文中预言"如果皇袍终于落在路易·波拿巴身上，那么拿破仑的铜像就将从旺多姆圆柱顶上倒塌下来"。马克思的预言得到了历史的验证。1852年12月，路易·波拿巴称帝，建立了法兰西第二帝国，再一次在法

[①]《马克思恩格斯文集》第3卷，人民出版社2009年版，第439页。

国复辟了君主专制。路易·波拿巴为进行殖民扩张，转移国内矛盾，在其统治法国的 18 年间一直穷兵黩武、征战不断。1870 年 7 月路易·波拿巴对普鲁士宣战，普法战争爆发。普法双方激战一个多月，普军反胜并进入法国境内，9 月的色当战役之后，法军被迫投降，路易·波拿巴被俘。法军战败的消息传至巴黎，引起了巴黎人民起义，起义的巴黎人民要求废黜君主制，建立共和国，并成立了新的国防政府以组织力量抵御普军进犯巴黎。国防政府的成员主要是二月革命中的保皇派和共和派人士，加之全国各省主要权力都掌握在地方权贵手中，难以组织起强大的军队，国防政府于 1871 年 1 月底同普军签订了停战投降协定。国防政府的妥协投降主张再次激起了巴黎人民的愤慨。为了组织国防力量，以工人为主体的巴黎市民自发建立了国民自卫军，并于 1871 年 3 月 15 日召开自卫军代表大会，选举了中央委员会以加强自卫军的统一指挥调度。国防政府畏惧国民自卫军组织的日益壮大，试图解散国民自卫军。3 月 17 日，担任国防政府首相的梯也尔，部署政府军偷袭由国民自卫军占据的蒙马特尔高地，夺取国民自卫军的大炮，搜捕自卫军和第一国际巴黎支部联合会的领导人。国防政府的举动迅速激起国民自卫军的抵抗，由于国民自卫军深得民心，实力又强于政府军，经过一天的进军便夺取了巴黎政权。起义胜利后，国民自卫军中央委员会接管了政府各部门，并组织选举巴黎公社委员会。3 月 27 日公社委员会选举结果产生，3 月 28 日巴黎举行盛大的群众集会正式宣告巴黎公社成立，4 月 12 日巴黎公社决定推倒作为军国主义象征的旺多姆圆柱。巴黎公社的成立意味着法兰西第二帝国的覆灭和世界上第一个工人阶级政权在法国诞生。

一 支援巴黎公社运动

马克思及其领导的第一国际密切关注法国的局势，并以各种方式给巴黎工人提供支援、帮助和指导。普法战争爆发后，马克思代表国际工人协会总委员会草拟了两篇宣言，这两篇宣言对普法两国工人认清普法战争的性质，制定正确的斗争策略，争取斗争的主动性起到了重要的作用。1870 年 7 月，马克思撰写了《国际工人协会总委员会关于普法战争的第一篇宣言》，在这篇宣言中，马克思特别强调普法战争的实质是一场王朝战争，他号召各国工人联合起来反对战争，并告诫德国工人阶级要防止德国从防御战争转向对法国的侵略战争。1870年9月，普军在色当战役中获胜，路易·波拿巴被俘，马克思又起草了第二篇宣言。在第二篇宣言中，马克思分析了法国、德国和俄国之间的相互关系，称赞了法国建立共和国的努力，他揭示国防政府"不是作为社会的胜利，而是作为民族的防御措施宣告成立的"，"这个政府不只是从帝国那里继承了一大堆残砖断瓦，而且还继承了它对工人阶级的恐惧"。① 马克思认为法国工人在面临外敌入侵的危机面前，不应该试图推翻新政府，而是应该"坚决地利用共和国的自由所提供的机会，去加强他们自己阶级的组织"，并且特别告诫工人不应当为民族历史上的1792年（即法兰西第一共和国建立）所迷惑，"不应当重复过去，而应当建设未来"。②

自国际工人协会成立之后，马克思一直同法国工人中的蒲鲁东主义作斗争，到布鲁塞尔代表大会之后，以瓦尔兰为代表的一部分蒲鲁东主义者开始接受科学社会主义理论，并组织工人积极参加政治斗争，组织工会和罢工活动。到1870年，第一国际在巴黎的支部已经多达25个。就在马克思起草第二篇宣言的同时，第一国际在巴黎各个支部已经开始积极活动。由第一国际巴黎支部推动成立的二十区中央委员会成为巴黎市民巩固国防、实现民主共和的政治组织。1871年2月，第一国际巴黎支部联合会、巴黎公会联合会、二十区中央委员会商议筹建社会主义政党。3月3日，国民自卫军的代表大会改组了临时中央委员会，第一国际的会员在改组后的临时中央委员会中占了三分之一，在3月15日正式成立的国民自卫军中央委员会中，四十名委员约有半数是第一国际会员，这就意味着国民自卫军中央委员会开始具有工人阶级的性质。3月18日巴黎公社起义胜利后，经过近10天的准备，巴黎各区选举产生了81位公社委员，其中有37名是第一国际会员，接近公社委员总数的一半。新成立的巴黎公社委员会下设10个专门委员会，各司其职，其中劳动与交换委员会代表列·弗兰克尔，教育委员会代表爱·瓦杨都在思想上接近马克思主义。3月底，第一国际总委员会便派塞拉叶赴巴黎帮助各支部指导工人运动，塞拉叶被补选进公社委员会，他同国际总委员会和马克思保持着密切的联系，并经常报道巴黎的情况。

---

① 《马克思恩格斯文集》第3卷，人民出版社2009年版，第127页。
② 《马克思恩格斯文集》第3卷，人民出版社2009年版，第127—128页。

巴黎公社成立后，第一国际总委员会专门召开会议研究巴黎公社起义，号召各国工人团体声援巴黎公社，并委托马克思起草告全体会员的宣言。各国工人团体纷纷响应国际的号召，组织举行群众集会声援巴黎公社。在德国，柏林的工人团体在柏林联合会主席约·巴施韦泽主持下于1871年3月26日举行了人民大会，祝贺巴黎和法国其他大城市所发生的社会革命，并声明巴黎公社"是生气勃勃的劳动人民反对腐朽的资产阶级的起义"。爱北斐特人民大会发表宣言声援巴黎公社，并再次呼吁"全世界无产者，联合起来"。除此之外，英国、美国、瑞士、比利时、荷兰、西班牙等各国的工人团体也都通过组织游行、发表声明等方式声援巴黎公社。为了撰写好宣言，以便给各国工人团体准确地介绍公社情况，马克思自公社宣布成立起，就开始搜集和研究关于公社活动的各种材料，并力争对公社的工作提供帮助。在1871年4月25日的国际总委员会会议发言中，马克思称赞公社关于延期交付房租和延期偿付期票的法令"真是绝妙的措施"，他认为这些法令保证了小资产阶级对公社的支持，使"小商人和手工业者和工人阶级在一起"。他向塞拉叶提出建议，认为公社可以通过类似的法令规定农民在抵押借款上的债务延期偿付，这样可以促使公社得到广大农民的支持，巩固革命成果。5月中旬，马克思获悉了国防政府同普军已达成秘密协定，允许凡尔赛的政府军通过普军防线进入巴黎以镇压公社起义，他立即通过商人艾劳把这个情况告知公社领导人，提醒他们注意防御。

1871年5月21日，梯叶尔政府军进攻巴黎，而普军配合政府军包围巴黎后方，公社最终寡不敌众，陷入"五月流血周"的巷战之中。5月28日，在瓦尔兰等人的带领下，公社最后的力量秉持着视死如归的信念仍然坚持斗争，最终壮烈牺牲。存在了72天的巴黎公社运动最终被镇压下去。据统计，巴黎公社运动中有73000人牺牲，近3万人被害，61000人被监禁或流放。[①] 公社流亡者的情况极为艰难。马克思在关于公社流亡者的札记中有这样一则记录：460名外国人在公社遭到镇压期间被逮捕，他们在平底船上被监禁达五个月之久，由于缺乏犯罪事实，这些人最终被释放，他们在被释放时衣衫褴褛、身无分文，有些人从新港徒步走到伦敦。为了

---

① 高放：《社会主义运动：从理论到实践的转变（1848—1917）》，北京师范大学出版社2018年版，第205页。

帮助公社流亡者，国际总委员会建立了公社流亡者救济委员会，设立了专门的流亡者救济基金。马克思的女儿燕妮作为流亡者救济基金委员会秘书，撰写了《募集流亡者救济基金呼吁书》，在呼吁书中燕妮称"流亡者是为履行他们视为至高无上的职责而牺牲一切的，是为实现高尚的目的而行动的，他们今天的困苦境遇也就是他们无私精神的明证"[1]。除了募集救济金，总委员会还召集英国委员召开会议，组织英国工人代表团反对英国政府协助引渡法国流亡者。

二 总结巴黎公社经验

就在巴黎公社运动失败两天后，第一国际总委员会批准了马克思宣读的《法兰西内战》定稿。在这篇宣言中，马克思详述了巴黎公社运动的过程，总结了巴黎公社的意义和历史经验。马克思将巴黎公社运动看成是无产阶级掌握政权的一次尝试，是"新社会的光辉先驱"。

从巴黎公社的历史来看，巴黎工人是在偶然的历史机遇下，掌握斗争主动权，激发群众热情，充分发挥主观能动性而取得的政权，具有历史偶然性。也正因为巴黎公社的建立具有一定的偶然性，自巴黎公社起义之后，便不断遭到旧统治阶级的诽谤。在《法兰西共和国公报》3月21日刊登的题为《三月十八日革命》的文章中记录到："反动报纸对三天来首都发生的政治事件，继续密谋策划，肆意歪曲，妄图蒙蔽视听。并对在危难之间肩负救国重任的忠诚果敢之士，进行诽语毁谤，横加种种捏造的侮辱性罪名。"[2]为了向各国工人说明巴黎公社的革命性质，马克思在《法兰西内战》一文中详尽叙述了从普法战争爆发到巴黎公社运动被绞杀的整个历史过程，介绍了公社执政时期的各项举措和工作，明确地宣布："公社的真正秘密就在于：它实质上是工人阶级的政府，是生产者阶级同占有者阶级斗争的产物，是终于发现的可以使劳动在经济上获得解放的政治形式"[3]。

在马克思看来，巴黎公社最重要的经验在于，它打破了旧的国家机器，探索建立一个不但取代阶级统治的君主制形式，而且取代阶级统治本

---

[1] ［苏］伊·阿·巴赫主编：《第一国际和巴黎公社文件资料》，杭州大学外语系俄语翻译组译，生活·读书·新知三联书店1978年版，第271页。
[2] 《巴黎公社公告集》，罗新璋编译，上海人民出版社1978年版，第6页。
[3] 《马克思恩格斯文集》第3卷，人民出版社2009年版，第158页。

身的共和国。这既是说，巴黎公社是以人民当家作主为基本原则的，它是对马克思关于国家权力属于人民思想的一次生动实践。巴黎公社的第一道法令便是废除常备军代之以人民武装。公社的主要公职人员，包括公社委员会、国民自卫军的各级领导人，以及司法部门的工作人员都由公民选举产生，选民不受财产状况、教育程度、种族差异的限制。按照公社选举办法的规定，选举采取分区投票方式，各区选出的代表人数与各区人口成正比例，"每两万居民或余数超过一万者，推选委员一名"。由于人口稠密地区多为工人的积聚地，公社的普选规定也就有利于工人代表的增加。巴黎公社废除了国家机关的高薪，并规定公职人员最高薪为每年六千法郎，以人民公仆取代了旧政府的官僚。为了保证公职人员的公仆本性，公社还颁布了取消兼职薪金的法令。虽然废除了国家机关的高薪，但由于充分调动了普通工人群众的积极性，公社机关服务工作的效率却大大提高，"各个部门只用以前职员人数的四分之一就足以维持了"[1]。马克思讲，公社最重要的特点是国家政权的真正民主性质，它是以人民群众经常地、不可或缺地、起决定作用地参加国家事务管理的原则为基础的。

公社打破了旧有的国家机器，却充分调动了普通工人和市民的主人翁意识，使其参与到国家管理之中，迅速在复杂的局面下恢复了巴黎市区的各项秩序。公社粮食委员会充分利用粮商的作用，为他们的运输、采购提供各项方便条件和服务，通过合理的政策调节食品供应价格，保证了巴黎的粮食和其他食品的供应状况大致良好。为了稳定民心军心、安抚在战争和起义中作出牺牲的国民自卫军，公社于4月9日颁布了"给予前线受伤的公社社员抚恤金的法令"，次日又颁布了"发给国民自卫军阵亡军人家属抚恤金的法令"，规定巴黎公社负责赡养所有为保卫人民权利而牺牲的公民的寡妇孤儿。由于战争和围城，很多小资产阶级和市民无力偿还债务、房租而面临破产，公社颁布了"关于债务无息延期偿付的法令"，规定所有债务三年内分期付清，既缓解了小资产阶级的破产危机，又保障了债权人的利益。除此之外，为了帮助穷人解决生计问题，公社还颁布了延期支付房租和发还小额典当物品的法令，这在当时起到了基本社会保障的作用。马克思高度赞扬了工人在参与公社管理过程中所表现出来的才能，

---

[1] [法]普·利沙加勒：《一八七一年公社史》，柯新译，人民出版社1962年版，第226页。

称赞他们"在最困难、最复杂的情况下，公开地、朴实地做他们的工作，而且所得报酬就像弥尔顿写《失乐园》一样只是几个英镑；他们光明正大地进行工作，不自以为是，不埋头在文牍主义的办公室里，不以承认错误为耻而勇于改正"①。正因为公社工人出色的工作成绩，以及公社在应对社会危机过程中表现出了较强的协调能力，马克思讲，巴黎公社"是使工人阶级作为唯一具有社会首创能力的阶级得到公开承认的第一次革命；甚至巴黎中等阶级的大多数，即店主、手工业者和商人——唯富有的资本家除外——也都承认工人阶级是这样一个阶级"②。

在恢复秩序、维护民生的同时，公社通过了诸多旨在维护工人利益的法令，其中一些措施直接触及了资本主义所有制，具有社会主义倾向。为了尽快恢复生产并保障劳动者的利益，公社成立了劳动和交换委员会，这个委员会的职责之一就是"寻求使工资和劳动相称的办法"。为了保障劳动权益，公社在每个区设立了劳动供求登记簿以帮助失业工人；通过与厂主协调商议，废除了面包工人做夜工；为了防止雇主以惩罚的方式变相克扣工资，公社颁布了关于包工合同的法令，规定凡为公社机关办理的订货承包条款中，应载明生产该项订货的男女工人最低计日工资或计件工资。尤为重要的是，公社于4月16日颁布了"关于将逃亡业主遗弃的工场转交工人协作社"的法令。这一法令要求："统计被遗弃的工场数目，确切编制关于工场状况和现有工具设备的清册"，"拟订这些工场迅速开工的切实措施，开工将不指望潜逃的业主而是靠工人协作社的力量"，"成立仲裁委员会，负责裁决上述业主归来后将工场最终盘给工人协作社的条件，及协作社应付业主的赎金数额"。③ 4月16日法令公布后，卢浮军械修配厂工人响应公社号召，建立了工人生产协会，草拟了工厂的新章程，并提交给劳动和交换委员会。这个章程涉及工厂的管理体制、工人监督、岗位责任、劳动纪律以及劳动保障等各个方面，规定工人群众对企业各级领导有选举权、监督权和撤换权，工厂的重要事务由工人大会和工人选出的工厂管理委员会讨论决定，工人群众真正成为企业的主人。马克思极为看重公社为保障劳动者权益而进行的探索。他讲："生产者的政治统治不能与他

---

① 《马克思恩格斯文集》第3卷，人民出版社2009年版，第197页。
② 《马克思恩格斯文集》第3卷，人民出版社2009年版，第160页。
③ 《巴黎公社公告集》，罗新璋编译，上海人民出版社1978年版，第214页。

们永久不变的社会奴隶地位并存。所以，公社要成为铲除阶级赖以存在、因而也是阶级统治赖以存在的经济基础的杠杆。劳动一解放，每个人都变成工人，于是生产劳动就不再是一种阶级属性了。"①

除此之外，公社还通过多种途径丰富市民的精神生活，充分显示了工人阶级追求进步、积极向上的精神风貌。公社革命前，巴黎教育事业受到教会控制，儿童从小被迫接受神学教育，公社宣布用世俗教育代替宗教教育。各区纷纷响应公社号召，清除学校中的宗教遗迹，在第十区的通知中明确提出"教育方法完全从启发理性出发"。在改革一般的教育之外，公社为保护巴黎的文物和艺术品，恢复各种展览、演出活动，丰富群众的精神文化生活作出了不懈的努力。公社起义后，巴黎的博物馆、剧院等工作人员按照凡尔赛的命令拒绝为巴黎公社服务，但反对帝制、主张共和的现代主义艺术家古斯塔夫·库尔贝在巴黎公社成立后被补选为公社委员，并担任教育委员会委员。库尔贝组织召开巴黎艺术家代表大会，组织艺术家联合会，为公社的艺术复兴而不断努力。公社执行委员会授权库尔贝"于最短期内恢复巴黎各博物馆，开放画廊，并为在哪里开展的经常工作提供方便"②。在恢复优秀文化事业的同时，公社也注重整肃好逸恶劳的社会风气。5月10日第十一区区政府发出了关于惩戒妓女和醉汉的通告，通告特别指出"公社的原则是基于个人道德和人格自重"。马克思感叹："公社简直是奇迹般地改变了巴黎的面貌！第二帝国的那个花花世界般的巴黎消失得无影无踪。"③

从巴黎公社短暂的实践中，马克思看到了无产阶级身上的历史首创精神，看到了无产阶级政权和社会主义事业的雏形。他在《法兰西内战》的末尾盛赞："工人的巴黎及其公社将永远作为新社会的光辉先驱而为人所称颂。"④

第三节 全面理解无产阶级专政理论

作为无产阶级政权的开创先驱，巴黎公社被恩格斯视为无产阶级专政

---

① 《马克思恩格斯文集》第3卷，人民出版社2009年版，第158页。
② 《巴黎公社公告集》，罗新璋编译，上海人民出版社1978年版，第179页。
③ 《马克思恩格斯文集》第3卷，人民出版社2009年版，第165页。
④ 《马克思恩格斯文集》第3卷，人民出版社2009年版，第181页。

的实践参照。他在1891年为再版《法兰西内战》而作的序言中称:"你们想知道无产阶级专政是什么样子吗?请看巴黎公社。这就是无产阶级专政。"[①] 在恩格斯之后,对于如何认识巴黎公社和无产阶级专政的关系问题,出现不少分歧。有观点认为,巴黎公社带有直接民主和自治民主的色彩,而无产阶级专政则意味着集权的专制的色彩,因而巴黎公社同无产阶级专政代表了两种不同的政治发展方向;也有观点认为,巴黎公社主要是对法国大革命共和传统的继承,故而不能作为无产阶级专政理论的实践例证;还有观点认为,巴黎公社最初的动因在源头上是城市小资产阶级的,因此公社的措施不能理解为无产阶级性质的。质言之,马克思恩格斯赞颂巴黎公社的实践绝不是要将公社的举措固定为某种无产阶级专政的政治公式,而是重视工人阶级在巴黎公社运动中所体现出的革命担当意识和历史首创精神,重视巴黎公社贯彻人民当家作主原则和追求劳动解放的实际努力。科学发扬巴黎公社精神,继承其所开创的社会主义民主事业,一方面需要铭记巴黎公社的历史意义,另一方面还必须全面完整地理解马克思的无产阶级专政理论。

从马克思的思想发展来看,他对无产阶级夺取和掌握政权的理解经历了一个逐渐深入和不断丰富的过程。在创立历史唯物主义哲学之初,马克思从人类历史发展的一般规律出发,将无产阶级夺取和掌握政权理解为人类历史发展的必经阶段;在参与和研究1848年欧洲革命之后,马克思从反思无产阶级革命斗争的历史经验出发,认为夺取并掌握国家政权是无产阶级推动社会整体变革从而实现自身解放的必要条件;在巴黎公社运动爆发后,马克思通过研究巴黎工人组织政权的实践过程,指出无产阶级掌握政权必须打破旧的国家机器,开辟实现民主政治的新道路。

一 作为人类历史发展阶段的无产阶级专政

马克思无产阶级专政理论的源头可以追溯到他在青年时期对人民主权的思考。早在《黑格尔法哲学批判》一文中,马克思就指出:"民主制是一切形式的国家制度的已经解开的谜。在这里,国家制度不仅自在地,不仅就其本质来说,而且就其存在、就其现实性来说,也在不断地被引回到

[①] 《马克思恩格斯文集》第3卷,人民出版社2009年版,第111—112页。

自己的现实的基础、现实的人、现实的人民，并被设定为人民自己的作品。国家制度在这里表现出它的本来面目，即人的自由产物。"① 在马克思对人民主权的最初思考中，他既反对黑格尔从思辨哲学出发，将国家理解为"自由自觉理性的现实化"，也反对启蒙思想家从个人主义出发，把国家理解成，为了保护和实现个人自由权利而通过社会契约构建起的公共权力机构。马克思通过考察欧洲历史，认为国家是先进阶级通过革命建立起来的，维护本阶级利益的统治工具。资产阶级要维护自身利益必须反对封建主义等级制度，故而资产阶级革命实现了政治解放，建立了代议制。无产阶级要维护自身利益必须反对资本主义，同样需要通过革命建立无产阶级政权，实现社会解放，社会解放是建立在政治解放的基础之上的。也就是说，无产阶级解放首先必须继承资产阶级创造的文明，继承政治解放的遗产。

政治解放促进了政治国家和市民社会的分离，消除了中世纪教权和君权对人的束缚，摧毁了等级关系和人身依附关系，将个人从自然共同体中解放出来，宣布市民社会中的个人拥有作为市民社会成员的"自然权利"，这是人类社会的一大进步。政治解放之初，所谓"自然权利"是以"财产权"为中心的，这就意味着资产阶级能够通过选举推出自己的代表，并通过代议制组成为本阶级利益服务的政府。但是，资产阶级革命建立的代议制没有实现最大多数人的政治平等，大多数没有财产的工人群众被排除在代议民主制之外，即资产阶级"从大工业和世界市场建立的时候起，它在现代的代议制国家里夺得了独占的政治统治"②。马克思在1852年所作的《宪章派》一文中记录了英国议会选举的资格："他就得除缴纳济贫捐外再缴纳不少于10英镑的房租；如果是在各郡，那他必须是一个每年收入不少于40先令的自由农，或者是一个每年收入不少于50英镑地租的土地租佃者。"③ 所以说，对于19世纪欧洲的无产阶级而言，争取国家政权的斗争首先是争取最大限度地完成政治解放任务，争取无产阶级的政治权利，因此马克思在《共产党宣言》中指出："工人革命的第一步就是使无产阶

---

① 《马克思恩格斯全集》第3卷，人民出版社2002年版，第39—40页。
② 《马克思恩格斯文集》第2卷，人民出版社2009年版，第33页。
③ 《马克思恩格斯全集》第11卷，人民出版社1995年版，第425页。

级上升为统治阶级，争得民主"①。

虽然马克思认为无产阶级需要继承资产阶级创造的文明，但在创立新哲学之后，他便从历史唯物主义出发，阐明了资产阶级革命及其所确立的资本主义意识形态所具有的历史局限性。对于资产阶级国家的解读，无论是以启蒙哲学为基础的社会契约论国家观，还是黑格尔以思辨逻辑为基础的理性国家观，都赋予国家以抽象的普遍性，这种抽象的普遍性把国家看成是超越历史之上的永恒存在。马克思指出，这不过是因为"占统治地位的将是越来越抽象的思想，即越来越具有普遍性形式的思想。因为每一个企图取代旧统治阶级的新阶级，为了达到自己的目的不得不把自己的利益说成是社会全体成员的共同利益，就是说，这在观念上的表达就是：赋予自己的思想以普遍性的形式，把它们描绘成唯一合乎理性的、有普遍意义的思想"②。马克思从"现实的个人"出发，将历史理解为以物质生产为基础的人的能动的生活过程，而"社会结构和国家总是从一定的个人的生活过程中产生的"。自私有制诞生以后，"现实的个人"总是表现为某个阶级的成员，当资本主义生产方式发展起来，"由于私有制摆脱了共同体，国家获得了和市民社会并列并且在市民社会之外的独立存在；实际上国家不外是资产者为了在国内外相互保障各自的财产和利益所必然要采取的一种组织形式"③。在马克思看来，私有制和阶级现象是随着社会生产的发展历史地产生的，也会随着社会生产的发展，尤其是随着社会化大生产的发展而历史地灭亡。无产阶级由于其本身的生存条件，具有区别于历史上以往被统治阶级所不具备的特点，这个阶级与社会化大生产相联系，具有世界历史意义，它因为出卖劳动力而与现代生产资料失去了联系，又是人类历史上第一个掌握了文化元素的劳动者阶级。无产阶级的存在条件决定了这个阶级的解放只能通过各个人以联合的方式占有生产力总和，或者说只有通过消灭私有制，"消灭任何阶级的统治以及这些阶级本身"④，才能实现无产阶级的解放。在马克思看来，无产阶级在实现自我解放的过程中，通过革命使自己成为统治阶级，并以统治阶级的资格发展生产力、改变旧

---

① 《马克思恩格斯文集》第2卷，人民出版社2009年版，第52页。
② 《马克思恩格斯文集》第1卷，人民出版社2009年版，第552页。
③ 《马克思恩格斯文集》第1卷，人民出版社2009年版，第584页。
④ 《马克思恩格斯文集》第1卷，人民出版社2009年版，第543页。

的生产关系，这便是无产阶级专政。无产阶级在消灭资本主义生产关系的同时，也就消灭了阶级对立的存在条件，消灭了阶级本身的存在条件，从而消灭了它自己这个阶级的统治。马克思讲："当阶级差别在发展进程中已经消失而全部生产集中在联合起来的个人的手里的时候，公共权力就失去政治性质。"①

在1848年参与欧洲革命之前，马克思主要是从历史辩证法的视角来理解无产阶级必然上升为统治阶级，因此他将无产阶级专政理解为人类历史从阶级社会向无阶级社会的过渡，而这一历史方向是由生产力社会化的发展趋势所决定的。毋庸讳言，这一时期的马克思对革命的认识大多来自历史研读，他还没有机会直接地、近距离地参与和观察无产阶级革命，对革命复杂性、残酷性和多变性了解不足。虽然历史辩证法为马克思从整体上思考人类历史提供了理论工具，为其论证无产阶级的历史使命提供了从客观逻辑出发的理论支点，但宏观的历史规律能够解决革命旗帜的问题，却难以在革命道路的选择上给出细致的指导。具体到无产阶级专政的问题上，1848年以前的马克思实际上难以准确地说明无产阶级如何上升为统治阶级，又以什么样的原则来进行统治的问题，要丰富无产阶级专政理论必须深入到无产阶级革命和争取解放的历史深处。

二 作为社会革命策略的无产阶级专政

1848年欧洲掀起了规模空前的革命运动。这次革命虽然是以反对封建专制和民族压迫为主要内容的，属于资产阶级民主革命，但无产阶级作为一个独立的阶级开始走向历史舞台。法国工人在参与革命运动的过程中打出了建立"社会共和国"的旗帜，提出了争取普选权、组织劳动、消除贫困、保障劳动权等超出资产阶级民主革命的要求，恩格斯将其称为"朦胧的社会主义的激情"。伴随着无产阶级日渐觉醒的阶级意识和独立的利益诉求，资产阶级共和国的虚假性也在1848年革命过程中逐渐暴露出来。1848年的革命历程再次证明，资产阶级总是依靠工人群众的力量开展反对封建专制的民主革命，但却不可能真正将革命胜利的果实同劳动者分享，无产阶级代表寄望于资产阶级国家来实现劳动解放的种种愿望最终在革命

---

① 《马克思恩格斯文集》第2卷，人民出版社2009年版，第53页。

的暴风骤雨中化为泡影。经历了1848年革命的马克思在实践中体会了无产阶级在革命中可能遭遇的敷衍、诱骗以及暴力镇压，也更深刻地认识到工人群众对资产阶级意识形态的迷信和崇拜，并对德国、法国的资产阶级政府有了更为直接的了解。《新莱茵报》时期的革命斗争使马克思更加确信，无产阶级只有掌握国家政权才可能获得对整个社会进行改造的手段。1852年，马克思在给约·魏德迈的信中再次强调："在我以前很久，资产阶级历史编纂学家就已经叙述过阶级斗争的历史发展，资产阶级经济学家也已经对各个阶级作过经济上的分析。我所加上的新内容就是证明了下列几点：（1）阶级的存在仅仅同生产发展的一定历史阶段相联系；（2）阶级斗争必然导致无产阶级专政；（3）这个专政不过是达到消灭一切阶级和进入无阶级社会的过渡……"① 马克思在这里所讲的无产阶级专政已经不仅仅是依据历史辩证法得出的理论推测，其中还包含着他对1848年欧洲革命经验的总结。他在这里所讲的"阶级斗争必然要导致无产阶级专政"不仅指出了无产阶级上升为统治阶级的历史发展方向，还表达了对1848年欧洲革命中无产阶级革命策略的反思。

1. 无产阶级专政与不断革命

欧洲的革命实践使马克思进一步认识到，无产阶级必须支持政治解放，利用代议民主制下的权利进行阶级斗争，但却不能寄望于资产阶级共和国来实现无产阶级的利益。他讲："资产阶级口头上标榜自己是民主阶级，而实际上并不如此，它承认原则的正确性，但是从来不在实践中实现这种原则。"② 因此，马克思特别批判了各类试图在资产阶级共和国秩序内规划各种社会革命措施的空想社会主义策略，指出它们"实质上只是把现代社会理想化，描绘出一幅没有阴暗面的现代社会的图画，并且不顾这个社会的现实而力求实现自己的理想"③。法国二月革命后的历史充分证明了，在资产阶级政权范围内开展促进劳动解放的社会改革只会举步维艰。虽然临时政府在参与二月革命的工人群众强烈要求下，设立了负责改善工人阶级状况的劳动委员会，但这个设在卢森堡宫的委员会没有任何经费预算，也没有任何行政权。马克思讽刺这个劳动委员会是"社会主义的礼拜

---

① 《马克思恩格斯文集》第10卷，人民出版社2009年版，第106页。
② 《马克思恩格斯全集》第10卷，人民出版社1998年版，第692页。
③ 《马克思恩格斯文集》第2卷，人民出版社2009年版，第166页。

堂",称"他们得用自己的头去撞碎资产阶级社会的柱石"①。然而,就在无权的卢森堡宫为改善工人状况而寻找点金石时,市政厅里却在铸造着通用的钱币。为了维护资本主义信用体系,临时政府债务激增,不得不增加税收以防止破产,这就促使承担了税收负担的农民和城市工人对立起来,引起了劳动者内部的分裂,原本就如同海市蜃楼的社会改革最终在激烈的政治斗争中烟消云散。随着无产阶级和资产阶级的矛盾公开化,巴黎爆发了六月起义,起义的无产阶级遭到了武力镇压,二月革命后建立的临时政府最终正式宣告了它的资产阶级性质。马克思称六月革命的失败揭示了这样一条真理:"它要在资产阶级共和国范围内稍微改善一下自己的处境只是一种空想,这种空想只要企图加以实现,就会成为罪行。于是,原先无产阶级想要强迫二月共和国予以满足的那些要求,那些形式上浮夸而实质上琐碎的、甚至还带有资产阶级性质的要求,就由一个大胆的革命战斗口号取而代之,这个口号就是:推翻资产阶级!工人阶级专政!"②

从二月革命到六月革命,说明资本主义生产关系已经通过资本主义的信用体系渗透到社会生活的方方面面,建构起资本主义社会的基本秩序。无产阶级要实现社会解放,不得不完成社会秩序的整体重塑,这将是一个囊括生产生活各个领域,涉及不同利益群体和持续更新思想意识的过程,它不可能在短期内因为某个政治事件而得到根本的解决,无产阶级解放势必要经历较长时期内的艰苦斗争过程。所以,马克思认为无产阶级将日益团结在革命的社会主义周围,"这种社会主义就是宣布不断革命,就是无产阶级的阶级专政,这种专政是达到消灭一切阶级差别,达到消灭这些差别所由产生的一切生产关系,达到消灭和这些生产关系相适应的一切社会关系,达到改变由这些社会关系产生出来的一切观念的必然的过渡阶段"③。只有彻底的社会革命才能最终实现无产阶级的根本利益,如果无产阶级不掌握国家政权,就难以获得持续推进社会革命的有效手段。

法国六月革命失败后的历史,再次证明了国家政权对阶级利益的维护作用。法国制宪国民议会在镇压六月革命之后,遂斥责最初在宪法草案中提到的"劳动权"为"异端",并将其置换成了"享受社会救济权",同

---

① 《马克思恩格斯文集》第2卷,人民出版社2009年版,第87页。
② 《马克思恩格斯文集》第2卷,人民出版社2009年版,第103—104页。
③ 《马克思恩格斯文集》第2卷,人民出版社2009年版,第166页。

时废除了累进税。马克思指出，劳动权是"初次概括无产阶级各种革命要求的笨拙公式"，因为"劳动权就是支配资本的权力，支配资本的权力就是占有生产资料，使生产资料受联合起来的工人阶级支配，也就是消灭雇佣劳动、资本及其相互间的关系"。① 制宪国民议会对"劳动权"的更改不过是将无产阶级的公式从宪法中删除出去，而它废除累进税则是因为制宪会议将小资产阶级的改良和无产阶级革命同等看待，于是为了大资产阶级的利益牺牲了小资产阶级。如此一来，控制制宪会议的大资产阶级利用国家政权，轻而易举地否定了工人群众在二月革命中通过流血而争取到的变革成果。

2. 无产阶级专政与雅各宾主义传统

由于马克思关于"无产阶级专政"的概念是与"不断革命"的思想同时提出的，而"不断革命"又被简单地等同于暴力运动，于是无产阶级专政常常被误读为雅各宾主义、布朗基主义的翻版。伯恩施坦在《社会主义的前提和社会民主党的任务》一文中认为"《宣言》的革命的行动纲领是彻头彻尾布朗基主义的"，"马克思和恩格斯在创立他们的关于无产阶级专政理论时，心目中是以法国革命的恐怖时期为典型例子的"。② 类似的观点在西方政治学研究中屡见不鲜，汉娜·阿伦特在其《论革命》一书中也曾将马克思看作雅各宾派的追随者，认为"马克思重蹈了他的革命导师罗伯斯比尔之覆辙"③。简单地将马克思和雅各宾主义、布朗基主义等同起来显然是以偏概全的。

在比较德国三月革命和法国大革命时，马克思曾谈及雅各宾派的激进革命策略同无产阶级之间的关系。在马克思看来，雅各宾派的恐怖策略只是证明了，在法国大革命中无产阶级和城市小资产阶级并没有产生本阶级的阶级意识，还只是跟在资产阶级身后的革命大众。他讲："无产阶级和那些不属于资产阶级的市民等级集团，不是还没有与资产阶级截然不同的利益，就是还没有组成独立发展的阶级或阶层。因此，在它们起来反对资产阶级的地方，例如1793年和1794年在法国，它们只不过是为实现资产

---

① 《马克思恩格斯文集》第2卷，人民出版社2009年版，第113页。
② [德] 爱德华·伯恩施坦：《社会主义的前提和社会民主党的任务》，殷叙彝译，生活·读书·新知三联书店1965年版，第149页。
③ [美] 汉娜·阿伦特：《论革命》，陈周旺译，译林出版社2007年版，第52页。

阶级的利益而斗争，虽然它们采用的并不是资产阶级的方式。全部法兰西的恐怖主义，无非是用来对付资产阶级的敌人，即对付专制制度、封建制度以及市侩主义的一种平民方式而已。"① 可见，毋宁讲马克思认同雅各宾派的革命策略，不如说他看重雅各宾派的革命立场，重视雅各宾派所代表的社会力量。与软弱的德国资产阶级相比，激进的雅各宾派发动"无套裤汉"的群众力量将法国大革命推向高潮，促使法国大革命比较彻底地完成了政治解放的革命任务。然而，对于雅各宾派缺乏科学世界观指导下的恐怖革命策略，马克思历来持批评态度。早在1844年，马克思就曾指出雅各宾派的社会革命策略是以唯意志论为基础的，过度看重政治的作用，因而不能认识到政治国家不过是产生于现存社会结构上的普遍原则。在马克思看来，政治强力的原则是意志，在政治革命的关头需要激发意志的作用，但持久的社会变革却不可能仅仅依靠意志作用来实现。他讲："罗伯斯比尔把大贫和大富仅仅看作纯粹民主制的障碍，因此他想建立一种普遍的斯巴达式的俭朴生活。政治的原则就是意志。可见，政治理智越在一方面发挥作用，因而发挥得越充分，它就越相信意志是万能的，就越分不清意志的自然界限和精神界限"②。在《神圣家族》中，马克思进一步分析了雅各宾派恐怖策略错误的根源在于"他们混淆了以真正的奴隶制为基础的古典古代实在论民主共同体和以被解放了的奴隶制即资产阶级社会为基础的现代唯灵论民主代议制国家"③。由此可见，即便把无产阶级专政作为一种革命策略来理解，简单地将其等同于雅各宾主义，既不符合马克思的本意，也不符合历史唯物主义原则。

马克思对雅各宾派的感情是复杂的，一方面他看到雅各宾专政客观上起到了推动资产阶级革命向前发展的历史进步作用，甚至折射出社会革命这一人类解放的未竟事业，因而马克思认为雅各宾专政意味着法国大革命是沿着上升路线行进的，甚至指出它对古罗马传统的模仿"是为了赞美新的斗争，而不是为了拙劣地模仿旧的斗争；是为了在想象中夸大某一任务，而不是为了回避在现实中解决这个任务；是为了再度找到革命的精

---

① 《马克思恩格斯文集》第2卷，人民出版社2009年版，第73—74页。
② 《马克思恩格斯全集》第3卷，人民出版社2002年版，第387页。
③ 《马克思恩格斯文集》第1卷，人民出版社2009年版，第324页。

第五章　助力无产阶级政权的开创先驱

神，而不是为了让革命的幽灵重行游荡"①。另一方面，马克思也从雅各宾派的恐怖专政中认识到，革命者如果缺乏独立科学的世界观的指导，便难以客观认识历史发展规律，而只会陷入空想、盲动和混乱，难以真正推动历史进步。因此，马克思从19世纪40年代起，在批判资本主义意识形态的同时，也不断批判无产阶级阵营内的非科学思想。

　　雅各宾派的斗争对法国的空想社会主义产生了深远的影响。亲身参与了法国大革命的巴贝夫曾称颂罗伯斯庇尔，认为热月政变是"富人反对穷人的内战"，他提出了"人民革命"和"平等共和国"的思想。深受巴贝夫平等观影响的布朗基在此基础上又形成了"革命专政"和空想共产主义理论。同其他空想社会主义思想流派相比，巴贝夫主义和布朗基主义由于受到雅各宾派斗争传统的影响，都以鲜明的革命立场和高昂的革命激情著称。马克思曾赞许过布朗基思想中的无产阶级革命立场和革命热情，他在讨论法国各阶级在六月起义后的分化斗争时曾讲，"无产阶级就日益团结在革命的社会主义周围，团结在被资产阶级用布朗基来命名的共产主义周围"②。因为赞许布朗基派的无产阶级革命热情，在1848年革命失败后，马克思恩格斯还曾同布朗基派流亡者达成了建立"世界革命共产主义者协会"的协议。然而，马克思对布朗基主义中的无政府主义、革命冒险主义始终保持着高度的警惕。他在改组正义者同盟之初，就指出建立无产阶级政党必须摆脱布朗基主义密谋的、无政府主义的色彩。1850年9月，法国布朗基派流亡者同以维利希和沙佩尔为首的宗派主义相互呼应，不顾经济形势的好转和环境的变化，主张采用冒险主义的策略，并声称"我们必须立即夺取政权，不然我们干脆躺下睡大觉"。马克思对此进行了尖锐的批判，并撕毁了同布朗基派的协定，他批评这种盲目的革命论说，"正像民主派把人民这个词变成圣物一样，你们用无产阶级这个词来玩这套把戏。你们像民主派一样，用革命的空话代替革命的发展"③。由此可见，把马克思所讲的无产阶级专政等同于布朗基主义，首先是把马克思在特定条件下对布朗基派革命立场和革命热情的赞赏扩大为马克思无条件地认同其革命策略，其次也将马克思所理解的通过国家政权推动社会整体变革的"革

---

① 《马克思恩格斯文集》第2卷，人民出版社2009年版，第472页。
② 《马克思恩格斯文集》第2卷，人民出版社2009年版，第166页。
③ 《马克思恩格斯全集》第11卷，人民出版社1995年版，第479页。

命"和布朗基派所主张的带有盲动性的政治斗争混淆起来了。

由此可见,作为革命策略的无产阶级专政包含着在特定的局势下利用暴力机器反抗暴力镇压,通过以暴制暴的手段对反革命施行专制的内涵,但这不是马克思以"无产阶级专政"来言说革命策略的全部内涵。以暴制暴的、专制的政治革命策略仅仅是无产阶级在同反革命激烈夺权的过程中借以实施的革命手段之一,绝非无产阶级专政的最终目的和革命本质。马克思所说的"不断革命"是指以革命般的历史首创精神持续突破资产阶级统治秩序和意识形态,不断推进以劳动解放为内容的社会革命。从这个意义上讲,无产阶级专政作为革命策略是以实现政治解放基础之上的劳动解放和社会革命为目标的。

在19世纪50年代初,由于马克思对资本主义研究的深度有限,他还尚未彻底厘清资本剥削劳动的机制,也还未能揭示出资本周期性循环的秘密,因而还只是一般地谈论无产阶级专政需要消灭产生阶级差别的生产关系和社会关系。可以说,他此时仍然是立足于人类社会发展的一般规律来阐释无产阶级专政的历史任务的。具体到革命实践问题上,也还主要是从无产阶级掌握政治权力、争得舆论主导、扩大权利范围等方面来阐释无产阶级专政的社会改造作用。通过总结欧洲革命经验,马克思对国家政治上层建筑同社会经济基础之间的关系有了更细致深入的认识。虽然国家政治上层建筑归根究底是由社会经济关系决定的,但变革经济关系的社会革命总是同各阶级的权力角逐和意识形态较量紧密联系在一起的。要为无产阶级伸张正义,既要破解现代社会生产力和生产关系之间矛盾运动的特殊表现形式,拨开现代资本主义经济基础的迷雾,还需要构建无产阶级领导的政治发展道路,探寻超越"虚幻共同体"的人民主权实现路径,只有如此才能保证"消灭阶级差别""国家消亡"不是空洞的理论推论。如前所述,1848年欧洲革命结束后,马克思一方面加紧进行资本主义生产关系的研究,另一方面也花费极大的精力支持国际工人协会和各国工人政党的发展。

三 作为社会主义民主政治形式的无产阶级专政

从真正实现人民主权的社会革命视角来理解"不断革命",就不难认识到马克思所说的无产阶级专政,决不局限于夺取政权和巩固政权过程中的强制手段,而是指向超越资本主义的历史前进方向。正如穆罕默德·塔巴克所讲的:"无产阶级专政对于马克思来说是一个有其标准、规则、法律、目的和把社会改造成为共产主义的长期计划的'正常'社会制度类型。我称其为无产阶级专政的积极的和建设性的要素。"① 然而,对于无产阶级夺取政权之后,应当采取什么样的方式组织国家政权,又该如何推动社会改造,可能遭遇什么样的挑战等问题,在马克思生活的时代并没有多少可供参考的客观依据。1871年,巴黎公社起义爆发,无产阶级首次掌握政权,它的实践探索和起落成败,无疑为马克思提供了观察和思考社会主义政治形式的历史窗口。

在1848年革命过程中,马克思曾批判过资产阶级代议制民主的形式主义弊端。德国三月革命之后,完成统一成为德国最紧迫的任务,为此,全德国民议会在法兰克福召开。然而,国民议会既不着手解决急迫的革命任务,制定颁布德国宪法,也不关注普鲁士军阀的暴行,更无力动员群众,却纠缠于会议规则问题,相互推诿扯皮,致使普鲁士国王得以重整旗鼓、恢复势力,进而发起反攻。几个月后,国王军队围剿法兰克福国民议会,德国错过了废除专制和实现统一的有利时机,革命最终失败。德国三月革命的结局让马克思认识到,清谈空辩的议会讨论难以及时推进和解决本民族最紧要的历史任务,也无法实现人民的根本利益。他在《新莱茵报》第一期上专门批判了法兰克福议会的空谈倾向。在马克思看来,德国人民通过三月革命夺得了自己的主权,又已经在国民议会选举的过程中行使了主权,国民议会理应首先宣布德国人民的主权,并颁布德国宪法,取消现存制度中与人民主权相抵触的东西,但法兰克福议会对此模糊其词。马克思讽刺这种避重就轻的议会讨论称:"国民议会认为它需要会议规则,因为它知道,只要有两三个德国人聚集在一起,他们就需要有一套规则,否则就会摔桌甩凳。"②

在观察法国革命的过程中,马克思再次看到资产阶级代议制民主并没有解决主权和治权的统一问题。当各阶级之间的权力争夺和力量博弈渐次展开,代议民主有可能为专制独裁者所利用,走向人民主权的对立面。二

---

① [美]穆罕默德·塔巴克:《马克思的无产阶级专政理论再认识》,载于李惠斌《马克思〈法兰西内战〉研究读本》,中央编译出版社2013年版,第343页。

② 《马克思恩格斯全集》第5卷,人民出版社1958年版,第14页。

月革命爆发后，法国临时政府和制宪会议建立了以代议制为基础的法兰西第二共和国，但是资产阶级领导的第二共和国没能稳妥地处理错综复杂的政治局面，各派力量不断在共和国政权中排除异己，内斗消耗，无产阶级代表、资产阶级共和派和民主派先后被排除出政权之外，而路易·波拿巴趁机扩大行政权，控制军队，建立起不受限制的政府，终于通过军事政变结束了第二共和国的历史。马克思深刻地揭露出法兰西第二共和国的民主虚幻性。他讲："在议会中，国民将自己的普遍意志提升为法律，即将统治阶级的法律提升为国民的普遍意志。在行政权面前，国民完全放弃了自己的意志，而服从于他人意志的指挥，服从于权威。"①

由于深谙资产阶级民主的实质，尤其是法兰西第二帝国的腐朽，马克思极为看重巴黎公社打碎旧国家机器的革命举措。打碎第二帝国的旧国家机器，摒弃资产阶级代议制的政治路径依赖，意味着巴黎的工人阶级迈开了探索新政治发展道路的步伐。马克思讲："它不是阶级统治的行政权形式和议会形式之间所进行的无谓的斗争，而是同时对这两种形式进行的反抗，这两种形式是互为补充的，议会形式只是行政权用以骗人的附属物而已。"② 虽然巴黎公社只是一次短暂的无产阶级民主实验，但却不啻为社会主义民主政治建设的历史起点。

马克思研究巴黎公社，首先考察的便是它的性质问题，即巴黎公社究竟是一种什么样的政权。在马克思看来，巴黎公社是国家权力重新向社会回归的政治形式，但它又不是向封建政治等级制的回归，而是人民群众组成自己的力量来掌握政治权力。马克思讲：

> 公社——这是社会把国家政权重新收回，把它从统治社会、压制社会的力量变成社会本身的充满生气的力量；这是人民群众把国家政权重新收回，他们组成自己的力量去代替压迫他们的有组织的力量；这是人民群众获得社会解放的政治形式，这种政治形式代替了被人民群众的敌人用来压迫他们的假托的社会力量（即被人民群众的压迫者所篡夺的力量）（原为人民群众自己的力量，但被组织起来反对和打

---

① 《马克思恩格斯文集》第 2 卷，人民出版社 2009 年版，第 563 页。
② 《马克思恩格斯文集》第 3 卷，人民出版社 2009 年版，第 194 页。

击他们）。①

马克思回顾了现代国家机器产生和演变的历史。在马克思看来，军事、官僚、宗教和司法机构等国家机器是在民族国家诞生过程中逐渐发展起来的。在以往的革命中，轮流争夺霸权的统治阶级各集团，都把占据和操纵这个庞大的政府机器看作是主要的胜利果实，国家机器也在这一过程中发展成为资产阶级的暴力统治手段和经济剥削之外对人民进行第二重剥削的手段。于是，国家机器就从现代社会反封建的斗争工具，演变为现代社会身上的"寄生赘瘤"而凌驾于社会之上，不但造成巨额国债，还为独裁者所利用，成为维护地主、资本家和金融贵族利益的"万恶渊薮"。巴黎公社革命同以往历次人民革命不同，"这次革命的对象不是哪一种国家政权形式——正统的、立宪的、共和的或帝制的，而是国家本身这个社会的超自然怪胎。这次革命是人民为着自己的利益而重新掌握自己的社会生活的行动"②。巴黎公社的社会性集中表现为人民勤务员制度。公社公职人员由普选产生、为公众监督、可随时罢免并仅领取相当于熟练工人的薪金。这一制度使得普选权从被滥用的统治阶级工具向它的真正目的回归，使公职人员从"虚伪的责任制"向"真正的责任制"回归。

再者，马克思认为巴黎公社是力图实现劳动解放的政治形式。他讲："这就是公社——社会解放的政治形式，把劳动从垄断着劳动者自己所创造的或是自然所赐予的劳动资料的那批人僭取的权力（奴役）下解放出来的政治形式。"③ 在马克思看来，劳动是个人生活和社会生活的基本的、自然的条件，社会分化为不同的阶级，是少数人将劳动从自己身上转嫁到多数人身上，这是一个自然形成的过程。因此，彻底的社会解放，即劳动的解放，不可能通过政治行为来取消，而只能通过实际的生产发展和联合劳动的发展来实现。值得注意的是，巴黎公社成立发生在马克思基本完成了对资本主义生产方式的系统研究，并整理出版了《资本论》第一卷之后。此时的马克思对资本主义经济规律有了科学而深刻的认识，他对社会解放和劳动解放历史内涵的理解比1848年革命时期要细致得多、清晰得多，

---

① 《马克思恩格斯文集》第3卷，人民出版社2009年版，第195页。
② 《马克思恩格斯文集》第3卷，人民出版社2009年版，第193页。
③ 《马克思恩格斯文集》第3卷，人民出版社2009年版，第197—198页。

对无产阶级掌握政权后的社会革新事业的判断和说明也更为具体。

马克思指出，社会解放归根究底是新经济规律诞生替代旧经济规律的过程，"目前'资本和地产的自然规律的自发作用'只有经过新条件的漫长发展过程才能被'自由的联合的劳动的社会经济规律的自发作用'所代替，正如过去'奴隶制经济规律的自发作用'和'农奴制经济规律的自发作用'之被代替一样"①。在这里，马克思不再直接从人类历史的一般规律出发，而是从"资本和地产的自然规律的自发作用"这一现代社会的特殊运动形式出发，从"自由的联合的劳动的社会经济规律"对"资本和地产的自然规律"的历史超越出发来阐释社会解放和劳动解放。对于如何推进这一社会改造过程，马克思则认为，劳动解放不仅需要改变分配方式，而且需要一种新的生产组织，需要在全国范围内和国际范围内进行协调的合作，需要克服各种既得利益和阶级自私心理的抗拒所带来的延缓和阻挠。这即是说，无产阶级掌握政权之后，需要通过创新联合劳动的生产组织形式，培育"自由的联合的劳动的社会经济规律"发挥作用的条件。基于对社会解放和劳动解放的这一理解，马克思特别指出：

> 工人阶级并没有期望公社做出奇迹。他们不是要凭一纸人民法令去推行什么现成的乌托邦。他们知道，为了谋求自己的解放，并同时创造出现代社会在本身经济因素作用下不可遏止地向其趋归的那种更高形式，他们必须经过长期的斗争，必须经过一系列将把环境和人都加以改造的历史过程。工人阶级不是要实现什么理想，而只是要解放那些由旧的正在崩溃的资产阶级社会本身孕育着的新社会因素。②

应该说，巴黎公社维护劳动者权益、组织恢复生产、改善社会风气的诸多举措，都具有朝向社会解放和劳动解放的性质。所以，马克思讲："工人阶级同时也知道，通过公社的政治组织形式，可以立即向前大步迈进，他们知道，为了他们自己和为了人类开始这一运动的时刻已经到来了。"③

就上述两方面而言，巴黎公社代表了无产阶级对有别于资产阶级政

---

① 《马克思恩格斯文集》第3卷，人民出版社2009年版，第199页。
② 《马克思恩格斯文集》第3卷，人民出版社2009年版，第159页。
③ 《马克思恩格斯文集》第3卷，人民出版社2009年版，第199页。

权,真正贯彻民主原则的政治发展道路的最初探索,所以马克思才将其看成"新社会的光辉先驱"。然而,尚处于幼年时期的无产阶级在偶然性作用下所迈出的第一步难免踉跄蹒跚。巴黎公社虽然充分表现了无产阶级的历史首创精神,但并不意味着它就是无产阶级专政的标准模型。正如恩格斯所言:"如果把公社看做是完全神圣的,宣布它是绝对没有错误的,断言烧毁的每一幢房子,枪决的每一个人质都是毫无差错的,即使细枝末节也做得完全恰当,那是多么缺乏批评精神!"① 沿着巴黎公社所开创的无产阶级民主政治道路继续前行,在汲取经验的同时也需要总结教训。

无论是法国还是欧洲其他各国,在19世纪70年代都远没有形成实现社会主义的客观条件,巴黎公社最终遭遇失败有历史必然性,但就公社自身而言,缺乏无产阶级政党集中统一的领导,没能形成强有力的政治核心是导致其无力抵御反革命围剿,最终被扼杀在襁褓之中的重要原因。巴黎公社是由国民自卫军突发起义夺取政权而建立起来的。在起义前,法国工人团体正在筹建无产阶级政党组织,但政党尚未建立便爆发了起义。国民自卫军在选举产生了公社委员会之后,便将所接管的行政权力移交公社委员会,这样巴黎公社事实上形成了两个权力中心。由于缺乏统一的领导核心,公社委员会和国民自卫军各自为阵。随着与政府军斗争的逐渐加剧,两个权力中心之间的矛盾及二者内部的分歧也日益突出。为了扭转令出多门、主张不一的局势,公社委员提议成立救国委员会作为军事斗争的集中领导中心,但新成立的救国委员会不但未能解决公社的领导核心问题,反而引起了支持者(多数派)和反对者(少数派)之间的分化。就在巴黎公社陷入领导层派系纷争之时,虎视眈眈的反革命力量却完成了集结,原本对巴黎公社表示中立的德国趁公社内部出现政治危机之际,转而同梯也尔政府军联合,使得巴黎公社腹背受敌。尽管巴黎军民不畏艰险,英勇奋战、誓死捍卫巴黎公社,但最终寡难敌众,惨遭镇压。巴黎公社作为无产阶级掌握政权的首次实践,虽然只存在了72天,但它所追求的社会主义民主政治理想却在人类政治发展史上留下了不可磨灭的印记。

经过20世纪波澜壮阔的发展演变,人类历史进入到科学技术日新月异的信息化、智能化时代,巴黎公社的诸多举措早已不可复制也不能复

---

① 《马克思恩格斯文集》第3卷,人民出版社2009年版,第364页。

制，但它的原则和精神仍然是社会主义事业可以不断从中汲取力量的源头活水，它的经验和教训仍然是社会主义民主政治开辟未来的宝贵财富。中国特色社会主义坚持把中国共产党的领导、人民当家作主和依法治国三者统一起来的政治发展道路，积极探索实现全过程人民民主，是巴黎公社开创的社会主义民主政治在当代的延续和发展。坚持依法治国，用法律规范权力运行的边界，保障人民依法享有广泛权利和自由，引导社会形成公平正义、诚信友善、和谐有序、积极向上的良好风气，这是对资产阶级政治文明成果的继承和发展；坚持人民当家作主，强化为人民服务的理念和要求，不断完善人民代表大会制度、多党合作的政治协商制度和基层群众自治制度，充分利用新技术手段扩大人民有序政治参与，保证人民依法实行民主选举、民主协商、民主决策、民主管理、民主监督，保障人民知情权、参与权、表达权、监督权，激发群众的向心力和创造力，这是中国特色社会主义政治发展道路对形式民主和实质民主相统一的积极探索；坚持中国共产党的领导，通过加强党的建设与自我革命，不断提升科学决策水平和政治行动效能，充分发挥党总揽全局、协调各方的领导核心作用，团结一切力量集中解决主要的社会矛盾、完成首要的历史任务、办好人民群众最关心的事，保证社会发展接续前进，这是对马克思不断推进社会革命理论的当代实践。

第六章　揭秘剩余价值的生产者

为了能够在市民社会中找到历史发展的秘密，马克思从1844年就开始研究政治经济学，从《巴黎手稿》到《评李斯特》，从《哲学的贫困》到《雇佣劳动与资本》，他对政治经济学的研究逐渐深入，并在这一过程中，创立了历史唯物主义哲学。在历史唯物主义哲学的指导下，马克思以分工的发展为线索，从历史辩证法出发论证了无产阶级解放的历史必然性，又通过批判蒲鲁东政治经济学理论中的形而上学方法，进一步与工人运动相结合，深入到生产关系层面解析雇佣劳动和资本的对立。1848年欧洲革命的爆发打断了马克思的经济学研究，对于此时的马克思而言，资本究竟如何实现对雇佣劳动的剥削，还是尚未完全揭开的谜，而这一问题关系到能否透视资本主义社会的深层秘密，也关系到科学社会主义最终确立的理论根基。1848年革命失败后，马克思流亡到伦敦，重新开始了中断的经济学研究。在伦敦，马克思有机会利用英国博物馆图书馆的大量藏书和当时报刊上关于经济、政治发展的各方面材料展开研究，同时还能对英国这个最发达、最典型的资本主义国家的发展状况进行直接的考察。这些有利条件促使马克思的政治经济学研究在19世纪50年代进入到一个新的阶段，他在伦敦研究收集了"堆积如山的实际材料"，摘录了24本笔记，并反复对这些材料进行整理和系统化。1857年秋，世界性的经济危机爆发，这促使马克思加紧总结他的政治经济学研究，他希望在"洪水之前至少把一些基本问题搞清楚"，以免当危机引发革命，却还没有将研究的成果公之于世。从1857年到1858年，马克思完成了8个笔记本的手稿，这是《资本论》的第一个手稿，也被誉为《资本论》的创作实验室。手稿在1939年第一次出版时被冠以《政治经济学批判大纲》。在这一手稿中，马克思从交换价值入手，完成了对雇佣劳动和资本的深度解剖，发现了剩余价值，揭开了资本剥削的秘密，同时也将无产阶级解放和人的解放置于对客观经济规律的探讨之中，使其获得了更丰富的内涵。

第一节 劳动、社会与拜物教意识形态

马克思《1857—1858年经济学手稿》的主体部分，是从批判蒲鲁东主义者阿尔弗勒德·达理蒙的著作《论银行改革》开始的，这一批判围绕着对交换价值和货币本质的讨论展开。马克思之所以再次从批判蒲鲁东主义开始经济学研究，首先是由于蒲鲁东主义在19世纪50年代的法国工人队伍中产生了较为广泛而持久的影响力，甚至在巴黎工人中占据了支配地位。马克思认为，蒲鲁东主义的广泛影响有可能在即将到来的运动中产生不良的后果，他在1857年1月写给恩格斯的信中指出，达理蒙的著作"使人可以在某种程度上看出，波拿巴在最后一刹那仍然能够求助于一种什么样的'社会主义'政变"[1]。后来，马克思在为《资本论》寻找法文译者的时候，再次提到："我认为，使法国人摆脱蒲鲁东用对小资产阶级的理想化把他们引入的谬误观点，是非常重要的。不久前在日内瓦召开的代表大会上，以及在我作为国际工人协会总委员会委员同巴黎支部的联系中，经常遇到蒲鲁东主义的最恶劣的后果"[2]。对于普通工人而言，在日常生活中直接感受到的经济生活正是工资的涨落、物价的高低，经济周期最直接的反映也是通货膨胀、货币贬值，他们最直接打交道的是货币。因此，蒲鲁东提出的建立新信贷制度、发行银行券、采取只受生产力限制的无息信贷等，从小手工业出发的小资产阶级空想，吸引了工人注意。要为工人阶级打破货币拜物教的思想钳制，就必须揭示货币和交换价值的本质，揭示货币、交换价值和资本主义之间的关系。

再者，从对货币和交换价值的探讨入手也同马克思制定的政治经济研究方法有关。在《1857—1858年经济学手稿》的主体部分之前，马克思在一个独立的笔记本上撰写了《导言》（后被称为《〈政治经济学批判大纲〉导言》）。在这篇《导言》中，马克思特别介绍了他展开政治经济学研究的方法。在马克思看来，如果经济学研究从关于整体的混沌的表现出

---

[1]《马克思恩格斯全集》第29卷，人民出版社1972年版，第89页。
[2]《马克思恩格斯全集》第31卷，人民出版社1972年版，第546页。

发，虽然是从实在和具体开始，是从现实的前提开始，但仍然是错误的。他讲："如果我，例如，抛开构成人口的阶级，人口就是一个抽象。如果我不知道这些阶级所依据的因素，如雇佣劳动、资本等等，阶级又是一句空话。而这些因素是以交换、分工、价格等等为前提的。比如资本，如果没有雇佣劳动、价值、货币、价格等等，它就什么也不是。"[1] 从表象中的具体出发，通过切近的分析和抽象达到简单的规定，只是研究的第一条道路，而更重要的是第二条道路，即抽象的规定在思维行程中导致具体的再现，从抽象上升到具体，在思维中实现综合的过程。简单的范畴可以表现一个比较不发展的整体的处于支配地位的关系，也可以表现一个比较发展的整体的从属关系，因此，从简单上升到复杂的思维进程是可以符合现实的历史过程的，即做到逻辑与历史的统一。研究资本主义社会的内部结构，关键在于解析资本这种"普照的光"，而"在资本存在之前，银行存在之前，雇佣劳动等等存在之前，货币能够存在，而且在历史上存在过"[2]。可见，此时的马克思认为，认识货币的本质是理解资本的起点。在具体展开对货币和交换价值的研究之前，马克思还没有意识到货币本身也是一种商品的理论意义，没有意识到作为使用价值和交换价值统一体的商品才是内在矛盾的发端和种子。这一点马克思在完成《货币章》之后便清楚地意识到，他因此对原有的写作计划进行了数次调整，形成了后来《资本论》的结构。

一 透过交换价值认识社会劳动

阿尔弗勒德·达理蒙在《论银行改革》中继承了蒲鲁东主义关于货币流通和信贷的思想。在蒲鲁东主义者看来，资本主义社会经济危机和一切社会弊病的总根源在于金本位制度，达里蒙则将资本主义货币流通与信贷相等同，夸大了银行在调节货币流通中的作用。包括达里蒙在内的蒲鲁东主义者之所以将改革货币制度、发行"小时券"式的劳动货币和提供无息贷款，作为改造资本主义社会的关键，核心在于他们停留于流通领域之中，看不到在流通的表象之下的生产才是深层的决定因素。在《导言》中，马克思便详述了经济生活中生产、分配、交换、消费之间的关系，指

---

[1] 《马克思恩格斯全集》第30卷，人民出版社1995年版，第41页。
[2] 《马克思恩格斯全集》第30卷，人民出版社1995年版，第43页。

出生产、分配、交换、消费构成一个总体的各个环节，一个统一体内部的差别，而过程总是从生产重新开始，生产支配着其他要素。他说："一定的生产决定一定的消费、分配、交换和这些不同要素相互间的一定关系。当然，生产就其单方面形式来说也决定于其他要素。"① 马克思反驳达里蒙说："这个问题一般说来就是：是否能够通过改变流通工具——改变流通组织——而使现存的生产关系和与这些关系相适应的分配关系发生革命？"② 在马克思看来，作为流通工具的货币有不同的形式，虽然这些不同的货币形式适应不同阶段的生产状况，但任何形式的货币都不能消除货币关系固有的矛盾。金银之所以成为一般交换工具，即达里蒙所讲的"享有特权的商品"，是因为它的一般形式作为等价物使得交换更方便、更合适，因此问题不在于金银是否享有特权，而在于为什么它在历史的发展中获得了这种特权，人们的交换行为为什么需要金银来进行中介。只有认识到这一点才能够理解，蒲鲁东主义者试图通过将每个商品都变成货币的办法来废除货币，只能是荒谬的、空洞的空想。

在指出蒲鲁东主义错误根源的基础上，马克思对其发行"小时券"的改革策略进行了批判。马克思指出，以"小时券"作为劳动凭证来代替货币，不过是生硬地把商品的实际价值和商品的价格等同，这反映出蒲鲁东主义者并不能真正理解价值和价格之间的区别。由必要劳动时间决定的商品价值只是平均价值，而这个平均数不仅是一个外在的抽象，它还是商品价格在一定时期内波动的推动力，是商业投机的基础。换句话说，商品价格和价值的差别不只是名和实的差别，不是事先存在着一个恒定的价值，并以货币为名称而表现为价格，而是商品的价值本身只存在于商品价格的上涨和下跌之中，商品价值和价格之间的差别是实际存在的差别。价格不但反映社会必要劳动的支出，还会反映供求关系的变动，因而价格总是不断地高于或低于商品价值。主张实行小时券，以为取消交换价值和价格之间名义上的差别，就能消除价格和价值的实际差别，只能是一种错觉。"小时券"代表一个观念上的劳动时间，如果以它作为货币来反映供求关系的变化，那么只会造成这个观念上的劳动时间，时而交换较多的实际劳动时间，时而交换较少的实际劳动时间，从而造成更多的混乱。"由于价

---

① 《马克思恩格斯全集》第 30 卷，人民出版社 1995 年版，第 40 页。
② 《马克思恩格斯全集》第 30 卷，人民出版社 1995 年版，第 69 页。

格不等于价值,所以决定价值的要素——劳动时间——就不可能是表现价格的要素"①,价格和价值之间的差别,只能由区别于价值本身的尺度之外的第三种尺度去衡量,就是需要有一个第三种商品来充当表现商品的实际交换价值的尺度。当然,马克思在这里还没有制定出科学的"价值"概念,他所讲的价值还不是作为交换价值和使用价值统一体的价值,而是在交换价值的意义上来讲商品的"价值"。

为了从理论上进一步说明货币的本质及其存在的根源,马克思对商品的交换价值及其相互之间的交换关系进行了详尽的分析。马克思指出,理解商品价值的关键在于认识它的社会属性,认识商品的价值和商品本身不同,它只有在交换中才是价值,"价值是商品的社会关系,是商品的经济上的质","作为价值,一切商品在质上等同而只在量上不同,因此全都可以按一定的量的比例互相计量和互相替换"。② 即是说,表现商品社会属性的价值在质上的同一性,和表现商品自然属性的使用价值在质上的差异性,存在着内在的矛盾,货币则是对这种矛盾的克服。货币原本是被用作不同质的商品相交换的中介,是标识商品交换价值的第三种商品,当这一中介固定地充当等价物,并且这种商品的一个象征又能够替代这种商品本身时,这种商品便被承认为交换价值的符号,即货币。正因为货币发展成为衡量交换价值的独立的尺度,而交换价值本身又来自于商品的社会属性,所以马克思讲:"商品作为交换价值的一切属性,在货币上表现为和商品不同的对象,表现为和商品的自然存在形式相脱离的社会存在形式"③。同时,马克思还特别指出,交换关系的发展本身是随着生产的社会性而发展的,社会分工越发达,生产的社会性越增长,货币的权力也按同一程度增长,于是最初作为促进生产的手段出现的东西,成了一种对生产者来说是异己的关系。

由此可见,蒲鲁东主义者之所以试图通过以劳动凭证替代货币来消除作为产品的产品和作为交换价值的产品之间的矛盾,是因为他们没有认识到并不是货币造成了这一矛盾,而是这一矛盾本身的发展和外化造成了"货币的先验权力"。产生这种认识错误背后的深层思想原因在于:蒲鲁东

---

① 《马克思恩格斯全集》第30卷,人民出版社1995年版,第88页。
② 《马克思恩格斯全集》第30卷,人民出版社1995年版,第89页。
③ 《马克思恩格斯全集》第30卷,人民出版社1995年版,第94页。

主义者不能从社会整体出发来理解交换关系，从而仅仅将交换价值理解为一种个人之间的讨价还价，理解为一种物与物的比例关系，因而他们无法准确理解商品价值和价格的区别；相反，马克思从社会整体出发，他在市场中的物物交换背后看到的不只是单个生产者之间的交往，而是单个生产者作为社会成员同社会总体之间的关系，所以他能够在供求关系的变动中来理解价格和价值的差别。从社会总体出发的思想进路，促使马克思透过"货币的先验权力"认识到，货币权力本身不过是整体社会关系的一种物质表现。他讲："关键倒是在于：私人利益本身已经是社会所决定的利益，而且只有在社会所设定的条件下并使用社会所提供的手段，才能达到；也就是说，私人利益是与这些条件和手段的再生产相联系的。这是私人利益；但它的内容以及实现的形式和手段则是由不以任何人为转移的社会条件决定的。"① 当马克思将商品的交换价值视为一种社会现象时，生产商品的特殊劳动与一般劳动、个人劳动与社会劳动之间的关系也就凸显出来了。

二　透过一般劳动变化认识社会关系

当马克思开始探讨货币和交换价值背后所隐藏的社会关系时，他就从货币所表现出来的价格与交换价值之间的关系问题，转入到交换价值与社会生产之间的关系问题上来。早在写作《1844年经济学哲学手稿》时，马克思便在古典政治经济学的发展中认识到，劳动体现了财富和价值的主体本质。他逐渐从人的类本质出发来理解社会劳动，转变为透过分工的历史认识现实的社会劳动，并最终实现了历史唯物主义哲学转变。当他在新的思想基础上再次转入政治经济学研究时，考察不同经济范畴背后的生产劳动关系成为马克思更自觉的思考面向。

在批判达里蒙的过程中，马克思已经指出商品的交换价值表征着商品的社会属性，这种社会属性的实质是生产商品的劳动以特定的形式成为社会劳动的一部分，交换价值和货币的出现是单个生产者的劳动被承认为社会劳动的一种形式和特定阶段。在《1857—1858年经济学手稿》中，马克思提到："从生产行为本身来考察，单个人的劳动就是他用来直接购买

---

① 《马克思恩格斯全集》第30卷，人民出版社1995年版，第106页。

产品即购买自己特殊活动的对象的货币；但这是一种只能用来购买这种特定产品的特殊货币。"① 单个人的特殊劳动向一般劳动转换是由人的生产的社会性所决定的，通过分析单个人与共同的社会生产之间的不同关系，从特殊劳动和一般劳动的关系出发，马克思提出了社会发展的三形态说，解释了从等级社会向纯粹阶级社会的转变。

在最早的社会形态下，人们之间的联系主要是自然发生的，社会生产因为自然联系而建立在共同生产基础之上。在自然形成的共同生产条件下，共同性是生产的基础，单个人的劳动直接体现为社会劳动，不论单个人所创造的或者参与创造的产品的特殊物质形态如何，他并不需要将自己的特殊劳动转化为一般劳动而去换得特殊产品，而是从共同生产中取得一定的份额。在这样的社会形式中，人的生产能力只是在自然形成的共同体范围内孤立地发展着，由于不需要使自己的特殊劳动转化为一般劳动，单个人就不会造成自己丰富的关系，更不会使这种关系作为独立于他自身之外的社会权力和社会关系，个人也就没有独立和自由的基础。在这一阶段，个人在共同体中受到他人的限制，整个社会则表现为由自然规定性所决定的等级秩序。马克思讲："虽然个人之间的关系表现为较明显的人的关系，但他们只是作为具有某种规定性的个人而互相发生关系，如作为封建主和臣仆、地主和农奴等等，或作为种姓成员等等，或属于某个等级等等。"②

最初的单个劳动之所以直接表现为共同劳动的组成部分，是由于作为特殊劳动的单个劳动必须相互补足，但不同的单个劳动之间又存在着不可通约性。马克思讲："劳动时间本身只是作为主体存在着，只是以活动的形式存在着。从劳动时间本身可以交换（本身是商品）来说，它不仅在量上被规定了，而且在质上也被规定了，并且，不仅在量上不相同，而且在质上也不相同；它决不是一般的、自我等同的劳动时间"③。然而，随着分工的细化，生产不断扩大，货币的产生和发展解决了特殊劳动之间不可通约的问题，作为客观化的一般劳动时间，货币成为单个人劳动相互交换的抵押品。货币的产生促进了普遍交换和生产社会化的进一步发展，而在扩

---

① 《马克思恩格斯全集》第 30 卷，人民出版社 1995 年版，第 121 页。
② 《马克思恩格斯全集》第 30 卷，人民出版社 1995 年版，第 113 页。
③ 《马克思恩格斯全集》第 30 卷，人民出版社 1995 年版，第 121 页。

大了的交换基础之上，人们生产的目的就不只是为了满足对使用价值的需求，而是为了获得以货币表现的交换价值。同时，单个人只要是货币的所有者，便能够通过交换行使支配别人的活动或支配社会财富的权力。一方面，这种以货币和交换价值为中介的联系，扩大了人们交往的范围，以往毫不相干的个人之间建立起全面的依赖关系。各个人因此脱离了对原有自然共同体的依附，发展成为独立的个人，即以物的依赖性为基础的人的独立性，并且，"在这种形式下，才形成普遍的社会物质变换、全面的关系、多方面的需要以及全面的能力的体系"①。另一方面，人与人之间的普遍的社会关系又表现为物与物之间的关系，即"货币存在的前提是社会联系的物化"。各个人虽然能够以货币为中介自由地相互交换，但同时又受制于对货币这一中介的占有。马克思讲："正是劳动（从而交换价值中所包含的劳动时间）的一般性即社会性的对象化，使劳动的产品成为交换价值，赋予商品以货币的属性，而这种属性又意味着有一个独立存在于商品之外的货币主体"，即"在交换价值的基础上，劳动只有通过交换才能被设定为一般劳动"。② 也就是说，货币作为客体化的一般劳动，获得了对特殊劳动的统治权，这种统治权对于单个人而言成为一种外在的限制。单个劳动者只有完成了劳动交换，占有了交换价值中介物，才能自由地支配社会财富。在自然共同体条件下表现为个人受他人限制的规定性，在以交换价值为基础的发达形态下表现为物的限制，表现为个人要受不以他为转移并独立存在的关系的限制，社会阶级关系从表现为政治关系的等级秩序转向直接表现为经济关系的阶级秩序。

在以交换价值为基础的社会，货币作为一般劳动时间的对象化，虽然表征着商品的社会属性，使人与人之间建立起普遍的社会联系，但是这种联系依然是"各个人在一定的狭隘的生产关系内的自发的联系"③，是不受人本身所控制的、同人相对立的异己的关系。马克思认为，在普遍交换发展起来之前，单个人显得比较全面，是因为人们还没有造成自己丰富的关系，也没有使这种关系作为独立于它自身之外的社会权利和社会关系。他批判浪漫主义"留恋那种原始的丰富，是可笑的，相信必须停留在那种完

---

① 《马克思恩格斯全集》第 30 卷，人民出版社 1995 年版，第 107 页。
② 《马克思恩格斯全集》第 30 卷，人民出版社 1995 年版，第 118、122 页。
③ 《马克思恩格斯全集》第 30 卷，人民出版社 1995 年版，第 112 页。

全的空虚化之中,也是可笑的"①。全面发展的个人是既不受自然共同体限制,也不受异己的社会关系限制的人。全面发展的个人是能够将社会关系作为自己的共同关系,服从于人的自觉的共同控制,所以全面发展的个人不是自然的产物,而是历史的产物。要实现人的全面发展,只能是在社会发展超越人受异己的社会关系的限制的阶段。马克思讲:"因为单个人不能摆脱自己的人的规定性,但可以克服和控制外部关系,所以在第二个场合他的自由看起来比较大。但是,对这种外部关系或这些条件的进一步考察表明,属于一个阶级等等的各个人作为全体来说如果不消灭这些关系或条件,就不能克服它们。"②

在《1857—1858年经济学手稿》中,马克思设想了克服这种外部关系,从而不以交换价值为中介的生产阶段。首先,在这一阶段,单个人的劳动必须一开始就不是特殊劳动,而是一般劳动,是一般生产的环节,单个劳动不是通过交换获得一般性,而是其预先具有的共同性决定了劳动产品成为共同的、一般的产品,即"在共同生产的基础上,劳动在交换以前就会被设定为一般劳动"③。其次,马克思认为即便共同生产已经成为前提,时间的规定仍然是有意义的,因为社会必须合乎目的地分配自己的时间,才能实现符合社会全部需要的生产。即是说,"时间的节约,以及劳动时间在不同的生产部门之间有计划的分配,在共同生产的基础上仍然是首要的经济规律。这甚至在更加高得多的程度上成为规律"④。

三 交换价值的统治与拜物教意识形态

马克思通过讨论个人劳动与一般劳动的关系,透过物与物交换的表面,剖析了交换价值背后人与人之间关系的本质。他指出交换价值的发展和货币的产生是历史的必然,这种历史发展不但引起社会生产关系的变化,也会进一步作用于人们的思想。在《1857—1858年经济学手稿》中,马克思特别分析了交换价值和货币的发展在社会意识形态上的反映。

如果从人的劳动这一主体向度出发,交换价值的存在原本是为了人们

---

① 《马克思恩格斯全集》第30卷,人民出版社1995年版,第112页。
② 《马克思恩格斯全集》第30卷,人民出版社1995年版,第114页。
③ 《马克思恩格斯全集》第30卷,人民出版社1995年版,第122页。
④ 《马克思恩格斯全集》第30卷,人民出版社1995年版,第123页。

之间不同质的对象化劳动能够实现相互通约，从而使人们能够在更大的范围内相互联系，形成人们的需求之间更丰富的相互补足。当生产发展以交换价值为目的，人们对象化劳动的直接产物——使用价值——成为与生产者本身的需求无关的，仅仅起到交换价值物质载体的作用，而交换价值又在生产发展过程中，从一般等价物发展到货币，从而固定为实体的物及其象征。如此一来，人们生产不再直接是，也再不只是为了满足需求，而是为了获得作为交换价值实体表现的货币，即为了占有获得了普遍社会认同的交换手段。原本为了人的需求丰富性而发展起来的手段现在颠倒为人追求的目的。人们之所以热烈地追求这种手段，是因为当人与人之间生产活动的关系物化为交换价值，又进一步实体化为金钱，人们信赖金钱这一最具体的"物"就胜过信任人自身。换句话说，手段目的化是缘于主体关系客体化，人的关系物化，而这种手段与目的、主体与客体、人与物的颠倒是资本主义意识形态最具内核性的层面。

在马克思看来，这种主体关系客体化的颠倒首先使得原本感性的、具体的关系被单一化、抽象化，即"个人现在受抽象统治，而他们以前是互相依赖的"。个人受抽象的统治反映在观念上、理论上就直接表现为以"抽象的个人""原子化的个人"为出发点来解释社会历史和社会现实。因为在交换活动中，各个人表现为自我决定的独立主体。马克思称："从交换行为本身出发，个人，每一个个人，都自身反映为排他的并占支配地位的（具有决定作用的）交换主体。"[①] 各个人在交换中奉行自愿原则，任何一方都不使用暴力，不采取强制，即使个人把自己作为手段提供服务，也不过是为了获得自我决定、自我主宰的手段。这样，随着交换的普遍扩大，平等和自由也就上升为普遍的、占统治地位的社会观念。马克思讲："如果说经济形式，交换，在所有方面确立了主体之间的平等，那么内容，即促使人们去进行交换的个人和物质材料，则确立了自由。可见，平等和自由不仅在以交换价值为基础的交换中受到尊重，而且交换价值的交换是一切平等和自由的生产的、现实的基础。作为纯粹观念，平等和自由仅仅是交换价值的交换的一种理想化的表现；作为在法律的、政治的、社会的关系上发展了的东西，平等和自由不过是另一次方上的这种基础而

---

① 《马克思恩格斯全集》第30卷，人民出版社1995年版，第199页。

已。"① 在这里，马克思揭示了资本主义意识形态中"平等""自由"观念产生的基础，在他看来现代的平等和自由与古代的平等和自由是不同的，以交换价值为基础的平等和自由是以广泛的分工和私有财产权为基础的，而资本主义意识形态则将这种历史产生的关系强调为自然的、永恒的关系。抽象的"平等""自由"成为资本主义意识形态在哲学基础、价值追求等理论形态上的表现。马克思说："从意识形态角度来看更容易犯这种错误，因为上述关系的统治（上述物的依赖关系，不用说，又会转变为一定的，只不过除掉一切错觉的人的依赖关系）在个人本身的意识中表现为观念的统治，而关于这种观念的永恒性即上述物的依赖关系的永恒性的信念，统治阶级自然会千方百计地来加强、扶植和灌输。"② 这也再次表明，要冲破资本主义理论意识形态的束缚，认识资本主义的内在结构，为工人阶级锻造出理解资本主义的理论武器，就不能停留于交换环节，而必须深入到生产的过程当中。

再者，货币作为一般等价物，是实体化的交换价值，它能够与一切使用价值相交换。货币成为一种现实的"一"统治着表现为"多"的整个商品世界，特殊的商品只是在它的使用价值方面个别地成为财富，它的价格只是观念上的财富象征，商品只有以货币为中介，才能够成为支配他人力量和社会力量的现实的普遍财富，而货币则直接具有这种支配力，货币成为商品的上帝。马克思讲："一方面，在货币上，财富的形式和内容是同一的；另一方面，货币与其他一切商品相对立，在它们面前是财富的一般形式，而这些特殊性的总体则构成财富的实体。根据前一规定，货币是财富本身，根据后一规定，货币是财富的一般物质代表。"③ 货币成为财富的一般物质代表，是社会交换关系发展的结果，它与占有者的个性没有内在的联系。货币同个人之间的关系是一种外在的、偶然的关系，然而它作为财富的一般代表却能够使其占有者获得"对于社会，对于整个享乐和劳动等等世界的普遍支配权"。货币导致了不同于特殊财富欲望的纯粹的致富欲，即"求金欲"，马克思讲："货币不仅是致富欲望的对象，同时也是致富欲望的源泉。贪欲在没有货币的情况下也是可能的；致富欲望本身则是

---

① 《马克思恩格斯全集》第 30 卷，人民出版社 1995 年版，第 199 页。
② 《马克思恩格斯全集》第 30 卷，人民出版社 1995 年版，第 114 页。
③ 《马克思恩格斯全集》第 30 卷，人民出版社 1995 年版，第 173 页。

一定的社会发展的产物，而不是与历史产物相对立的自然产物。"① 一方面，占有了货币这一万能的"上帝"似乎就占有了一切享受的内容，这使得人们的抽象享受欲得以实现，也促使人们为了获得货币而牺牲对特殊使用价值的需求，故而抽象的享受欲和吝啬是这种致富欲的两种形式；另一方面，由于致富欲是所有人的欲望，每个人都想获得货币，人们劳动的目的不是为了特殊产品，而是为了一般形式的财富，作为目的货币成了普遍勤劳的手段，即"生产一般财富，就是为了占有一般财富的代表。这样，真正的财富源泉就打开了"②。在这里，马克思实质上揭示了货币拜物教的日常形态，吝啬、克己、勤谨正是上述求富欲在社会心理层面上的表现。对发财致富的渴求，一方面使人们因为羡慕偶然暴富的幸运而表现出青睐投机，另一方面为了能从基本的生活资料中获取积累也表现出自私自利，精于算计。普通工人正是浸淫在这种货币拜物教的社会心理之中的。由此可见，货币拜物教是资本主义生产条件下自发产生的社会意识，培育工人阶级的阶级意识，特别需要克服这种自发性的意识形态限制。

在手稿《货币章》中，马克思从分析商品的使用价值和交换价值之间的矛盾出发，认为在使用价值和交换价值背后是特殊劳动时间和一般劳动时间的矛盾，他将属人的、主体化的劳动看成是特殊劳动，将在交换中客体化的劳动看成是一般劳动。这一认识从物的背后看到了人的关系、社会关系，形成了对货币拜物教意识形态的批判，并把理论方向从对物的讨论落到对劳动和生产关系的考察当中，为揭示剩余价值奠定了基础。但是，此时的马克思，还没有深入到资本主义生产关系的特殊运行机制中，也还没有完全理解资本主义的历史矛盾，他还是基于一般劳动的辨证运动来理解超越资本主义的历史必然性的。在《货币章》中，马克思提出直接以个体劳动作为一般劳动的社会，将会是对阶级社会的超越，这依然具有异化逻辑的影子。个体劳动直接作为一般劳动显然具有理想性，这一超越设想中的历史批判意蕴，仍然一定程度上是从"理想劳动"这一外在的价值悬设出发的。然而，只要深入到生产关系中，把个体劳动具体地、历史地理解为工人的雇佣劳动，即为资本服务的劳动，马克思对资本主义的客观研究和历史批判就能够找到交汇的关键点。

---

① 《马克思恩格斯全集》第 30 卷，人民出版社 1995 年版，第 174 页。
② 《马克思恩格斯全集》第 30 卷，人民出版社 1995 年版，第 176 页。

第二节　雇佣劳动与剩余价值的生产

《1857—1858年经济学手稿》虽然是从交换价值开始讨论，但马克思认识到交换关系所体现出来的自由和平等只是一种抽象的规定，这种抽象规定是最早的和最贫乏的规定，如果不是从它的历史意义上提出，无论用自由和平等来反驳还是维护比较发达的经济关系都是不科学的。这就如同讲自然物都有重量、都存在于三维空间，因而它们都是等同的，不存在任何差别的。与交换价值和货币相比，资本是更为发达的规定，也是较晚出现的规定，"在这种发达的关系中，个人不再仅仅表现为交换者即买者和卖者，而是出现在一定的相互关系中，不再是所有的人都处于同一的规定性之中"①。也就是说，要从本质上认识资本主义社会中的人的社会规定及其相互之间的关系，就必须认识资本这一发达经济关系的规定。马克思发现剩余价值，揭开雇佣劳动关系的秘密就是从讨论究竟应该如何理解资本开始的。

一　资本与雇佣劳动的对立

如果说资本是超出了作为货币的货币这一简单规定的一种高级形式，那么应该如何理解这个新规定呢？对于这个问题，马克思首先批判了三种错误的观点。

第一，资本不能被理解为一个价值额。马克思认为，将资本理解为一个价值额，不过就是认为资本是交换价值、是积累的货币，但是不能用简单的加法从交换价值达到资本，如果只有单纯的货币积累，生产不出资本关系。虽然资本最早表现为商业资本，来自流通，但是流通本身并不能实现自我更新，货币和商品之间的交替过程之所以能够反复进行，并不是交换本身造成的，流通是预先存在的两极之间的中介，但它不会造成这两极。积累起来的货币只要不再和商品、价格、流通发生关系，也就失去了经济意义，不过是一堆金属，而要让流通不致消失，就必须有商品不断地从外面重新投入流通。所以说，流通是不能直接存在的，"流通是在流通

---

① 《马克思恩格斯全集》第30卷，人民出版社1995年版，第202页。

背后进行的一种过程的表面现象"。在流通背后的过程是生产,同时与资本相关的生产又与流通密切相关,"它的前提是作为发展了的要素的流通,并且表现为引起流通又不断地从流通返回到自身以便重新引起流通的不断的过程"①。在这里,马克思已经揭示出资本作为经济规定要在生产领域中去理解,而不能将其作为一个流通意义上的规定。对于资本和劳动的关系,也就只有深入到生产环节中,才能获得本质性的认识。

第二,资本不能仅仅被理解为"作为手段被用于新劳动〈生产〉的那种积累的〈已经实现的〉劳动〈确切地说,对象化劳动〉"②。将资本理解为生产的手段,这虽然是立足于生产领域而言的,但却只看到了资本物质的一面,忽略了使资本成为资本的形式规定。具备一定的劳动对象、劳动手段是任何生产的前提,如果把劳动手段、劳动工具都能视为资本,就使资本成了非历史的东西。马克思讲:"如果这样抽掉资本的一定形式,只强调内容,而资本作为这种内容是一切劳动的一种必要要素,那么,要证明资本是一切人类生产的必要条件,自然就是再容易不过的事情了。"③ 相反,认识使资本成为资本的形式规定,必须将资本理解为一种关系,因为资本是人类社会普遍交往的产物,是以获得交换价值为目的的,只有将资本作为一种关系,才能明确认识到资本之于劳动,与土地之于农奴并不是一回事,也才能真正立足于资本的历史内涵。

第三,资本也不能简单地被定义为是一个"用来生产价值的价值额"或者说"生产利润的交换价值"。这种理解将资本变成了说明资本自身的前提,是一种浮于表面的循环论证。马克思讲:"资本决不是简单的关系,而是一种过程,资本在这个过程的各种不同的要素上始终是资本。"④ 也就是说,要准确地理解资本就要说明它是如何"生产价值""生产利润"的。对资本进行静态的描摹,它就变成了一种自行增殖的东西,其中引起资本增殖的关键要素——劳动及其与资本之间的关系——也就被从概念基础上掩盖起来了。

从马克思对上述三种错误理解的批判可以看到,解释资本必须要透过

---

① 《马克思恩格斯全集》第 30 卷,人民出版社 1995 年版,第 211 页。
② 《马克思恩格斯全集》第 30 卷,人民出版社 1995 年版,第 213 页。
③ 《马克思恩格斯全集》第 30 卷,人民出版社 1995 年版,第 214 页。
④ 《马克思恩格斯全集》第 30 卷,人民出版社 1995 年版,第 214 页。

现象看本质，既要认识到资本与交换价值和货币之间的历史的联系，又要讲清楚他们之间历史的差别。在马克思看来，交换价值是资本形成的起点，交换价值的内容是劳动和劳动时间对象化的一定量，它在流通中使自己客体化为货币，成为可以捉摸的存在。然而，交换价值在货币身上取得的独立形式只是一种消极的、转瞬即逝的形式，即便是固定化的，也是一种虚幻的形式。因为在简单流通中，货币是僵硬的，货币交换商品，取得了交换价值的实体而失去了交换价值的形式，商品交换货币，获得了交换价值的形式而失去了交换价值的实体，所以货币并不是交换价值的完全实现。一旦货币表现为不仅与流通相独立而且在流通中保存自己的交换价值，货币就转变为资本了。对于货币转变为资本，马克思讲："货币（作为从流通中复归于自身的东西）作为资本失掉了自己的僵硬性，从一个可以捉摸的东西变成了一个过程。另一方面，劳动也改变了它对自己的对象性的关系：劳动也复归于自身了。但这是这样一种复归：对象化在交换价值中的劳动把活劳动变成再生产自己的手段，而起初交换价值只不过表现为劳动的产品。"[1] 显然，对于马克思而言，理解资本虽然要从在流通运动中发展起来的交换价值出发，但对活劳动的讨论却不能缺席，这与他所批判的上述三种观点是截然不同的。如果将资本理解为一个价值额，那么活劳动对于资本而言完全是外在的、可有可无的东西；如果只把资本理解为物，即劳动的手段，活劳动与资本的关系也就顺理成章地被解释为人与物的关系，即一种彼此互为条件的合作关系，这两者之间的矛盾对立则成为偶然的了；如果把资本理解为生产利润的价值额，则活劳动的作用又被掩盖和抹杀了。

正因为马克思不是离开活劳动来理解资本，所以他在解析如何理解资本概念之后，在手稿中紧接着分析了资本与劳动的关系。首先，资本和劳动是作为独立的、异己的形态相互对立的，对资本而言劳动是他人的劳动，对劳动而言资本是他人的资本。在这二者之间，资本作为交换价值同劳动对立，劳动作为使用价值同资本对立。实际上，马克思在这里所讲的资本和劳动之间的对立，就是资本购买劳动力商品的交换关系，只不过他在此时还没有得出"劳动力商品"的概念。因为这种交换关系的存在，马

---

[1]《马克思恩格斯全集》第30卷，人民出版社1995年版，第220页。

克思在这里所讲的劳动实际上就是雇佣工人的劳动。从劳动来看，工人向资本提供的使用价值不是物化在产品中的，不是存在于工人之外的，"不是现实地存在，而只是在可能性上，作为工人的能力存在"①。这已经非常接近对劳动力概念的说明了。任何一个对象对资本所能具有的唯一有用性，就是使其保存和增大。资本是从货币发展而来的，货币作为财富一般从其性质而言具有无限性，即货币具备购买全部享受、全部商品、全部物质财富实体的能力，但是有限的、一定量数额的货币又只是有限财富的代表，这就注定货币有一种超出自己量的界限的欲望，这种欲望同样适用于资本。换句话说，资本的存在只有一种变化，即量的变动，因此也只会产生一种需求，即倍增的需求。马克思讲："能够作为使用价值，即作为有用的东西来同资本本身相对立的，只有那种使资本增大，使资本倍增，从而使资本作为资本保存下去的东西。"② 所以说，工人的劳动只有能够增大资本才对资本具有使用价值，工人作为这种劳动的所有者才能完成同资本的交换。

再者，在马克思看来，资本与劳动之间不仅存在一种交换关系，而且活劳动这种使用价值同资本之间还存在一种矛盾对立关系。资本虽然在货币的基础上产生，但是只要将资本理解为一种关系和一种过程，它就不是简单的与流通相对立的货币，而是以一切商品的形式存在。资本以商品的形式存在，不同商品使用价值之间的自然差别只要不排斥交换价值和商品的规定，资本关系都能将其收入囊中作为构成自身的躯体。所以，资本可以容纳一切商品，它本身作为商品的总和而存在，资本不是这种或那种商品，而是任何一种商品。各种商品虽然因其自然属性不同具有不同的使用价值，但所有商品作为商品必然具有交换价值，这种作为交换价值的共同实体便是对象化劳动。也就是说，资本千变万化的形态之下有着对象化劳动的共同本质，唯一不同于对象化劳动的是非对象化劳动，即潜在的劳动，还处在对象化过程中的活劳动。马克思讲："如果劳动作为在时间上存在的劳动，作为活劳动而存在，它就只能作为活的主体而存在，在这个主体上，劳动是作为能力，作为可能性而存在；从而它就只能作为工人而存在。因此，能够成为资本的对立面的唯一的使用价值，就是劳动（而且

---

① 《马克思恩格斯全集》第 30 卷，人民出版社 1995 年版，第 223—224 页。
② 《马克思恩格斯全集》第 30 卷，人民出版社 1995 年版，第 229 页。

是创造价值的劳动,即生产劳动)。"① 可以看到,马克思在这里对资本和雇佣劳动之间对立关系的论证已经不同于他在《雇佣劳动和资本》一文中的论证。在《雇佣劳动和资本》一文中,马克思虽然将雇佣劳动和资本理解为相互对立的社会关系,但他对这种对立的论证还是着眼于经济现象,即从不同经济状况下工资和利润之间的对比关系、工人的境遇和资本家的境遇之间的天壤之别等经验现象出发的。在《1857—1858年经济学手稿》中,马克思则不再停留于表面的、经验的对比,而是从资本的本质出发,从资本和活劳动各自的属性出发来论证资本与雇佣劳动之间的对立。

二 雇佣劳动的特性

资本作为自为存在的交换价值,必须通过与其对立面的非对象化劳动相交换才能完成跃出自身界限的运动。资本同活劳动相交换在实际中表现为资本家雇佣工人的过程,劳动在资本主义出现后也主要表现为雇佣劳动。在指出资本和劳动的对立之后,马克思通过分析资本和劳动的交换过程,对雇佣劳动的形式和特性进行了全面解读。在马克思看来,资本和劳动的交换与一般的简单交换不同,就一般的简单交换而言,对交换来的使用价值进行消费的过程是经济关系以外的纯粹物质方面的事情,而在资本与劳动的交换关系中"用货币交换来的东西的使用价值表现为特殊的经济关系,用货币交换来的东西的一定用途构成两个过程的最终目的"②。由于资本与劳动的交换始终都存在于经济关系之中,所以马克思将资本和劳动的交换分成了形式不同、彼此分离的两个过程。第一个过程是资本出让给工人一定数额的货币作为工资,获得对工人劳动的支配权,第二个过程是工人为资本家劳动的过程,这种劳动是创造价值的活动。对于这两个过程,马克思认为第一个过程是交换行为,属于普通流通的范畴,但第二个过程是与交换完全不同的范畴。虽然资本雇佣劳动形成了性质不同的两个经济行为,但这两个行为都对劳动产生影响,使工人的雇佣劳动区别于以往劳动阶级的劳动。

第一个过程是简单交换过程,工人在交换过程中得到货币,资本家在这一过程中获得对工人劳动的支配权。这样一个简单交换过程首先将作为

---

① 《马克思恩格斯全集》第30卷,人民出版社1995年版,第230页。
② 《马克思恩格斯全集》第30卷,人民出版社1995年版,第233页。

工人的劳动者同作为奴隶和农奴的劳动者区分开来。奴隶本身是具有交换价值的，而自由工人并没有交换价值，他提供给资本家与之相交换而取得货币的是他的劳动的支配权，而非他的生命存在本身。马克思讲："不是工人作为交换价值同资本家相对立，而是资本家作为交换价值同工人相对立。工人没有价值和丧失价值，是资本的前提和自由劳动的条件。"① 与奴隶和农奴相比，雇佣劳动是自由工人的劳动，马克思指出这是一种进步，"工人在形式上被设定为人格，他除了自己的劳动以外，本身还是某种东西，他只是把他的生命表现当作他自己谋生的手段来让渡"②。

再者，工人以货币的形式获得资本家支付的交换价值，也就是说工人以他自己的劳动支配权换取的是财富的一般形式，成为一般财富的分享者，他可以自由支配所获取的货币，不受特殊对象的束缚，也不受满足需要的特殊方式的束缚。由于工人以一般财富的形式获得等价物，就使得雇佣劳动区别于奴隶和农奴，获得一种类似一般交换行为的平等的错觉，似乎工人是作为平等者与资本家相对立。然而，工人满足自身需求的享受并不是不受限制的，工人只能在自己得到的等价物的量的界限内分享一般财富，因而它满足自身需求的相对界限是量的而不是质的，并且只是由于量才引起了质的界限。马克思讲："但是本质的东西，就是交换的目的对于工人来说是满足自己的需要。他交换来的东西是直接的必需品，而不是交换价值本身。他得到的虽然是货币，但只是作为铸币来用，即只是自行扬弃的、转瞬即逝的中介。"③ 工人与资本完成的交换受到量的限制，并不仅仅在消费和享受的多寡上将工人同资本家区别开来，更重要的是这种限制使雇佣劳动关系成为一种稳定的阶级关系，成为工人之为工人难以越出的生存条件。从表面上来看，工人可以通过禁欲、节约和勤劳等方式把与资本交换获得的等价物积蓄起来作为财富的一般形式固定下来，但实际上这并不能打破和改变整个社会的雇佣劳动关系。工人通过节约所能做到的顶多是更合理地支配自己的享受，从而在危机和营业不振时能够维持生活，忍受开工不足和工资降低，而不是占有财富。即便是工人已经实现了的积蓄，要想能够使其得以保存和带来收入，就只有将积蓄起来的货币存入银

---

① 《马克思恩格斯全集》第 30 卷，人民出版社 1995 年版，第 249 页。
② 《马克思恩格斯全集》第 30 卷，人民出版社 1995 年版，第 249 页。
③ 《马克思恩格斯全集》第 30 卷，人民出版社 1995 年版，第 243—244 页。

行，而这只能是工人用自己的节约增加了资本的力量。

从第二个过程来看，资本对工人劳动的支配不是纯粹的物的消费过程，而是一种生产过程，因此是处于经济关系之中的。资本之所以能够雇佣劳动，是因为工人的劳动是与一切劳动资料和劳动对象相分离的，同劳动的全部客体性相分离的劳动。马克思称为"抽掉了劳动的实在现实性的这些要素而存在的活劳动（同样是非价值）；这是劳动的完全被剥夺，缺乏任何客体的、纯粹主体的存在"①。再者，同资本相对立的劳动，不是这种或那种劳动，而是劳动本身，与劳动的特殊规定性并不相干的劳动的总体。从工人的角度而言，这一点表现为工人劳动的规定性对于工人本身变得全无差别。只要工人的劳动对资本来说能够在第二个过程中充当使用价值，从而使其在第一个过程中顺利地获得交换价值，工人便达到了目的，劳动的特殊规定性成为工人不感兴趣的东西。雇佣劳动这种抽象化的特点使得工人阶级区别于以往的劳动阶级。奴隶和农奴虽然不占有财富，但内在于他们自身的劳动能力并非完全被排除在对象化的财富之外。奴隶的生命本身属于劳动资料，是奴隶主财富的一部分，农奴部分占有达到社会平均生产力水平的劳动工具，行会帮工重视自身劳动的特殊规定性，他们的经济性质恰恰在于他们的劳动具有的特殊规定性。雇佣劳动与上述阶级的劳动相反，马克思讲："资本家和工人作为一种生产关系的两极所具有的性质——随着劳动越来越丧失一切技艺的性质，也就发展得越来越纯粹，越来越符合概念；劳动的特殊技巧越来越成为某种抽象的、无差别的东西，而劳动越来越成为纯粹抽象的活动，纯粹机械的，因而是无差别的、同劳动的特殊形式漠不相干的活动；单纯形式的活动，或者同样可以说单纯物质的活动，同形式无关的一般意义上的活动。"②

一旦工人作为非对象化劳动的主体被资本雇佣和投入生产，他的劳动就从创造价值的单纯可能性变成了实际创造价值的生产活动，而工人创造价值的劳动过程也就是资本消费自己购买的使用价值的过程。资本消费劳动的过程不像一般消费过程，其消费结果既不是"无"，也不是对象的主体化，而是要生产出产品的生产性消费。在这个过程中，工人的劳动从活动形式物化为对象化形式，劳动在改变对象的同时，也使自己从活动变成

---

① 《马克思恩格斯全集》第30卷，人民出版社1995年版，第253页。
② 《马克思恩格斯全集》第30卷，人民出版社1995年版，第255页。

对象化的存在，成为对象化劳动的一部分。这也就是说，在第二个过程中，虽然工人是作为有生产能力的生命力对死的劳动资料和劳动对象发挥作用，但却是在资本占有了劳动本身，从而使劳动成为资本的一个要素的前提下发挥作用的，劳动和对象之间的关系变成了"资本的一个要素同另一个要素的物质关系"①。于是，资本本身在这个时候也就扬弃了它在第一个过程中同非对象化劳动之间的质的区别，雇佣劳动也就被并入资本之中了。马克思形象地形容这个过程为"劳动是酵母，它被投入资本，使资本发酵"②。

三 雇佣劳动与剩余价值

马克思在界定资本概念的时候特别强调要将资本理解为一个过程，但作为资本的生产过程不能简单地被理解为劳动和劳动对象相结合的过程。劳动和劳动对象的结合是不带有任何经济规定性的一般生产过程，它是一切生产方式所共有的。要理解以资本为前提的生产过程，必须理解资本贯穿其中的特殊形式，即生产的价值的形式，"价值的各种存在方式纯粹是现象，价值本身在这些存在方式的消失过程中构成始终不变的本质"③。资本价值在生产过程中会分解为一定数目的各个组成部分的价值，这些价值又在产品上重新结合起来形成一个整体的价值总和。然而，经过生产过程之后作为结果出现的价值总和与生产开始时的价值总和是不同的，它必然包含着交换价值的唯一的运动，即量的倍增。也就是说"如果生产行为只是资本价值的再生产，那么资本发生的就只会是物质变化，而不会是经济变化，而资本价值的这种简单保存是同资本的概念相矛盾的"④。只要资本表现为倍增的价值，就需要对增加的价值，即剩余价值进行解释。马克思讲："劳动如何能增加使用价值，这一点不难理解；困难在于，劳动如何能创造出比原先存在的交换价值更高的交换价值。"⑤

在马克思看来，古典政治经济学对剩余价值的理解是模糊的。重农学派作为现代经济学的鼻祖，首先将资本同货币区别开来，并在资本一般的

---

① 《马克思恩格斯全集》第 30 卷，人民出版社 1995 年版，第 261 页。
② 《马克思恩格斯全集》第 30 卷，人民出版社 1995 年版，第 256 页。
③ 《马克思恩格斯全集》第 30 卷，人民出版社 1995 年版，第 272 页。
④ 《马克思恩格斯全集》第 30 卷，人民出版社 1995 年版，第 276 页。
⑤ 《马克思恩格斯全集》第 30 卷，人民出版社 1995 年版，第 278 页。

形式上将其看作是在生产中保存并增大自己的交换价值。然而，重农学派在考察雇佣劳动和资本的关系时，没有能够准确地解释资本现有的价值是怎样借助于劳动来创造剩余价值的。在重农学派看来，只有在劳动工具的自然力明显能够使劳动者所产生的价值超过他所消费的价值时劳动才是生产性的，因此剩余价值不是来自劳动本身，而是来自劳动所利用和支配的自然力。也就是说，重农学派将剩余价值理解为必然要表现在物质产品上的，实际上也就是将剩余价值理解为，从生产中产生的使用价值量超过在生产中消费的使用价值量的余额。亚当·斯密不再局限于仅将农业劳动视为生产性的劳动，他把劳动一般看作是价值和财富的源泉，而分工则是增加财富和价值的重要途径。在斯密那里，他没有区分劳动一般与雇佣劳动，也没有认识到雇佣劳动是与资本相对立并包含在资本本身中的东西，因此也就无法理顺地租、利润这些剩余价值同工资这一雇佣劳动力价值之间的关系。换句话说，斯密虽然认为是劳动创造了剩余价值，但只是将剩余价值理解为由分工所带来的社会合力作用的结果，即一种社会自然力的结果。与斯密从劳动一般出发不同，李嘉图研究立论的出发点就在于资本的增殖，所以他将能给资本带来利润的劳动视为有意义的生产劳动，并且主张从商品内在包含的劳动量来理解价值，这相对于斯密而言更加深入到资本主义的具体生产关系之中了。然而，虽然李嘉图将剩余价值看成在产品中多增加的劳动量，也就是说他正确地理解了剩余价值的实质，但他却不在意这种增加的劳动量究竟来自哪一部分的资本，更没有考虑这种增加的对象化劳动与不同生产要素之间的关系，因而李嘉图也没有对剩余价值形成全面的理解。所以，马克思称李嘉图："正因为把雇佣劳动和资本的形式本身理解为自然的形式，这些形式的本身就是无关紧要的了"[①]。

马克思认为按照交换价值的一般概念来说，剩余价值不是在流通中产生，而是在生产结束进入流通之前就已经产生了，在生产中产生的剩余价值，表示对象化在产品中的劳动时间或者说劳动量，大于资本原有各组成部分所包含的劳动量。与上述古典政治经济学的认识不同，马克思认为这种大于资本所包含劳动量的情况只有当对象化在劳动价格（即雇佣劳动力的价格）中的劳动小于用这种对象化劳动所购买的活劳动时间时才是可能

[①] 《马克思恩格斯全集》第30卷，人民出版社1995年版，第292页。

的。他分析了资本的不同构成，指出只有用于购买活劳动的这部分资本才是用来同性质不同的东西交换，才能够产生高于自身交换价值的价值，也就是说剩余价值来自剩余劳动，这种存在剩余劳动的不平等实质被淹没在雇佣劳动的平等交换形式之中了。

在分析剩余价值的基础上，马克思从质和量两个方面对雇佣劳动进行了分析。资本作为财富一般形式的代表，表现出力图超越自身界限的一种无限制的欲望，然而任何资本不可能创造出无限的剩余价值，特定资本总是创造一定的剩余价值，但它又是创造更多剩余价值的运动。剩余价值的量的界限是资本力图不断克服和不断超越的自然限制，而剩余价值来自剩余劳动，也就是说超越剩余劳动量的界限是资本不断追求的。从单个雇佣劳动来看，剩余劳动量是超过必要劳动的劳动量，它由必要劳动量和总劳动量之间的比例关系决定。雇佣劳动总是以必要劳动和剩余劳动两部分构成，在必要劳动量不变的情况下增加剩余劳动，形成绝对剩余劳动，相反，劳动总量不变，缩短必要劳动量增加剩余，形成相对剩余劳动。由于工人把自身的劳动能力交由他人支配始终只限于一定的时间，当资本把雇佣劳动扩大到整个工作日都用于生产过程时，剩余劳动的增加就主要是通过提高生产力以增加相对剩余劳动。

从质上而言，雇佣劳动是活劳动与死的对象材料相结合的过程。在这个过程中，以往已经对象化的劳动，不再以死的东西在物质上作为外在的形式而存在，而被激活为活劳动的要素，成为活劳动对处在某种对象材料中的自身的关系，成为活劳动的对象性，死的对象化劳动时间也在这一过程中被以新的形式保存下来。马克思讲："活劳动具有的特殊的质，即通过在已经对象化的劳动量上追加新的劳动量，同时把对象化劳动在其作为对象化劳动的质中保存下来这样一种质"①。这种保存原料和工具中所包含的劳动时间的特质是活劳动的使用价值，在完成雇佣劳动的交换之后，活劳动作为使用价值属于资本家，作为单纯的交换价值才属于工人，因此，劳动在生产过程中保存死劳动的对象化劳动时间这一属性，同工人本身是毫不相干的。也就是说，资本获得旧价值的保存就像获得剩余劳动一样是无偿的。马克思讲："至于原料和工具所包含的劳动时间与此同时被保存

---

① 《马克思恩格斯全集》第 30 卷，人民出版社 1995 年版，第 332 页。

下来,这种情况并不是劳动的量的结果,而是劳动作为劳动的质的结果;而且劳动的一般的质,并不是劳动的特殊技能,不是特别规定的劳动,而在于劳动是作为劳动的那种劳动,——这种质是不用特别支付报酬的,因为资本在同工人的交换中已经购买了这种质。"[1]

第三节 雇佣劳动关系的再生产

在《1857—1858年经济学手稿》的《资本的生产过程》一篇中,马克思通过分析资本与一般交换价值的区别,揭示了资本通过活劳动实现自我增殖的本质,揭示了剩余价值来自剩余劳动。从货币转向资本,马克思的分析中心也从一般劳动转向雇佣劳动,从个人与社会的关系转向工人与资本家之间的关系。这一思路的转变,一方面表明马克思已然走入资本主义生产方式的内部,开始对资本主义生产区别于一般物质生产,资本主义经济关系区别于一般经济关系的具体历史内涵展开分析,另一方面也表明,他不再只是从物化和颠倒出发来展开对资本主义的意识形态批判,而是从资本占有剩余价值的剥削性出发,展开基于经济关系的批判。然而,发现剩余价值,界划必要劳动和剩余劳动,虽然能够揭示资本实现价值增殖的秘密,批判被等价交换掩盖的不公正,但这种批判还是立足于简单生产,因而是从不公正的占有和分配出发的,仍然是外在于资本逻辑本身的批判。对于现实的资本主义生产而言,剩余价值还是抽象的概念推论,要揭示资本逻辑的内在矛盾,还必须对资本主义生产关系进行更具体的还原,这就需要从简单生产过程向再生产过渡。资本的再生产过程不仅仅是价值增殖的过程,也是雇佣劳动关系的再生产过程,即工人和资本家的再生产过程。

一 雇佣劳动关系的再生产

资本作为一个完整的过程,不仅仅在于活劳动生产出剩余价值,因为包含剩余价值的产品在直接形式上还不是价值,它必须重新进入流通才能实现价值。资本作为资本是所有使用的价值的保存过程、价值增殖过程和

---

[1] 《马克思恩格斯全集》第30卷,人民出版社1995年版,第327页。

生产出来的产品的价值实现过程的统一。当增殖了的资本以产品的形式重新进入流通并完成交换，产品重新转化为货币时，资本的增殖也就直接以价值的形式表现出来。马克思讲："在资本上——当资本转化为货币——首先表现出来的，只是它所创造的新价值得到计量"①。当增殖了的资本重新以货币的形式出现时，货币就成为剩余价值的尺度和资本价值增殖的尺度，而资本的价值增殖过程也表现为用自身计量自身。当资本在货币的形式上表现为自身具有自己的尺度时，也就是价值增殖表现为，经过了生产过程和流通过程之后，重新流回的资本同原有资本之间的比例，如此一来，资本不同组成部分之间的差异也就被忽略掉了。在这里，资本的价值增殖不再表现为已经对象化的劳动和活劳动之间的关系，或者是必要劳动和剩余劳动之间的关系，活劳动的特殊使用价值、活劳动创造价值的比例、活劳动的载体即工人劳动力的交换价值比例在这里也都被掩盖了，而这种对劳动的掩盖则是资本能够无偿占有剩余价值，从而在雇佣劳动和资本之间形成不公正分配的原因之一。

工人的剩余劳动在生产中表现为活劳动，并最终以对象化的形式表现为剩余产品，而剩余产品通过流通实现为剩余价值时，也就为其进一步转化为剩余资本提供了前提条件。当剩余价值作为剩余资本出现时，它必须符合资本的一般规定而将活劳动能力作为自己实现增殖的手段，但与原有资本不同的是，剩余资本"作为异己的、外在的权力，并且作为在不以活劳动能力本身为转移的一定条件下消费和利用活劳动能力的权力来同活劳动能力相对立的一切要素，现在表现为活劳动能力自身的产品和结果"②。马克思对这种表现为活劳动能力自身的产品和结果的剩余资本进行了详尽的分析。

首先，一定的剩余价值本身是剩余劳动的产品，这个价值额是超过必要劳动的余额，是经过流通而表现为货币的价值余额。其次，当剩余价值重新实现增殖时，它为了成为资本而必须采取的特殊形态，即原料、工具和新投入劳动的生活资料，同样也是剩余劳动本身的特殊形式。在原有的资本中，资本内部各部分的安排还表现为围绕劳动展开的，即劳动工具和生活资料具有的规模必须不仅能够满足完成必要劳动的对象化，还要能够

---

① 《马克思恩格斯全集》第30卷，人民出版社1995年版，第438页。
② 《马克思恩格斯全集》第30卷，人民出版社1995年版，第442页。

满足剩余劳动的对象化过程。对重新投入到增殖过程中的剩余价值而言，即对于剩余资本而言，这些客观条件已经是剩余劳动本身的产品、结果和客观形式，是资本方面的行为而与活劳动无关。最后，剩余资本所代表的劳动的物质条件同活劳动能力的分离表现为劳动本身的产品。剩余资本作为活劳动的产品从属于资本，成为与活劳动相对立的自为存在的价值，成为与活劳动相对立的他人的权力。

当雇佣劳动的产品作为剩余价值转为资本时，雇佣劳动生产出的就不仅仅是商品，同时也生产出了雇佣劳动关系本身。马克思讲："生产过程和价值增殖过程的结果，首先表现为资本和劳动的关系本身的，资本家和工人的关系本身的再生产和新生产。这种社会关系，生产关系，实际上是这个过程的比其物质结果更为重要的结果。"① 马克思从劳动和资本两个方面考察了雇佣劳动关系的再生产。

从劳动来看，雇佣劳动变为现实性的过程，也是丧失现实性的过程，劳动把自己客体化，但是它把它的客体性变成它的非存在，即资本的存在。虽然剩余价值都是劳动创造出来的，但当它重新成为资本时，同样被分解为不变部分和可变部分，即重新实现劳动所需要的客观条件和维持活劳动能力所需要的活动基金。但是这种分解在劳动能力不仅再生产出自身的价值，而且还增殖一部分新资本的情况下，才能重新占有它本身的成果中用作劳动基金的部分。也就是说，劳动创造了维持新的活劳动能力即新工人所需要的基金，但这种基金只有在能够吸收新的剩余劳动的情况下才能被使用。马克思讲："在劳动所生产的剩余资本——剩余价值中，新的剩余劳动的现实必然性同时也就被创造出来，这样，剩余资本本身同时就是新的剩余劳动和新的剩余资本的现实可能性。"②

从资本来看，马克思区分了原生的剩余资本Ⅰ和再生的剩余资本Ⅱ，他将从最初的生产过程中产生的剩余资本作为剩余资本Ⅰ，将剩余资本投入生产过程又在交换中实现了的剩余价值，重新在第三次生产过程开始时作为新的剩余资本作为剩余资本Ⅱ。剩余资本Ⅱ与剩余资本Ⅰ的前提不同。形成剩余资本Ⅰ的条件是资本家占有价值并将其与工人的活劳动能力相交换，这种价值是归资本家所有而不是在与劳动的关系中产生的；剩余

---

① 《马克思恩格斯全集》第30卷，人民出版社1995年版，第450页。
② 《马克思恩格斯全集》第30卷，人民出版社1995年版，第447页。

资本Ⅱ的前提是剩余资本Ⅰ的存在，也就是说资本家在使用剩余资本Ⅰ时，不是由他从自己的基金中投入的价值，而是工人的对象化劳动，是被资本家无偿占有的对象化劳动。剩余资本的循环意味着资本的再生产，资本的再生产就是雇佣劳动关系的再生产，即是说"在这个过程中工人把他本身作为劳动能力生产出来，也生产出同他相对立的资本，同样另一方面，资本家把他本身作为资本生产出来，也生产出同他相对立的活劳动能力。每一方都由于再生产对方，再生产自己的否定而再生产自己本身"①。

二 雇佣劳动关系的产生

马克思通过分析剩余资本的再生产，指出在资本关系产生之后，雇佣劳动作为基本的生产关系就是资本自身实现的结果，是资本存在的结果。然而，资产阶级经济学家将资本看作生产的一般条件，把劳资关系看作自然的生产方式，并把资本生成的条件说成是资本现在实现的条件，把资本家还是作为非资本家时进行占有的要素说成是资本家通过资本进行占有的条件。在马克思看来，要批判政治经济学的这种辩护，一方面必须将资本关系置于一种历史的发展过程之中，说明这种生产关系产生的条件，更为完整地还原资本主义生产关系的历史，另一方面也需要通过考察资本的历史，发现资本主义生产关系的现代形式被扬弃之点。也就是说，马克思不但指出了资本再生产出雇佣劳动关系，还对这种生产关系的源头进行回溯，以通过完整把握雇佣劳动关系的形成史，认识资本主义生产关系的运动。

劳动总是劳动者与劳动对象的结合，采取何种的结合方式是历史地生成的。在雇佣劳动关系产生之前，各个人作为共同体的成员既是劳动者也是所有者，劳动的目的不是为了创造价值，而是为了维持劳动者及其所属的家庭和共同体的生存。马克思分析了三种共同体的劳动形式。第一种是自然形成的共同体，即家庭扩大形成的部落共同体。这种共同体源于迁徙式的生存方式，它并不先在地占有和利用土地，而是在迁徙过程中形成的血缘、语言、习惯等共同性促成了自然共同体的形成，这种自然共同体在定居后成为土地等劳动资料的所有者。这以亚细亚和东方民族为代表。在

---

① 《马克思恩格斯全集》第30卷，人民出版社1995年版，第450—451页。

这种自然形成的共同体中，共同体是实体，个人不过是偶然的因素，剩余劳动既表现在贡赋等形式上，也表现在颂扬代表统一体的君主、神和工程上。第二种共同体形式以城市作为中心。城市是农民的居住地，耕地表现为城市的领土，既有属于共同体的公地，也有属于私人的小土地。这以古代罗马人为代表。在这种共同体中，每个成员是拥有小块土地的劳动者，而这些私有者作为共同体的成员联合起来对抗外界，并彼此形成保障。公地用来维持共同需要和共同荣誉，私有的小土地既是成员的财产，也是个人作为共同体成员的象征，也就是说，劳动者拥有私有财产是以他作为共同体成员为中介的。在这样的关系中，劳动的目的也不是获得价值，而是自给自足从而把自己作为共同体的成员再生产出来，剩余劳动则是属于保持联合体的共同事业。第三种共同体是日耳曼所有制。在日耳曼人形式中，每一单个家庭是一个独立的生产中心，个人的土地财产不以共同体为中介，而是共同体只存在于个人土地所有者本身的相互关系中。作为一个统一体，共同的语言、血统和历史成为个人所有者存在的前提，同时统一的联合体本身只存在于为共同目的而举行的实际集会中。

上述三种形式的共同体都是以土地财产和农业作为基本经济方式的，生产的目的是直接获得使用价值，从而在个人对共同体的一定关系中把个人再生产出来。马克思讲："劳动主体所组成的共同体，以及以此共同体为基础的所有制，归根到底归结为劳动主体的生产力发展的一定阶段，而和该阶段相适应的是劳动主体相互间的一定关系和他们对自然的一定关系。"[1] 虽然无论在哪一种形式的共同体中，个体劳动者都不像自由工人那样成为单个的点，但这些历史过程却使一个民族的大批个人处于可能的、潜在的自由工人的地位。自然经济状态下，劳动本身被列入生产的客观条件之中，从而原始的统治关系表现为本质的占有关系，但对劳动者的占有和对土地、牲畜的占有不同，劳动者本身是具有自身意志的，占有他人意志是统治关系的前提，对没有意志的东西的占有不存在统治问题。马克思讲："统治关系和隶属关系也属于生产工具占有的这种公式之内；而这些统治关系和隶属关系构成所有原始的财产关系和生产关系发展和灭亡的必要酵母，同时它们又表现出这些关系的局限性。"[2] 这也就是说，劳动者突

---

[1] 《马克思恩格斯全集》第30卷，人民出版社1995年版，第488页。
[2] 《马克思恩格斯全集》第30卷，人民出版社1995年版，第495页。

破自然经济状态下对自身意志的占有和统治，是旧生产方式解体的内在动力，而这一解体过程在形式上表现为劳动者与土地相分离的过程，表现为劳动者通过特殊技能而实际上占有劳动工具的行会关系的解体，表现为各种形式的保护关系的解体。

旧的生产关系的解体形成了产生雇佣劳动关系的两个条件，一是活劳动同其对象化的客观条件相分离，二是劳动者本身是自由劳动，他能够将自身的劳动能力同货币相交换从而实现货币的价值增殖。商人和高利贷者积累起来的货币，在旧生产关系解体的过程中，一方面能够买到劳动的客观条件，另一方面找到自由工人并购买到活劳动力，从而发展为资本。资本起初零散地在个别地方出现，与旧的生产方式并存，但它到处破坏旧的生产方式，使全部生产服从自己，同时还以资本的再生产到处发展劳动与劳动条件的分离。资本产生之前的积累只是货币财富的积累，这种货币财富仅仅是从流通中产生的，是非生产性的，只有在它为实现价值增殖而创造市场和消灭自然经济的过程中，才加速了雇佣劳动关系的普遍化。马克思讲："资本家和雇佣工人的产生，是资本价值增殖过程的主要产物。普通经济学只看到生产出来的物品，而把这一点完全忽略了。因为在这个过程中，对象化的劳动同时又表现为工人的非对象性，表现为与工人对立的一个主体的对象性，表现为工人之外的异己意志的财产，所以资本就必然地同时是资本家"①。

马克思将资本和雇佣劳动之间的关系看作是历史地产生并正在历史地形成的关系，打破了资产阶级经济学家对资本永恒权利的辩护。这种辩护把资本形成之前的货币积累，搬到资本形成之后的历史当中，将资本理解为始终是不依赖劳动的、不是由劳动完成的行为，从而将资本家理解为工人由以获得生产资料和生活资料的提供者，并由此得出资本对工人劳动成果有永恒的权利。马克思讲："认识到产品是劳动能力自己的产品，并断定劳动同自己的实现条件的分离是不公平的、强制的，这是了不起的觉悟"②。

三 雇佣劳动关系与劳动解放

创立历史唯物主义之后，马克思对资本主义的批判就是以科学批判和

---

① 《马克思恩格斯全集》第 30 卷，人民出版社 1995 年版，第 508 页。
② 《马克思恩格斯全集》第 30 卷，人民出版社 1995 年版，第 455 页。

第六章 揭秘剩余价值的生产者

历史批判相统一为原则的，也就是逻辑与历史相统一。在《1857—1858年经济学手稿》中，马克思一方面通过科学抽象，以逻辑分析揭示经验直观背后的本质，透过颠倒的拜物教意识形态，理清货币、资本等物的背后的人的关系，发现剩余价值这一理解雇佣劳动关系的关键，形成了对资本主义非正义性的批判。另一方面，马克思也始终坚持从客观历史现实出发，遵循劳动—价值—货币—资本—资本生产—资本流通的历史逻辑，通过研究资本产生和发展的历史，叙述雇佣劳动关系产生和发展的历史，对资本主义生产方式及其经济关系进行历史批判。历史批判的视角，使得马克思不是将雇佣劳动关系视为天然合理的永恒关系，而是承认这一生产方式的客观历史作用，将其视为劳动解放和人自由全面发展的基础，并力图通过分析资本主义生产方式的客观运行机制，论证无产阶级解放的历史必然性。

首先，马克思指出资本实现剩余价值的要求推动社会剩余劳动质的差别不断扩大，从而实现对自然属性和人的属性的普遍利用。资本要完成再生产，就必须创造一个不断扩大的流通范围来实现剩余价值，而生产相对剩余价值更要求扩大现有消费，造成新需要，创造新的使用价值。也就是说，资本"获得的剩余劳动不单纯仍然是量上的剩余，同时劳动（从而剩余劳动）的质的差别的范围不断扩大，越来越多样化，本身越来越分化"[1]。创造新使用价值的要求推动着人们拓宽对自然和人本身的认识。一方面，在资本主义生产方式出现之后，通过发展自然科学，探索整个自然界，不断发现物的新的有用性，同时采取新加工方式和普遍的交换；另一方面，社会本身的新需要被不断挖掘和创造，人的一切属性得以激活，发展出具有广泛需要以及丰富属性和联系的人。马克思讲："由此产生了资本的伟大的文明作用；它创造了这样一个社会阶段，与这个社会阶段相比，一切以前的社会阶段都只表现为人类的地方性发展和对自然的崇拜。"[2]

再者，资本雇佣劳动促使分散的单个劳动发展为集合的劳动，从而充分利用劳动的集体力量。资本总是要求一定程度的积聚，包括劳动客观条件的积聚和劳动主体形式的积聚，即"不可能每有一个工人就有一个资本

---

[1] 《马克思恩格斯全集》第30卷，人民出版社1995年版，第388—389页。
[2] 《马克思恩格斯全集》第30卷，人民出版社1995年版，第390页。

家,相反,一个资本家却必须有一定数量的工人,而不像一个师傅有一、两个帮工那样"①。最初资本只是通过给独立和分散的手工业者活干,造成交换的集中,工人通过资本而实现形式上的联合。随着资本的发展,它要求消除许多工人的独立分散性以便节省非生产费用,于是不再让工人继续停留在它所遇到的生产方式中,而是创造一种与自己相适应的生产方式,使工人在它的指挥下集合起来。这种集合最初表现为共同的地点、统一的制度、严格的纪律和监督,后来也发展为特定的标准和要求,即"资本不仅表现为工人的集体力量,他们的社会力量,而且表现为把工人连结起来,因而把这种力量创造出来的统一体"②。但是,资本对工人的集合作用虽然充分利用了劳动的集体力量,提升了生产的效率,从而增加了整个社会的生产力,但这种力量却表现为资本的生产力。马克思讲:"这种劳动就其结合体来说,服务于他人的意志和他人的智力,并受这种意志和智力的支配——它的精神的统一处于自身之外"③。对于工人而言,这种对结合劳动的肯定和它力量的强化,恰恰是对作为特殊的孤立劳动者的劳动的否定和对单个劳动的弱化。

自然科学的发展、集中劳动的要求和对相对剩余价值的追求不断促使资本改进生产工具,因此,劳动资料在加入资本的生产过程以后,迅速发生着形态的变化,逐渐发展成为自动的机器体系。在机器体系中,资本对劳动的积聚作用渗透到生产方式之中。机器生产充分运用从科学中得出的自然规律来代替工人劳动,促使发明成为一种职业,让科学更直接地服务于生产,极大地提高了生产率,但机器所代表的生产力仍然表现为资本的生产力。在机器体系出现后,劳动资料越发失去了与活劳动的直接联系而表现为固定资本,所以马克思将自动的机器体系视为"由资本本身规定的并与资本相适应的形式"。他讲:"从机器体系随着社会知识的积累、整个生产力的积累而发展来说,代表一般社会劳动的不是劳动,而是资本。"④

同样是面对工业生产力,在撰写《评李斯特》时,马克思还没有清晰地界划生产力和生产关系,而在《1857—1858年经济学手稿》中,马克

---

① 《马克思恩格斯全集》第30卷,人民出版社1995年版,第587—588页。
② 《马克思恩格斯全集》第30卷,人民出版社1995年版,第590页。
③ 《马克思恩格斯全集》第30卷,人民出版社1995年版,第463—464页。
④ 《马克思恩格斯全集》第31卷,人民出版社1998年版,第93页。

思则明确地将机器所代表的生产力同使用机器的资本主义生产关系区分开来。因此，马克思特别强调了，虽然机器体系作为固定资本支配整个生产过程，呈现出"与资本相适应的形式"，但这决不是说机器体系的存在与资本的存在就是同一回事。他讲："正像黄金不再是货币时，它不会丧失黄金的使用价值一样，机器体系不再是资本时，它也不会失去自己的使用价值。"① 马克思之所以特别作出上述的区别，是因为他要强调物质生产背后的人的因素。在马克思看来，即便机器表现为固定资本，它也不是脱离劳动的自然产物，"它们是人的产业劳动的产物，是转化为人的意志驾驭自然界的器官或者说在自然界实现人的意志的器官的自然物质。它们是人的手创造出来的人脑的器官；是对象化的知识力量"②。

虽然机器归根到底是人的劳动的产物，但机器的出现也对劳动产生了反作用。一方面，机器生产使人劳动的力量支出缩减到最低限度，从而有利于劳动的解放，另一方面，机器生产又使得劳动由机器的运转来决定和调节，从而变成一种单纯的抽象活动。如此一来，随着大工业的发展，现实财富的创造越来越取决于在劳动时间内所运用的作用物的力量，取决于科学发展的水平和它在生产上的应用。马克思讲："在这个转变中，表现为生产和财富的宏大基石的，既不是人本身完成的直接劳动，也不是人从事劳动的时间，而是对人本身的一般生产力的占有，是人对自然界的了解和通过人作为社会体的存在来对自然界的统治，总之，是社会个人的发展。"③

在手稿中，马克思将这种财富尺度的转变和社会个人的发展看得极为重要，他认为一旦直接形式的劳动不再是财富的源泉，劳动时间就不再是价值的尺度，以交换价值为基础的生产便会崩溃。也就是说，在手稿中马克思将机器生产视为劳动解放的充要条件。其一，在马克思看来，机器生产对直接劳动的缩减和简化会导致资本主义趋于解体。机器生产创造出可以自由支配的时间，但同时它又将这些自由支配的时间变为剩余劳动，也就是无偿劳动，这会使资本因为无法实现剩余价值而遭遇生产过剩。同时，大工业生产以自然力服从于社会智力为前提，而"单个人的劳动在它

---

① 《马克思恩格斯全集》第31卷，人民出版社1998年版，第94页。
② 《马克思恩格斯全集》第31卷，人民出版社1998年版，第102页。
③ 《马克思恩格斯全集》第31卷，人民出版社1998年版，第100—101页。

的直接存在中已成为被扬弃的个别劳动,即成为社会劳动"①,于是交换价值的社会基础也就消失了。资本主义生产方式的解体意味着机器生产成为社会生产的新基础,它不再服务于剩余价值的攫取,而是服务于社会的个人的需要。其二,自动机器体系的使用大大节约了整个社会的必要劳动时间,即只需要花费较少的时间就能够满足基本需要,从而增加了从事较高活动的自由时间。在马克思看来,"自由时间——不论是闲暇时间还是从事较高级活动的时间——自然要把占有它的人变为另一主体,于是他作为这另一主体又加入直接生产过程"②,所以自由时间是超越资本主义劳动价值论的新财富尺度,是劳动解放和个人全面发展的尺度。

  从上述马克思对雇佣劳动关系解体的论述来看,他在《1857—1858年经济学手稿》中对资本主义生产方式的解读并没有完全成熟,上述预测也还没能击中资本主义生产方式的要害。在手稿中,马克思虽然不断探究物背后的人的生产关系,但囿于将交换价值作为出发点和概念基础,还没能实现将交换价值和使用价值统一起来。或者说,马克思在手稿中还没有做到将资本逻辑和物质生产真正统一起来。在对劳动的理解上,马克思尚未形成劳动二重性的区分,他只是从特殊和普遍的关系出发,将工人的个别劳动视为直接劳动,将决定交换价值的社会劳动视为一般劳动,以至于他把直接劳动时间和直接劳动形式视为价值生产和财富生产的决定因素。当马克思从直接劳动的变化出发来理解资本主义生产方式的解体,他并没有回答资本主义生产关系的历史归宿。在手稿中,马克思把直接劳动时间的缩短等同于自由时间的增加,将直接劳动服从于自然力和社会智力理解为对个别劳动的扬弃,只能是针对处于劳动情境中的工人而言的,也就是对于已经处在雇佣劳动关系中的工人而言是适用的。然而,对整个资本主义生产关系来讲,制造失业群体和产业后备军是其应对生产过剩的调节器,也就是说,大量的工人是经常性地被排除到雇佣劳动关系之外的。失业工人拥有最大限度的自由劳动时间,他们的劳动也没有被资本无偿占有为剩余劳动,但失业工人决没有获得自由发展的条件。由此可见,从直接劳动的量变和质变出发并不能说明对资本主义的历史超越。实际上,只有从劳动的二重性出发,将资本逻辑与物质生产真正统一起来,才能理解资本主

---

① 《马克思恩格斯全集》第31卷,人民出版社1998年版,第105页。
② 《马克思恩格斯全集》第31卷,人民出版社1998年版,第108页。

义生产的决定要素是形成价值的抽象劳动，只有从抽象劳动出发，才能超出工人的劳动过程本身来认识雇佣劳动关系及其对整个社会劳动的影响，也才能从全社会的角度解读资本主义生产关系的内在矛盾，这一点马克思在手稿中还没有实现。虽然《1857—1858年经济学手稿》还是处于思想实验过程中的文本，但它所取得的理论成就是不容忽视的。马克思透过拜物教的表象，深入到劳动、商品、交换价值、货币、资本等概念背后的人与人之间的关系之中，通过对古典政治经济学和庸俗政治经济学的批判，系统分析了雇佣劳动及其与资本之间的关系，并越出人道主义的哲学语境和权利抗争的政治语境解释工人阶级和资产阶级之间的矛盾对立关系，完成了解析资本主义生产方式的理论奠基。

第七章　剖析资本主义"掘墓人"

为了能够科学准确地解剖资本主义生产方式，还原资本历史和现实的全貌，揭开拜物教意识形态的迷雾，给工人阶级的斗争和革命提供具有穿透力的理论武器，马克思进行了艰苦卓绝的理论努力。他在《资本论》法文版序言中写道："在科学上没有平坦的大道，只有不畏劳苦沿着陡峭山路攀登的人，才有希望达到光辉的顶点。"① 在完成《1857—1858年经济学手稿》之后，马克思于1859年出版了《政治经济学批判》，这是马克思原计划出版六册政治经济学著作的第一分册。在完成第二分册时，马克思将《资本论》定为全书的正标题，以《政治经济学批判》作为副标题。从1861年开始，马克思先后完成了《1861—1863年经济学手稿》和《1863—1865年经济学手稿》两部手稿，详尽研究了政治经济学的重要问题。1865年之后，马克思继续对手稿进行加工完善，为最终出版面世作准备，同时还不断地补充工人运动的最新材料，回应工人阶级斗争的需要。1867年9月《资本论》第一卷在德国出版，这部代表了马克思最高思想成就的著作被誉为"工人阶级的圣经"，它的出版被视作科学社会主义史上具有划时代意义的伟大事件。在《资本论》中，马克思从商品的价值这一范畴出发，通过由抽象到具体的方法，还原了资本主义深层的内在矛盾运动，揭示出资本主义一般利润率下降的规律，指出资本主义生产的真正限制恰恰在于资本本身。与资本相对的雇佣劳动阶级始终处于同资产阶级的博弈斗争之中，它是资本内在的否定意志，也是打破资本主义不断结构化过程的主体力量。科学说明资本主义生产方式的内在矛盾运动，为社会主义运动和无产阶级解放提供观察和理解资本主义发展演变的思想武器，

---

① 《马克思恩格斯文集》第5卷，人民出版社2009年版，第24页。

从而推动社会革命沿着正确方向前进,是马克思撰写《资本论》,构建无产阶级政治经济学的理论主旨。在《资本论》中,马克思把对资本主义的科学批判和对无产阶级的理论指导统一起来,为无产阶级政党取得了"科学上的胜利"。

第一节 《资本论》与工人"被结构化"的客观过程

在对马克思思想发展史的研究中,一直存在着如何理解他思想中改变世界的革命诉求、行动逻辑与解释世界的历史科学、客观逻辑之间的统一问题。在《1844年经济学哲学手稿》和《1857—1858年经济学手稿》等文献发表之后,这一问题又表现为如何认识不同手稿与《资本论》之间的关系问题。对于重视无产阶级革命主体性的学者而言,往往将《资本论》视为具有历史决定论基调的经济主义文本,更倾向于向不同时期手稿的回归。意大利马克思主义学者奈格里在其《〈大纲〉:超越马克思的马克思》一书中认为"《资本论》中范畴的客体化阻塞了革命主体性的行动"[1],而将《1857—1858年经济学手稿》视为"一个确立革命主体性的文本"。与《1857—1858年经济学手稿》比较而言,马克思在《资本论》中的确更加注重对资本主义内在矛盾演变和客观运行规律的分析,但并不意味着它就此阻塞了工人作为革命主体的行动。恰恰相反,《资本论》所实现的理论发展是要赋予无产阶级解放事业一种实事求是的科学视角,具体而言,主要体现为四个方面。

其一,在《资本论》中,马克思完成了逻辑视角的转换,实现了从带有哲学人类学色彩的生产逻辑转向了揭示资本逻辑的彻底的政治经济学批判。[2] 这一逻辑视角的转换为客观科学地认识无产阶级的历史作用提供了理论依据。马克思在《资本论》中对无产阶级阶级地位的分析,不同于对其物质贫困和精神荒凉的直观描绘,也就不会因为这些表面境况的改善否定它的历史意义。其二,马克思在《资本论》中澄清了诸多概念和范畴,

---

[1] [意]奈格里:《〈大纲〉:超越马克思的马克思》,张梧、孟丹、王巍译,北京师范大学出版社2011年版,第25页。

[2] 参见仰海峰《马克思资本逻辑场域中的主体问题》,《中国社会科学》2016年第3期。

例如商品价值、劳动力、不变资本和可变资本、资本有机构成等。这些概念和范畴为工人走出拜物教意识形态迷雾，打破资本主义的思想统治，争取理论话语权奠定了基础。其三，《资本论》对资本主义内在矛盾运动的阐述更为系统和成熟，其中关于生产过剩、产业后备军、周期性危机等问题的探讨，为无产阶级及其政党评估经济社会的发展形势，调整斗争策略提供了理论参考。其四，在《资本论》中，马克思完整探讨了资本的生产过程、流通过程及二者相统一的资本主义生产总过程，对资本主义生产方式进行了系统的还原，形成了完整的理论体系，这一理论体系能够帮助无产阶级及其政党全面认识社会革命的历史使命。实际上，对于无产阶级解放事业而言，比激起革命热情更重要的，是赋予革命力量科学的理论武器，使其能够辨明隐藏在资本主义具体现象之下的本质性规律。所以说，《资本论》实现的理论突破不是淹没了革命主体性的经济主义转向，而是为历史新主体打开了使其走出精神洞穴的思想通道。

一　商品二重性与劳动二重性

揭示资本主义运行规律是马克思研究政治经济学的目的，他在《资本论》第一版的序言中说："我的观点是把经济的社会形态的发展理解为一种自然史的过程"[①]。然而，社会经济形态总是人的实践活动的过程，要将充斥着人们种种主观意愿，始终处在众多偶然性和不断流变之中的社会生活理解为以必然性、确定性为宗旨的自然史，将什么作为开展逻辑分析的起点极其重要。在《资本论》中，马克思将"商品"作为思考的起点，进而引入劳动二重性的理论，找到了打开资本主义生产秘密的钥匙，他将商品中包含的劳动二重性称为"理解政治经济学的枢纽"。

《资本论》从分析商品的使用价值和交换价值开始，揭示了劳动二重性，并将劳动二重性的形成看成一个客观的历史过程，也就从日常生活的感性层面进入了本质层面。在《资本论》的开篇，马克思讲："资本主义生产方式占统治地位的社会的财富，表现为'庞大的商品堆积'"[②]。也就是说，商品是资本主义社会的细胞，是资本主义生产方式最基本的元素，它是人们在资本主义社会的日常生活中最常见、最直观、最普遍接触的现

---

① 《马克思恩格斯文集》第5卷，人民出版社2009年版，第10页。
② 《马克思恩格斯文集》第5卷，人民出版社2009年版，第47页。

象，但这种简单而平凡的东西却"充满形而上学的微妙和神学的怪诞"。在日常经济生活中，商品作为某种物的有用性和彼此之间进行相互交换是最直观的现象，商品作为物的有用性是商品使用价值，不同商品彼此相互交换的量的关系则是商品的交换价值。与《1857—1858年经济学手稿》不同，马克思在《资本论》中将交换价值理解为一种"表现形式"。只要比例适当，使用价值完全不同的商品之间就能够实现等价交换，也就是说，在商品交换价值"表现形式"背后的统一的、具有可比性的东西才是决定交换关系的实质所在。撇开使用价值，商品剩下的共同属性就是它们都是劳动产品，而一切人类劳动总是一方面表现为一定的人类劳动力在生理意义上的耗费，即抽象劳动，另一方面又表现为特殊的劳动形式、劳动目的，即具体劳动。能够进行量的比较的只能是抽象劳动，即抽去劳动产品千差万别的有用性，剩下以劳动时间作为尺度来计量的"无差别的人类劳动的凝结"，这也就是商品交换价值表现形式背后的价值实体。生产使用价值的具体劳动，表征着人和自然之间的物质变换，是人类生活得以实现的自然基础，它并不以产品是否进入交换关系而转移。抽象劳动与具体劳动的二重化只有在商品生产过程中才是现实的，在商品普遍化的过程中，社会劳动不断被简化为同质的、以劳动时间来衡量的一般人类劳动。马克思讲："各种劳动化为当做它们的计量单位的简单劳动的不同比例，是在生产者背后由社会过程决定的"[①]。

  实际上，商品生产逐渐占据统治地位的过程，就是劳动在社会过程中不断抽象化的过程，也是资本主义拜物教意识形态一系列颠倒的形成过程。首先，对劳动的抽象和简化让使用价值归于价值，这本身就是一种主客体的颠倒过程。从单个劳动者来看，劳动者的具体劳动，总有特定的目的和形式，是主体支配下的劳动。抽象劳动作为同质化的劳动，即人类劳动力在生理学意义上的耗费，就意味着劳动因此丧失了主体性，作为主体的个人在抽象劳动那里只是它的肉体器官。就社会劳动而言，抽象劳动成为具有社会意义的劳动，具体劳动只有抽象为一般的人类劳动才能成为社会劳动。也就是说，劳动的质必须服从于劳动的量才能成为社会劳动，这种质和量的颠倒是商品生产的基础。对于处在社会之中，时刻与社会相联

[①] 《马克思恩格斯文集》第5卷，人民出版社2009年版，第58页。

系的单个生产者而言,这种质和量的颠倒意味着主体劳动不再是一种为了自身、回到自身的活动,它不能决定劳动的最终结果,劳动的结果是由与其对立的抽象力量来决定的。也就是说,具体劳动转换为抽象劳动对单个生产者来讲是无意识的过程,马克思讲:"人们使他们的劳动产品彼此当做价值发生关系,不是因为在他们看来这些物只是同种的人类劳动的物质外壳。恰恰相反,他们在交换中使他们的各种产品作为价值彼此相等,也就使他们的各种劳动作为人类劳动而彼此相等。他们没有意识到这一点,但是他们这样做了。"①

当商品生产的进一步发展推动抽象劳动本身以客体化的形式固定下来,就形成了人与人之间社会关系的全面物化。商品是使用价值和价值的统一,但商品不同于一般物品恰恰在于它总是一定价值的载体,所以价值才是商品更本质的属性。但是,商品作为价值物却是不可捉摸的,"商品只有作为同一的社会单位即人类劳动的表现才具有价值对象性,因而它们的价值对象性纯粹是社会的,那么不言而喻,价值对象性只能在商品同商品的社会关系中表现出来"②。也就是说,虽然商品的价值实体是客观存在的"无差别的人类劳动的凝结",但商品的价值只有在交换的过程中通过具体的价值形式才能够表现出来。在一个商品与另一个商品相交换的等价形式中,一系列客观化的颠倒就开始形成了。对于充当等价物的商品而言,使用价值成为它的对立面即价值的表现形式,生产它的具体劳动成为抽象人类劳动的表现,生产它的私人劳动成为直接社会形式的劳动。在《资本论》第一篇《商品和货币》中,马克思详尽地分析了"简单的、个别的或偶然的价值形式""总和的和扩大的价值形式""一般价值形式""货币形式"的发展过程。货币出现之后,这种一般等价物获得了客观的固定性和一般的社会效力,成为商品世界的主人。正是商品世界的这个完成的形式——货币形式,用物的形式掩盖了私人劳动的社会性质以及私人劳动者的社会关系,而不是把它们揭示出来。

在马克思之前,古典政治经济学家分析了商品的价值,其最高成就是将劳动作为价值的源泉,但是古典政治经济学不关照劳动者,也没有对劳动进行进一步的分析,从而没有把商品价值归结为生理学意义上的人类生

---

① 《马克思恩格斯文集》第5卷,人民出版社2009年版,第91页。
② 《马克思恩格斯文集》第5卷,人民出版社2009年版,第61页。

命力的耗费。劳动虽然总是具体劳动和抽象劳动的统一，商品虽然总是二重性的统一，但在资本主义生产过程中，最终支配生产的是商品的价值，也就是说只有抽象劳动才是在资本运行过程中起决定作用的劳动。马克思讲："在迄今为止的所有经济学家那里，把商品归结为'劳动'的分析，都是模棱两可的、不完全的。把商品归结为'劳动'是不够的，而是应当归结为具有二重形式的劳动"①。只有区分劳动的二重性，并在交换关系中来认识这种二重性，才能理解为什么劳动表现为价值，用劳动时间计算的劳动量表现为劳动产品的价值量。再者，古典政治经济学也分析价值量，并将劳动时间作为衡量价值量的尺度，但却忽略了价值能够成为交换价值的价值形式，而仅仅将其理解为一种商品本性以外的东西。马克思讲："劳动产品的价值形式是资产阶级生产方式的最抽象的，但也是最一般的形式，这就使资产阶级生产方式成为一种特殊的社会生产类型，因而同时具有历史的特征。"② 一旦古典政治经济学忽略商品价值形式的演进过程，也就势必忽略商品价值形式及其进一步发展，忽略货币、资本形式的特殊性，从而将资本主义生产方式理解为自然的社会生产形式，因此，他们也就不可能真正认识资本主义的本质。当马克思通过分析商品二重性和劳动二重性，揭示出商品拜物教和货币拜物教的形成机制，他就画出了厘清资本逻辑的思想标尺。

二 劳动力商品与价值增殖

商品是使用价值和价值的统一，也就意味着生产商品的过程是劳动过程和价值形成过程的统一。劳动过程是制造使用价值的有目的的活动过程，涉及劳动的质的方面，而价值形成过程仅仅涉及量的方面，包括包含在劳动资料中的劳动和由劳动者加入进去的劳动，都按照劳动时间的尺度来计算。对于资本家而言，价值形成过程必然也是价值增殖过程，主要涉及劳动的量的问题，对增殖究竟如何理解则是解剖资本主义的关键。在《1857—1858年经济学手稿》中，马克思已经得出价值增殖来自剩余劳动，只有用于购买活劳动的这部分资本才产生高于自身交换价值的价值。在《资本论》中，马克思明确地将价值增殖解释为："价值增殖过程不外

---

① 《马克思恩格斯文集》第8卷，人民出版社2009年版，第472页。
② 《马克思恩格斯文集》第5卷，人民出版社2009年版，第99页。

是超过一定点而延长了的价值形成过程。如果价值形成过程只持续到这样一点，即资本所支付的劳动力价值恰好为新的等价物所补偿，那就是单纯的价值形成过程。"[①] 不难看出，这里理解价值增殖的关键在于劳动力价值。提出劳动力的概念，将劳动力与劳动区分开来，是《资本论》中一个重要的话语突破，它为阐述工人阶级的阶级地位提供了基本的概念基础。恩格斯在1891年再版《雇佣劳动与资本》时，特别将工人为取得工资向资本家出卖自己的"劳动"改为了"劳动力"。

在《1857—1858年经济学手稿》《1861—1863年经济学手稿》中，马克思已经认识到工人用以和资本家进行交换的是自身的劳动能力，而非劳动本身。在《1857—1858年经济学手稿》关于固定资本的讨论中，马克思认识到机器大工业生产成为符合资本要求的生产方式，它使得工人从原来的劳动支配者和生产过程的主要作用者蜕变为"站在生产过程旁边"的监督者和调节者。从手工作坊、工场手工业到机器大生产，劳动本身经历了一个客观上的不断抽象化的过程。原本富含劳动者情感、审美和特殊技艺，能够体现出劳动者主体性的劳动，在机器体系中被单纯生理性的机械运动和纯粹生命力的耗费所替代。这一认识促使马克思在《资本论》中进一步提出劳动二重性，把生产使用价值的具体劳动同形成价值的抽象劳动区别开来。与笼统地讲"劳动""劳动能力"相比，"劳动力"的概念更契合抽象劳动的要求。马克思把劳动力"理解为一个人的身体即活的人体中存在的、每当他生产某种使用价值时就运用的体力和智力的总和"[②]。理顺"劳动力"和"劳动"概念之间的关系，才能够从劳动过程的现象层面深入到价值形成和增殖的本质层面，理解劳动力成为商品的历史意义。

早在《1844年经济学哲学手稿》中，马克思曾从人本主义出发批判工人被资本视作"商品"，认为将工人"商品化"是一种使其丧失了独立人格的物化。在提出劳动力概念之后，马克思在《资本论》中对劳动力商品的理解则大为不同。首先，劳动力要能够作为商品在市场上进行交换的前提是，作为劳动力占有者的工人能够自主支配自身劳动力，即是说工人是自己身体的主人，是独立的个体。劳动力占有者和货币占有者之间的交换同一切交换一样，是双方都作为法律上平等的所有者发生关系，不存在

---

① 《马克思恩格斯文集》第5卷，人民出版社2009年版，第227页。
② 《马克思恩格斯文集》第5卷，人民出版社2009年版，第195页。

彼此之间的从属和强迫。与一般商品交换不同的是，工人只能在一定的期限内出卖劳动力，以保证把自己的劳动力当作自己的财产和商品，而不至于沦为奴隶，即"他在让渡自己的劳动力时不放弃自己对它的所有权"①。这就说明，工人并没有因为出卖劳动力而丧失自己独立的人格。完成货币与劳动力商品交换的另一个条件在于，劳动力的所有者本身一无所有，他无法实现对象化劳动，因此除了出卖存在于生命本身的劳动力以外，无法获得生活资料。

将"劳动力"与"劳动"区分开来，劳动力成为商品仅仅指的是工人作为自由人在一定期限内让渡自身劳动力的使用权，这在人本主义的逻辑范式中似乎是重新肯定了工人自己支配自己的主体地位。然而，历史唯物主义从"一切社会关系的总和"来理解人的本质，劳动力成为商品将意味着社会关系的新变化。在历史唯物主义看来，"资本一出现，就标志着社会生产过程的一个新时代"②，只有认识资本时代的社会关系，从资本逻辑出发才能认清"劳动力商品"所有者作为"现实的个人"的本质。

资本是从商品流通中发展而来的，而商品流通存在着两种不同的形式，一种是为买而卖的 W—G—W 的直接形式，在这种形式中商品转化为货币，货币再转化为商品；另一种是为卖而买的 G—W—G' 的资本形式，在这种形式中货币转化为商品，商品再转化为货币。在第二种形式中，交换本身不是为了占有使用价值，获得满足需求的手段，流通本身就是其目的，因为只有在不断的运动过程中才能实现 G—G' 的增殖，所以资本流通形式是无休止的运动。这种形式中，商品和货币都是价值本身不同的存在方式，"价值在这里已经成为一个过程的主体，在这个过程中，它不断地变换货币形式和商品形式，改变着自己的量，作为剩余价值同作为原价值的自身分出来，自行增殖着"③。价值增殖不能离开流通的运动过程，但流通本身又不创造价值，所以说资本既在流通中又不在流通中产生，如果仅从价值交换出发无法自洽地解释价值增殖的秘密。价值增殖的秘密只能在"G—W"中所购买商品的使用价值上，即它的使用价值本身就是创造价值，这也就是劳动力商品。劳动本身是价值的实体，劳动力则是创造价值

---

① 《马克思恩格斯文集》第 5 卷，人民出版社 2009 年版，第 196 页。
② 《马克思恩格斯文集》第 5 卷，人民出版社 2009 年版，第 198 页。
③ 《马克思恩格斯文集》第 5 卷，人民出版社 2009 年版，第 180 页。

的源泉，只不过在价值增殖的运动中，劳动力所创造的新价值属于资本。

在资本的世界中，劳动力占有者获得的自主权只是一种表面的自主权，他成为独立的个人不是为了发展自己的个性，而是为了更好地出卖自己，他发展个人的体力、智力经常是为着迎合市场的需求，其实质是一种为实现增殖而存在的特殊使用价值。在资本逻辑中，只有抽象的价值及其增殖运动才占据着主体地位，这是一个不断吸纳一切社会领域的过程，劳动力的占有者和货币占有者都被裹挟其中，成为特定职能的执行者。资本并不关心劳动力占有者作为个人的生存及其志趣、情感、智慧、权利等人格因素，它关心的是劳动力作为商品其供应量的大小、使用价值的好坏和价值的高低。

在《资本论》中，马克思特别分析了劳动力商品的价值构成。"同任何其他商品的价值一样，劳动力的价值也是由生产从而再生产这种独特物品所必要的劳动时间决定的"[1]，其中包括维持劳动力占有者及其子女所必要的生活资料的价值、获得一定教育或训练的费用。劳动力需要的范围和满足需要的方式本身是历史的产物，因而劳动力价值也包含着"历史的和道德的要求"。劳动力商品的价值和价格在资本主义生产实践中表现为工资，而工资形式使得"劳动价值"这一用语的不合理性被掩盖起来。工资的形式使得工人的全部劳动都表现为有酬劳动，工作日实际上分为必要劳动和剩余劳动、有酬劳动和无酬劳动的实质被掩盖起来。马克思讲："就'劳动的价值和价格'或'工资'这个表现形式不同于它所表现的本质关系，即劳动力的价值和价格而言，我们关于一切表现形式和隐藏在它们背后的基础所说的话，也是适用的。前者是直接地、自发地、作为流行的思维形式再现出来的，而后者只有科学才能揭示出来。"[2] 可以说，与《1857—1858年经济学手稿》以"对象化劳动"和"活劳动"为中心概念来解释剩余价值相比，马克思在《资本论》中从抽象劳动创造价值这一理论枢纽出发，以劳动力商品及其价值为中心，彻底摆脱了资本运动过程中诸多表象的干扰，直接将价值增殖这一资本最本质的内核暴露出来作为分析的基础，从而把对雇佣劳动关系的批判彻底带入到了科学解析资本逻辑的话语框架之中。

---

[1] 《马克思恩格斯文集》第5卷，人民出版社2009年版，第198页。
[2] 《马克思恩格斯文集》第5卷，人民出版社2009年版，第621—622页。

三 资本积累与产业后备军

在《1857—1858年经济学手稿》中，马克思探讨了资本不仅生产商品和附着在商品上的剩余价值，而且再生产出雇佣劳动关系。在提出劳动力商品概念的基础上，马克思又从商品生产的经济规律出发，对雇佣劳动关系的再生产进行了说明。劳动力商品具有创造价值的特殊使用价值，但并不触犯商品生产的一般规律。资本家购买劳动力商品已经付出了他所要交换商品的交换价值，他因而获得了商品所有者让渡出来的商品使用价值，价值创造过程正是他对商品使用价值的消费过程。然而，遵循商品生产的经济规律以及所有权的要求，工人劳动过程本身是资本家消费自己已购商品使用价值的过程，所以劳动产品属于资本家，而非属于工人。这一产品中既包含着预付资本的价值也包含着剩余价值，后者耗费工人的劳动，资本家不用耗费任何东西。包含剩余价值的工人劳动产品成为资本家的合法财产带来两个结果：一方面工人只获得保持自己劳动力的必要生活资料，除此之外依然一无所有，因而不得不再次出卖劳动力；另一方面，资本家不仅收回了预付资本，同时还获得了剩余价值的支配权，资本家将剩余价值再次转化为资本，就是资本的积累。一旦劳动力成为商品，商品经济就会按照自己的内在规律发展为资本主义生产，资本主义的占有规律又会推动资本主义积累使资本主义生产关系不断拓展，成为整个社会居于统治地位的生产关系。资本积累的过程是财富与工人不断分离的过程，在这一过程中，资本积累的规律左右着工人阶级的命运。在《资本论》第一卷第二十三章，马克思对资本积累给工人阶级造成的影响进行了研究，他将被排除于雇佣关系之外的"过剩人口"也纳入其中，从而把对工人阶级的研究推进到工厂生产之外的整个社会生活场景之中。

马克思将资本从价值构成上分为不变资本和可变资本，从生产过程中发挥作用的物质方面来看，这二者之间的比例关系反映出资本的技术构成，即资本的有机构成。马克思揭示出资本积累对工人阶级造成的影响与资本有机构成的变化有着直接的联系。在资本有机构成不变的情况下，一定量的生产资料需要同量劳动推动，转化为追加资本的剩余价值也同比例地分为可变资本和不变资本，那么对劳动的需求就会随着资本增长的比例而增长。如果资本积累对劳动力增长的需求超过工人的供给，工资会相应地提高，但是，工资提高的状况如果导致利润下降，从而削弱资本积累，对劳动的需求和供给又会因为积累的减少而逐渐趋于平衡。在资本有机构成不变的情况下，资本积累的绝对运动引起劳动力供给的相对运动。也就是说，雇佣工人的增多和工资的提高都是在资本主义生产的范围之内的，"劳动力必须不断地作为价值增殖的手段并入资本，不能脱离资本，它对资本的从属关系只是由于它时而卖给这个资本家，时而卖给那个资本家才被掩盖起来，所以，劳动力的再生产实际上是资本本身再生产的一个因素。因此，资本的积累就是无产阶级的增加"[1]。

随着生产力的发展，劳动生产率不断提高，相同劳动推动更多的劳动资料，资本有机构成提高，使得资本进一步积累过程中，不变资本所占的比例大于可变资本的比例。与此同时，竞争和信用事业的发展推动着单个资本的集中，集中形成的规模效应反过来推动科学生产的运用，进一步加速资本技术构成的变化，对资本有机构成的提高起到了催化剂的作用。当追加的资本主要用来利用新发明改良工业手段，原有资本会随着时间的推移逐渐以更加完善的形态再生产出来，并且用较少的劳动推动较多的劳动资料。这样，在总资本中，可变资本的比例随着总资本的增长而递减，而可变资本部分的大小又决定着对劳动的需要。于是，"一方面，在积累进程中形成的追加资本，同它自己的量比较起来，会越来越少地吸引工人。另一方面，周期地按新的构成再生产出来的旧资本，会越来越多地排斥它以前所雇用的工人"[2]。在资本有机构成提高的情况下，为吸收一定数目的劳动力或只是继续雇用在职工人，就要求总资本以递增的速度加快积累，从而提高可变资本的总量，然而这又成为推动资本构成发生变化的新源泉。也就是说，资本积累和有机构成的提高会不断生产出相对的，即超过资本增殖需要的过剩的工人人口。工人在生产出资本积累的同时，也生产出使他们自身成为相对过剩人口的手段，就是资本主义生产方式下的人口规律。资本主义生产在每一次有机构成更新的过程中，形成类似痉挛式的膨胀和收缩，工人不断被"游离"出来成为失业或半失业的人口，又在积累扩大的生产中成为实现新一轮价值增殖的手段。也就是说，过剩的工人人口形成一支从属于资本的产业后备军，随时可为资本膨胀起来的增殖需

---

[1] 《马克思恩格斯文集》第5卷，人民出版社2009年版，第708—709页。
[2] 《马克思恩格斯文集》第5卷，人民出版社2009年版，第724页。

要所征用。马克思总结称:"现代工业特有的生活过程,由中常活跃、生产高度繁忙、危机和停滞这几个时期构成的、穿插着较小波动的十年一次的周期形式,就是建立在产业后备军或过剩人口的不断形成、或多或少地被吸收、然后再形成这样的基础之上的。"[①]

工人产业后备军是整个资本主义生产方式的必然产物,它在资本主义生产周期的不同阶段会给现役工人队伍带来相应的影响。在经济收缩时期,产业后备军成为监督现役工人队伍的隐性鞭子,失业和半失业的工人造成的竞争环境迫使就业工人不得不接受过度劳动,但工人的劳动效率越高,资本对劳动的需求增长越慢,也就越是加速了产业后备军的生产。在经济繁荣亢进时期,产业后备军的存在不仅给资本的周期性运动准备了劳动力市场,同时还会一定程度上抑制现役工人提高工资的要求,对工资的一般变动产生影响,所以马克思称,相对过剩人口的存在是劳动供求规律借以运动的背景。

在《资本论》中,马克思分析了过剩人口的三种形式:"流动的形式""潜在的形式"和"停滞的形式"。"流动的形式"是指,工人时而被排斥、时而在更大的规模上被吸引,但就业人数增加的比率同生产规模相比不断缩小;"潜在的形式"是指由于年龄、技术落后等原因可能随时遭到淘汰,或者是农业人口在城市工业扩张过程中非农化而形成的过剩;"停滞的形式"是指,就业极不规则,被迫接受最低的工资,生活状况降到平均的正常水平之下的一部分工人。在第二十三章的最后一部分"资本主义积累一般规律的例证"一节中,马克思列举了大量的实证材料和数据,细数了周期性危机给工人阶级以及各种形式的过剩人口造成的影响,其中包括反映工人基本生存状况的营养、居住、卫生、健康等方方面面的情况,以及伴随贫困和人口过剩而产生的道德问题和社会问题。

相对人口过剩及其所带来的各种问题是资本主义运行的必然结果,只要资本追求价值增殖,在绝对剩余价值有限的情况下,就只能通过改进生产来提高相对剩余价值,这就必然促使较少的劳动推动更多劳动资料,形成改变资本有机构成的结果,也就必然要"游离"出过剩的工人人口。资本主义生产方式周期性运动中所产生的阵痛,是由过剩的工人人口来承担

[①] 《马克思恩格斯文集》第5卷,人民出版社2009年版,第729页。

的，不论失业工人还是就业工人，都能够在这种周期性危机中直接感受到它带来的压迫感和生存威胁。马克思在《资本论》中对过剩人口的分析，起到了将揭示资本逻辑的科学研究与追求人类解放的革命立场统一起来的作用。

第二节 《资本论》与工人"反结构化"的主体意志

在《资本论》中，马克思通过厘清重要概念，完成了关键的理论突破，实现了对资本主义生产方式从抽象到具体的还原。就《资本论》的整体而言，马克思从生产逻辑进入到资本逻辑之中，说明了资本主义对整个社会生活的不断结构化过程，揭示出工人作为"现实的个人"在现代社会不过是服务于"资本"这一主体的"增殖工具"。但是，注重《资本论》的逻辑整体，强调马克思对资本主义生产规律的揭示，不能像加拿大学者莱博维奇所理解的那样，认为《资本论》展示的只是资本主义中资本的一面，似乎马克思在《资本论》中忽视了劳动者的主体地位，使劳动者处于不在场的"失语状态"。作为无产阶级的革命导师，马克思进行政治经济学研究的主要目的是要为无产阶级争取"科学上的胜利"，他写作《资本论》总是力图将鲜明的党性原则和严谨的科学原则相统一。只要稍许关注《资本论》的细节，就会发现工人阶级为争取自身权利而进行的斗争和努力始终在马克思的视野之中，而对于身处机器大工业起步时期的马克思而言，为工人阶级规划斗争目标和现实路径比描绘其行动状态更为重要。

一 工人斗争的内容及其历史意义

正如马克思在《资本论》序言中所讲的："不管个人在主观上怎样超脱各种关系，他在社会意义上总是这些关系的产物，同其他任何观点比起来，我的观点是更不能要个人对这些关系负责的。"[①] 在这一原则下，马克思并没像左翼历史学家 E. P. 汤普森著作《英国工人阶级的形成》那样，以类似民族志的方式，详细还原一部工人阶级的斗争传记。相反，马克思

---

① 《马克思恩格斯文集》第 5 卷，人民出版社 2009 年版，第 10 页。

在《资本论》中总是立足于资本主义矛盾运动来认识工人阶级的反抗斗争。对于马克思而言，工人阶级和资产阶级之间的斗争不仅是工人对困苦的反映，不仅是其反剥削、反奴役的抗争，同时还是推动资产阶级调整策略，进而促进技术发展和文明进步的要素。

马克思在《1857—1858年经济学手稿》中就已经指出，作为对象化的劳动，资本的对立面只能是非对象化的活劳动。资本家是资本的人格化，雇佣工人是劳动力商品的占有者，二者之间的对抗是资本和劳动分离所决定的，即是说"资本家和雇佣工人之间的斗争是同资本关系本身一起开始的"①。在《资本论》中，马克思专门列举了18世纪早期的著作作为参照，包括约翰·霍顿的《农业和手工业的改进》（1727年伦敦版），1720年版的《东印度贸易的利益》，证明工人与资本家之间的斗争是伴随着资本主义生产方式的出现而出现的，并引证1767年出版的《论当前粮价昂贵的原因》中的句子说："不幸的是，业主和工人彼此处于一种无休止的战争中。业主的一贯目的是要使自己的活尽可能廉价地得到完成；他们不惜使用各种诡计来达到这一目的，而工人同样也总想利用一切机会强迫业主满足他们的更高要求。"②

虽然工人和资本家之间的斗争从资本主义诞生之日起便开始了，但工人展开斗争的诉求和目的却不断地发生着变化。在资本主义生产发展的不同阶段，随着劳动方式的变化，工人进行斗争的目的和方式也会发生变化。在工场手工业时期，生产方式是以分工的发展为基础的，总体的生产过程分解为不同的阶段，各个特殊阶段同手工劳动分成的各种局部操作相一致，但每一种操作仍然是手工业性质的。在手工业工场内部，各种手工业自然形成的分立被再生产出来，并系统地把它发展到极端，从而形成局部工人的技艺，这些局部工人又组成总体工人，与这种工场手工业的分工形式相对应的是工场劳动力的等级制度。然而，虽然工场手工业在生产过程中进一步发展了分工，但它总是"一个以人为器官的生产机构"③，它的劳动效率与质量取决于每个工人的力量、熟练度、速度和准确度。在这种工场劳动中，工人本身的劳动能力仍然具有禀赋、技巧上的差异，因而工

---

① 《马克思恩格斯文集》第5卷，人民出版社2009年版，第492页。
② 《马克思恩格斯文集》第5卷，人民出版社2009年版，第492页。
③ 《马克思恩格斯文集》第5卷，人民出版社2009年版，第392页。

人本身作为自身劳动力的占有者具有一定的议价筹码。此外，分工虽然也提高劳动效率，但它只是"潜在地代替工人的手段，而不是现实地排挤工人的手段"①。所以说，工场手工业的生产还是要依赖工人的熟练程度和它们的"客观骨骼"。在这一阶段，工人的反抗直接以工资为目的，以不服从为主要方式。马克思借用尤尔在《工厂哲学》中的话证明这一时期工人抗争的特点说："我们的朋友尤尔叫喊说：'人类天性的弱点如此之大，以致工人越熟练，就越任性，越难驾驭，因此，工人不驯服的脾气给总机构造成巨大的损害。'"②

机器生产是在工场手工业的协作生产的基础上发展起来的，但却在形式上发生了质变。原来工人使用的器具和工具被连接成一个整体，成为一个机构的工具或机械工具了。在机器大生产中，原本手工业劳动的基础消失了，技术的技巧代替了工人原本的技巧，工人的劳动逐渐均等化，并被迫在技术上服从于劳动资料的统一运动，兵营式的纪律代替了原来的劳动力等级制，劳工和监工的区别代替了熟练工和非熟练工的区别，年龄和性别的自然差别代替了局部工人之间的差别。劳动在现实中越接近抽象劳动，工人劳动力的质的差别越小，可替代性越强，工人也就失去了同资本议价的筹码。同时，与工场手工业相比较，机器对工人的排斥是现实的，机器一出现，就立刻成了工人的竞争者。劳动境遇的变化带来了工人反抗方式的改变，捣毁机器成为工人反抗斗争的重要形式。在马克思看来，捣毁机器是工人反对资本主义生产方式的开始，"只是在采用机器以后，工人才开始反对劳动资料本身，即反对资本的物质存在方式"③。也就是说，与手工业劳动者的"任性"和"不服从"相比，工人捣毁机器的运动直接针对的是资本主义生产本身，其组织性和目的性更强。汤普森在《英国工人阶级的形成》中对捣毁机器的卢德运动与以往工人的反抗运动进行了区分，指出："虽然和这些传统有关，卢德运动却必须和它们区别开，首先是因为它高度的组织性，其次是它蓬勃发展的政治背景。这些区别可以用一个简单点来总结：尽管工业中的特殊疾苦是它的原因，卢德运动却是个

---

① 《马克思恩格斯文集》第5卷，人民出版社2009年版，第494页。
② 《马克思恩格斯文集》第5卷，人民出版社2009年版，第425页。
③ 《马克思恩格斯文集》第5卷，人民出版社2009年版，第492页。

半造反运动,它一直摆动在未来的革命目标的边缘上"①。然而,捣毁机器只是工人反对资本主义最初、最不科学的方式,这种斗争方式并不符合历史发展的趋势和潮流。马克思讲:"工人要学会把机器和机器的资本主义应用区别开来,从而学会把自己的攻击从物质生产资料本身转向物质生产资料的社会使用形式,是需要时间和经验的。"②

如果说不服从和捣毁机器都是工人在资本主义生产方式诞生之初的抗争,那么随着机器大工业的逐渐发展和普及,争取正常工作日的斗争则是能够直接反映资本主义剥削实质的斗争。资本购买劳动力以工作日为单位,而工作日是一个可变量,它的长度随着剩余劳动的长度和持续时间而变化。在机器生产的条件下,工人劳动内容同质化,劳动节奏由机器控制,工作日时间越长,资本就能占有越多的剩余劳动。对于工人而言则相反,工作日时间越长,劳动力的损耗越大。起初,资本家在购买劳动力商品时并没有给工作日规定界限,因而资本家作为买者要求尽量延长工作日,而工人作为卖者则要求把工作日限定在一定的正常量以内,关于工作日的界限是资本和工人作为买者和卖者相互博弈的结果。当买者和卖者的权利同样为商品交换规律所承认,那么"在平等的权利之间,力量就起决定作用",因此马克思讲"在资本主义生产的历史上,工作日的正常化过程表现为规定工作日界限的斗争,这是全体资本家即资本家阶级和全体工人即工人阶级之间的斗争"。③ 也就是说,虽然关于限定工作日的斗争,其直接目的是经济性的,但却在斗争形式上表现为两个阶级之间政治性的对立。资产阶级依靠国家政权的力量在资本主义制度确立之初通过立法来延长工作日,工人阶级也通过影响立法的方式来限定工作日。

马克思在《资本论》中记述了英国从14世纪开始施行劳工法,到19世纪颁布工厂法的发展过程。从14世纪到18世纪中叶,英国的劳工法总是力图强制地延长工作日,这个过程使得"习俗和自然、年龄和性别、昼和夜的界限,统统被摧毁了"④。孤立的工人在资本面前是没有抵抗力的,只能被迫屈服,然而彼此力量悬殊的斗争促使工人争取正常工作日的斗争

---

① [英] E. P. 汤普森:《英国工人阶级的形成》(下),钱乘旦等译,译林出版社2013年版,第646页。
② 《马克思恩格斯文集》第5卷,人民出版社2009年版,第493页。
③ 《马克思恩格斯文集》第5卷,人民出版社2009年版,第272页。
④ 《马克思恩格斯文集》第5卷,人民出版社2009年版,第320页。

逐渐从"隐蔽的内战"发展为"声势浩大的集会抗议"。马克思讲："为了'抵御'折磨他们的毒蛇,工人必须把他们的头聚在一起,作为一个阶级来强行争得一项国家法律,一个强有力的社会屏障"①。在工人阶级日益激烈的斗争下,英国逐渐废除劳工法,到19世纪30年代开始颁布《工厂法》对工作日进行局部限制,19世纪60年代,正常工作日才作为普遍的权利在英国推行。争取限定正常工作日在一定程度上限制了资本家无休止的剥削,同时也为工人参与政治活动、开展理论学习和实现自身发展提供了前提。

二 工人的生存境遇及其权利保障

《资本论》出版之后,对欧洲的工人阶级运动产生了重要的影响,被称为"工人阶级的圣经"。《资本论》之所以受到工人的青睐,除了因为它科学地揭示了资本主义生产规律和工人受剥削的根源之外,还在于马克思在《资本论》中以大量翔实的材料叙述了工人阶级的生存境遇,对早期资本主义的野蛮生长及其辩护理论进行了激烈的批判。与《1844年经济学哲学手稿》中对工人困苦的人本主义异化批判相比,马克思在《资本论》中的批判为工人阶级认识和争取自身权益提供了参照。在马克思看来,不断争取各种法定权益,增进公共福利既是19世纪工人运动的现实目标和路径,也是促进社会进步的重要方式。马克思在《资本论》中花了大量的笔墨介绍英国《工厂法》的内容及其实施情况,在他看来"工厂立法是社会对其生产过程自发形态的第一次有意识、有计划的反作用"②。

首先,马克思在《资本论》中批判了资本剥削对工人生命健康的无视,从多个角度论述了保障工人生命健康权利的问题。出卖劳动力商品是工人获得生活资料的唯一途径,对于工人而言,最基本的生存保障便是顺利获得工资。马克思在论述劳动力商品价值时认为,"劳动力价值的最低限度或最小限度,是劳动力的承担者即人每天得不到就不能更新他的生命过程的那个商品量的价值,也就是维持身体所必不可少的生活资料的价值"③,这是工资设置的底线。获得这一额度的工资是对工人生存权益的基

---

① 《马克思恩格斯文集》第5卷,人民出版社2009年版,第349页。
② 《马克思恩格斯文集》第5卷,人民出版社2009年版,第553页。
③ 《马克思恩格斯文集》第5卷,人民出版社2009年版,第201页。

本保障,而生存权是其他一切权利的前提,应该说马克思关于劳动力商品价值的理论为工人争取最低工资保障提供了理论基础。

正因为劳动力商品是工人唯一的生活来源,因而获得休息权,恢复劳动力对于工人而言不仅是保持健康的需要,也是维护其生存权的需要。在第三篇《工作日》一章中,马克思引证了大量材料说明资本为了获取剩余价值而侵占工人的休息时间。资本"零敲碎打地偷窃"工人吃饭时间和休息时间,把工人吃饭休息当作是在生产过程中给劳动资料加辅助材料,如同给蒸汽机添煤加水。这种对工人休息权的剥夺直接导致工人的生命健康受到影响。马克思引证了外科医生给调查员的信,指出陶工患病最主要的原因是"劳动时间过长",他还举出英国周期复发的流行病和德法两国士兵身高降低的例子来说明限制资本的掠夺欲,保障工人休息权利对国家的公共意义。

威胁工人生命健康的除了饥饿,还有恶劣的劳动环境和危险的劳动过程。马克思在《资本论》多个篇章中都介绍了机器大工业出现后给工人劳动带来的影响,呼吁工人应该享有劳动保护的权利。工厂制出现之初,为了节约劳动资料而实行的高密度集中生产,造成了恶劣的生产条件,直接威胁工人的健康。马克思记述了劳动保护立法过程中的矛盾,一方面根据赫胥黎的研究和英国医生的说明,一个人起码需要500立方英尺的空间才能健康地维持工作,但另一方面参与立法的卫生机关、工业调查委员和工厂视察员都一再述说这对于资本而言是不可能接受的。再者,机器工作的节奏和力量,加大了与之配合的工人劳动的危险。马克思列举了打麻厂的例子,基尔迪南的一家打麻厂里,5年一共发生6起造成死亡和60起造成严重残废的事故,而只要安上一些简单的装置,就可以防止这些事故的发生。如果说安全事故还具有偶然性,那么威胁工人生命健康的职业病就具有必然性。在《资本论》中,马克思引证了大量医生的证言和《公共卫生报告》说明职业病对工人造成的危害。比较典型的是陶业工人和火柴工人。在特伦特河畔斯托克和沃尔斯坦顿这两个陶业区,20岁以上从事陶业生产的男子只占36.6%和30.4%,但这类年龄男子的死亡人数中,死于肺炎、肺结核、支气管炎和哮喘病等胸腔疾病的在斯托克区占一半以上,在沃尔斯坦顿区约占2/5。火柴制造业工人长期受到磷中毒的威胁,牙关锁闭症是火柴工人的职业病,而火柴业工人中有一半是13岁以下的儿童和不满 18 岁的少年。在《工厂》一节中，马克思讲："人为的高温，充满原料碎屑的空气，震耳欲聋的喧嚣等等，都同样地损害人的一切感官，更不用说在密集的机器中间所冒的生命危险了。这些机器像四季更迭那样规则地发布自己的工业伤亡公报。"①

其次，在生存权的基础上，马克思也从人的发展和文明进步的角度出发，关照工人应该享有的发展权。机器大生产促进了社会生产力的迅速发展，使人类改造自然的能力得到质的飞跃，劳动过程对人的自然体力的要求逐渐下降，这原本能够为人的解放和全面发展创造前提，然而，机器生产在资本主义发展之初却成为吸纳妇女儿童廉价劳动力的工具。马克思讲："人们把那些全天劳动的工人叫做'全日工'，把 13 岁以下的只准劳动六小时的童工叫做'半日工'。在这里，工人不过是人格化的劳动时间。一切个人之间的区别都化成'全日工'和'半日工'的区别了。"② 过早地参加工厂劳动，超长的劳动时间和劳动强度，阴暗的环境妨害了儿童的身体健康，而简单的劳动使儿童的智力被荒废，又损害其精神健康。这种对儿童智力的荒废甚至使英国议会最后不得不宣布，在一切受工厂法约束的工业中，受初等教育是"在生产上"使用 14 岁以下儿童的法定条件。儿童的保护与妇女权益的保护是密切相连的，妇女不得不在子女需要照顾的时期外出工作，以及恶劣的工作环境对妇女精神造成的损害，都加剧儿童的死亡率。机器大工业生产出现之后，在整个社会范围内对妇女儿童权益，尤其是工人子女的权益进行专门的保护，既是促进人类社会进步的需要，也是文明发展的标志。

在人的发展权中，受教育权是最主要和最重要的内容。在《资本论》中，马克思肯定了英国工厂法中对儿童受教育权的规定，同时也批判了这项规定糟糕的落实和执行情况。在马克思看来，基础教育应该是智育和体育的结合，让学龄的少年儿童通过劳动实践完成学习是理想的教育方式。他既反对过早地让儿童参加为谋生而进行的劳作，也反对上层阶级的孩子不事生产地片面地学习。马克思主张："未来教育对所有已满一定年龄的儿童来说，就是生产劳动同智育和体育相结合，它不仅是提高社会生产的

---

① 《马克思恩格斯文集》第 5 卷，人民出版社 2009 年版，第 490 页。
② 《马克思恩格斯文集》第 5 卷，人民出版社 2009 年版，第 281 页。

一种方法,而且是造就全面发展的人的唯一方法"①。

在一般的基础教育之外,马克思还论述了职业教育对工人发展的重要意义。在前工业社会,工人凭借着特殊的手艺掌握着生产的"秘诀",各式各样的"秘诀"成为掩盖社会生产过程的帷幕,这一方面成为工人安身立命的归宿,但另一方面也成为社会发展的限制。现代工业的出现,打破了特殊手艺的秘诀,掀开了掩盖社会生产的帷幕,使原本稳定的社会分工不断发生着革命式的变化,工人和资本不断地从一个部门转向另一个部门,"大工业的本性决定了劳动的变换、职能的更动和工人的全面流动性"②。然而,急剧的流动性对于工人和资本而言是完全不同的,当工人的局部职能因为生产结构的调整而变得过剩时,他本身也就成为过剩的人口,这种结构性的矛盾破坏着工人原本的安宁、稳定和保障。在马克思看来,这种矛盾既有消极的方面,同时也将工人的职业教育和全面发展的问题历史性地提出来。他讲:"大工业又通过它的灾难本身使下面这一点成为生死攸关的问题:承认劳动的变换,从而承认工人尽可能多方面的发展是社会生产的普遍规律,并且使各种关系适应于这个规律的正常实现。"③也就是说,必须通过不断的职业教育和培训使工人获得发展的途径,从原本只是承担一种社会局部职能的局部工人,转变为把不同社会职能当作互相交替的活动方式的全面发展的个人。职业培训和职业教育是在大工业基础上发展起来的,是资本发展的需要,马克思则将其视为工人获得全面发展的途径和权利,他认为:"工人阶级在不可避免地夺取政权之后,将使理论的和实践的工艺教育在工人学校中占据应有的位置。"④

在《资本论》中,马克思不但关注了工人权益的内容,也关注了对这些权益的实际保障问题。介绍英国工厂法时,马克思指出,工厂法关于工人权益的内容往往规定得十分简单,难以起到实际的约束作用。他讲:"工场管理法由于其各项细节十分贫乏,在被授权执行该法律的市政及地方当局手中仍然是一纸空文。"⑤ 在论及儿童保护时,他提到"工厂法关于所谓教育的条款措辞草率;由于缺少行政机构,这种义务教育大部分仍然

---

① 《马克思恩格斯文集》第5卷,人民出版社2009年版,第556—557页。
② 《马克思恩格斯文集》第5卷,人民出版社2009年版,第560页。
③ 《马克思恩格斯文集》第5卷,人民出版社2009年版,第561页。
④ 《马克思恩格斯文集》第5卷,人民出版社2009年版,第561—562页。
⑤ 《马克思恩格斯文集》第5卷,人民出版社2009年版,第568页。

徒有其名"①。除了立法之外,马克思还关注了法律规定是否能够获得行政和执法支持的问题。马克思提到,1802—1833 年,英国议会曾颁布了 5 部劳动法,但是却没有批准用于强制实施这些法令和维持所需官员的费用,法令就只是一纸空文;再有,1860 年制定的矿山视察法,规定矿山要由专门的国家官员检查,但由于视察员人数少、职权小,法令也难以发挥作用。在司法环节,工人更是处于弱势。讨论工作日和工人的休息权时,马克思专门介绍了伦敦一起铁路车祸的判决。该案中三个铁路员工因为被迫超长时间工作、休息不足而导致出现事故,这三名员工因此被判"杀人罪",但铁路大亨却仅仅是温和地被要求在榨取劳动力时"节制"一些。可见,马克思不仅仅从立法上关注工人权益的认定,也注重保障这些权利的执法和司法问题。

三 超越资本主义与劳动解放

马克思通过《资本论》为工人阶级"争取科学上的胜利",这种"科学上的胜利"集中反映为以客观的视角解剖资本主义生产方式,把握资本主义的运动机制和规律,构建起资本逻辑的动态结构图式,并依据这种规律和图式来审视资本主义发展的面向和工人阶级获得解放的可能。与《德意志意识形态》和《共产党宣言》时期相比,马克思在《资本论》中对超越资本主义的论述,不再只是基于历史辩证法的,带有黑格尔痕迹的三段论式批判,即将原始公有制作为肯定的起点,经过私有制的否定,再到否定之否定的共产主义公有制。马克思在《资本论》中对超越资本主义生产方式的更高社会形态的论述,是依据资本主义运动的规律及其所指向的历史趋势,立足于一种建设性的思考所作出的推论。

在《资本论》第三卷中,马克思提出"一般利润逐渐下降"是资本主义生产的必然规律。在第一卷中,马克思区分了不变资本和可变资本,指出能够实现价值增殖,即创造剩余价值的,是可变资本部分。然而,资本家只有预付不变资本才能对劳动进行剥削,只有预付可变资本才能实现价值增殖,所以对资本家而言,实际的获利是不变资本和可变资本共同作用的结果,即剩余价值是预付总资本的产物。若将剩余价值看成是全部预付

---

① 《马克思恩格斯文集》第 5 卷,人民出版社 2009 年版,第 460 页。

总资本的产物，剩余价值就转化为利润，而利润和总资本之间的比率是利润率。在马克思看来，将价值增殖作为总资本的利润来理解，是一种观念上的产物，它并不能抹杀资本在生产过程中现实地区别为不变资本和可变资本，以及只有可变资本才能够创造剩余价值。按照马克思对资本积累的分析，随着社会生产力的发展，资本有机构成会不断提高，也就是一定价值量的可变资本所能支配的同量劳动力能够在同一时间内推动更多的劳动资料，即更大的不变资本，"可变资本同不变资本相比，从而同被推动的总资本相比，会相对减少，这是资本主义生产方式的规律"[1]。从资本增殖的角度来看，这一资本主义生产方式的必然规律就是"因为所使用的活劳动的量，同它所推动的对象化劳动的量相比，同生产中消费掉的生产资料的量相比，不断减少，所以，这种活劳动中对象化为剩余价值的无酬部分同所使用的总资本的价值量相比，也必然不断减少。而剩余价值量和所使用的总资本价值的比率就是利润率，因而利润率必然不断下降"[2]。

一般利润率下降的规律及其所带来的连锁反应，造成了表现为周期性危机的资本主义生产方式的矛盾，即"使生产力绝对发展，而这种发展和资本在其中运动、并且只能在其中运动的独特的生产条件不断发生冲突"[3]。这也就是说，一般利润率下降既是劳动社会生产力发展的表现，又是推动生产力进一步发展的动因。从社会层面而言，利润率下降会加速资本的积聚，促使资本通过剥夺小资本家和直接生产者的最后残余来实现资本增殖和资本集中，而资本积聚本身又是劳动社会生产力发展的表现。从个别资本而言，尤其是对新的独立形成的资本而言，利润率是资本生产的动力，只有能够提供利润的东西才会被生产。一方面，利润率降低会促使资本家进一步改进生产，把商品价值尽可能降低到市场价值以下，从而获得额外利润；另一方面，利润率下降也会刺激资本推动创新，即"寻求新的生产方法、新的投资、新的冒险，以便保证取得某种不以一般平均水平为转移并且高于一般平均水平的额外利润"[4]。无论是生产的改进还是新领域的开辟，同样也都是劳动社会生产力发展的表现。在马克思看来，"发

---

[1] 《马克思恩格斯文集》第7卷，人民出版社2009年版，第236页。
[2] 《马克思恩格斯文集》第7卷，人民出版社2009年版，第237页。
[3] 《马克思恩格斯文集》第7卷，人民出版社2009年版，第286页。
[4] 《马克思恩格斯文集》第7卷，人民出版社2009年版，第288页。

展社会劳动的生产力,是资本的历史任务和存在理由。资本正是以此不自觉地创造着一种更高级的生产形式的物质条件"①。

资本主义生产为之创造条件的"更高级的社会形式"是劳动解放的条件,在《资本论》中,马克思对更高级的社会形式及其生产也有所讨论。在第三卷的最后一篇中,马克思指出,资本主义"这个阶段又会为这样一些关系创造出物质手段和萌芽,这些关系在一个更高级的社会形式中,使这种剩余劳动能够同物质劳动一般所占用的时间的更大的节制结合在一起"②。这里劳动时间的更大节制就是指,随着社会劳动生产力的提高,人们能够在最短的时间范围内生产出作为社会现实财富的使用价值,满足社会成员的消费需求和整个社会的再生产需求,也就是最大限度地压缩生产性劳动所需要的劳动时间。这种生产力发展水平是资本主义生产方式通过其矛盾运动创造出来的。

马克思将满足社会需要的生产性劳动视为"必然王国"的领域,这一部分劳动始终是"必要性和外在目的规定要做的劳动",并且这种必然性会随着人的发展和需要的扩大而扩大。物质生产领域的必然王国是人获得自由全面发展从而实现真正解放的基础,马克思讲:"在这个必然王国的彼岸,作为目的本身的人类能力的发挥,真正的自由王国,就开始了。但是,这个自由王国只有建立在必然王国的基础上,才能繁荣起来。"③虽然人成为目的本身的自由王国只存在于必然王国的彼岸,但并不是说物质生产这一必然王国的领域完全与自由无关,这一领域的自由不是个人的自由,而是整个社会的自由,是整个社会在自主认识生产的必然规律的基础上,自觉尊重规律,按规律行事,最终实现自律基础上的自主和自由。马克思讲:"这个领域内的自由只能是:社会化的人,联合起来的生产者,将合理地调节他们和自然之间的物质变换,把它置于他们的共同控制之下,而不让它作为一种盲目的力量来统治自己;靠消耗最小的力量,在最无愧于和最适合于他们的人类本性的条件下来进行这种物质变换。"④

这种必然王国领域内的自由生产究竟如何实现呢,或者说它对应着怎

---

① 《马克思恩格斯文集》第7卷,人民出版社2009年版,第288页。
② 《马克思恩格斯文集》第7卷,人民出版社2009年版,第928页。
③ 《马克思恩格斯文集》第7卷,人民出版社2009年版,第929页。
④ 《马克思恩格斯文集》第7卷,人民出版社2009年版,第928—929页。

样的劳动和生产关系？马克思在《资本论》第一卷第二十四章中提到：

> 资本主义生产由于自然过程的必然性，造成了对自身的否定。这是否定的否定。这种否定不是重新建立私有制，而是在资本主义时代的成就的基础上，也就是说，在协作和对土地及靠劳动本身生产的生产资料的共同占有的基础上，重新建立个人所有制。①

从上述引文中可以看出，马克思认为超越资本主义生产关系的是一种"重新建立的个人所有制"。准确理解马克思所讲的"重新建立的个人所有制"不是一个简单的问题。在《资本论》出版之初，杜林就仅从字面出发，认为马克思在这里描述了一个既是个人的又是公有制的"混沌的世界"。针对杜林的质疑，恩格斯将"重建个人所有制"解释为"社会所有制涉及土地和其他生产资料，个人所有制涉及产品，也就是涉及消费品"②。

恩格斯前半句所讲的"土地和生产资料的社会所有制"不难理解。按照马克思在第三卷中对必然王国领域内"自由"生产的论述，生产资料社会所有是"社会化的人""联合的生产者""共同控制下"的生产所要求的，既是对资本主义生产资料私有制的否定，也是对资本主义生产方式下发展起来的，以大工业生产为基础的社会劳动生产力的继承。对于如何理解恩格斯的后半句"个人所有制涉及产品，也就是涉及消费品"，则需要进一步地说明。首先必须明确的是，"产品"和"消费品"在这里都是指直接满足人们需要的最终消费品，作为生产原料和生产资料的"产品"是还处于劳动过程中的，因而也应归为社会所有的范围内。再者，"最终消费品"归个人所有必须与这些"产品"历史的生产方式以及由生产方式决定的分配方式和消费方式相联系来理解。也就是说，必须从"重新建立"的意义上来理解恩格斯在这里解释的"个人所有制涉及产品，也就是涉及消费品"。在分散的个体劳动条件下，劳动产品归生产资料的占有者所有，其中一部分产品以实物的形式分配给劳动者个人消费。在资本主义的社会化生产条件下，劳动产品归占有生产资料的资本家所有，其中一部分产品以工资的形式分配给工人个人消费。在更高的联合生产条件下，劳动产品

---

① 《马克思恩格斯文集》第5卷，人民出版社2009年版，第874页。
② 《马克思恩格斯文集》第9卷，人民出版社2009年版，第138页。

归占有生产资料的联合劳动者所有，按照一种新的与联合生产相适应的、消除了剥削的方式分配给劳动者个人消费。

对于超越资本主义的分配方式，马克思在《资本论》第一卷中也略有提及。他指出联合劳动的总产品是一个社会产品，产品的一部分重新用作生产资料，另一部分作为生活资料由联合体的成员消费，这部分供成员消费的生活资料必须在成员之间进行分配，"这种分配的方式会随着社会生产有机体本身的特殊方式和随着生产者的相应的历史发展程度而改变"[①]。马克思在这里强调了两个影响生活消费品分配的因素，一是"社会生产有机体本身的特殊方式"，二是"生产者的相应的历史发展程度"。前者指的是生产方式对分配方式的影响，后者指的是人的需求本身的发展对分配方式的影响。在劳动者联合生产的条件下，不再有部分人凭借对生产资料的所有权而占有劳动产品，这就意味着对全社会的消费品要么以按劳分配的方式，要么以按需分配的方式来进行。

对按劳分配而言，最重要的就是衡量劳动的标准问题，马克思讲"仅仅为了同商品生产进行对比，我们假定，每个生产者在生活资料中得到的份额是由他的劳动时间决定的"[②]。显然，在马克思看来，以劳动时间作为分配的标准是以商品生产为参照的。换言之，在联合劳动的条件下，以劳动时间为标准进行按劳分配，虽然消除了无偿占有剩余劳动的剥削因素，但仍然是以无差别的人类劳动作为尺度，即抽象劳动仍然在分配中起到了相当大的作用。当劳动量对劳动质的统治作用依然存在，劳动者就还只是作为劳动能力为社会所承认，也就没有完全摆脱"劳动力商品"的影子，或者说"自由全面发展的个人"还没有成为社会发展的目的。按劳分配在全社会消除了非劳动者和劳动者之间的对立，整个社会不再是一部分人过度劳动为另一部分人创造自由时间，也不再是少数人的自由全面发展以大多数人发展受限甚至不发展为条件，这为劳动解放奠定了基础。但是，按劳分配意味着，劳动仍然是人们谋生的手段，劳动和自由之间的对立并没有消除，劳动与自由在历史上被分隔的印迹依然可见，必然王国和自由王国没有实现良性互动，也没有在人类发展的历史上完成统一。所以说，按劳分配只是与联合劳动相适应的分配方式之一，是公有制实现初期的分配

---

① 《马克思恩格斯文集》第5卷，人民出版社2009年版，第96页。
② 《马克思恩格斯文集》第5卷，人民出版社2009年版，第96页。

方式，但还不是实现彻底的劳动解放的分配方式。对此，马克思后来在《哥达纲领批判》中指出"按劳分配"还带有"资产阶级法权"的性质。

对于按需分配而言，最重要的是人的需求本身的发展问题。不言而喻，人有不同层次的需求，按照马斯洛的需求层次理论，需要可以分为生理需要、安全需要、社会需要、尊重需要和自我实现需要，这些不同层次的需要又分为生存性需要和发展性需要。无论是哪种需要都是随着历史的发展而发展的，但相比较而言，生存性需求反映为人与自然之间的关系，而发展性需求更多地反映为人与人、人与社会、人与自身之间的关系。生产力的发展反映了人类满足生存性需求的能力，生产关系的发展则反映了人类满足发展性需求的能力。总体而言，社会越进步，更高层次的需求就越会成人们追求的目标。在生产力普遍提高的社会发展高级阶段，社会必要劳动时间得到极大节约，与此同时，在生产资料公有制的基础上，必要劳动之外的自由时间不再被他人占有，而是归劳动者自行支配。在马克思看来，自由时间对于人的全面发展而言具有重要的意义，人们在自由时间中可以享受"闲暇"和"从事较高级的活动"，"从整个社会来说，创造可以自由支配的时间，也就是创造产生科学、艺术等等的时间"[①]。自由时间的不断延长，从而人的自由发展的不断实现，促使人本身发展为新的主体。对于以自身发展为目的的"新人"而言，尊重的需要、自我实现的需要成为其主动追求的目标，而在生产性劳动获得极大节约和生产资料公有制的条件下，参与社会联合劳动既是人们自由全面发展的途径，也是人们满足上述需要的方式。马克思在《哥达纲领批判》中把这种新的需求变化和劳动者的历史发展概括为"劳动成为生活的第一需要"。当人们在联合的劳动过程中，逐渐摆脱"求富欲""拜金欲""占有欲"和"盲目竞争"等拜物教意识的影响，社会发展也就到了这样一个阶段，它既有按需分配的物质基础，也有按需分配的精神基础。在这一阶段，人们"各尽所能，按需分配"，每个人都以自身的自由全面发展而为社会所认可，也都以追求自由全面发展而为社会所需要，劳动和自由的对立消除了，必然王国和自由王国在这里实现了统一，人们参与必然王国的劳动，既是发展自由王国的基础，又是自由王国发展的结果。这个阶段是共产主义的高级阶段，

[①] 《马克思恩格斯全集》第30卷，人民出版社1995年版，第379页。

也是实现劳动解放的条件。

如果将1516年托马斯·莫尔发表《乌托邦》视为欧洲空想社会主义追寻自由王国的起点，将1776年亚当·斯密出版《国富论》看作政治经济学认识资本主义的思想之源，那么到19世纪60年代末，空想社会主义思想已经经过了三个半世纪，古典政治经济学也经过了近一个世纪。资本主义生产在19世纪后半期的全面展开以及周期性危机在这一时期的反复上演，为马克思研究资本主义的内在矛盾，思考无产阶级解放的时代之问，续写自由王国的理想图景提供了一个虽然稚嫩，但已然发育成形的观察对象。1867年《资本论》第一卷的出版，成为科学社会主义史上一件具有划时代意义的事件，它把揭示资本主义的内在本质与批判其虚假表象统一起来，把诊断资本主义的病理与指导工人阶级的斗争行动统一起来，把阐明资本主义的矛盾运动规律与勾勒未来社会理想统一起来，把淘滤资本主义的历史意义与澄清它必然变革的历史命运统一起来，使人类解放和劳动解放的价值诉求建立在更清晰的科学分析基础之上。

此后一个半世纪的资本主义世界里，在资本一边，债务经济的发展，金融霸权的建立，虚拟资本的浪潮，贸易规模的扩大，消费主义的盛行，无一不显示出资本无节制的贪婪本性，也展示出资本无所不在的统治力量。然而，在雇佣劳动的另一边，财富差距的扩大，全球竞争的加剧，劳动组织的衰落，阶级意识的弱化，抗争策略的无力昭示着工人解放和社会主义运动的困局，也警示着无论是放弃、回避马克思主义还是教条、僵化地对待马克思主义都难免遭遇失败。就在《资本论》不断被宣告过时，又不断地回归之后，一场席卷全球的金融危机让它在21世纪第一个10年临近结束之际再次受到追捧。不得不说，只要资本还是人类历史上现实存在的"上帝"，工人阶级就需要通过作为"工人阶级圣经"的《资本论》和马克思主义的"福音启示"来读懂这位上帝。

第八章　马克思工人阶级理论的质疑与辩驳

现代无产阶级是伴随资本主义的产生而产生的，资本主义的内在矛盾本质决定了资产阶级和雇佣劳动阶级是资本主义的一体两面，同时，资本主义的运动变化又使资产阶级和雇佣劳动阶级在不同的历史时期呈现出不同的面貌。第二次世界大战之后，福利国家制度和战后重建的需求促使资本主义进入一个繁荣稳定时期，以大规模生产和大规模消费为特征的福特主义在整个资本主义世界推行开来，工人的受教育程度和消费水平普遍提高，发达国家逐渐进入所谓的"橄榄型"社会。20世纪70年代后期开始，资本主义迎来了以信息技术为核心的新技术革命，快速进入信息化时代。信息时代的到来，促使资本主义发生了巨大变化。在发展方式上，战后形成的福特制生产转向以弹性生产和精益原则为核心的后福特制生产；在发展范围上，经济全球化全面推进，促成了全球市场的形成和资本主义生产的全球布局；在发展深度上，虚拟经济迅速发展，金融产品的带动效应和系统性风险同时并存。与资本主义新发展阶段相适应的，是新自由主义思潮的风行，在这一思潮的影响下，欧美发达资本主义国家开始一系列改革，逐渐放弃福利国家政策，瓦解工人组织。到20世纪末，整个世界格局由于苏东剧变而发生了根本改变，世界社会主义运动陷入低谷，资本主义世界欢呼"历史的终结"，以美国为代表的"橄榄型的""民主的"中产阶级社会成为文明和进步的标志以及现实版的"自由王国"。如何认识20世纪资本主义社会结构的变化？用什么样的标准来衡量这些变化？劳动与资本之间的关系是否随之也发生了根本性的改变？工人运动和无产阶级解放是否还有未来？马克思对无产阶级及其历史使命、历史作用的认识是否已经过时？这些问题引发了持久的争论，产生了对马克思主义工人阶级理论的种种质疑和挑战。第二次世界大战后西方主流意识形态及其社会学、政治学和经济学的诸多理论将阶级分析看成是不合时宜的陈旧观念，"告别工人阶级"一度也成为资本主义国家左翼思想发展的一个共同走向，而这一趋势在政治上则反映为发达国家的社会民主党、共产党等左翼政党逐渐放弃马克思主义。对于针对马克思工人阶级理论的诸种质疑、修正和挑战，既要看到其中反映时代变化的合理因素，也要澄清其中对马克思思想的误读，在理论对话中坚持对马克思工人阶级理论的科学理解。

第一节 阶级意识的淡化
——无产阶级的自我消解？

在马克思看来，从自在走向自为不仅是无产阶级成长的历史写照，也是无产阶级争取自身解放的基础。阶级意识的形成和发展，是一个阶级从自在阶级上升为自为阶级的重要条件，因而马克思将批判资本主义意识形态的"虚假"性，揭示资本主义生产方式的运行规律，为无产阶级争取科学上的胜利作为自己毕生的最重要的理论工作。随着革命实践的不断发展，工人阶级阶级意识的意义和作用愈益凸显。第一次世界大战之后，列宁等各国无产阶级革命理论家都普遍重视工人阶级的阶级意识问题。第二次世界大战之后，随着资本主义的发展变化及其改革和调整，发达资本主义国家内部工人的规模和结构发生了一系列的变化，这些变化直接影响了无产阶级阶级意识的形成和发展，形成了左翼学者所称的"工人阶级主体性危机"。如何认识工人阶级阶级意识的淡化，阶级意识的淡化是否意味着无产阶级的自我消解，是否意味着阶级分析的失效和阶级政治的终结成为战后马克思主义和非马克思主义学者共同关注的议题。

一 无产阶级阶级意识淡化的表现

对于阶级意识的界定，虽然学者们观点各异，但大都认同阶级意识包含多个层面。① 工人最初的阶级意识表现为直接源于日常经验的阶级心理，这种心理首先表现为一种集体的身份认同，即对阶级地位的共同感受。譬如，中世纪后期，在法国南部、意大利南部和尼德兰等手工业发达地区的纺织业中最早出现了资本主义的萌芽，在这些地区的工人群众中出现了被视为异教的，原始基督教共产主义思想。法国南部方言将织工称作"阿里安（Arriens）"，于是当地工人教派自称"阿里安派"。在法国北部，这种异教被称为"狄克斯朗德派（Tixerand）"，原意也为"织工"，尼德兰的伯格德派，则又名"织工兄弟会"，也是主张共同经营手工织造业，用共同的劳动所得来维持共同生活的教派。这些组织的名称是早期工人对自身阶级属性的朦胧辨别。此外，最初的阶级心理也反映为一种愤慨的情绪，这种情绪是工人基于自身状况的本能反抗，譬如马克思在《资本论》中所讲的捣毁机器、磨洋工等。当工人阶级形成对自身历史利益的合乎理性的表达，特别是意识到资本主义生产的限制，形成一种对本阶级历史使命的自觉，也就是作为阶级觉悟的较高层次阶级意识，成熟的阶级意识是整个阶级凝聚为革命主体的关键。在马克思看来，无产阶级阶级意识的形成和发展有一个过程，不能因为日常心理的不成熟性而否定它的意义。马克思在《资本论》中讲："工人要学会把机器和机器的资本主义应用区别开来，从而学会把自己的攻击从物质生产资料本身转向物质生产资料的社会使用形式，是需要时间和经验的。"② 进入20世纪，尤其是第二次世界大战之后，发达国家工人群体的阶级意识并没有如马克思所预期的形成一种乐观上升的态势。相反，阶级意识的各个层面都出现了逐渐淡化和衰退的趋势。

英国社会学家 M. 曼在研究阶级意识时，将较低层次的阶级心理分为

---

① 埃里克·欧林·赖特将阶级意识理解为"人类个体的具体主观性的一个特殊方面"，即将阶级意识理解为阶级成员的个体意识，从这个意义上出发，他认为阶级意识可以辨识出"支配的""改革的""反对的"和"革命的"等不同的阶级意识。英国社会学家 M. 曼则认为，一种成熟的阶级意识应该包括四个构成要素：阶级身份（一种阶级感情）、阶级对立（与阶级敌人之间）、阶级整体（从阶级方面分析形势的能力）、阶级抉择（一个更好的社会构想）。吉登斯则认为阶级意识应包括对其他阶级的认知、对自身阶级身份的感知、对自身阶级与其他阶级的利益对立的认识三个层面。与上述学者不同的是，卢卡奇主张阶级意识不能被理解为是一种组成阶级的单个个人所思所想、所感觉的东西，他主张严格区分"无产者实际的心理意识状态"和"无产阶级的阶级意识"。

② 《马克思恩格斯文集》第5卷，人民出版社2009年版，第493页。

"阶级身份"和"阶级对立",将具有总体性的、较高层次的阶级觉悟分为"阶级整体"和"阶级抉择"。阶级身份就是指特定阶级的阶级成员对自身阶级身份的认同。美国《财富》杂志于1940年进行了一个关于阶级身份认同的调查,在这次调查中有80%的美国人称自己是中层阶级。美国的社会学家理查德·林特斯发现,《财富》杂志的调查项目并不科学,该调查只设有上层、中层和下层三个调查选项,而美国人不喜欢下层阶级这一概念。林特斯重新设置了选项,加入了工人阶级这一选项,调查发现51%的人选择了自己属于工人阶级。但这个阶级认同的数据在1956年为58%,在1964年下降为53%,到1984年则降到了50%,并且在体力劳动者和整个调查样本中都出现了这种下降的趋势。然而,第二次世界大战之后的资本主义国家经历了一段快速发展时期,社会生产不断扩大,工人阶级的实际数量及其在经济活动人口中的比重是增长的。以美国为例,按照美国学者布雷夫曼的估算,美国经济活动人口中的工人阶级比重在1950年为66.7%,到1970年则增长到69.1%,而按照苏联研究人员在资本主义各国官方统计资料的基础上,经过分析得出的结果,美国的工人阶级占经济活动人口比例在1950年为72.3%,而1980年则增长为79.2%。一降一升的数据对比,说明第二次世界大战结束后直至20世纪后半期,美国工人对自身阶级身份认同的下降。

  M. 曼所称的"阶级对立"是指一种阶级敌对情绪,是在特定生产方式下,阶级利益相互矛盾的两个阶级之间相互冲突、相互斗争的一种情感表达。第二次世界大战后,随着企业不断更新管理方式,资本主义国家不断出台缓和阶级矛盾的各种政策,工业化初期工人和资本家之间鲜明的阶级对立情绪逐渐被化解和转移。英国社会学家朗西曼对全国1415名男女工人进行了调查研究,他在研究结果中称:"当受访者意识到其他人比自己富裕时,这些差距就被看做是个人因素造成的,如家庭生活周期的阶段,而不是从阶级的角度去理解。"[1] 除了这种个人主义的思维模式所造成的"去阶级化"意识以外,资本主义劳动形态的变化也会导致对劳资冲突和劳资矛盾的分散。迈克尔·布诺威在研究垄断资本主义劳动过程的变迁时,发现资方与工人之间的冲突经常被转变成了工作组织所导致的工人之

---

[1] 转引自[英]斐欧娜·戴维恩《美国和英国的社会阶级》,姜辉、于海青、肖木、李平译,重庆出版社2010年版,第91页。

间竞争和工人团体内部的斗争。他称："在计件机械车间里散布冲突的支配性模式无疑是将等级性冲突重构为横向冲突和竞争。"①

与阶级心理不同，阶级觉悟不只是阶级成员中个体或部分群体的情感宣泄，它往往体现为阶级成员参与阶级组织和阶级行动的目的。一方面，同工业社会初期相比，工人参与阶级行动的积极性明显减弱。在发达资本主义国家，工人的"入工会率"，或称为"工会密度"，常常被视为能够反映工人参与阶级组织情况的重要参数，即工会会员人数占全体非农业雇员人数的比例。然而，美国这一比例在1955年为33.2%，之后持续下降，2004年仅为12.5%。同美国相比，欧洲国家的工会密度相对较高，但也纷纷出现了下滑的趋势。

除了参与阶级行动和阶级组织的积极性减弱之外，即使是参与到阶级行动和阶级组织中的工人也并没有形成系统的无产阶级世界观，也就更谈不上对无产阶级历史使命的自觉。很多工人参与工人组织的目的在于通过工会的集体谈判获得提高工资、改善工作条件等经济福利，对于超过工人经济福利范畴以外的社会目标，工人并不关心，而很多工会本身也明确宣称工会不应关心除集体谈判、工人保障、会员福利这些传统活动以外的事情。李普塞特称："欧洲原有的一些较为明确的阶级意识形态已经日薄西山，作为先进工业社会中政治斗争来源的阶级，已经失去了原有的重要性。"② 第二次世界大战后开始出现的非意识形态化思潮也加剧了工人运动的局限性。海尔布隆纳说："工人阶级的政治情绪和社会世界观成了较少'无产阶级的'和较多'资产阶级'的。马克思期待自己的革命阶级的统一和纪律被摧毁了"③。战后发达国家工人阶级政治斗争意识的下降和历史使命感、责任感的湮灭，使得西方各国共产党和其他左翼力量很难获得强有力的阶级基础，社会主义运动在其发源地陷入低潮。

二 无产阶级阶级意识淡化的原因

无产阶级阶级意识的淡化是资本主义社会免疫功能系统性更新的表

---

① ［美］迈克尔·布若威：《制造同意——垄断资本主义劳动过程的变迁》，李荣荣译，商务印书馆2008年版，第80页。
② ［美］西摩·马丁·李普塞特：《共识与冲突》，张华青等译，上海人民出版社2011年版，第200页。
③ 转引自倪力亚《当代资本主义国家的社会阶级结构》，福建人民出版社1993年版，第73页。

现，在资本主义社会，阻碍工人阶级意识深入发展的因素遍布经济、政治、文化多方面，甚至可以说整个资本主义制度都试图弱化工人阶级的阶级意识。资本主义社会发展得越完善，越需要控制劳资矛盾，也就越需要将工人阶级的抗争和变革意识纳入到资本主义制度的范围之内。

1. 经济原因

就经济领域而言，资本主义经济在生产、分配、交换、消费各个环节的新变化都对工人阶级的阶级意识产生了消磨作用。在生产环节，随着自动化技术的发展，发达国家工人的劳动过程越来越多地表现为工人控制机器，而不是被机器所控制，这就相应地提高了工人的劳动自主性，同时单个工人的薪酬体系更多的是基于个体而不是集体的努力程度，因而凸显出个体工人劳动的差异性，虽然这种差异性是以抽象和物化的形式来衡量的，但却在表面上促成了工人的一种自我成就感。迈克尔·布诺威说："将工人建构为身处诸多相互竞争与冲突的他者中的一员，既掩饰了他们共同的阶级属性，即同属于一个为了工资而出卖其劳动力的生产者阶级，也掩饰了他们与占有他们的无偿劳动的另一阶级的区别。"[①] 他还特别研究了在垄断资本主义生产过程中工人的劳动被塑造为一种"超额游戏"的现象，并指出"通过将我们的生活构建为一系列的游戏，一套有限的选择，资本主义关系不仅变成了同意的对象而且还被认为是给定的和不可改变的"[②]。除了劳动过程以外，信息技术革命促进了资本主义企业组织形式急剧变化。企业为了节约劳动力采取了生产分包的"精益—二元"组织模式[③]、以顾客为导向的个别化工作模式等新的生产组织模式，对工作和劳动进行了重新分解和组合。这些新的企业组织模式加剧了劳动的个体化趋势，工人阶级常常不再以集中生产的方式而是以个体加工者的方式面对资本，这样工人阶级阶级意识的统一性和阶级力量也随之分化瓦解。英国学

---

① [美] 迈克尔·布若威：《制造同意——垄断资本主义劳动过程的变迁》，李荣荣译，商务印书馆2008年版，第89页。

② [美] 迈克尔·布若威：《制造同意——垄断资本主义劳动过程的变迁》，李荣荣译，商务印书馆2008年版，第99页。

③ "精益—二元"组织模式是日本企业在战后到20世纪70年代首先探索出的一种企业劳动组织方式。在这种方式中企业保证核心劳动力在薪金、就业安全等方面的利益，同时建立起一个外围的劳动分包体系，从次级的劳动力供应网络那里获得低成本的劳动力和雇佣的灵活性。这一方式后来为美国等其他资本主义国家的企业所借鉴和采用。

者海曼概括了20世纪后半期工人阶级的分化,工人内部逐渐分化为"工会成员—非工会成员""核心员工—非核心员工""长期工—临时工"[1]等,分化导致工人阶级从集体主义向个人主义转变,其集体行动响应能力不断下降。英国学者斯科特·拉什、约翰·厄里针对这种分化的趋势,将20世纪70年代称为"组织化资本主义的终结"[2]。再者,信息产业、金融产业等现代服务业在发达资本主义国家整体经济结构中所占的比重不断增大,这一产业结构的变化也对工人阶级阶级意识产生了影响。在信息产业中,中小企业更容易适应信息革命时代产品多样化、小型化和更新速度快的趋势,显示出较强的生存能力。中小企业迅速发展,提供了大量就业机会,但雇佣劳动者的就业分化也日益明显。与中小企业的兴旺相伴随的是生产过程的分散,多数中小企业的雇员属于边缘群体,工人的组织程度遭到弱化。在金融业等现代服务业中,工作环境、工作性质决定了工人的工作地点是分散的、小规模的,加上竞争机制的引入,尽管交通和通信手段变得更加便捷,不同点的工人之间仍然很难形成团结的凝聚力。

在分配环节,第二次世界大战后的资本主义各国纷纷调整了分配制度,普遍采取了社会福利制度和利润分享制度来缓和阶级矛盾。发达资本主义国家为了限制贫富差距过大,改变阶级斗争频发的局面,通过推行个人所得税、财产税和遗产税以调节过高收入,同时通过社会保障制度以二次分配的方式兼顾劳动者、失业者等低收入者的基本生活。在福利化的分配制度下,雇佣劳动者的经济条件得以改善,生活水平获得提高,他们在相对安逸的环境下,增强了对现有社会制度的认同。按照英国学者戴维·柯茨的说法,以瑞典和德国为典型的福利资本主义国家新的发展模式成功实现了"阶级合作主义",也就是以"阶级合作"代替了传统的"阶级斗争"。在企业内部的初次分配中,工人工资又同企业利润相互捆绑。例如,员工持股计划通过让员工持有本企业的股票和期权以使员工能够参与本企业收益分配,而新的工资制度则是工人在固定工资之外,按事先决定的比例,以奖金或绩效工资的形式获得报酬的。在这样的分配制度下,工人的收入与企业效益直接挂钩,

---

[1] R. Hyman: "Trade Unions and the Disaggregation of the working class", in M. Regini (ed.), *The Future of Labour Movements*, London: Sage, p. 150.
[2] [英] 斯科特·拉什、约翰·厄里:《组织化资本主义的终结》,征庚圣、袁志田等译,江苏人民出版社2001年版。

资本对剩余价值的占有以及资本和劳动的对立在经济方面最直接的表现,也就被企业团队"通力合作"的表象所掩盖。

就交换环节而言,资本主义在发展过程中逐渐开发出分期付款、信用透支等新的交换模式,这些新的模式往往被包装为前卫的、高效的交换模式广为宣传,它们逐渐改变了中低收入者原有"量入为出"的消费习惯,将资本主义带入信贷消费社会。信贷消费表面上提高了工人群体的购买能力,工人借此改变了先前拮据的生活状况,也因此强化了对局部的眼前利益的追求,甚至认为在资本主义"公平"的环境中,任何个人都有机会获得更好的生活,因而维护资本主义的稳定秩序比变革它更为重要。然而,透支消费所起的延迟生产过剩,强化剥削,造成债务危机的功能没有为深陷日常生活的工人所认识。

分配和交换的调整直接带动了消费的变化。如果说19世纪工人的被剥削地位直接反映在他的生存状况上,那么随着经济的发展,20世纪发达资本主义国家工人的生活状况已经很难直接使其产生被剥削感。正如桑巴特所说:"每一个工资劳动者的经济状况都在改善,生活水平上的日益富有使他有机会体验腐化的物质生活的诱惑,就这个程度而言,他不得不学会喜欢决定他命运的经济体系,他不得不慢慢地学会调整自己的思维方式使之适应资本主义经济的特有机制。"[1]通过按揭等信贷消费,整个无产阶级在资本的眼中,不仅仅是劳动力市场,同时也是产品销售市场。资本主义生产方式通过媒体宣传、广告营销等各种形式构建起一个与生产系统相对应的消费系统,在整个社会中普及崇尚过度消费的消费主义。有学者称:"消费就变成一种制度、一种统治策略,一种为了使自己的社会体系不致在危机中毁灭或者明证自己合法性的治理术。这样对国家的治理、对人民的控制并非建立在福柯'全景监狱'的方式上,而是一种温和的、自觉服从的方式。"[2]消费主义在本质上是促进资本流动以适应资本积累的需要,因而消费主义越兴盛,资本力量就强大,工人受资本的影响和控制也就越深入。然而,当人们深陷于对物的追求和难以自拔的消费快感之中

---

[1] [德] W. 桑巴特:《为什么美国没有社会主义》,赖海榕译,社会科学文献出版社2003年版,第189页。
[2] 张敦福、吴玉衫:《工人阶级意识研究:传统的路径及消费视角的新综合》,《人文杂志》2012年第2期。

时，往往会失去对产生这种现象原因的追问和思考。

2. 政治原因

政治上，资本主义国家政权逐渐在形式上与劳资双方拉开了距离，由过去一味保障资本的要求，转变为劳资双方的中间人和调解者，形成了所谓的"三方体制"。工人群体可以通过影响选举和立法来表达自己的要求和参与国家政治生活。第二次世界大战后，主要发达国家的工人群体成为民主党和大批自由派社会经济纲领的主要支持力量，并通过政治代言人在有关医疗卫生、最低工资保护、公共就业计划、穷人营养计划、职业卫生、各种保险等立法中发挥作用。同时，工人还获得了直接同资方进行集体谈判的合法权利。劳资集体谈判既是资产阶级和无产阶级斗争的表现，也是双方妥协的结果。在集体谈判过程中，一方面工人的利益通过规定工资、津贴，约定假期，劳动保障等方式得到维护，另一方面工人则需要作出承担"和平责任"的让步。所谓"和平责任"就是在劳资合同的执行期内不能为改变合同而举行罢工或进行其他形式的斗争。

工人阶级所获得的一系列政治权利促进了社会进步，但这些权利又以政治发展的形式将无产阶级的斗争要求限制在不触动资本主义根本利益的范围内，工人阶级产生了掌握权力和"做了主人"的假象。英国社会学家斯凯思指出，工人可能意识到自己的阶级地位，但不一定会导致政治上的激进或者参与到社会经济变革中，工人们的抗议"仅仅是提高具体的、特定的工作条件和雇佣条件"，而除了极少的例外情况，几乎不是"为了实现革命性的政治变革目标"[1]。

在集体谈判中，资方作出让步，工人承担责任也就变得理所应当，劳资双方似乎通过谈判和博弈而达到了平衡，但就根本而言，工人并没有改变作为劳动力商品的实质。如果说19世纪通过罢工等对抗形式取得的经济斗争成就帮助工人认识到阶级团结和联合的力量，20世纪通过集体谈判获得的经济斗争成就则强化了工人对资本主义制度的认同，弱化了其改变世界的实践动力。当集体谈判权利消解了无产阶级的政治斗争意图，用米尔斯的话说"工会成为不满情绪的处理者"，工会对于工人阶级意识的形成而言不再是"领路人"而是"安慰剂"。尽管可能出现丹尼尔·贝尔所说的，集体谈判

---

[1] ［英］理查德·斯凯思：《阶级》，雷玉琼译，吉林人民出版社2005年版，第77页。

达到一定程度就会走向政治舞台，但这里的政治舞台是资本主义本身所搭建的，它被纳入到资本主义制度运行的轨道内，对工人阶级的成长而言，这种痉挛式政治纷争与马克思所讲的革命锻造不可同日而语。

尽管资本主义国家在发展过程中扩大了工人的政治权利，但一旦工人的要求超出资本主义所允许的范围，触碰到资本主义私有制的实质，或者影响到资产阶级的根本利益，则会遭到强制性的取缔。例如，1978年开始，瑞典社会民主党试图通过建立"雇员投资基金"，来探索一种集体所有制，从而将劳动者与生产资料联系起来。这一计划虽然经过多年的努力、让步，但最终由于企业主的极力反对而遭到失败。瑞典雇主联合会为了抵制这个议案，组织了7.5万人参加进军议会的游行，并称要利用一切手段阻止这个基金系统。撒切尔执政英国时期，为了应对经济滞胀，推行新自由主义理念，在经济上削减福利的同时，在政治上直接限制工会权利，仅1980年到1990年的10年间，撒切尔政府数次修改就业法、工会法和工资法以限制工会权力。在1984年英国煤矿工人大罢工期间，撒切尔政府一方面采取强硬态度，调集大批警察镇压罢工，另一方面分化瓦解工人组织之间的联系和支持，这次罢工不但归于失败而且使英国全国矿工联合会失去力量。20世纪80年代后，受政府强硬态度和经济转型的影响，主要资本主义国家的工人运动坠入低潮，工人队伍中原本并不景气的阶级意识进一步弱化。英国社会主义活动家菲尔·赫斯讲："20世纪八九十年代工人阶级斗争的失败使人们对集体行动的信心大减，工会会员人数也骤跌。在英国，工人运动的主要转折点是1984—1985年的煤矿大罢工的失败"[①]。尽管个别罢工的失败并不能造成整个工人运动的消失，但是失败情绪的蔓延却会对工人的阶级意识造成恶劣的影响。这种失败主义情绪对工人团结的侵蚀曾为卡尔·波普尔所捕捉到，他借此否定无产阶级自我解放的可能，认为"从事反抗的工人在他们改善自身命运的无结果的尝试中，会一次次被击败。……它可以使他们具有这一意义上的阶级意识，即意识到实际上他们隶属于一支失败的队伍"[②]。

　　[①] [英]菲尔·赫斯：《"自在"还是"自为"：工人阶级的阶级意识瓦解了吗？》，罗丽平译，《马克思主义研究》2009年第10期。
　　[②] [英]卡尔·波普尔：《开放社会及其敌人》第二卷，郑一明等译，中国社会科学出版社1999年版，第236页。

3. 文化原因

马克思讲："支配着物质生产资料的阶级，同时也支配着精神生产资料，因此，那些没有精神生产资料的人的思想，一般地是隶属于这个阶级的。"① 资本主义通过家庭、学校和教会等意识形态机器完成思想统治，通过将工人纳入到资产阶级的道德伦理体系当中，塑造出社会秩序的合法性。在《资本论》中马克思曾分析说："在资本主义生产的进展中，工人阶级日益发展，他们由于教育、传统、习惯而承认这种生产方式的要求是理所当然的自然规律。"② 随着传统工业社会向信息社会过渡，思想统治方式也出现新的特点。在传统社会，虽然也存在着系统灌输和耳濡目染的渗透等不同的影响机制，但被统治阶级作为接受者总是被动的，其本身的主体性没有在整个文化模式中体现出来。现代资本主义社会实现了从精英文化向大众文化的转变，社会大众不再只是扮演文化接受者的角色，而是主动寻求精神生活，积极参与到文化创造当中。大众文化遵循市场原则，往往服从和依附于资本逻辑，对资本主义制度具有潜在的维护功能。当工人作为"大众"中的一员，参与到现代文化意识形态创造当中，一方面成为生产大众文化产品的从业者，另一方面又将这种文化产品作为自身精神生活的一部分，融于现代大众文化产品之中的意识形态对工人群体的吸引力、亲和力就大大增强，其消解总体阶级意识的能力也随之放大。

再者，消费性和娱乐性是现代大众文化的主要特征和基本导向。消费主义的文化导向不断向人们强调现实生活的意义，强调享乐主义和物欲主义的正当性，这被马尔库塞称之为制造"虚假的需求"，而被制造出来的享乐需求反过来成为繁荣市场的新动力。正如马尔库塞所说："如果工人和他的老板享受同样的电视节目并漫游同样的游乐胜地，如果打字员打扮的同她的雇主的女儿一样漂亮，如果黑人有凯迪拉克牌高级轿车，如果他们阅读同样的报纸，这种相似并不表明阶级的消失，而是表明现存制度下的各种人在多大程度上分享着用以维持这种制度的需要和满足。"③ 在追求现世享受的文化氛围和社会生态中，对全局利益和长远利益的认识，为理

---

① 《马克思恩格斯文集》第1卷，人民出版社2009年版，第550页。
② 《马克思恩格斯文集》第5卷，人民出版社2009年版，第846页。
③ ［美］赫伯特·马尔库塞：《单向度的人——发达工业社会意识形态研究》，刘继译，上海译文出版社2008年版，第8页。

想而牺牲的崇高价值则遭到嘲弄和驱逐。泛娱乐化的文化导向一定程度上帮助劳动者舒缓高强度劳动所产生的紧张情绪，平复竞争压力、失业压力等造成的焦虑心理，但一味追求感官刺激、寻求精神抚慰的快乐哲学加剧了劳动群众对深刻性文化的疏离感，消解了自我批判的反思精神。这种流于形式、惯于表面的思维模式和审美取向与培育整体性阶级意识所需的总体性、战略性思维要求背道而驰。马克思曾说，"对资本主义生产过程的现实的内部联系的分析，是一件极其复杂的事情，是一项极其细致的工作"，"把看得见的、只是表面的运动归结为内部的现实的运动是一种科学工作"。① 资本主义意识形态青睐于自发性，但是，"对无产阶级来说，而且只是对无产阶级来说，正确地洞见到社会本质是首要的力量因素，甚至也许是决定性的武器"②。无产阶级要能够认识资本主义生产方式的内在规律，冲破拜物教观念的日常经验束缚，形成对历史发展规律具有洞察力的阶级觉悟，需要执着于对真理的追求和对本质的追问，这与追逐快感和沉迷享乐的文化氛围恰恰是格格不入的。

三 如何认识无产阶级阶级意识的淡化

在不少西方学者看来，无产阶级阶级意识淡化的事实表明马克思将这个阶级"神化"了，无产阶级并不具备马克思所认为的相应素质和历史担当，因此他关于无产阶级的理论不过是一场"工人玄学"。③ 不得不承认，马克思在早期著作当中对无产阶级的认识不够成熟，由于缺乏参与革命的实践经验，马克思对无产阶级从自在走向自为的复杂性认识不足，对其阶级意识的发展太过乐观。在历史唯物主义创立之初，马克思分析了无产阶

---

① 《马克思恩格斯文集》第 7 卷，人民出版社 2009 年版，第 348 页。
② ［匈］卢卡奇：《历史与阶级意识》，杜章智、任立、燕宏远译，商务印书馆 1999 年版，第 129 页。
③ 美国社会学家米尔斯将马克思对无产阶级的理解称为一种"工人玄学"，而英国著名学者戴维·诺威尔则直接在其著作《马克思的无产阶级：一个神话的形成》（*Marx. s Proletariat: the Making of a Myth*）中称无产阶级由自在阶级上升为自为阶级从而推翻资本主义不过是马克思所编织的一个神话。雷蒙·阿隆则认为，马克思将无产阶级看成是一个推翻资产阶级并成为统治阶级的阶级是"掉入了神话中"，他认为无产阶级作为非特权阶级是不可能成为统治阶级的，他称"无产阶级是由几百万工人组成的，就其确定的特征而言，它永远不是一个统治阶级，而且不行使权力"；马尔库塞也称"发达工业社会中工人阶级的现实状况使马克思的'无产阶级'一词成为一个神话概念"。

级的阶级特质，说明了这个阶级开启共产主义运动和生成新历史主体的可能性，却低估了资本主义意识形态的生命力，他看到革命对无产阶级阶级意识的凝聚作用和对传统意识形态的冲击，却低估了日常意识形式的强大思想束缚力。

然而，随着马克思越来越多地参与到革命实践之中，他开始注意到无产阶级从自在走向自为的复杂性。在1848年的革命中，马克思看到无产阶级极易受资产阶级意识形态的影响而"沉醉在这种宽大仁慈的博爱气氛中"①。在第一国际的工作中，马克思深刻认识到无产阶级的团结是脆弱的，资本主义意识形态通过各种方式强化竞争及其对工人的分裂。他分析英国工人阶级时说："英国所有工商业中心的工人阶级现在都分裂为英国无产者和爱尔兰无产者这样两个敌对阵营。普通的英国工人憎恨爱尔兰工人，把他们看做会降低自己生活水平的竞争者。……报刊、教堂讲坛、滑稽小报，总之，统治阶级所掌握的一切工具都人为地保持和加深这种对立。这种对立就是英国工人阶级虽有自己的组织但没有力量的秘密所在。"② 此外，在理论研究中，马克思对拜物教观念的研究也说明了他对工人日常意识颠倒性的深刻认知。马克思讲："彼此独立的私人劳动的独特的社会性质在于它们作为人类劳动而彼此相等，并且采取劳动产品的价值性质的形式——商品生产这种特殊生产形式才具有的这种特点，对受商品生产关系束缚的人们来说，无论在上述发现以前或以后，都是永远不变的，正像空气形态在科学把空气分解为各种元素之后，仍然作为一种物理的物态继续存在一样。"③

显然，并不是马克思"神化"了无产阶级，而是西方学者对马克思无产阶级理论的理解采取了简单化的方式。然而，与米尔斯、诺威尔等人不同，尽管马克思在后来的研究中不断碰触到影响无产阶级阶级意识发展的深层因素，但马克思并没有就此认为无产阶级不可能实现对资本主义意识形态的突破。在马克思看来，随着社会整体文化素质的提高，革命斗争经验的积累，资本主义内在矛盾的不断显现和无产阶级意识形态理论家在思想领域内的持续批判与斗争，无产阶级作为人类历史上首个掌握了文化元

---

① 《马克思恩格斯文集》第2卷，人民出版社2009年版，第90页。
② 《马克思恩格斯文集》第10卷，人民出版社2009年版，第328页。
③ 《马克思恩格斯文集》第5卷，人民出版社2009年版，第91—92页。

素的劳动者阶级,完全可能形成成熟的阶级觉悟。

与诞生科学社会主义思想的 19 世纪相比,整个 20 世纪无产阶级阶级意识一直处于不景气的状态。有观点将无产阶级阶级意识淡化等同于无产阶级本身的消亡,认为 20 世纪以来资本主义所发生的各种变化使得"为'劳工权利'而斗争的工人正在迅速消失,仅存的斗争者也被看做今天的一个面临灭绝的残余物种","我们称为'工人阶级'的那个具有明显社会特征的群体实际上正在消亡"。①

无产阶级阶级意识的淡化是否意味着整个阶级的自我消解,涉及对"阶级"概念的理解。阶级的形成是由社会生产方式决定的,这被 G. A. 科恩称作对"阶级"的"结构性定义",尽管马克思进一步区分了"自在阶级"和"自为阶级",但"自为阶级"只是阶级意识相对成熟后的发展阶段。也就是说,阶级意识的淡化的确意味着无产阶级成长的缓慢和其"自为性"的弱化,但它并不能说明无产阶级作为一个"自在阶级"的消亡。无产阶级作为一个"自在阶级"的消亡只能是资本主义生产关系发生根本性变革的结果。实践证明,虽然科技的发展促使工人所从事劳动的方式发生了变化,但工人阶级不仅没有消失,它的队伍还在不断壮大。哈里·布雷弗曼列举出相关调查数据,当美国工程师的从业人数从 1900 年的 5 万到 10 万左右,发展到 1970 年的 125 万,勤杂人员等从事更为机械、简单的劳动的工人的数量也不断增加。同时,从世界范围来看,随着国际垄断资本主导的经济全球化在 20 世纪 90 年代快速发展,数以十亿计的各国雇佣劳动者被卷入全球劳动力市场。虽然相对以跨国公司和金融寡头为主体的全球资产阶级而言,各国工人还处于分散状态,没有形成全球性的工人阶级意识,但不能否认一个规模庞大的全球工人阶级的"自在"性。

更需要说明的是,资本主义的调整和变化导致了无产阶级阶级意识的淡化,但现代无产阶级所固有的基本特征并没有因为这些变化而改变,现代无产阶级仍然是人类历史上第一个掌握了文化元素的劳动者阶级。虽然 20 世纪中期以后,资本主义生产模式出现了由福特主义向新福特主义和后福特主义的转变,并对工人群体的集中产生了影响,但信息技术的发展、交通日益便利的趋势使得工人个体之间仍然存在有效沟通的途径,这个阶

---

① Zolberg Aristide, "Response: Working Class Dissolution", *International Labour and Working Class History*, New York: Cambridge University Press, 1999, p. 28.

级并不会因为成员的相对分散而回到前工业社会的劳动阶级状态。无产阶级仍然具备发展自身阶级意识的客观条件,所以并不能就此认定这个阶级完全"自我消解"了。实际上,不少迹象表明,无产阶级也在探索重新凝聚阶级意识和阶级力量的新方式,例如不少发达国家的服务业就在传统工会以工作场所为中心的组织模式之外,探索一种基于社区的新组织模式以适应成员工作分散的状况。

再者,无产阶级革命热情的衰退不能说明整个无产阶级阶级意识的完全陨落。正如密利本德所言,"阶级意识"不能等同于"革命的决心"。工人的日常斗争、经济斗争中包含着作为无产阶级阶级意识的思想元素。人们在看到资本主义所进行的各种调整时,往往容易忽略工人为抵制资本的强制剥削而作出的斗争与反抗。无论是资本主义国家的政策调整,还是企业管理的软化,都不是资本单方面的决策,而是劳资双方博弈的结果,是资本为化解工人抗争所作出的回应。吉尔伯特在谈到美国社会劳资关系变化时称:"事实上,许多历史学家都确信,如果没有这一时期的斗争引起的法律改革,所有革命也就会得到保证了。产生于这一时期的劳资关系的转化显然是工人的强烈斗争性和资本家的顽固抵抗之间冲突的产物。"[①]正因为此,尽管马克思恩格斯批判普鲁东、拉萨尔等"做资本主义床边医生"的改良主义政治纲领,但他们同时也在实践中支持工人阶级通过博弈斗争为自身争取更多的合法权益。马克思讲,工人阶级"为了不受骗,他甚至在市场价格这样下降时,也应当同资本家争论工资究竟该降到什么程度。在产生额外利润的繁荣阶段,他如果不争取提高工资,按整个工业周期平均计算,他就会甚至得不到他的平均工资或他的劳动的价值。他的工资,在这个周期的不顺利阶段,必然要受影响,如果在这个周期的繁荣阶段,还要求他不去争取补偿,那就太愚蠢了"[②]。

特定阶级的阶级意识作为社会意识的一部分归根结底是由社会经济基础决定的,然而作为一种与统治阶级意识形态相悖的批判意识,无产阶级阶级意识的形成往往与资本主义生产方式的内在矛盾运动密切相关,并与资本主义经济的发展走向相反。在经济发生危机时,资本主义的内在矛盾

[①] [美]丹尼斯·吉尔伯特、约瑟夫·A·卡尔:《美国阶级结构》,彭华民、齐善鸿等译,中国社会科学出版社1992年版,第332页。

[②] 《马克思恩格斯文集》第3卷,人民出版社2009年版,第71页。

充分暴露，资产阶级与无产阶级之间的利益对立凸显，无产阶级阶级意识的凝聚和提升相对容易；在资本主义经济繁荣时期，资本主义的内在矛盾不容易被认识，人们更容易感受到资本与劳动相统一的一面，更容易沉浸于货币拜物教和资本拜物教的"虚假意识"之中，无产阶级阶级意识的凝聚和提升相对困难。恩格斯在分析1848年革命失败之后，法国无产阶级相对消极的原因时曾指出，在资本主义繁荣时期，无产阶级阶级意识会出现衰退。他说："最后，还存在工商业非常繁荣这个事实，它本身就足以向拿破仑保证，工人阶级的绝大多数会保持中立。而英国人十分清楚：如果能够充分保证工人们有工可做并能得到较高的劳动报酬，那就不会发生骚动，更不要说革命了。"① 当然，经济危机刺激下的工人抗争意识并不是系统深刻的阶级意识，它更多地表现为工人斗争的自发性，这种斗争的自发性仅仅体现了工联主义的阶级本能，与系统自觉的无产阶级阶级意识有很大的距离。列宁称这种差距是"工人已经感觉到他们同厂主的对抗，但是工人还没有意识到而且也不可能意识到他们的利益同整个现代的政治制度和社会制度的不可调和的对立"②；卢卡奇则将这种差距视作无产阶级阶级意识结构中的"辩证分裂"，他说"无产阶级则被历史赋予了自觉地改造社会的任务，因此在它的阶级意识中，就必然会出现直接利益和最终目标，个别因素和整体的辩证矛盾"③。换句话说，对于工人群体而言，系统的阶级意识不是自发形成的，而是需要专门学习和培育的，即便在资本主义矛盾充分暴露的情况下，无产阶级阶级意识的进一步提升仍然需要有力的组织整合和有效的宣传教育。

第二次世界大战之后，虽然资本主义在很多方面进行了改良，这些调整在一定程度上缓和了阶级对立，但资本主义范围内的改良无法克服资本主义生产方式的根本矛盾，资本主义仍然处于繁荣与危机的周期振荡之中，每一次经济危机的爆发总会激起工人抗争的新高潮。2008年国际金融危机爆发以来，美国和西欧等主要资本主义国家的工人运动重新复苏。数百万人参加的大罢工在危机发生之后频繁出现，2009年1月法国发生250

---

① 《马克思恩格斯全集》第11卷，人民出版社1995年版，第262页。
② 《列宁选集》第1卷，人民出版社2012年版，第317页。
③ [匈]卢卡奇：《历史与阶级意识》，杜章智、任立、燕宏远译，商务印书馆1999年版，第133页。

万人参加的全国性罢工揭开了新一轮工人运动的序幕,此后英国、德国、意大利、希腊、西班牙、葡萄牙等国的罢工运动接连不断,2012年11月英国大罢工参与者也多达200万人。2011年9月,美国爆发"占领华尔街"的抗议运动,这次运动以美国为中心不断辐射到整个资本主义世界,掀起了此次金融危机爆发以来抗议运动的新的高潮,全球80多个国家,近千座城市民众参与抗议活动。这些新的罢工和抗议运动中,除了经济诉求以外,在游行队伍中也出现了"资本主义是危机的源头""让资本主义死掉吧"这样将经济危机与整个资本主义制度联系起来的口号。所以说,阶级意识的阶段性衰退非但不能证伪马克思对无产阶级的科学判断,更不能就此认为无产阶级已然退出了历史舞台。当然必须看到的是,虽然金融危机促使发达资本主义国家工人运动出现复苏,然而并不意味着工人阶级意识的发展已然呈现出积极态势,工人阶级意识不可能因为一次危机而发生根本性逆转。上述运动多数是由各国工会组织的,各国共产党和社会主义力量在其中的作用相当有限,当代资本主义世界的工人运动要突破工联主义的限制仍然面临巨大挑战。

第二节 中产阶级的成长
—— 无产阶级的历史嬗变?

从资本主义诞生开始,大资产阶级和无产阶级就不是具体资本主义社会中仅有的两个阶级,在他们之外一直存在着小资产阶级、农民和小食利者等社会层级,随着资本主义生产方式向纵深发展,其经济结构越来越复杂,相应的社会结构和社会分层也更加复杂。对资本主义社会结构及其变化的研究吸引了社会学、政治学、经济学等各学科的关注,中产阶级则一度成为西方学界研究的重点。有学者指出:"'新兴中间阶级'的存在和壮大的事实已经成为许多对马克思主义阶级理论进行批评的核心"[1]。实际上,这一问题在马克思主义发展史上也曾引发争论。马克思恩格斯逝世后,马克思主义阵营内出现了修正主义和正统马克思主义的分野,而如何认识资本主义社会结构的变化是二者争论的焦点之一,亨利希·库诺甚至

---

[1] [美]埃里克·欧林·赖特:《阶级》,刘磊、吕梁山译,高等教育出版社2006年版,第14页。

认为正是如何认识中产阶级的问题导致了"马克思主义的严重危机"。①

一 "中间阶级"到"中产阶级"的话语转变

"中产阶级"英文译作 middle class，德文译作 mittel klasse。有学者考证，在马克思之前，德国哲学家、空想社会主义学者、法国历史学家都曾使用和讨论过"middle class"这一概念。② 然而，这一概念虽然在马克思恩格斯之前已经流行开来，但对这一社会群体进行深刻分析还是从马克思恩格斯开始的。在马克思恩格斯的著作中，"中间阶级""中间等级""中等阶级""中产阶级"等概念都用以指代在社会结构中居于中间的社会层级，然而马克思恩格斯所讲的"中间阶级"与后来人们所惯用的"中产阶级"内涵不尽相同。在讨论不同历史时期的社会结构时，马克思恩格斯使用"中间阶级"概念的所指并不一致。

在分析早期资本主义，特别是资产阶级尚未掌握政权或还未全部掌握政权时的社会阶级结构时，马克思用"中间阶级"来指称不同于传统贵族的新兴资产阶级。在《共产主义和奥格斯堡"总汇报"》一文中，马克思说"今天一无所有的等级要求占有中等阶级的一部分财产，这是事实"③。马克思在这里肯定的是《莱茵报》对斯特拉斯堡代表会议上共产主义演说所作的总结，总结的原文将"中间阶级"比作是"1789 年的贵族"，称这二者都面临着被夺取特权的历史境遇，因此马克思在这里所说的"中间阶级"是指资产阶级。恩格斯在《英国工人阶级状况》一文中则对"middle class"作了比较详细的说明，"我总是用 Mittelklasse［中等阶级］这个词来表示英文中的 middle-class（或通常所说的 middle-classes），它同法文的 bourgeoisie［资产阶级］一样是表示有产阶级，尤其是和所谓的贵族不同的有产阶级，这个阶级在法国和英国是直接地、而在德国是作为'社会舆

---

① ［德］亨利希·库诺：《马克思的历史、社会和国家学说——马克思的社会学的基本要点》第 1 卷，袁志英译，商务印书馆 1988 年版，第 1 页。

② 相关研究参见刘长江《"中产阶级"研究：疑问与探源》，《社会》2006 年第 4 期。该文中分别考察了黑格尔、傅立叶、米涅等对"middle class"的使用。鉴于文章只是对"middle class"这一概念进行文献学考证，作者认为"middle class"在不同的历史时期指代的具体内容是不同的，不同作品在被翻译为中文时，"middle class"也会出现不同的译法，但文章没有对"middle class"与现代"中产阶级"概念之间的关系作出分析和说明。

③《马克思恩格斯全集》第 1 卷，人民出版社 1995 年版，第 293 页。

论'间接地掌握着国家政权"①。

在分析资本主义相对成熟时期的社会结构时，马克思恩格斯用"中间阶级"表示介于大资产阶级同无产阶级之间的小资产阶级、小商人等。在《共产党宣言》中，马克思说："中间等级，即小工业家、小商人、手工业者、农民，他们同资产阶级作斗争，都是为了维护他们这种中间等级的生存，以免于灭亡。"② 马克思认为这个作为小资产阶级的"中间阶级"与无产阶级具有一致性，因为他们可以在无产阶级主张的社会变革中获取利益，但他们又力图能够爬上资产阶级的地位，或极力保持现有的地位，因而具有保守的一面。这个居于中间的群体是一个并不稳定的社会层级，他们随时有可能受到冲击而沦为无产阶级的成员，因此马克思也经常将之称为"过渡阶级"。

在《1861—1863年经济学手稿》中，马克思在说明资本有机构成提高所产生的影响时指出"如果说他以前要从自己的产品中拿出更大的部分投在生产劳动上，那么现在他可以拿出更大的部分投在非生产劳动上，结果仆人和其他靠非生产阶级的钱过活的劳动者就会增加。美妙的前景就是越来越多地把一部分工人变为仆人"③，在评论李嘉图的剩余价值理论时，马克思讲李嘉图忘记了"介于工人为一方和资本家、地主为另一方之间的中间阶级不断增加，中间阶级在越来越大的范围内多半直接依靠收入过活，成了工人这一底层身上的沉重负担，同时也增加了上流社会的社会安全和权力"④。这里马克思所讲的"中间阶级"是指随着社会生产率的提高，一部分工人因为由从事生产性劳动转化为从事非生产性劳动而区别于处于社会下层的产业工人，成为介于资产阶级和无产阶级之间的"中间阶级"。显然，马克思在这里讲的"中间阶级"不同于作为小资产阶级的"中间阶级"，而是接近于现代社会学家所称的"中产阶级"，即非生产性的薪金雇员。由于所处历史阶段的限制，马克思不可能对新的"中间阶级"作出更为详细的分析和说明。

从上述分析中我们可以看到，虽然马克思在多处使用了"中间阶级"

---

① 《马克思恩格斯文集》第1卷，人民出版社2009年版，第387页。
② 《马克思恩格斯文集》第2卷，人民出版社2009年版，第42页。
③ 《马克思恩格斯全集》第34卷，人民出版社2008年版，第644页。
④ 《马克思恩格斯全集》第34卷，人民出版社2008年版，第647页。

概念，但他所使用的"中间阶级"仅仅是一个描述性的概念，马克思是用其指代处于社会上层阶级和下层阶级之间的社会群体。这样的描述性概念往往能指宽泛，在不同的历史阶段其所指不尽相同。在马克思那里，"中间阶级"这一概念并不与特定社会生产方式相联系，它不是马克思用以分析资本主义根本矛盾的基本概念，资本主义生产方式反映在生产关系上是资本家与工人，投射到社会阶级结构上是资产阶级与无产阶级。

马克思恩格斯逝世后，随着资本主义进一步发展，马克思在《1861—1863年经济学手稿》中所讲的趋势愈益明显。如何认识资本主义的新变化，成为马克思主义的后继者讨论和研究的重要问题。在这一背景下，伯恩施坦开始将"中间阶级"概念与资本主义生产方式的本质性矛盾相联系。他在《社会主义的前提和社会民主党的任务》一文中说："现代生产方式的最为突出的特征是劳动生产力的巨大提高。它的后果是同样巨大的生产提高——使用品的大量生产。这一财富留在哪里？……巨头和他们的全体仆役没有消费掉的商品留在哪里呢？如果它们的确没有以这种或那种方式流入无产阶级手中，那么他们一定正好是被其他阶级拿去了。不是资本家的数目越来越相对的减少和无产阶级越来越富裕，就是一个人数众多的中等阶级，这是生产的不断提高容许我们做出的唯一抉择。"[①] 在伯恩施坦看来，出现一个"人数众多的中等阶级"是由资本主义生产方式决定的，它将成为无产阶级的替代者。在伯恩施坦之后，晚期资本主义理论、后工业社会理论、未来社会主义理论等都试图将"中间阶级"的概念同资本主义生产方式的内在矛盾运动相联系。这样"middle class"从原本用以描述具体社会结构而无涉于资本主义根本矛盾的概念，转变为一个用以解释资本主义生产方式的矛盾运动的概念。[②]

伯恩施坦提出对马克思主义的修正之后，遭到以考茨基为代表的其他马克思主义者的批评，但关于新出现的"白领"薪金雇员，即美国社会学

---

① ［德］爱德华·伯恩施坦：《社会主义的前提和社会民主党的任务》，殷叙彝译，生活·读书·新知三联书店1965年版，第105页。

② 很多考察"中产阶级"概念的学者认为马克思恩格斯所说的"中间阶级"概念与"中产阶级"概念并无大的不同，只是译法的问题。抑或认为二者的主要区别在于，马克思所讲的"中间阶级"多指拥有一定量生产资料的小资产者，而"中产阶级"更多指的是薪金雇员，譬如米尔斯就以新老中产阶级的类型学分析来解释这种区别。这样的观点没有全面地考察马克思对"中间阶级"概念的使用情况，也没有看到不同内涵的概念在理论功能上的差别。

家米尔斯所说的"新中产阶级"的阶级性质,在整个西方马克思主义理论中一直是争论的焦点,并未形成统一的认识。

第一种理解将薪金雇员、工程师、技术人员看成是无产阶级的一部分。考茨基在同伯恩施坦论战时就持这一观点,他认为薪金雇员不拥有生产资料,仍然属于出卖劳动力的无产阶级,但与传统的体力劳动工人相比,这部分工人没有意识到自己的阶级地位,"他们错误地将自己归属于资产阶级,就像男仆认同其主人一样"。法国存在主义的马克思主义学派也将各种科学家、技术人员和管理人员看成是工人阶级的一部分,其代表人物马勒提出了"新工人阶级"理论。马勒同考茨基不同,他并不认为这部分工人的阶级意识弱于传统工人,相反,他认为高技术工人不仅仅属于工人阶级而且是工人阶级中先进的部分。在马勒看来,由于社会财富的增加,技术工人的基本生活要求能够得到满足,因此他们的阶级意识不是反映在对消费平等的追求上,而是反映在要求参与生产管理,追求生产民主。

第二种理解认为资本主义社会结构的变化主要在于出现了一个"新小资产阶级"。普兰查斯认为,要确定白领雇员的阶级属性必须先确定阶级划分的标准,他提出在划分阶级时除了考虑经济关系以外还必须把意识形态和政治的因素加入到阶级的定义中,并且在考察经济关系时应该区分生产劳动和非生产劳动。根据普兰查斯对生产劳动和非生产劳动的划分,他认为在流通领域里的劳动、以服务形式出现的劳动以及国家公职人员都不属于生产劳动,因此包括银行职员、教师、医生、服务业工作人员、公务员等在内的薪金雇员都不属于工人阶级,而属于"新小资产阶级"。对于生产部门的工程师、技术人员、管理人员来说,虽然他们从事的是生产性劳动,可以归为马克思所说的"总体工人"范畴,但是从意识形态和政治因素来看,他们从事的劳动却维护了资本主义的政治和意识形态关系,因而他们也只能属于"新小资产阶级"。

第三种观点的代表是分析马克思主义学派的代表人埃里克·欧林·赖特,赖特借用意大利社会学家卡切蒂的概念发展出"阶级关系内的矛盾定位"理论,认为应该打破阶级结构中的每一种地位都属于并且仅属于一个阶级的既定认识。在社会结构中不是所有的地位都可以唯一地定位于特定的阶级是赖特理解资本主义社会结构变化的理论前提。在这一前提下,赖特指出技术人员、管理者一方面被排除在生产资料所有权之外，因而从生产资料资产来说他们属于被剥削者，而另一方面他们由于对组织和技术资产的实际控制，又有着与工人阶级不同的利益，是组织和技术资产的剥削者，因此他们属于资本主义社会中的"阶级关系中的矛盾定位"。

二 中产阶级理论的矛盾与争议

在马克思看来，现代无产阶级与生产力社会化趋势相一致，又是资本主义的否定因素，这一阶级的解放与人类解放相一致，而无产阶级上升为统治阶级以推动社会革命是人类解放的现实基础。然而，在诸多西方学者看来，无产阶级上升为统治阶级，是马克思阶级理论的一个严重误判，未来社会代替资产阶级进行统治的不是无产阶级而是新兴中产阶级。

支持上述判断的主要依据有"权力转移论""知识统治论""文化资本论"三种。"权力转移论"[①] 是指随着资本所有权和经营权的分离，权力的重心也随之而发生了转移，权力的标志已经不再是所有权而是实际的控制职能。资产阶级的统治权力在未来会由一个直接控制社会生产的"经理阶级"所取代。"知识统治论"[②] 认为，现代社会关键的问题不在于新的权力基础从财产所有权转移到知识和技能的控制力，而是知识本身的性质发生了变化。在现代社会，理论知识越来越处于新的中心地位，理论超越经验而居于首位，并对社会具有决定性意义。据此，丹尼尔·贝尔在讨论谁将是新社会的统治者时说："如果说过去百年间处于统治地位的人物一直是企业家、商人和工业经理人员，那么，'新的人物'就是掌握新的

---

① "权力转移论"是由美国经济学家詹姆斯·伯纳姆首先提出的。他在1941年发表的《管理革命》这一著作中系统阐述了这一思想。同时，他还提出了历史上统治阶级交替的理论，即新社会的统治阶级并不会是旧社会的被统治阶级，而是一个新出现的新兴阶级。奴隶并不代替奴隶主阶级，而是由封建主阶级取得统治权；受压迫的农民也没有代替压迫的封建主，而是由一个完全不同的资产阶级所取代；同样，无产阶级也不会接替资产阶级，新统治阶级会是一个由经理所组成的阶级。伯纳姆的这一思想后来影响了诸多社会学家的阶级理论，雷蒙·阿隆和古尔德纳都认同伯纳姆的这一理论。他们也认为作为非特权阶级的无产阶级永远不可能成为统治阶级，资产阶级之所以能够上升统治阶级是因为他们在取得政治权力之前便获得了经济权力。

② "知识统治论"是美国社会学家丹尼尔·贝尔关于后工业社会理论的立论基础。贝尔反对将科学家、工程师等所谓"知识阶级"看成是工人阶级的一部分。他认为这个阶级所关心的是保持他们的专业地位，并且从来不将自己与工人阶级等量齐观，因此"'新工人阶级'一词只不过是一个激进的幻想而已"。

智力技术的科学家、数学家、经济学家和工程师。"① "文化资本论"②认为，在知识经济时代，必须拓宽"资本"的含义，除金钱资本或者说物质资本以外，还存在着文化资本，而新的中产阶级正是一个掌握着文化资本的新阶级。在"文化资本论"者看来，旧的金钱资产阶级的生存和统治越来越依赖于新阶级的文化，并且金钱资产阶级由于缺乏对公共生活的关心和腐化堕落，越来越陷入"合法性危机"。相反，新阶级掌握的文化资本使他们成为现代社会的进步力量，并且他们的批判式语言文化使他们能够获得为公共服务的意识形态外观，因此拥有文化资本的阶级有可能代替金钱资本阶级成为新的统治阶级。

与上述三种观点不同，美国著名社会学家米尔斯反对过度抬高中产阶级在未来社会发展中的作用。他指出："认为白领权利行将崛起的理论，主要考虑到他们人数的增长和在大众社会的官僚和分配工作中的不可缺性。但是，除非你相信纯粹和自动的在人数之上的民主，否则仅靠一个阶层人数的增长绝不意味着权力的必然增长。同样除非你相信职业作用会奇迹般的产生政治权力，否则，技术上不可或缺就绝不可能意味着一个阶层会有权力。"③也就是说，米尔斯认为知识、技术的不可或缺性与权力之间并没有必然的联系。中产阶级能够获得部分权力的基础在于他们能为资本创造利润，这个群体始终只是一个依附性的阶级。此外，还有学者从阶级意识出发反驳中产阶级统治论，认为中产阶级优胜劣汰的生存环境决定了其内部竞争异常激烈，利益相互矛盾，很难形成统一的阶级意识和整体的行动目标。再者，中产阶级的生活境遇虽比上不足，但又不同于社会底层，他们往往深受个人主义影响，政治意识冷漠。米尔斯说："他们的不安、要求和希望都不把政治作为中心，他们个人的渴望与焦虑同政治、权

---

① [美] 丹尼尔·贝尔：《后工业社会的来临——对社会预测的一项探索》，高铦、王宏周、魏章玲译，商务印书馆1984年版，第380页。

② 以"文化资本论"论证中产阶级将会上升为统治阶级的代表是美国学者阿尔文·古尔德纳。古尔德纳在其著作《新阶级与知识分子的未来》中系统分析了作为"文化资本家"的中产阶级。这种"文化资本论"与"权力转移论"和"知识统治论"的不同在于，它并不认为中产阶级会随着社会的变化而自然上升到统治阶级的地位，而是需要一个博弈和斗争的过程。古尔德纳认为文化资本阶级由于上升道路受阻，社会地位不平等，发展科技的兴趣被妨碍等原因实际上也是被"异化"的阶级，这种异化能够激起他们与旧资产阶级之间的对抗。

③ [美] C·赖特·米尔斯：《白领——美国的中产阶级》，杨小东等译，浙江人民出版社1987年版，第397页。

力机构之间也没有联系。"① 这样一个组织和思想上天然松散的阶级很难成为有政治作为的阶级。

对马克思的第二种质疑认为，中产阶级的成长打破了马克思对资本主义社会结构作出的预测，是对马克思主义资本主义理论和阶级理论的证伪。原波兰统一工人党中央委员亚当·沙夫称："马克思根据他亲身所处的那个社会的阶级结构及其发展进程作出预言，认为将产生更强大的两极结构，这种两极化的结构将使大多数中产阶级进入无产阶级的行列。但是经过近150年的实践，我所看到的情况恰恰相反。"② 可以说，从伯恩施坦开始，关于资本主义社会结构的这一论断就是极具迷惑性的理论挑战。③ 支持这一论断的依据集中于两方面。一是以"社会财富增加论"为由，认为随着生产力的发展和社会财富的增加，工人的收入也会相应增长，这种增长使他们逐步向中产阶级靠拢；二是以"社会流动论"为由，认为随着社会公共教育的发展，不同阶级间的流通渠道被打开，无产阶级有可能通过公共教育改变自身的命运，实现阶级地位的上升。例如，雷蒙·阿隆认为"人口发展和经济增长为下一代提供越来越多的晋升机会创造有利条件""由于社会结构的不断变动，从工人阶级中脱离出来变成容易的事"。④ 新古典派经济

---

① [美] C·赖特·米尔斯：《白领——美国的中产阶级》，杨小东等译，浙江人民出版社1987年版，第365页。

② [俄] 戈尔巴乔夫、勃兰特等：《未来的社会主义》，中央编译局国际发展与合作研究所编译，中央编译出版社1994年版，第107页。

③ 实际上，西方社会学界的这种认识存在对马克思关于资本主义社会结构理论的误解。首先，正如我们在前边提到的，在马克思恩格斯的语境中，"中间阶级"是一个描述性概念，它在解释不同时期的社会结构时有不同的内涵。马克思恩格斯在讲"中间阶级"会落入无产阶级的行列时，这里的"中间阶级"指的是小资产阶级，与现代西方学者所说的"中产阶级"概念有着很大的区别。再者，西方学者所称的"两极化社会结构预测"是对马克思关于资本主义社会结构理论的一种简单化理解。在马克思那里，资产阶级和无产阶级作为资本主义生产关系的代表，体现的是资本主义生产方式中的剥削与被剥削的"两极"，这是对资本主义生产方式本质矛盾的抽象分析。譬如，地租所有者越来越转化为资产阶级，农民越来越转化为工人，实质上所表达的是资本主义生产方式，在整个社会生产中的扩张。然而，在具体的社会中，既存在着占主导地位的生产方式也存在着其他的生产方式，因而社会的阶级结构是多元的。即便是占主导地位的生产方式，其不同的发展阶段也会造成社会阶级结构的变化和差异。正因为此，在对具体社会的社会阶级结构进行分析时，其图景往往是复杂的和多层次的。对此，马克思在运用阶级方法分析法国革命、德国革命时表现得非常明显。如果将马克思对资本主义生产方式的抽象分析看成是他们对现实资本主义社会结构的具体分析，实际不过是一种逻辑错释。

④ [法] 雷蒙·阿隆：《阶级斗争——工业社会新讲》，周以光译，译林出版社2003年版，第180页。

学家艾尔佛雷德·马歇尔在《工人阶级的未来》中说:"问题不在于所有的人是否最终一律平等——他们肯定不能这样平等——而在于进步是否不会稳定发展下去,即使是缓慢地,至少从职业上看每一个人都成为绅士。"米尔斯也讲:"马克思主义期待的无产阶级化遇到的最大问题是,朝那个方向发展变化的原因很多不是白领地位的降低,而是普通工人地位的提高。"①

然而,认为中产阶级能够在资本主义社会持续地扩大和发展是经不起历史考验的。第二次世界大战时期,美国副总统亨利·华莱士提出"普通人的世纪",随后以中产阶级形象铸就的美国梦和橄榄型社会成为各国社会发展的价值标杆。然而,20世纪70年代末期开始,以美国为首的发达资本主义国家纷纷开始感受到中产阶级神话的幻灭。美国中等家庭的收入在20世纪80年代的增长仅为0.4%,到90年代更是下降到0.1%。中产阶级内部的分化日趋明显,大量白领雇员的收入与蓝领工人相差不远,原来相对单一的白领管理层又分化出粉领、金领。同时,高级行政人员的收入与普通雇员收入之间的差距也在拉大,20世纪60年代美国高级行政人员与普通雇员的收入比为39∶1,到90年代末这一比率达到254∶1。② 从社会流动来看,尽管教育的普及程度越来越高,但好的职位对学历的要求也随之水涨船高,加之受到技术更新和经济全球化的挤压,从蓝领工人向白领工人的转换未必能够使其实现生活质量的提升。白领雇员在生产组织过程中的影响也日渐式微,出现明显的"去技能化"的趋势,不少"白领"雇员的工作更趋于程序化、公式化,随着工作可替代性的增强,白领雇员的工资待遇、谈判能力受到影响。不少受雇于跨国企业的中上层雇佣劳动阶级,在全球劳资关系的变化中,也逐渐失去曾经"光鲜""富有"的状态,不再能够维持以往"中产阶级"的形象。理查德·隆沃斯在研究全球经济自由化给发达国家中产阶级带来的影响时称:"贸易夺走了下层的工作,科技接管了中层的工作,而原来从事这些工作的人,为了争夺仅存的低薪工作,与原来的劳工阶层斗得头破血流。因此,有薪层的中间值

---

① [美]C·赖特·米尔斯:《白领——美国的中产阶级》,杨小东等译,浙江人民出版社1987年版,第335页。
② 数据引自[英]威尔·赫顿、安东尼·吉登斯编《在边缘:全球资本主义生活》,达巍、潘剑、刘勇、时光译,生活·读书·新知三联书店2003年版,第138、131页。

在不断下降，贫富差距在扩大。有钱人和穷人都比以前多，这表明中间阶层已经减少。简而言之，原来不断扩大的中产阶级已经停止增加，而且开始缩减。"① 进入21世纪后，"橄榄型"社会明显出现向"鸭梨型"社会转变的趋势。日本经济评论家大前研一2007年出版《M型社会》，断言日本收入两极化趋势和社会发展不平衡性不断加剧，中产阶级正在萎缩。2010年，《纽约时报》发表文章称，2008年爆发的国际金融危机导致失业率攀升，造成了"中产阶级的分化"。2017年6月《联合早报》发表文章称，2008年金融海啸过后，全球经济复苏困难，欧美发达国家工作岗位流失，经济萎靡，中产阶级流向低收入阶层的趋势明显。2021年美国皮尤中心（Pew Research Center）分析指出，新冠疫情加剧了世界经济困难，致使全球中产阶级减少了5400万人。

  对马克思的第三点质疑认为，中产阶级的壮大能够缓解社会阶级矛盾，使资本主义从充满对抗和斗争转向相对稳定和谐，这意味着马克思阶级斗争理论的过时和把无产阶级作为资本主义社会否定面的失效。这一主张认为，中产阶级的生活相对舒适，工作又赋予其一定的社会地位，一般还有自己的职业规划和生活奋斗目标，他们对现行社会秩序有基本的认同，是社会中稳定的力量，因而中产阶级在整个社会结构中所占的比重越大社会就越稳定。德国社会学家埃米尔·莱德勒在1912年提出中产阶级是社会的"稳定器"一说，随后这一比喻被众多社会学家所认可和引用。德国社会学家乌尔里希·贝克在20世纪90年代还称中产阶级的发展"阻止无产阶级化的蔓延，在劳资间起缓冲作用……他们是阶级利益的平衡器和稳定器，是给社会带来和谐的使者"②。此外，也有观点认为，中产阶级是政治民主的倡导者，中产阶级的壮大能够推动整个社会的民主进程，使社会矛盾通过民主政治程序以和平的方式得以解决，从而增加了社会稳定因素。

  在历史唯物主义的视域中，任何一个阶级究竟是维护还是反对现有的社会秩序并不是一成不变的，必须具体情况具体分析。古尔德纳就并不认

---

  ① ［美］理查德·隆沃思：《全球经济自由化的危机》，应小端译，生活·读书·新知三联书店2002年版，第115页。
  ② ［德］乌尔里希·贝克：《没有劳动的资本主义》，载于《全球化时代的资本主义》，张世鹏、殷叙彝编译，中央编译出版社1998年版，第119页。

同中产阶级能够充当社会的"稳定器",他认为作为知识资本家的新中产阶级,其重要的阶级特性就是持一种"批判式的言论文化",这种言论文化承认现存的事物有可能是错误的,所以永远会有另外的选择。也有学者通过比较各国中产阶级在社会结构中的比例与社会稳定情况之间的关系而得出相反结论,认为中产阶级在社会结构中的比例高并不意味着该社会就稳定。社会稳定是一个多维度的复杂系统工程,中产阶级同上层阶级不同,它并不总是保守地趋向于维持原有的社会秩序,他们对社会的态度是基于他们对自身境遇的判断。2009 年欧洲主权债务危机爆发以后,受危机影响,希腊、法国、西班牙等国大批的公务员、教师等所谓的中产阶级白领雇员参与到抗议和罢工运动当中。2011 年 11 月英国 200 万公务员举行罢工,抗议政府下调养老金制度的改革计划,成为 1979 年以来英国最大规模的罢工运动,这次罢工造成多地政府、教育、医疗、交通等公共服务部门不能正常运行。2012 年 6 月,作为英国中产阶级中上层代表的医生举行罢工,抗议养老金改革,受罢工影响的患者超 100 万人。"中产阶级的愤怒"成为不少国家担心的"动荡之源"。至于中产阶级与民主政治之间的关系同样存在着争议。美国社会学家李普塞特认为,中产阶级并不是简单的民主主义者,在特定的社会环境下,它会成为法西斯主义极权的社会基础,他通过分析各国法西斯主义获得支持的过程得出结论说"来自许多国家的资料证实,典型的法西斯主义是有产中产阶级的运动"[①]。

  显然,各式中产阶级理论对马克思阶级理论的种种质疑并没有形成一贯的理论逻辑,相反却总是陷于矛盾和争议之中。之所以存在诸多矛盾和争议与上述理论在方法上的经验性有关。米尔斯讲:"在某个特定的时期,不同理论在寻找支持自己的资料的过程中,考察的不过是总体中的一部分集团。因此,对白领人员政治作用的描绘互相冲突,却又并立共存(甚至于两者也许都是正确的)。"[②] 实质上,作为描述性话语,"中产阶级"是一个很难清晰界定的概念。古尔德纳之所以将其称为"浑身缺陷的普救阶级",赖特为其打造"矛盾的阶级地位"理论都与这一概念的模糊性和表

[①] [美]西摩·马丁·李普塞特:《政治人——政治的社会基础》,张绍宗译,上海人民出版社 2011 年版,第 125 页。
[②] [美]C·赖特·米尔斯:《白领——美国的中产阶级》,杨小东等译,浙江人民出版社 1987 年版,第 327 页。

象性有关,以这样一个概念为基础来分析社会历史发展的规律和趋势难免出现彼此矛盾的论断。

三 中产阶级概念的模糊特性

"中产阶级"概念的模糊性首先表现为它是一个没有明确界定标准的概念。在界定资产阶级和无产阶级时,马克思以是否拥有生产资料和是否出卖劳动力作为标准。虽然根据生产资料的数量可以在资产阶级中划分出大资产阶级、小资产阶级,根据资本的不同性质可以划分为金融资产阶级、工业资产阶级、商业资产阶级,在无产阶级中也可以根据从事劳动的不同性质分为脑力劳动者和体力劳动者,根据从事行业的不同可以分为农业无产阶级、工业无产阶级和商业无产阶级等,但这些阶级内部的划分都是以明确的划分标准为基础的。这一明确的界定标准来自马克思对资本主义生产方式根本矛盾的分析,贯穿于资本主义发展的整个历史阶段。

"中产阶级"概念并没有明确的界定标准。一般来说,"中产阶级"的界定标准有两种,即收入标准和职业标准。以收入来界定中产阶级,其标准本身很难统一,不可能给出确定的阶级边界。仅就20世纪80年代的美国为例,美国学者里奇曼·路易斯认为年收入在18000美元至75000美元之间就可以算中产阶级了;经济学家罗勃特·劳伦斯则将这个范围定为13000美元至25000美元之间;美国人口咨询局则认为应该是从15000美元至35000美元就能被划入中产阶级。除了不同的研究目的和研究方法会导致划分标准的差异外,不同地方的经济发展水平的差别也会造成划分标准的浮动。用职业标准来界定中产阶级,同样也存在标准不一的问题。随着社会生产的变化,社会上的职业种类不断更新,同一职业的社会地位、收入状况等也是不断变化的。正因为此,米尔斯一方面认为从老中产阶级到新中产阶级的转变是"一种从财产到以新的轴线——职业——来分层的转变",同时他又不得不承认"时髦词汇'新中产阶级'包含的职业并不一致。只要我们考虑一下白领世界模糊不清的界限,就不难理解这份职业什锦拼盘为什么吸引了那么多互相冲突的理论,它的总体形象何以如此不同"[①]。实质上,马克思很早就批评了从收入和职业来划分阶级的模糊性和

---

① [美]C·赖特·米尔斯:《白领——美国的中产阶级》,杨小东等译,浙江人民出版社1987年版,第327页。

非科学性。他说:"'粗俗的'人的理智把阶级差别变成了'钱包大小的差别',把阶级矛盾变成了'各行业之间的争吵'。钱包的大小纯粹是数量上的差别,它可以尽情唆使同一阶级的两人互相反对。大家知道,中世纪的行会是在'行业差别'的原则上互相对立的。但是大家也知道,现代的阶级差别绝不建立在'行业'的基础上;相反,分工在同一阶级内部造成不同的工种。"[1]

"中产阶级"概念的模糊性还表现为其内涵的不确定。在社会学视域中,"中产阶级"概念中的"产"往往指的是"财产"。"财产"是一个法权概念而非经济概念,以这一概念为核心的理论构建最终不过描绘资本主义社会阶段性的繁荣或衰退,难以涉及根本的历史规律,也无法超越资本主义"拜物教"意识形态的束缚。仔细分析不难理解,中产阶级的"产"可以分为生产资料和生活资料。一部分看似跨入了"中产阶级"行列的群体,他们的收入并没有超过其劳动所创造的价值,其主要收入都转化为购买生活资料。虽然当代生活资料的数量和种类远远超过19世纪工人的生活资料,但他们仍然属于出卖劳动力的雇佣劳动阶级。当然,一部分薪金雇员除了工资收入以外,还有企业股权收入和小额的股票收入。表面上看,这似乎部分地获得了"资本收益",是"生产资料的普遍化",但其实质并非如此。少量的股权收入是资本以另外的形式所支付的工资,即资本家预付可变资本的形式由以前单一的工资变成了工资和分红两种形式的叠加,劳动者在完成这两种形式的可变资本的再生产之余,仍然必须生产出剩余价值,因此这部分"中产阶级"成员仍然属于出卖劳动力的雇佣劳动者。对"中产阶级"中的一部分高级管理层而言,他们的收入高于其劳动所创造的价值,实质上参与对剩余价值的占有,因此属于新的小资产阶级。

此外,"中产阶级"概念中的"产"也常常被解释为"知识资本"和"文化资本",然而,这种将知识和文化等同于资本的观点并不科学。知识和文化参与生产同劳动参与生产一样,一种是存在于生产资料中的作为物化劳动的知识,一种是作为劳动能力存在于劳动者身上的知识,这二者不能混淆。存在于劳动者身上的知识只有同物质生产资料相结合,并且通过

---

[1] 《马克思恩格斯全集》第4卷,人民出版社1958年版,第343页。

劳动者应用知识进行劳动,才能够创造价值和生产社会财富,但在资本主义生产方式中,这二者并不是天然一致的。物化了的知识和文化与活劳动中的知识和文化在资本主义社会中是相互对立、相互矛盾的,将知识和文化笼统的等同于生产资料,实际上抹杀了这种矛盾。也有观点认为,之所以将知识和文化视为资本的一种,是因为知识和文化越来越为生产所不可或缺,资本必须依靠知识才能够获得利润,因此知识阶级的成员可以通过垄断知识而与资产阶级分享利润。这一观点看似合理实则不然。一方面,随着社会生产力的发展以及教育水平的提高,一部分原来具有稀缺性的知识和技术会变得相对普遍,即一部分存在于活劳动中的知识和文化也会出现剩余,剩余知识劳动力的存在致使资本不断压低就业知识劳动力的工资,这是中产阶级下层总是出现"地位焦虑""身份焦虑"的根本原因。另一方面,即使一部分中产阶级成员的知识稀缺性相对稳固,可以通过垄断知识、文化或技术而在与资产阶级的博弈中提出更高的条件,但若非是其能为资本创造超额利润,资本往往也会转投他处而放弃对这种知识劳动的雇佣。马克思说,"正是资本家把自己的资本转用于其他方面的这种能力"[①] 才使得雇佣劳动屈服于资本的要求,这实质上也道出了中产阶级依附性的根源。

相较众多"中产阶级"理论,马克思的阶级分析以历史唯物主义原则为前提,它不是将社会看成僵化的、静止的,而是在认识生产方式本质性矛盾的基础上具体地、动态地分析阶级关系的演变。"中产阶级"理论往往囿于其方法的实证性,或者用某一特定时期资本主义社会结构变化的现象代替了资本主义阶级关系的本质,或者仅从发达资本主义国家范围内解释社会历史发展,都容易陷入经验主义而难以保持长久的理论生命力。

四 中产阶级概念的意识形态功能

"中产阶级"概念本身具有描绘性、模糊性的特点,但是这种模糊性却使这一概念和话语有效承载了维护资本主义意识形态的功能。在资本主义国家,中产阶级的自我认同率往往高于实际的比率。20世纪90年代,瑞典的中产阶级比例不到60%,但自我认同率高达80%,德国中产阶级

[①] 《马克思恩格斯文集》第1卷,人民出版社2009年版,第116页。

人数达到50%时，主观认同率已高达75%，而在日本更是形成了"全民中产"的兴奋情绪，中产阶级的自我认同率超过90%。之所以会出现这种认同率拉高的现象，是因为"中产"形象得到了资本主义意识形态的追捧，成为资本主义自我推销的标识。一方面，"中产阶级"被赋予追求自由、倡导公正、主张民主的形象，成为"中产阶级"的一员和认同资本主义制度相互链接起来。美国学者奥利维尔·如恩斯称"倡导中产阶级价值观念后来成了冷战中美国国内的外交辞令，早在冷战开始之前，它就是美国国内政策的重中之重了"①，只有接受资本主义的制度、价值观，才可能成为广泛认可的橄榄社会。另一方面，这一概念掩盖了资本主义生产方式中的剥削，遮蔽了资本主义制度下的阶级对立。恩格斯曾说："无产阶级是由资产阶级生产关系造成的，同时又是这些生产关系继续存在的条件，而掩饰这个阶级的存在是符合资产阶级的利益的"②。

所谓中产阶级价值观念往往与传统的资产阶级伦理相一致。北欧学者苏尔肯形容"中产阶级"说，"它所美化的是旧的特权阶层的美德而不是它自身的古老传统，因此它不可能在历史上留下什么特殊的痕迹"③。资产阶级道德青睐于美化竞争。列宁曾说："资产阶级的著作家过去和现在耗费了无数的笔墨，来赞扬资本家和资本主义制度的竞争、私人进取心及其他绝妙的品质和魅力。"④ 在资本主义初期，提供这种道德元素，完成这一意识形态功能的是宗教。马克斯·韦伯在其著名的《新教伦理与资本主义精神》一书中详尽地分析了新教的选民意识和天职观念对资本主义完成原始积累的影响，以及它对刺激工人提高劳动效率的鼓舞作用。他讲："无论如何，排他地努力迈向上帝之国——通过完成在职业天职里的工作职责也通过严格的禁欲主义，教会的教规特别将这一禁欲主义强加于一无所有的阶级——也必定会提高资本主义字眼意义上的劳动'生产率'。"⑤ 然而，随着资本主义制度的建立，资产阶级上升为统治阶级，它与无产阶级

---

① ［美］奥利维尔·如恩斯：《为什么20世纪是美国世纪》，闫循华、梁泓、张春波、张立刚、张鸿斌译，新华出版社2002年版，第111页。
② 《马克思恩格斯文集》第3卷，人民出版社2009年版，第275页。
③ 转引自周晓虹《全球中产阶级报告》，社会科学文献出版社2005年版，第96页。
④ 《列宁选集》第3卷，人民出版社2012年版，第375页。
⑤ ［德］马克斯·韦伯：《新教伦理与资本主义精神》，苏国勋、覃方明、赵立玮、秦明瑞译，社会科学文献出版社2010年版，第115页。

之间的矛盾对立充分暴露，神秘主义的宗教道德难以适应现代社会的意识形态构建要求。恩格斯曾谈及这一变化说："无论英国资产者的宗教执迷，还是大陆资产者的事后皈依宗教，恐怕都阻挡不了日益高涨的无产阶级的潮流。"① 在现代资本主义社会，"中产阶级"概念接替了传统宗教的意识形态功能，它使"天国的选民"变为了"现世的选民"。正如米尔斯所说，中产阶级不过是在整个社会的旧金字塔中形成了一个新金字塔，同选民意识一样，这个新金字塔通过选拔晋升重新将"竞争""效率"等观念输入到劳动者的头脑中。在现代社会中，随处可见对"成功学""效率学""职场晋升法则"的兜售，它们夸大"竞争""效率""不求回报的付出"以及"服从"，将其编织成中产阶级成员的"优秀品质"。劳动者要想成为"现世的选民"，即中产阶级中的一员，或是想保持原有的中产阶级地位，往往需要"超越本分地为大公司服务"，然而在各个企业"晋升机会均等"的口号背后，实质是号召劳动者自我加压，主动增强劳动强度。

传统的新教伦理强调节约、简朴和自我克制的价值观符合资本主义初期完成原始积累的要求。随着资本主义向全球扩张，其空间市场得以极大拓展，但资本追求利润的本性总是需要新的市场以实现价值和完成资本循环，于是强调禁欲主义的传统观念不再适应资本进一步发展的要求。第二次世界大战之后，随着资本主义生产的调整，福特主义企业组织模式的推行和福利国家政策的出现，需要树立新的消费观念，"中产阶级趣味文化"则符合推行消费主义的新要求。在现代资本主义社会，中产阶级形象总是与特定的生活方式相联系，只有与"时尚"同步，具备一定的消费水平才符合"中产阶级"的定位要求。丹尼尔·贝尔说："中产阶级趣味这个词本身反映出文化批评的新模式。实际上，正如大量中产阶级杂志认为的那样，文化不再是严肃艺术作品的讨论，而是被组织和'消费'的生活方式。"② 中产阶级成员为了跟上飞速变化的社会，为了不被排斥在"时尚"的地位以外，他们总是不断地变化着自己的着装、用度，为了在社会的交际圈中积累谈资，还要参加各种俱乐部、休闲旅行。现代社会铺天盖地的

---

① 《马克思恩格斯文集》第 3 卷，人民出版社 2009 年版，第 521 页。
② ［美］丹尼尔·贝尔：《资本主义文化矛盾》，严蓓雯译，江苏人民出版社 2012 年版，第 44 页。

广告,"时尚""新潮"的观念,分期付款、信用透支的交换方式,各式各样的营销手段都是中产阶级熟知的生活元素,而这些元素不断地为资本获取利润开拓着更为丰厚的时间市场和销售峰期。丹尼尔·贝尔形容以都市中产阶级为典型形象的享乐主义世界图景,是一个为了期望而活,为了将要到来而不是已经拥有的东西而活的虚伪的世界。

总而言之,"中产阶级"这一概念作为一种新的意识形态话语,一方面用"自我实现"的观念为创造剩余价值而服务,另一方面又用"自我满足"的观念为剩余价值的实现而服务。这就是丹尼尔·贝尔所说的现代"资本主义文化矛盾",即"白天是'谦谦君子',晚上却是'浪荡之徒'"。实际上"中产阶级"概念所代表的这种两面性,从社会文化表现的角度来看是矛盾的,但就资本逻辑而言,却是丝毫不矛盾的。

第三节 新社会运动的兴起
——革命主体的替代?

随着资本主义经济发展方式的转变和社会政策的调整,发达资本主义国家社会结构、政治结构和社会意识状况发生一系列变化。众多西方理论学派依据这些变化,质疑马克思主义的时代价值,"马克思主义危机"之说甚嚣尘上。20世纪60年代,欧洲新社会运动逐渐兴起,法兰克福学派、存在主义、后马克思主义等西方左翼学派,以及一些国家的共产党,开始关注社会运动的新变化,逐渐放弃将无产阶级视为反资本主义的革命主体。无论认为阶级意识的淡化导致了无产阶级的自我消解,还是认为中产阶级的兴起改变了无产阶级的历史命运,都成为诟病马克思将无产阶级视作反资本主义革命主体的根据。

一 无产阶级革命主体的否定与解构

第二次世界大战后,资本主义进入新一轮的繁荣,技术和消费的爆发给资本主义带来新面貌,第三产业成为经济增长的主要产业,资产阶级和无产阶级的形象与19世纪大为不同,在传统"蓝领"和"白领"的基础上,出现了从事高科技行业、现代金融行业的"金领",女性从业人员居多的"粉领",从事设计、建筑、维修等行业的"灰领"。不同的职业构成加剧了雇佣劳动群体的利益多元化。与此同时，西方左翼学者逐渐远离社会主义运动实践，在马克思主义经典文本与资本主义现实的差异面前陷入了理论困惑。他们坚持对资本主义社会的批判立场，但在工人阶级结构变化和阶级意识淡化的现实面前，又难以找到新的出路。放弃无产阶级的革命主体地位，寻找资本主义社会中新的否定因素成为众多西方学派重释的路径之一。

在马克思看来，无产阶级在资本主义生产方式中的地位决定了这个阶级是资本主义社会的否定因素，无产阶级的解放意味着资本主义制度的解体，这个阶级既是资本主义内部的革命力量又是新社会的建设力量。然而，随着资本主义的发展，马克思关于无产阶级作为反资本主义革命主体的判断遭到诸多质疑。20世纪60年代，法兰克福学派的代表马尔库塞提出了"工人阶级同化论"。他认为，19世纪上半叶无产阶级和资产阶级相互对立的意识和政治行动使得对资本主义社会的批判能够实现理论与实践、价值与事实、需要与目的之间的调和与沟通，但资本主义的发展已经改变了这两大阶级的结构和功能，他们不再能够成为历史变革的动因。马尔库塞认为，在工业文明发达的地区，技术的合理性在生产过程中得到了具体化，这促使劳动阶级对现有制度的态度从对立转向认同。马尔库塞详细分析了劳动阶级的这一转变，认为技术所造成的劳动特点和生产工具的变化降低了劳动中耗费体力的数量和强度，在职业的层面上强化了同化的趋势，改变了劳动者的态度和意识，弱化了工人阶级的否定作用。他指出，有组织的工人不仅缺乏否定性的反对意识，还会夸耀其在企业中的既定利益。在此基础上，马尔库塞对资本主义社会中的现实批判力量持非常悲观的态度。他讲："技术的进步在多大程度上保证着共产主义社会的发展和吸引力，质变的概念就以多大的程度在一种非爆炸性发展的现实主义主张面前退却。由于缺乏社会变革的明显动因和代理者，批判又回到了高度抽象的水平。这里没有理论与实践、思想与行动相统一的基础。"[1]

如果说马尔库塞论述了技术发展对无产阶级革命意识的瓦解，那么法国存在主义马克思主义的继任者安德鲁·高兹则直接否定了无产阶级的进步性。在高兹看来，认为生产力在意识形态上是中立的，这是一种对马克思主

---

[1] [美]赫伯特·马尔库塞：《单向度的人——发达工业社会意识形态研究》，刘继译，上海译文出版社2008年版，第4页。

义命题的机械论解释。他认为资本主义制度下,生产力的发展是一种畸形的发展,科学技术的发展总是打上了资本主义的印记,这种生产力的资本主义发展总是将脑力劳动和体力劳动分割开来,以一种外部的方式把创造"社会产品"的各种工作结合起来,而否定了工人自愿合作的任何可能性。在资本主义社会中发展起来的生产力,即不利于直接从事劳动的工人集体占有,也不利于整个无产者的集体占有。信息技术组织起来的生产使得工人劳动不断碎片化,劳动成为被动和预先规划好的活动,这样在外部由技术严格控制的资本主义劳动分工使工人阶级失去了独立自主的创造性,失去了对资本主义的否定性,工人很难作为一个普遍阶级在整体上控制社会生产。资本主义的发展所造就的无产阶级不能控制生产资料,其直接利益不是合乎社会主义合理性,而是合乎资本主义合理性。高兹认为,资本主义的发展并不能使无产阶级成为革命主体,这个阶级是由一种按照资本的逻辑和需要发挥作用的技术塑造的,是由资本主义连同其统治技术以及它的等级劳动分工塑造的,这样的无产阶级不可能完成改变资本主义生产方式的任务。据此,高兹在20世纪80年代发出了"告别无产阶级"的宣告,并称"能够以一种不同的合理性根除和超越资本主义的,只能来自于社会中的一个体现或预示了包括工人阶级在内的一切社会阶级的瓦解的领域"[①]。

马克思之所以认为无产阶级能够成长为成熟的革命主体,还在于无产阶级是一个掌握了文化元素的劳动阶级,它能够组织起来形成统一的政治行动。然而,随着发达资本主义社会产业结构的转变、企业组织模式的调整,一定程度上削弱了无产阶级的阶级统一性,也影响了社会主义运动的发展。在此背景下,解构阶级概念,否定工人统一为阶级的可能性和必要性,成为后马克思主义的重要理论标识。后马克思主义的代表拉克劳与墨菲认为,马克思主义原本的革命理论是以阶级斗争为中心的,这是一种立足于经济还原论基础上的阶级还原论,是马克思主义本质主义方法的表现。在他们看来,即使是最接近经济层面的生产领域也不是单纯的经济空间,"经济空间本身被结构化为政治空间",因此,从经济层面构造的社会代表的统一和均质性也是不可能的。为了进一步否定无产阶级的统一性,他们还特意区分了"生产关系"和"生产中的关系"这两个概念。"生产

[①] Andre Gorz, *Farewell to the Working Class: An Essay on Post-in-dustrial Socialism*, London: Pluto Press, 1982, p. 14.

关系"表征的是工人在资本主义生产方式中的地位,它对应着工人的阶级身份,而"生产中的关系"表征的是工人在整个社会劳动分工中的地位,它对应的是工人作为劳动者个体的身份。拉克劳和墨菲认为,在早期资本主义的生产中,这两种关系之间的界限是模糊的,由于马克思将工人看成是劳动力商品,忽略了"生产中的关系",从而也就抹杀了劳动者的个体性。随着资本主义的发展,特别是在后工业时代,这两种关系的界限越来越明晰,因而不能仅仅因为工人同为出卖劳动力的雇员,就认为他们一定能够达成一致和统一。

拉克劳和墨菲列举出可能影响阶级统一性的多种主体性因素。其一,性别、种族、民族、宗教等社会特征会造成劳动者之间的个体化差别,从而削弱无产阶级的统一性。其二,劳动分工导致的职业壁垒、技术等级等因素也会成为无产阶级内部分化的原因。他们指出,无产阶级队伍中至少因此而存在三个不同质的部分,即高工资并且受保护的部分、生存没有安全的无技术和半技术工人、数量正在增长的结构性失业的工人。其三,资产阶级防止工人反抗的策略也会将统一的工人阶级分化为中心化工人和边缘化工人。拉克劳和墨菲反对将这一分化策略看成是资本主义自我调整的结果,在他们看来,之所以会出现这样的分化策略是由于工人本身的反抗能力是有差别的,这种策略不过是工人本身差别化的反抗实践所导致的结果。在拉克劳和墨菲看来,随着"生产中的关系"日渐凸显,"使得把它们统一起来的'工人阶级'这一共有的标签成了问题"[①]。

受福柯后现代历史观的影响,拉克劳和墨菲认为传统马克思主义没有逃开一种末世论的历史观,即把历史看成是服从科学知识的必然的运动,把符合历史的利益理解为具有必然性的"客观利益"。在这一前提下,无产阶级的经济利益就能够把他们直接联系到社会主义的前景上,并成为反对资产阶级斗争的必然领导者。拉克劳和墨菲认为这种本质主义的历史理论使主体立场的矛盾多元性遭到屏蔽,导致一种反资本主义斗争的"特权化主体"。换句话说,他们并不否定特定物质利益的存在,但他们否定物质利益先验地、必然地转化为主体的政治目标,在他们看来,政治斗争是多元建构的过程,物质利益在政治斗争的实践中并不一定起决定作用,而是必然会受到其他因

[①] [英]恩斯特·拉克劳、查特尔·墨菲:《领导权与社会主义的策略——走向激进民主政治》,尹树广、鉴传今译,黑龙江人民出版社2003年版,第90页。

素的影响。由此，他们认为无产阶级同其他社会力量一样，是反对资本主义斗争中的一个成分，但它的作用也同其他社会力量一样，是局限于自己的目标和斗争的可能性之内的，不能把它看成是一个"普遍的阶级"，也不能认为他们必然地倾向于社会主义。他们的结论是"社会主义目标和生产关系中社会代表的立场之间没有逻辑的必然关系，而且他们之间的连接是外在的、并非来自把它们统一起来的每一个自然运动"①。

二 新革命主体的替代理论

否定无产阶级的革命主体地位，就必然需要回答变革资本主义和建立新社会的现实历史主体在哪里？什么样的力量可以承担这一历史使命？马尔库塞从批判工业社会的意识形态出发，否定了工人阶级的革命主体作用，但由于远离社会政治实践，他对新的革命主体持谨慎而悲观的态度，认为"社会批判理论并不拥有能在现在与未来之间架设桥梁的概念；它不作许诺，不指示成功，它仍然是否定的"②。然而，马尔库塞也并不是认为社会批判是一种无根的理论解构，"它要仍然忠诚于那些不抱希望，已经并还在献身于大拒绝的人们"。在他看来所谓"不抱希望"的人，是指在生活在底层的流浪汉和局外人，不同种族、不同肤色的被剥削者和被迫害者，失业者和不能就业者，这部分人生存在民主进程之外，他们的生活是对结束无法容忍的生活条件和体制的最直接、最现实的要求。他讲："即使他们的意识不是革命性的，他们的反对也是革命性的。他们的反对是从外部打击现存制度因而没有被该制度引向歧路；它是一种破坏游戏规则并在这样做时揭露该游戏是受操纵的游戏的根本力量。"③

马尔库塞在资本主义社会秩序之外寻找革命主体的思路影响了高兹，作为法国共产党员的高兹，在宣告"告别无产阶级"之后，提出社会主义革命的希望在于"非工人的非阶级"。所谓"非工人"是指这个社会群体同传统工人阶级有着完全不同的特点，"它既不是根据它的劳动来确定自

---

① ［英］恩斯特·拉克劳、查特尔·墨菲：《领导权与社会主义的策略——走向激进民主政治》，尹树广、鉴传今译，黑龙江人民出版社2003年版，第97页。
② ［美］赫伯特·马尔库塞：《单向度的人——发达工业社会意识形态研究》，刘继译，上海译文出版社2008年版，第203页。
③ ［美］赫伯特·马尔库塞：《单向度的人——发达工业社会意识形态研究》，刘继译，上海译文出版社2008年版，第202—203页。

身,也不是根据其在社会生产中的地位来确定自身"①,这是一个标志着废除劳动的社会主体。所谓"非阶级"是指这个社会主体不与任何特定的社会生产方式相联系,也不与任何共同的客观利益相联系,更无法以确定的政治目标和历史使命来定义,因而是区别于传统阶级分析框架下的社会结构概念。高兹之所以将"非工人的非阶级"看成是反对资本主义制度的新主体,是因为在他看来新的革命运动主体应该是在资本主义生产过程之外,没有被资本主义生产所同化的社会群体。他们在后工业社会中是潜在的或现实的失业的人,往往是临时被雇佣者,这部分人没有稳定的职业归属也没有确定的阶级认同。随着科技的发展这样的群体扩展到社会各领域,既包括脑力劳动者也包括体力劳动者。因此,"非工人的非阶级"游离于资本主义物质生产之外,没有被后工业社会的技术生产过程所同化,而倾向于在工作领域之外寻求个人自由。

相较于左翼学者从资本主义社会秩序之外来寻求反对资本主义的主体力量,一些资本主义国家的左翼政党则更偏重于通过扩大政党的支持基础,改变原本以工人阶级为领导主体的政治纲领,在资本主义社会内部寻求反资本主义力量的新聚合。各资本主义国家的社会民主党在第二次世界大战后开始从工人阶级党向全民党的转变。20世纪70年代起,倡导"欧洲共产主义"的西班牙、法国以及意大利共产党也开始以劳动阶级代替无产阶级作为党的社会阶级基础。法共书记马歇在法国共产党二十二次代表大会上讲,"无产阶级,在今天,它指的是工人阶级的核心或心脏。如果说它是基本的,那么它还不能代表整个工人阶级,更不用说代表整个劳动人民了"②。到20世纪90年代,工人阶级作为反对资本主义的领导主体这一观念被这些国家的共产党所抛弃,他们认为"新共产主义"不是优先考虑某一阶级的利益,而是一个多元主体相互联合的过程。

对马克思无产阶级革命主体理论的否定,关系到对社会主义革命方式和革命目标的理解。在马克思看来,无产阶级的解放必须通过无产阶级革命取得政权,建立无产阶级专政来实现,无产阶级专政是通向无阶级社会

---

① Andre Gorz, *Farewell to the Working Class: An Essay on Post-industrial Socialism*, London: Pluto Press, 1982, p.70.
② 转引自周穗明、王玫等《西方左翼论当代西方社会结构的演变》,江苏人民出版社2008年版,第119页。

和实现人类解放的政治形式。西方左翼力量在否定无产阶级革命主体地位的同时,也放弃了马克思关于无产阶级夺取政权,建立无产阶级专政的革命目标。替代无产阶级专政作为社会主义运动目标的,是争取建立一种广泛的民主政治。法共书记马歇认为"'专政'使人一下子就想到了希特勒、墨索里尼、萨拉查和佛朗哥法西斯政权,这意味着对民主的否定。这不是我们多需要的那种专政","不能把'无产阶级专政'说成是我们倡导给我国劳动人民的东西"。[①] 拉克劳和墨菲也认为新社会主义必须走出"传统社会主义的危机",而其出路便在于排除民主的阶级特征。在他们看来,超越原有马克思主义的革命模式意味着"社会主义的要求,应当被看作民主革命的内在要素"。他们认为激进民主的新社会主义革命是一种民主斗争而不是阶级斗争,其目标不是夺取政权而是争取多元化的社会权力。在这样的前提下,被称为"新社会运动"的女权运动、生态运动、反核运动、反种族歧视运动、反同性恋歧视运动等被看成是区别于传统工人运动的,反对资本主义的新革命形式,是民主革命向新的一系列社会关系的全面扩展。也就是说,与新的多元主体相对应的反资本主义斗争方式,不是一种目标清晰的中心斗争,而是一种目标分散的边缘掘进式的斗争方式。

与拉克劳和墨菲以政治话语链接来设定新社会运动的目标不同,虽然高兹同样看重新社会运动的实践批判作用,但他依然从劳动解放的角度来阐述后工业社会下社会运动的目标。高兹认为资本主义的劳动分工不可避免地使人失去个性,它把劳动变成一种受外界支配的活动,在后工业革命中,革命的中心命题应该是时间的解放和劳动的废除。高兹将未来社会设计为一个兼有个人自主领域和受外界支配领域的双重社会。受外界支配的领域保证社会必需的生产,对这一生产的要求是效率最大化和最大限度地节约人力、财力,而在自主领域,个人或个人之间自由地结合,可以根据自己的欲望、喜好或想象来进行市场之外的物质或非物质生产。在新社会运动中,高兹特别看重反核运动、生态运动和女权运动。他认为符合环境保护标准的一些可再生能源往往是使用权利分散的技术,它符合非市场的方向,不产生利润,不符合资本逻辑,而生态问题涉及的则是社会和文明的种类。女权运动之所以被高兹所看重,是因为他认为20世纪70年代以

[①] 转引自周穗明、王玫等《西方左翼论当代西方社会结构的演变》,江苏人民出版社2008年版,第123页。

后的女权运动不仅关注鼓励女性参与社会活动或是将妇女从家务中解放出来，而且致力于扩大一种非经济的合理性。高兹认为女权运动高扬了非经济价值和自主活动的核心性，并将经济合理性看成是一种从属的价值，在这个意义上讲，它是后工业革命的重要标志。

上述理论立足于工业社会和后工业社会的差别，反映了资本主义的新变化，但往往忽略了这些变化并没有触动资本主义的根本矛盾。尽管这些左翼学者对各种"新社会运动"寄予厚望，但无论是高兹的"非工人的非阶级"与他所设想的双元社会，还是拉克劳与墨菲所主张的话语链接，都没能提供一个在实践中变革资本主义的现实目标和系统战略，因而都浮现出空想社会主义的影子。对此，加拿大马克思主义学者艾伦·伍德驳斥说"除非阶级政治成为把所有解放斗争联合起来的统一的力量，否则的话，'新社会运动'仍然只能处在现存社会秩序的边缘，至多是能在某个阶段某个瞬间得到人民的支持，但却注定是不能动资本主义秩序毫发，只能是对人类解放和'统一的人类之善'加以辩护"[1]，伍德将消解无产阶级革命主体地位的学说称之为"新的'真正的'社会主义"。

三 革命主体替代说的简要评述

在超越马克思主义的旗号下，各种寻求新革命主体的学说逐渐形成了去阶级政治的思潮，然而这些理论解构往往建立在对马克思阶级理论的误解的基础之上，加拿大马克思主义学者艾伦·伍德将之称为"用魔法做成的又将其打倒的假马克思主义"。譬如，拉克劳和墨菲认为马克思主义的阶级理论具有一种经济主义的还原论倾向，他们指出这种经济主义还原论有三个逻辑前提。一是，经济运动规律是严格内生的，并且排除了所有来自政治或其他外在干预的不确定性，否则还原论的构造功能就不能归于经济；二是，在经济层面上构造的社会代表必须是统一和均质的，并且来自经济层面的运动规律；三是，这些生产关系代表的立场必须具有历史利益，这样代表在其他社会层面的存在才能最终在经济利益的基础上获得解释。从上述理解中不难看出，拉克劳和墨菲对马克思的阶级理论作了一种经验主义的解读，这与历史唯物主义语境中的阶级分析有极大的差异。马

---

[1] ［加拿大］艾伦·伍德：《新社会主义》，尚庆飞译，江苏人民出版社2002年版，第202页。

克思主张深入到生产领域来分析无产阶级的阶级地位和阶级属性,但是他并非将生产和经济活动看成一种隔绝于政治和其他活动的机械运动,他研究物与物之间的关系从来都是为了揭示人与人之间的关系。在《资本论》中马克思论述了大量的法律、道德等政治和文化因素对资本主义经济关系的影响。区分"自在阶级"和"自为阶级"也从侧面说明,马克思并不认同将经济关系看成是决定阶级状况的唯一因素,更不认为只要是在经济关系中的被剥削阶级就能够成为革命主体。实质上,马克思十分看重现代无产阶级与历史上其他劳动阶级的差异性。在马克思看来,虽然农民同样是经济关系中的被统治阶级,但农民既不与先进的社会生产力相联系,又缺乏基本的文化元素,难以形成属于本阶级的系统的阶级意识和社会认识,不可能成为领导社会革命的主体。

再者,马克思讨论人类解放是就世界历史而言的,也就是说他是着眼于世界历史来认识无产阶级和社会主义革命的。20世纪60年代后,新社会运动在发达资本主义国家兴起,其锋芒逐渐盖过传统工人运动,但与此同时,随着资本在全球范围内流动以寻求廉价劳动力,世界范围内的工人运动依然此起彼伏。美国社会学家贝弗里·J. 西尔弗在研究全球范围内的劳工运动时指出,在时间上延续着的对劳动力商品化和去商品化之间的周期性摇摆,是与另一个在空间上不断对劳动力商品化的程度或烈度进行空间地域划分的过程纠缠在一起的。他通过汽车工人运动的国际转移说明了工人运动的这种全球存在方式,指出"尽管汽车巨头们似乎一直都在全世界范围内不停地追逐其臆想中的廉价而驯服的劳动力,却发现它们只不过是在新的投资场所不断地再度创造出新的充满斗争精神的劳工运动。生产的空间转移,与其说是为资本的利润率和劳动控制问题提供了一种长久的空间调整策略,倒不如说这种资本在空间上的转移只不过是在地理上成功地将矛盾从一个生产场所转移到了另一个场所罢了"[1]。西尔弗的研究证明,资本主义并没有克服其原有的深层矛盾,工人运动并没有陷入沉寂而只是超出了发达资本主义国家的范围。从整个世界范围来看,工人运动仍然是反对全球资本主义的主要力量,无产阶级不是被历史所抛弃,而是越来越体现出其世界历史特性。

---

[1] [美]贝弗里·J. 西尔弗:《劳工的力量——1870年以来的工人运动与全球化》,张璐译,社会科学文献出版社2012年版,第81页。

不可否认，诸如生态运动、反种族歧视运动、女权运动等新社会运动对批判资本主义弊病，推进社会进步起到了重要作用，但是也需要看到，由于其多元化的价值诉求和"非中心"性的特点，新社会运动没有触及资本主义的核心矛盾，而运动的过度激进化和多元化又容易造成社会撕裂和民粹主义发酵。不少学者因此不认同新社会运动边缘掘进式的策略，他们认为这种策略必然以在时间上和空间上互不相关的许多"小动作"而告终，然而只有关涉当代资本主义生产关系再生产方面的问题，才会真正引发资本主义危机。艾伦·伍德指出，如果说诸如民主的控制、和平、安全以及生活的质量等方面在归根结底的意义上是对全人类都有意义的，但只要承认在资本主义现有生产方式的权力结构下并没有实现对这些利益的维护，那就说明必然有一些人是将其自身利益或者说阶级利益置于人类利益之上的，而在一个客观存在着不可调解的利益对立和权力构架的阶级社会中，脱离阶级政治，而仅仅依靠对"普遍利益"的无私关注和同情，很难实现真正有意义的变革。伍德称"社会主义必须不仅是被当作一种抽象的道德上的善，而且是一种具体的政治目标，它直接推动社会力量以反对资本主义利益与权力结构。社会主义采取了这样一种有着可认同的目标与动力的具体计划的形式——然而它同时能够与'普遍利益''联结'在一起——只是就其包含于工人阶级的利益与斗争而言"[①]。

社会主义的前进不可能是客观经济发展的自发结果，社会主义运动离不开工人运动的深入开展。工人阶级不仅是资本主义的实践批判力量，也是现实社会主义的建设力量，社会主义制度的创制、发展及其优越性的充分彰显离不开追求自我解放的工人的自觉参与。无视工人阶级的历史作用，社会主义只能停留于抽象的话语和空洞的批判。然而，世界社会主义运动在广义上包含着工人运动，却又不能局限于工人斗争。作为对更公正合理社会形态的一种实践探索，世界社会主义运动能够从各种批判资本主义弊端和促进社会进步的新型社会运动中汲取力量和获得启发，马克思主义和科学社会主义理论也在与各种资本主义批判理论的对话中不断丰富和发展。只有与时俱进的马克思主义和科学社会主义才能为无产阶级的解放提供时代化的理论和实践指导，从而开辟无产阶级解放的新境界。

---

① [加拿大] 艾伦·伍德：《新社会主义》，尚庆飞译，江苏人民出版社2002年版，第181页。

第九章　马克思工人阶级理论的当代价值

在一次次被宣判死刑之后，马克思的"幽灵"在新千年再次降临。2008年，由美国次贷危机引发的金融海啸肆虐全球，引起全世界范围内的经济衰退，而这场危机的后续影响，至今仍然在持续发酵。在整个世界范围内，区域财富分配不均和全球财富两极化并存，贸易保护主义不断挑起争端和摩擦，逆全球化风潮此起彼伏，局部战乱导致的难民危机积重难返，这些问题又反过来加剧了地区间、族裔间的冲突多发，全球治理和多边对话面临挑战。在欧美发达资本主义国家内部，收入差距扩大，"中产阶级"萎缩，失业率居高难下致使反抗运动频发，债务危机难解，民粹主义弥漫，民主危机和信任危机凸显。法国经济学家托马斯·皮凯蒂在《21世纪资本论》一书中指出，全世界富裕国家和地区人均月收入高达2500—3000欧元，而低收入地区只有150—250欧元，两者相差10—20倍。[1] 自2010年以来，全球最富的0.1%人群大约拥有全球财富总额的20%，最富的1%拥有约50%，最富的10%则拥有财富总额的80%—90%，在财富分布图上处于下半部的一半人口所拥有的财富占全球财富总额5%以下。[2] 严重的财富分配不均加剧了社会不稳定，2008年之后，欧美各国都出现了频繁上演的罢工运动、社会运动和青年抗议浪潮。希腊在2011年到2012年的半年内，发生了10余次超过百万人的全国性罢工。2011年，在资本主义世界中心的美国爆发的"占领华尔街"运动迅速席卷全球，欧洲、北

---

[1] ［法］托马斯·皮凯蒂：《21世纪资本论》，巴曙松、陈剑、余江、周大昕、李清彬、汤铎铎译，中信出版社2014年版，第64页。

[2] ［法］托马斯·皮凯蒂：《21世纪资本论》，巴曙松、陈剑、余江、周大昕、李清彬、汤铎铎译，中信出版社2014年版，第451页。

美、拉丁美洲、亚洲 82 个国家的 951 个城市同步响应,运动持续到 2012 年 5 月并推动美国 100 多个城市举行"五一"大罢工运动。2018 年 11 月,法国中下层民众为反对新征燃油税发起"黄马甲"抗议运动,这一运动演变为法国自 1968 年"五月风暴"以来最大规模的骚乱,并向比利时、荷兰、德国、英国、以色列等国蔓延。2020 年新冠疫情全球大流行,进一步加剧了世界经济衰退和财富分化。根据世界银行的报告,全球在 2020 年、2021 年分别产生 9700 万和 9800 万"新贫困"人口。联合国秘书长古特雷斯在简报中指出,2020 年 3 月至 12 月全球极端贫困人口增加 1.19 亿人;2021 年全球极端贫困人口从 2019 年的 8.12 亿人上升至 8.89 亿人。[①] 全球多家媒体引用英国慈善机构乐施会(Oxfam)的数据显示,新冠病毒大流行加剧了全球经济不平等,在亿万富翁财富增加 5 万亿美元的同时,全球约 99% 的人收入都出现了下降。亿万富翁的总财富从 2020 年 3 月的 8.6 万亿美元跃升至 2021 年 11 月的 13.8 万亿美元,增值财富超过此前 14 年的总和。全球前十大富豪的财富总和在疫情期间翻了一番,从 7000 亿美元增加至 1.5 万亿美元,比全球最贫穷的 31 亿人的财富总和多 6 倍。与此同时,全球绝大多数人在新冠疫情期间收入减少,1.6 亿人陷入贫困。报告称,贫穷国家每年估计有 560 万人因缺乏医疗资源而死亡,而饥饿每年导致的死亡人数超过 210 万。[②]

当今世界正经历百年未有之大变局,一方面全球治理面临"和平赤字""发展赤字""治理赤字""信任赤字"的严重问题,另一方面人工智能、新能源技术、生命科学等为代表的技术革命方兴未艾,展现出新的契机。世界究竟该向何处去,未来的希望在哪里,人的自由解放事业该如何前行再次成为值得探讨的问题。正如霍布斯鲍姆在离世前所讲的:"在追求不可持续的利润过程中,无限制的和日益高科技化的经济增长创造了全球的财富,但是牺牲了一个日益可有可无的生产要素——人类的劳动,有人可能补充说,牺牲了全球的自然资源。经济自由主义和政治自由主义,无论是单独还是结合起来,都不可能为 21 世纪的种种问题提供解决的方

---

① 贺立龙、张衔:《世纪疫情冲击、全球规模性返贫与中国应对》,《上海经济研究》2022 年第 7 期。
② 参见《研究报告:疫情显著加剧贫富差距》,http://www.cankaoxiaoxi.com/finance/20220118/2466428.shtml;《疫情导致全球贫富差距进一步扩大》,http://www.mofcom.gov.cn/article/i/jyjl/m/202102/20210203037745.shtml。

案。现在又是应该认真地对待马克思的时候了。"[1] 马克思的哲学世界观，他剖析资本主义矛盾运动的方法和观点，他关于无产阶级及其解放的学说是我们认识当代历史与世界最宝贵的理论财富。

第一节　马克思无产阶级理论的方法论意义

认识现代无产阶级及其劳动是马克思实现历史唯物主义哲学变革的问题引导，是他解开资本主义根本矛盾这一历史难题的钥匙，是其使社会主义论证从空想到科学的现实依据。然而，马克思的无产阶级理论在后来的历史发展中不断受到挑战，逐渐从马克思主义的理论支柱变为备受诟病的理论危石。无论是后工业社会理论对人类历史的重新预测，还是新自由主义对社会主义和马克思主义的直接发难都会将马克思对无产阶级的认识看成是一种"自杀性的预测"或是"显而易见的政治想象"。即使在马克思主义阵营内部，如何认识无产阶级历史变化的问题以及由此所带来的社会主义革命策略的选择问题也成为讨论的焦点和分歧的肇因。我们继承马克思主义理论财富的前提，是准确理解马克思认识无产阶级的方法，尤其是从他所完成的哲学变革出发来审视这一问题，了解马克思在赋予无产阶级重要历史地位和历史使命时所秉持的科学态度。

一　阶级本质的抽象上升为阶级行动的具体

马克思对无产阶级的理论剖析，不是立足于对其生活状况、道德精神、文化品位等表象进行描绘，而是要深入到表象的背后揭示这一阶级的本质属性，即阐明这一阶级在社会生产方式中的地位，探究无产阶级之所以成为无产阶级的根据。在马克思看来，无产阶级的本质在于它是靠出卖自身劳动力为生的雇佣劳动阶级，是剩余价值的生产者，也是资本主义的否定者。然而，在资本主义制度下，现代无产阶级的本质内涵总是被工资的公平形式所掩盖，而这个阶级作为社会革命主体的进步意义也总是被其"无知""野蛮"同时又"可怜"的表象所抹杀。要透过资本主义雇佣关系平等交换的外表揭示资本与劳动的本质关系，透过无产阶级当下的历史

---

[1] [英]埃里克·霍布斯鲍姆：《如何改变世界：马克思和马克思主义的传奇》，吕增奎译，中央编译出版社2014年版，第385页。

境遇揭示这一阶级的历史作用，必须充分运用抽象分析的逻辑力量。这种抽象分析既表现为，马克思对无产阶级的研究总是从整个阶级出发，而不是从单个工人着眼；又表现为，他对无产阶级的判断是从其发展的整个历史出发，而不是着眼于它一时的状况。

在资本主义生产中，资本家以预付工资的形式购买工人的劳动力，工人劳动全部都表现为有酬劳动，如果从单个工人着眼，工资的实际运动会显示出一些现象，似乎工资支付的是工人劳动本身的价值而不是劳动力的价值，因而不存在剥削。例如，工资是随着工人工作日长度的变化而变化的，执行同一职能的不同工人的工资之间存在着个人的差别等。① 马克思认为，根据单个资本家和单个工人之间相互交换的表面现象将工资看成是"劳动的价值和价格"，只是一种"本质关系的表现形式的范畴"，并且"在其现象上往往颠倒地表现"，这种论断不能够成为分析无产阶级与资产阶级之间本质关系的科学理论基础。剖析预付工资，阐明无产阶级在资本主义生产方式中的本质地位，必须从整个无产阶级的全部生产出发。他讲："只要我们不是考察单个资本家和单个工人，而是考察资本家阶级和工人阶级，货币形式所造成的错觉就会立即消失。"②

再者，任何一个阶级的发展和它的历史作用的发挥都会受到诸多偶然因素的影响，如果仅根据某一阶级在特定历史阶段所表现出的偶然状况来判断其发展趋势，或由此对它的历史作用断言，就有可能得出错误的结论。卢卡奇曾说："一个人完全可能描述出一个历史事件的基本情况而不懂得该事件的真正性质以及它在历史总体中的作用，就是说，不懂得它是统一的历史过程的一部分。"③ 正因为马克思是从整个历史着眼来认识无产阶级，所以他对无产阶级历史作用的理解既不同于空想社会主义者也不同于工联主义者。在空想社会主义者眼中，无产阶级或是值得同情的对象，或是毫无建设意义可言的暴民，这二者都只能是被救赎者。由于不能历史地对待这个阶级，空想社会主义者看不到无产阶级可能的成长，不能理解无产阶级最初表现出来的斗争萌芽在整个历史进程中的意义，因而无法认

---

① 《马克思恩格斯文集》第5卷，人民出版社2009年版，第621页。
② 《马克思恩格斯文集》第5卷，人民出版社2009年版，第655页。
③ [匈]卢卡奇：《历史与阶级意识》，杜章智、任立、燕宏远译，商务印书馆1999年版，第61页。

识这个阶级可能的历史作为。工联主义者则正好相反，他们只理解无产阶级当下的斗争，而不对斗争的未来作整体的思考，因此，他们总是满足于无产阶级一时的得失，而忽略了这一阶级发展的长远利益。

马克思解剖无产阶级的这种抽象思维总被责难为一种"本质主义"，这种"本质主义"又进一步被解释为"经济还原论"。后马克思主义的代表者拉克劳与墨菲称："为了生产力发展的普遍规律可以充分发挥作用，所有生产过程中的要素服从它的决定是必要的。为了保证这一点，马克思主义不得不述诸于虚构：把劳动力想象为商品。"[1] 他们认为工人阶级在具体劳动过程中的抗争"显然不能按照资本主义的内在逻辑来加以解释，因为他们的推动力量不能被归结为劳动力的'商品'形式"[2]。也就是说，马克思所揭示的"劳动力商品"这一阶级本质属性以及"剩余价值生产者"这一根本的阶级地位同无产阶级的具体行动之间的关系被看成是不可理解的，或是马克思及其后继者强加给具体社会政治行动的外在化根据。这是拉克劳与墨菲否认无产阶级作为社会主义实现主体，将社会主义革命的政治实践理解为一种"话语链接"的缘由。

然而，当我们追寻马克思如何理解无产阶级的阶级本质与其斗争行动之间的关系时，必须认识到马克思所理解的本质不是形而上学的本质论，而是辩证的本质分析。这二者之间的重要区别在于，形而上学的本质主义在具体与抽象之间采取的是还原论的方式，而辩证的本质分析要求在思维抽象的基础之上向思维具体上升。因而，问题的关键在于，"劳动力商品"这一判断对于无产阶级作为一个阶级而行动究竟意味着什么？在马克思那里，这一阶级实质并不是无产阶级能够团结为一个阶级的理论解释，而是无产阶级要作为一个阶级而存在的历史起点，或者说是无产阶级之成为一个阶级所要历经的矛盾发展过程的起点。也就是说，对马克思而言，在"阶级本质"和"阶级行动"两个概念中，前者对应着思维的抽象，而后者对应着具有丰富规定性的思维具体。那么，接下来的问题就在于应该如何理解这二者之间的辩证关系，马克思是如何认识从"劳动力商品"到

---

[1] ［英］恩斯特·拉克劳、查特尔·墨菲：《领导权与社会主义的策略——走向激进民主政治》，尹树广、鉴传今译，黑龙江人民出版社2003年版，第86页。

[2] ［英］恩斯特·拉克劳、查特尔·墨菲：《领导权与社会主义的策略——走向激进民主政治》，尹树广、鉴传今译，黑龙江人民出版社2003年版，第89页。

"无产阶级"的矛盾发展过程的。

同"商品"包含着的使用价值与交换价值之间的矛盾决定了它向"货币"和"资本"的发展一样,"劳动力商品"包含着单个工人向无产阶级发展的矛盾起点。在马克思看来,劳动力所有者要把劳动力当作商品来出卖,就必须是"自己的劳动能力、自己人身的自由所有者"①,也就是说作为"劳动力商品"的劳动者个人,其个性在一定程度上获得了解放,是具有"利己心"和"私人利益"的劳动个体。然而,无产者的这种个体性却与劳动力必须作为商品而为社会所接纳这一生存条件的整体性发生矛盾。这一矛盾决定了,无产者要改变自身生存条件必须团结为整体,采取集体斗争的形式。马克思讲"工人不是属于某一个资本家,而是属于整个资本家阶级"②。既然"劳动力商品"的这一判断包含着无产阶级何以成为阶级的矛盾发展起点,那么这一矛盾发展的过程又该如何理解呢?

首先,为了克服单个工人的个体性与其诉求实现形式的集体性之间的矛盾,工人们会自发地联合成同盟,这也就是为什么马克思讲工人最初的同盟总是具有双重目的,即"消灭工人之间的竞争,以便同心协力地同资本家竞争"③。在工人同盟建立起来之后,这种个体性与集体性之间的矛盾在一定意义上得到解决,马克思讲:"反抗的最初目的只是为了维护工资,后来,随着资本家为了压制工人而逐渐联合起来,原来孤立的同盟就组成为集团,而且在经常联合的资本面前,对于工人来说,维护自己的联盟,就比维护工资更为重要。"④

然而,同盟的建立并不意味着矛盾的消除,而是使原有的矛盾获得了新的运动形式。尽管单个工人作为自由劳动力的特殊私人利益通过同盟的形式获得了集体的样貌,但是这种集体样貌还只是工人"私人利益"的单纯量的集合,无法真正反映作为"劳动力商品"的工人利益的"质"的要求,无法代表无产者的彻底解放。在马克思看来,无产者的解放不同于农奴的解放,农奴不是作为一个阶级解放出来的,而是单独解放出来的,但对于无产者来说,"他们自身的生活条件,即劳动,以及当代社会的全部

---

① 《马克思恩格斯文集》第5卷,人民出版社2009年版,第195页。
② 《马克思恩格斯文集》第1卷,人民出版社2009年版,第717页。
③ 《马克思恩格斯文集》第1卷,人民出版社2009年版,第654页。
④ 《马克思恩格斯文集》第1卷,人民出版社2009年版,第654页。

第九章 马克思工人阶级理论的当代价值

生存条件都已变成一种偶然的东西，单个无产者是无法加以控制的，而且也没有任何社会组织能够使他们加以控制"，"他在本阶级的范围内没有机会获得使他转为另一个阶级的各种条件"，① 这也就是说，无产者的解放只能是整个阶级的解放。因此，对于工人同盟来说，其内在的矛盾就发展为斗争的当前目标与推翻雇佣劳动制度求得解放的最终目标之间的紧张关系。对这种紧张关系，马克思讲，一方面工人"必须就劳动价格与资本家讨价还价，因为他们已经把自己当做商品出卖了。他们在和资本的日常冲突中如果畏缩让步，他们就没有资格发动更大的运动"②，然而另一方面，工联遭到失败"是因为它们只限于进行游击式的斗争以反对现存制度所产生的结果，而不同时努力改变这个制度，不运用自己有组织的力量作为杠杆来最终解放工人阶级，也就是最终消灭雇佣劳动制度"③。历史的发展让马克思看到，对这一矛盾的克服就在于出现一个既能够推动无产阶级最近的斗争同时又能够代表无产阶级解放整体目标的政党，即共产党。在《共产党宣言》中马克思特别指出"共产党人始终代表整个运动的利益"④，"共产党人为工人阶级的最近的目的和利益而斗争，但是他们在当前的运动中同时代表运动的未来"⑤。

无产阶级政党的存在，在一定意义上克服了工人斗争的近期目标与工人解放的最终目标之间的矛盾，但这并不意味着无产阶级解放运动的必然出现。共产党人是理论上的先进者，具备较强的理论思维能力，因而能够冲破统治阶级的思想束缚从而认识社会历史发展规律，马克思讲"在理论方面，他们胜过其余无产阶级群众的地方在于他们了解无产阶级运动的条件、进程和一般结果"⑥，但无产阶级群众却与之有很大的差距，他们往往囿于日常生活的具体形式而陷入到拜物教观念的钳制中，臣服于资产阶级意识形态虚假的永恒性中。这也就是说，新的矛盾形式表现为，无产阶级群众日常意识的具象性与阶级解放运动对理论思维的要求之间的差距。马克思讲："对资本主义生产过程的现实的内部联系的分析，是一件极其复

---

① 《马克思恩格斯文集》第 1 卷，人民出版社 2009 年版，第 572 页。
② 《马克思恩格斯文集》第 3 卷，人民出版社 2009 年版，第 77 页。
③ 《马克思恩格斯文集》第 3 卷，人民出版社 2009 年版，第 78 页。
④ 《马克思恩格斯文集》第 2 卷，人民出版社 2009 年版，第 44 页。
⑤ 《马克思恩格斯文集》第 2 卷，人民出版社 2009 年版，第 65 页。
⑥ 《马克思恩格斯文集》第 2 卷，人民出版社 2009 年版，第 44 页。

杂的事情，是一项极其细致的工作；既然把看得见的、只是表面的运动归结为内部的现实的运动是一种科学工作，那么，不言而喻，在资本主义生产当事人和流通当事人的头脑中，关于生产规律形成的观念，必然会完全偏离这些规律，必然只是表面运动在意识中的表现。"① 对于这一矛盾的解决，马克思认为，一方面必须要有理论教育和思想批判，另一方面要面向历史实践的发展。他指出冲破拜物教观念的束缚"要有充分发达的商品生产，才能从经验本身得出科学的认识"。换句话说，只有资本主义生产的内在矛盾充分暴露，思想的牢笼才容易被冲破。马克思在这里的谨慎态度正是历史唯物主义在面向未来和向实践开放时的表现。

实质上，后马克思主义者之所以反对"劳动力商品"的观点，并极力对马克思的阶级理论进行一种反本质主义批判，是为了在变化了的时代条件下寻找一种能够激起普通群众革命行动的方式。然而，当我们理解了马克思认识无产阶级的方法之后就不难看到，只要无产阶级作为雇佣劳动的地位没有变，就并不缺少点燃革命热情的星火。促使革命行动不断上升的关键在于如何让普通的工人群众既保持革命的热情，又掌握科学的理论，从而成长为能够将短期目标与长远目标相结合的成熟革命主体。马克思本人在参与革命的实践中就曾面临这样的问题，但他显然不主张为赢得大众认可而牺牲理论的科学性。在马克思的年代，最重要和最紧迫的任务就是揭示资本主义生产方式的客观规律，只有获得了彻底的理论才能够掌握群众和教育群众，他没有退回到哲学人本主义和空想社会主义的原则，而是殚精竭虑地争取"科学上的胜利"，才留下了《资本论》的宝贵财富。

从社会主义运动的历史来看，以科学的理论武装工人群众是一个需要持续努力的问题，解决这一问题的核心同样在于不断推进对资本主义新发展及其矛盾运动新表现、新特征的研究，科学地回答时代提出的新问题。在马克思之后，第二国际的思想家走向了经济主义的极端，他们把历史唯物主义混同于实证科学，以机械的"宿命论"来理解社会发展，忽略了资本主义本身的变化和它带来的时代变革，也忽略了对无产阶级阶级意识和政党主观能动性的建设。早期的西方马克思主义思想家在反对第二国际教

---

① 《马克思恩格斯文集》第7卷，人民出版社2009年版，第348页。

条主义错误的过程中,则走向了另一个极端。他们虽然注意到了机械唯物主义的危害,希望恢复对工人阶级阶级意识的塑造,但是他们的理论面向却从政治经济学领域退向了哲学和文化领域,放弃了对社会发展现实矛盾的揭示,退向了基于物化、异化逻辑的人本主义伦理批判。实际上,对工人群众的理论武装和对无产阶级政党能动性的建设必须立足于有效的实践策略的基础之上。马克思将无产阶级斗争奠基于对社会客观矛盾运动的分析的基础之上,他的理论研究与指导无产阶级革命的实践策略之间形成了相互促进的关系。与此相反,当西方马克思主义思想家放弃了生产力与生产关系的客观矛盾分析线索,他们的理论与革命实践就只能是渐行渐远的,既无法激起革命的热情,更不能武装群众的头脑,最终蜕变为知识分子之间的"哲学批判密语"。后马克思主义者没有区分形而上学的"本质"与历史辩证法"本质"的不同内涵,一味将"反本质主义"奉为圭臬,他们所给出的"激进民主"策略即便能够通过"话语链接"获得寻求解放的力量联盟,在实践中也容易因为缺乏核心纲领而蜕变为乌合之众的歇斯底里,最终陷入无政府主义和民粹主义泥潭。

二 分析阶级与分析矛盾相结合

在诸多西方学者看来,马克思的阶级理论是以冲突论为基本立场的,在这种冲突论的社会本体认识基调下,马克思的阶级理论被认为有两大偏颇,一是马克思只看到冲突中阶级之间的斗争而没有认识到各种冲突有可能以其他的方式化解。二是,在研究资产阶级和无产阶级之间的冲突时,马克思神化了无产阶级,这种对无产阶级的"神话"是马克思关于共产主义社会(西方学者将之看成是乌托邦式的社会理想)的理论基础。拉夫尔·达仁道夫称:"对于很多人来说,怀抱这种奢望的关键就在于'无产阶级'这个概念。马克思绝不是唯一的一个执着于这种信念的人,不过,很多人以为找到了一条从现实径直通往乌托邦的道路,他首先对此是负有责任的。"[①] 对于马克思无产阶级理论的这种理解,其原因还是在于对马克思阶级理论基础的误读。在马克思那里,并不存在所谓"冲突论的社会本体"认识,相反,他极其反对将社会看成具有某种先验的、固定不变的模

---

① [英]拉夫尔·达仁道夫:《现代社会冲突》,林荣远译,中国社会科学出版社2000年版,第99页。

式，不论这种先验模式是"冲突"还是"自然和谐"。马克思之所以强调阶级斗争，是因为人类历史自从进入阶级社会之后，阶级斗争便是社会内在矛盾发展的表现形式，之所以对无产阶级寄予厚望，不仅仅是因为他在这个阶级身上看到了政治力量，还在于他在这个阶级身上所发现的社会进步趋势，而马克思之所以会将无产阶级同社会进步相联系正是因为他将这一阶级置于社会发展的内在矛盾中来认识。

马克思所讲的"矛盾"与西方学者所讲的"冲突"并不是同一个概念，二者有很大的区别。马克思所讲的"矛盾"是辩证法的核心概念，所谓矛盾分析，就是对每一种即成的形式都是从不断的运动中，从它的暂时性方面去理解，也就是要分析事物存在的界限，揭示其发展的历史必然性。对社会历史研究而言，"冲突"所反映的对抗往往是与社会发展中的偶然因素相对应的，而"矛盾"所表征的斗争则对应着影响社会历史发展的必然因素。将对具体阶级的分析同对社会发展矛盾的分析相结合，就是要通过对社会发展趋势的把握，来认识这一阶级是历史潮流的推动者，还是历史潮流的阻挡者。只有顺应历史潮流发展的阶级才可能是在未来历史中真正得以成长的阶级，而阻挡历史潮流的阶级即便是在现实历史中居于优势地位，也终会被历史发展所淘汰。

马克思对无产阶级的分析正是建立在他们对资本主义矛盾发展的认识的基础之上的。资本主义社会的基本矛盾，即生产的社会化与生产资料的私人占有之间的矛盾，决定了只有与社会化大生产相适应的阶级才是解决这一矛盾的历史主体，是历史潮流的推动者。然而必须认识到的是，当新事物获得顺利发展的时候，看到它的历史进步性往往比较容易，而当它失败、曲折发展、走弯路的时候，也同样能够看到它的历史进步性就比较困难。对无产阶级的认识正是如此，如果不是从资本主义的固有矛盾出发，而是从一时社会冲突所表现出来的现象出发，就容易陷入对这一阶级表象的迷信之中，无法超越经验现象而历史地认识这一阶级，就容易将无产阶级在发展中受偶然因素影响下的状态或遭受曲折和失败时的状态当作其天然的性质。

桑巴特对无产阶级的认识就是一种纯经验的描绘，他将无产阶级描写为一种"毫无质的纯粹的量"，全世界的无产者"在伦敦和在罗马，在莫斯科和在巴黎，在柏林和在维也纳，几乎都是同一种毫无色彩和毫无个性的形象"①；同样的，达仁道夫在批评马克思主义"神化"了无产阶级之后，也是以一种极具偏见的认识完成了对无产阶级整体的"世俗化"。他说："在1914年和20世纪30年代之间，即在各社会主义政党开始投票赞成进行民族之间的战争和斯大林在俄国的崛起以及后来希特勒在德国的崛起之间的某段时间里，无产阶级作为使得人们对另一个世界怀抱希望的北斗星，几乎难寻踪影，完全消失了"，"与虚构的猜测相反，工人们与其说是胸襟宽大的，毋宁说是不宽容的，与其说是国际主义的，不如说是民族主义的，对待自由党人与其说是热爱自由的和开放的，不如说是批判的和寻求保护的"。② 不难发现，达仁道夫对无产阶级作出判断的根据要么是无产阶级政党的一种错误决策，要么是社会主义运动发展的一种特殊阶段，甚至于还有仅仅以"社会主义"为伪装而欺骗、利用无产阶级的法西斯专政，很显然，这些证据既不能说是社会发展的必然规律，更无法反映社会发展的趋势，以此为基础的结论很难说是对无产阶级的科学认识。

再者，"矛盾"概念也不能仅仅被理解为"关系"。"关系"指的是事物某一状态中的结构性，这一概念关照事物相互之间的联系，但往往并不包含对事物历史和变化的认识。"矛盾"概念则体现的是事物内部的普遍变化性，对事物进行矛盾分析，是将事物的发展看成是自我运动的过程，揭示事物发展的源泉和动力。将具体阶级置于对社会发展的矛盾之中进行分析，就意味着真正将阶级看作是社会历史发展的主体，因而必须指出这一阶级在社会发展矛盾中的地位，探究这一阶级与社会矛盾运动之间的关系，也就是要说明它在社会历史发展中的作用。

当我们将马克思的阶级理论同埃里克·欧林·赖特的阶级理论相比较时，这种矛盾分析和关系分析在阶级理论中的差别，就能看得比较清楚。赖特强调必须将阶级理解为一个"关系概念"，他给出三个理由：一是，阶级考察的是那些存在社会冲突的对立群体，这种对立意味着这些群体彼此处于某种形式的社会关系之中；二是，只有将阶级理解为一个"关系概

---

① 转引自［英］拉夫尔·达仁道夫《现代社会冲突》，林荣远译，中国社会科学出版社2000年版，第102页。
② ［英］拉夫尔·达仁道夫：《现代社会冲突》，林荣远译，中国社会科学出版社2000年版，第101页。

念"才能够使阶级结构在社会变革的历史道路中确立划分社会根本性质的分界线;三是,只有将阶级理解为"关系概念"才能够解释等级间分配不平等的本质特征。初看起来,赖特对阶级的这一定位是追随马克思的,然而仔细分析就会发现,赖特和马克思的阶级理论在其分析思路上有很大差别。"关系"分析由于缺乏"矛盾"分析中强调自我运动的辩证思维,因而它不是将不同阶级之间的斗争看成历史自我运动的动力和源泉,而是将其看成分割历史的界限。也就是说,在"关系"分析中,封建社会—资本主义社会—社会主义社会,不是被看成连贯的历史演进过程,而是被看成由不同阶级关系模式所定义的彼此区别的历史模块。就分析一个具体阶级而言,尽管赖特这种"关系概念"的分析能够关照到对特定阶级阶级意识和阶级行动的解释,即他所说的"如果阶级结构必须解释阶级构成和阶级斗争,那么关系概念明显比等级概念更为可取"[1],但是,赖特将对具体阶级的历史作用和历史使命的认识远远抛出了阶级理论的视野之外,任何一个阶级对他而言只有划分历史的意义而没有参与历史和推动历史进步的意义。马克思则完全不同,他着眼于对社会历史的矛盾分析,在研究具体阶级时总是强调对这一阶级历史作用的认识。在分析资产阶级时,他就指出这个阶级实现了政治解放,创造了人类的物质文明,开辟了世界历史,在分析无产阶级时,他则一直强调推翻私有制,实现人类解放是无产阶级的历史使命。早在《神圣家族》中马克思就讲:"问题不在于某个无产者或者甚至整个无产阶级暂时提出什么样的目标,问题在于无产阶级究竟是什么,无产阶级由于其身为无产阶级而不得不在历史上有什么作为。它的目标和它的历史使命已经在它自己的生活状况和现代资产阶级社会的整个组织中明显地、无可更改地预示出来了。"[2]

需要说明的是,马克思分析无产阶级时,他们所持的辩证法原则是完成了对黑格尔辩证法的改造之后所形成的辩证唯物主义立场。在这一点上,很多西方学者没有加以区别而将马克思对无产阶级历史作用的认识看成是他对黑格尔"否定之否定"三段式思辨的一种套用。这完全是一种误解,唯物辩证法所讲的矛盾是现实矛盾,用毛泽东的话讲,就是现实的问

---

[1] [美]埃里克·欧林·赖特:《阶级》,刘磊、吕梁山译,高等教育出版社2006年版,第38页。

[2] 《马克思恩格斯文集》第1卷,人民出版社2009年版,第262页。

题，矛盾分析就是分析现实问题。马克思对无产阶级历史作用的判断是建立在他们对资本主义现实矛盾的研究基础之上的。正如恩格斯所说："当马克思把这一过程称为否定的否定时，他并没有想到要以此来证明这一过程是个历史地必然的过程。相反，他在历史地证明了这一过程一部分实际上已经实现，一部分还一定会实现以后，才又指出，这是一个按一定的辩证法规律完成的过程。"①

将无产阶级置于资本主义内在矛盾运动中来认识，回答这一阶级的历史作用和历史命运，并不意味着把它视作一成不变的、僵化的群体性主体。把阶级分析和矛盾分析相结合，需要依据资本主义矛盾运动在不同阶段、不同国家所呈现出的不同表现，对无产阶级在相应环境中的结构特点、发展状况、心理表现、民族传统等具体的特征进行具体的分析。对于这种具体分析与资本内在运动规律的决定作用之间的关系，加拿大学者阿兰·弗里曼曾有过一个形象的比喻。他讲："如果一座房屋倒塌，可能的原因是建筑质量太差，而不是重力。然而，我们需要知道，建房者应服从重力，而并没有被授权蔑视重力。"② 在经济全球化业已成为现实的今天，国际金融资本、各国产业资本、各国工人阶级、民族国家主权之间的关系错综复杂，彼此之间的竞争、博弈远不是全球化之前那么简单清晰，更需要一种透过现象看本质的方法的指导。

三 科学论证与意识形态言说相统一

当西方学者将马克思对无产阶级历史作用的理解看作是一种"神化"时，也就否定了马克思无产阶级理论的科学性，而将其认定为充满了乌托邦色彩的意识形态言说。波普尔称："尽管马克思的推理敏锐，尽管他试图应用科学的方法，在不少地方他还是承认，非理性的和美学的情感篡夺了对其思想的控制。如今我们可以称之为充满幻想的思维。正是这种浪漫的、非理性的、甚至是神秘的充满幻想的思维导致马克思假定，集体的阶级联合和工人的阶级团结在阶级境况发生变化之后还继续存在。"③ 密利本

---

① 《马克思恩格斯文集》第9卷，人民出版社2009年版，第141页。
② 《当代资本主义经济新变化与结构性危机》，中央编译局出版社2015年版，第595页。
③ ［英］卡尔·波普尔：《开放社会及其敌人》第二卷，郑一明等译，中国社会科学出版社1999年版，第219页。

德则称，当马克思主义者认为工人阶级是唯一能以全社会的名义行动的阶级，是一个能够推翻资本主义生产方式而使自己得到无限发展的阶级时，"这些主张在多大程度上受到了'意识形态'的影响，是一个有趣的和重要的问题"[①]。鉴于对马克思阶级理论的这一认识，诸多学者试图将阶级分析从与意识形态的关联中剥离出来，以"科学"的姿态出现。英国社会学家布莱恩·特纳称："他们中的许多人试图使阶级分析摆脱由意识形态所激发的辩论的束缚，把它退回到一种关于现代不平等之性质和原因的经验的、非教条的甚至科学的考察领域。"[②]

很显然，这些学者使用的"意识形态"概念意指"虚假意识"，去意识形态意味着告别偏见和虚假意识。实际上，在这一点上马克思是完全认同的，他一贯强调"不偏不倚的研究"和"公正无私的科学探讨"。那么，为什么马克思的阶级理论总是被冠以"意识形态言说"而被质疑其科学性呢？原因还在于马克思剥离"虚假意识"，实现社会研究科学化的方式与其他社会学家有所不同。如果不能认识这种方式上的不同，仅将科学化与某种方式相挂钩，就容易将马克思的无产阶级理论理解为与"虚假意识"无异的"意识形态幻象"。

谈及对社会研究进行科学化改造，常见的是"价值无涉"和"价值中立"两种方式。"价值无涉"是经验主义——实证主义所主张的"脱价值化"原则。实证主义以自然科学为参照，认为社会研究要成为一门科学就要同自然科学一样只是关于事实的知识。在他们看来，但凡涉及价值判断，要么属于与客观实在性相对的主观性范畴，因而与科学无缘，要么则是面对着"应如何"的问题，而属于超验的范畴，无法以经验研究提供验证。因而，"价值无涉"就是将价值问题和价值判断驱逐出社会科学的领域，严格地坚守社会科学的界限。这种驱逐价值的科学化方式从一开始就遭到各种批评，一则，这种方式的预设前提，即价值不具有客观性，并不是一种公理化的认识，很多学者论证了价值的客观存在性，将价值纳入到

[①] [英]拉尔夫·密利本德：《马克思主义与政治学》，黄子都译，商务印书馆1984年版，第38页。

[②] [英]戴维·李、布莱恩·特纳主编：《关于阶级的冲突：晚期工业主义不平等之辩论》，姜辉译，重庆出版社2005年版，第4页。

了"事实"的概念之中。① 二则，这种驱逐价值的方式往往会致使社会科学研究产生"唯科学主义"的倾向，走向远离人文关怀的态势，然而完全失去人文关怀的社会科学很难讲是真正有意义的。

对阶级研究影响更大的是韦伯"价值中立"的社会科学观。韦伯认为，社会科学的完全价值无涉是不可能的，社会研究总是存在着一种价值关联，他将这种价值关联限定在对研究对象的确立、研究范围的框定和研究材料的选择这一范围内。在他看来，一旦研究对象确立下来，研究者就要保持一种"价值中立"的态度以保证研究的科学性，这是一种对研究者的规范化原则。曼海姆一定意义上吸收了韦伯的这种"价值中立"的科学化方式，试图通过"知识社会学"来消除意识形态虚假性。他们都将保障社会研究的科学性寄望于从事研究的主体秉持独立的、客观的原则和态度。所不同的是，韦伯认为这种原则和态度是从事社会科学研究者应遵守的"职业守则"，而曼海姆则将其看成是"无社会依附的知识分子"所必然具有的精神气质。韦伯的要求固然具有其合理性，但是这种合理的要求和期望如何成为现实，则是韦伯无法解决的问题。且不提任何研究主体总是隶属于一定的阶级或社会利益集团，其观念总会受到特定阶级或社会利益集团的价值标准和利益诉求的影响，即使研究主体坚决地执行韦伯的"价值中立"原则而在研究中不进行评价性论说，也很难保证客观公正，因为材料本身并不能对自己进行解释和说明，研究者在对材料进行解释和说明时他们身上的社会价值总会或多或少地体现其中，"许多研究者还是发现，即使韦伯自己也未能完全保证或难以保证在资料解释时的价值中立性"②。曼海姆虽然不像韦伯一样寄望于原则的限制，但他由于没能够论证他那"漂泊不定"的"无依附知识分子"如何能够摆脱现实利益集团的影响，而只能承认他们的眼界会"无疑带有他们特有的阶级亲和力的烙印"，这样他的科学化方式仍然不能说是成功的。

马克思论证社会研究科学化的方式与上述二者不同，他不是将意识形态与科学对立起来，试图通过"去意识形态"来达到社会研究的科学化，相反，他是通过科学与意识形态的统一来实现的。马克思之所以能够将意

---

① 参见赖金良《社会科学的"脱价值化"和"价值中立"问题》，《人文杂志》2010年第6期。
② 周晓虹：《再论"价值中立"及其应用限度》，《学术月刊》2005年第8期。

识形态与科学分析统一起来,正是因为他所实现的哲学变革将辩证法带到了社会研究当中。从近代西方的哲学转向来说,尽管辩证法同实证主义都是在对形而上学的拒斥过程中诞生的,实证主义则只重视可以被感知和经验证明的现象,它仅仅将未来看成是对现实的符合规律的机械重复,并因此而强调自身的价值无涉。辩证法与实证主义的不同在于,辩证法强调现象与本质、现实与未来、事实与价值之间的沟通圆融。

马克思是如何实现意识形态与科学的统一的呢?在马克思看来,在阶级利益分裂的人类历史阶段,任何回避利益对立的超阶级学说都是空洞的说教,要么是屈从于现实统治利益的托词,要么只能是善意的谎言。要真正剥离虚假意识,就必须认识虚假意识产生的社会利益根源和形成的机制。马克思发现,在阶级社会,作为意识形态出现的普遍观念,其现实基础不过是统治阶级的阶级利益,"一切时代的统治思想都是统治阶级的思想"。这些统治思想之所以能够以脱开了阶级实质的普遍思想形式为大多数人所接受,是因为它并不是在一开始就是"虚假的意识"。当统治阶级尚处于革命上升时期时,他们的利益和全人类的利益有一定程度的吻合,因而他们在革命时期提出的口号反映了大多数人的普遍诉求。当这个阶级取得政权之后,往往就会形成该阶级的既得利益,他们与人民大众之间的利益开始出现分裂,原先具有普遍意义的思想越来越具有欺骗性,最终成为一种掩盖统治阶级利益实质的"虚假意识"。既然如此,那么要真正剥离虚假意识,实现意识形态与科学的统一,就必须寻找到一个具有"非意识形态禀性"的进步阶级,这个阶级因为其在社会历史中的地位而必然地进行消除阶级利益分裂的实践运动,而这个阶级就是现代无产阶级。因此,马克思将科学分析与意识形态言说统一起来,实现社会研究科学化的方式就是要从无产阶级的立场出发进行研究,使理论研究成为对无产阶级意识形态的建构。

马克思在分析无产阶级本身时,这种科学分析与意识形态言说的统一体现在两个方面。其一,马克思明确宣称理论的无产阶级立场,真正从人的角度研究无产阶级。资产阶级理论家从资产阶级的立场出发研究无产阶级,其目的往往是为了探讨一种"人力资源"规律,"劳动力市场"规律。他们研究无产阶级是为了从无产阶级身上发现获得更多财富的方法。马克思批评说:"资产者把无产者不是看作人,而是看作创造财富的力量","如果我把人说成是'交换价值',那么这个说法已经包含了这样的意思:社会条件把人变成了'物'"。①马克思研究无产阶级则不是将其作为资本得以发展和提高效率的条件来进行分析,而是将无产阶级当作人来认识,只有在明确宣称理论的无产阶级立场之后,才有可能真正将这种外在于资本主义运作规律的人文关怀带入到对无产阶级的分析之中。马克思曾批评资产阶级经济学家说:"国民经济学把无产者即既无资本又无地租,全靠劳动而且是靠片面的、抽象的劳动为生的人,仅仅当做工人来考察。……国民经济学不考察不劳动时的工人,不把工人作为人来考察……"②

其二,资产阶级理论家考察无产阶级的生存状况,是将其视为社会分析学说的需要,马克思研究无产阶级则不同,他是要在理论上说明无产阶级的地位和作用,为这一阶级的阶级意识提供系统和科学的理论说明。因此,马克思在分析无产阶级时不是仅仅对这个阶级一时的目标作归纳和总结,也不会将这一阶级对自身的判断作为结论,相反,他会对在这个阶级中出现的错误认识进行针锋相对的批判。马克思对无产阶级的分析既是对无产阶级的科学认识又是无产阶级同资产阶级斗争的理论武器。恩格斯说"共产主义作为理论,是无产阶级立场在这种斗争中的理论表现,是无产阶级解放的条件的理论概括"③。

只有站在马克思主义所实现的哲学变革的基础之上,才能准确地把握马克思在研究无产阶级时的方法论原则,而只有从这些原则着眼才能够理解马克思创立无产阶级学说并不是基于一种近乎"宗教情怀"式的激情,而是秉持着严谨的科学态度,也只有正确理解了马克思的无产阶级学说,才能从历史哲学和社会学的双重维度理解科学社会主义的时代价值。

第二节 马克思无产阶级理论的价值论意义

当今世界,经济全球化已经成为鲜明的时代特征,人类历史更深入地走向世界历史已经成为不可逆的潮流。自地理大发现之后,从整体上把握世界历史以思考人类命运就成为重要的思想议题。黑格尔从"绝对精神"

---

① 《马克思恩格斯全集》第42卷,人民出版社1979年版,第262、263页。
② 《马克思恩格斯文集》第1卷,人民出版社2009年版,第124页。
③ 《马克思恩格斯文集》第1卷,人民出版社2009年版,第672页。

出发，将人类历史看成是一个整体，提出了影响深远的"世界历史"的思想。马克思在完成了历史唯物主义的哲学转变之后，对黑格尔"头角倒置"的唯心主义辩证法进行颠倒，从感性和现实出发，把世界历史理解为人类物质生产实践不断发展的结果。在《德意志意识形态》中，他从分工和交往关系的发展出发，将无产阶级理解为具有世界历史意义的阶级，指出世界历史的不断形成是人本身发展的条件和基础。在《共产党宣言》中，马克思指出人类是伴随着资本主义生产方式的出现才真正开启世界历史进程的，世界相互联通的历史也是一部资本的发展史，人类解放需要全世界工人阶级的联合。在《资本论》的最初写作计划中，马克思专门设置了"国际贸易"和"世界市场"两册，希望把对资本的研究视域推进到全世界范围。这两册内容是最初六册计划中的最后两册，按照《资本论》从抽象到具体的方法，我们可以得出推论，马克思认为资本在全世界范围内的运行才是其最完备的形态，劳动和无产阶级的解放只有在世界历史的进程中才能够得到更深入的发展。

恰如马克思的预言，资本在全球范围内的扩展，创造了人类历史上前所未有的财富和生产力，但也诱发了人类历史上前所未有的战争和生存威胁。也就是说，资本主导的全球化尽管不断发展，但其追求剩余价值的本性决定了它无法建立起能够促进各国持续、和谐发展的世界秩序，而是使世界随着资本的周期性运转反反复复地陷入冲突迭起的困境之中。在经济全球化高度发展的今天，世界政治经济发展不平衡造成的负效应开始反噬发达资本主义国家原本的优越性，任何一个国家都难以独善其身而孤立地构筑自由解放的桃花源。正如马克思所讲的："劳动的解放既不是一个地方的问题，也不是一个国家的问题，而是涉及存在现代社会的一切国家的社会问题，它的解决有赖于最先进的国家在实践上和理论上的合作"[①]。2008年国际金融危机爆发后，新自由主义价值体系走向破产，世界面临的不稳定性不确定性突出。"从世界范围看，今天是社会主义与资本主义并存、社会主义代表人类进步方向、资本主义仍然占据优势的时期，是世界历史进一步发展为经济全球化、发达国家仍然继续主导世界市场但发展中国家话语权逐渐增强的时期，也是人类面临共同挑战、共同问题逐渐增多

---

① 《马克思恩格斯文集》第3卷，人民出版社2009年版，第226页。

的时期。"[①] 一方面，世界经济增长乏力，地区热点问题此起彼伏，重大传染性疾病、气候危机、恐怖主义、网络安全、毒品泛滥等非传统安全持续蔓延，关乎人类生存发展的共同挑战、共同问题前所未有。另一方面，原有的霸权主义全球治理方式开始失效，财富分配不平衡致使"逆全球化""反全球化"风潮迭起，世界进入"大发展大变革大调整"时期，人类要继续朝着自由解放的方向迈进，需要新的全球治理理念。

在资本主义和社会主义并存、竞争的过程中，虽然资本主义在世界范围内仍然占据优势，但社会主义作为对资本主义文明的扬弃和超越，是维护世界和平、促进世界公平的重要力量。当代中国在开辟中国式现代化道路的同时，也致力于为推动新型全球化作出贡献，推动形成有利于凝聚共识，促进交流合作的全球治理理念。中国提出的"一带一路"倡议和"构建人类命运共同体"的新理念得到普遍关注，多次被写入联合国决议之中。"一带一路"和"构建人类命运共同体"的倡议是以"共商共建共享"为原则，以建立相互尊重、公平正义、合作共赢的新型国际关系为基础的。"共商共建共享"的全球治理理念为打破霸权主义，构建更加公平正义的新型国际关系奠定了话语基础。这一理念继承追求人类解放的马克思主义价值理想，又尊重各国历史形成的制度差异，争取在存异中求同；这一理念致力于人类面临的共同挑战和问题，又推动不同文明交流互鉴，增进各国人民的相互信任。它以辩证唯物主义和历史唯物主义的新世界观为基础，基于世界百年未有之大变局的现实关照，与霸权主义倡导的抽象"普世价值"有着根本的区别。

一　突破"普世"的抽象独断，倡导尊重主权的"共商"

实际上，长久以来被西方国家冠以"普世价值"的众多观念，在内涵上不能反映人类普遍的共同利益，在形成机制上也并未得到世界范围内的普遍共识，其"普世性"先天带有抽象性和独断性。以虚假和独断的"普世价值"引领全球治理，在解决实际问题时必然事与愿违。"普世"之名之所以能够捕获人心成为个别国家谋取话语霸权的武器，核心原因在于它是以"人性"和"人类"为名的。就直观经验而言，人类是

[①] 孙来斌：《论"人类命运共同体"与马克思共同体思想的关系》，《马克思主义研究》2019年第12期。

个人的集合体，人之为人必然具有一定的"共性"，好像只要从这些"共性"出发就能够得到合乎每个人的"普世价值"。但是，对这一看似合理的逻辑必须进行具体分析。人的"共性"首先是指人共同的自然属性，人以其共同的自然属性归于生物中特定的"类"和"属"，因而这种"共性"是生理学的对象。当然，人区别于动物的根本并不在其生理属性。立足于人的自然"共性"，从人的生命尊严出发所得到的"人道主义"原则，是规范人类行为底线的伦理要求，却不足以成为人类发展的价值追求。但是，如果抛开历史进程从单个人身上寻找非生理意义的"人性"，就只会把"人性"形而上地理解为"单个人所固有的抽象物"，理解为"内在的、无声的、把许多个人自然地联系起来的普遍性"。[1] 这样理解的普遍"人性"尽管是一种形而上的抽象假定，但却构成了资本主义意识形态的理论基础。

资本主义生产方式下，商品的价值代替使用价值成为生产的目的，抽象劳动成为连接社会的决定因素，人与人之间的关系颠倒为物与物之间的关系。这种"物的依赖性"使个人逐渐脱离自然共同体，同时也在意识形态中被抽去社会性，表现为原子化的个体。"抽象个人"构成"抽象社会"，从"抽象社会"出发解释"自由""平等""博爱""民主""人权"等观念必然缺乏具体的历史支撑。人们现实中的生产关系、社会关系在"抽象社会"的理论模型中被遮蔽和掩盖了。资本主义意识形态将过滤了现实生产关系的观念和原则奉为人性诉求，认定其为"天赋"地体现了"自然状态""永恒理性"的权利，即"普世价值"。

从"抽象的个人"转向"现实的个人"是马克思批判资本主义意识形态，创立历史唯物主义的关键环节。历史唯物主义认为，人的本质是一定社会关系的总和，"自由""平等""博爱""民主""人权"只会在复杂的社会实践中具体地、历史地表现出来。资本主义生产方式脱胎于欧洲封建社会。在其诞生地，建立在"抽象人性论"基础上的"自由""平等"观念推动了政治解放，为社会卸下了政治等级的外衣。但是，如果从整个世界范围来看，这些价值观念则并不尽然得到了普遍推崇。在相当长的时期内，资产阶级推崇的"自由"包括贩卖黑奴的自由，进行鸦片贸易的自

---

[1] 《马克思恩格斯文集》第 1 卷，人民出版社 2009 年版，第 501 页。

由,甚至在高呼"人权"的同时,继续对印第安人展开血腥屠杀,并为获得高额利润而长期在殖民地推行奴隶制。可以说,"普世价值"并没有被倡导者在"普世"的意义上践行。正如历史学家所讲:"法国革命人士一边草拟理念崇高的人权宣言,一边喝着、抽着美洲大陆奴隶所生产的加糖咖啡、烟斗,丝毫不觉矛盾"[1]。由于资本主义天然地不断再生产出资本和劳动的分离,并通过资本积累维持和扩大优势地位,因而它在价值理念上强调个人主义,在制度设计上推崇自发性。为了维护优势地位,国际垄断资本和霸权国家在塑造国际秩序时,青睐输出崇拜自发性的制度设计。然而,处在现代化进程中的发展中国家一旦缺少有力的领导核心和明确的发展目标,盲目崇拜自发性,其发展效率得不到有效提升,难以避免陷入对强国的依附。

批判霸权国家以抽象的人类性话语塑造虚假的"普世价值",并不意味着否认国际社会有必要达成切实的价值共识。中国提出"共商"作为构建人类命运共同体的原则,开拓多边合作空间,回答了国际社会真正达成价值共识的现实路径。人类共同的价值共识是在世界历史发展的进程中,在人类文明的不断进步中,各国经过交流、讨论和商议得出的,是能够反映人类共同利益、共同经历的价值理念。能够真正得到世界各国人民普遍认同的价值共识不会是空洞的乌托邦承诺,也不会是以己度人的蛮横标准,而是世界各国对人类共同经历的反思和对共同挑战的回应,是集众智、聚合力的"共商"结果。

习近平主席 2017 年在联合国日内瓦总部的演讲中提出,构建人类命运共同体就是要建设一个"持久和平、普遍安全、共同繁荣、开放包容、清洁美丽"[2]的世界。这既是对世界各国人民共同经历的深度反思、对全球共同挑战的深刻总结,也是对各国人民协商共识的高度概括。两次世界大战,持续多年的冷战,频繁发动的局部战争和始终高悬的核危机使得世界历史在整个 20 世纪充满硝烟和劫难,各国人民都期盼持久和平。进入 21 世纪,地缘冲突导致恐怖主义和极端思潮滋长蔓延,各种重大传染性疾病屡屡暴发,公共安全令人担忧,各国人民都期望获得普遍安全。当今世

---

[1] [美] 彭慕兰、史蒂文·托皮克:《贸易打造的世界——1400 年至今的社会、文化与世界经济》,黄中宪、吴莉苇译,上海人民出版社 2018 年版,第 153 页。

[2] 《习近平谈治国理政》第 2 卷,外文出版社 2017 年版,第 541—544 页。

界，全球经济深度融合，但周期性金融危机和频发的贸易纷争暴露出世界经济的诸多病症，发展失衡、数字鸿沟、公平赤字等矛盾的相互叠加越发凸显共同繁荣的重要意义。经济全球化让异质文明之间的普遍交往成为无法回避的问题，而世界历史反复证明，不同文明之间彼此区隔和敌对是造成冲突与破坏的根源，求同存异、交流互鉴才是文明进步的不竭动力，所以说开放包容是全球化时代人类文明向前发展的基础。工业化社会让全世界的互联互通成为现实，但也带来了环境污染、资源浪费的生态灾难，建设清洁美丽的世界则关系全人类可持续发展的共同利益。

世界各国通过"共商"达成并践行价值共识的前提是充分尊重彼此的主权。习近平主席多次在演讲中提及对尊重主权的理解，他指出："主权原则不仅体现在各国主权和领土完整不容侵犯、内政不容干涉，还应该体现在各国自主选择社会制度和发展道路的权利应当得到维护，体现在各国推动经济社会发展、改善人民生活的实践应当受到尊重。"① 各国国情不同，社会结构和文化传统也相互迥异，社会治理和发展战略不可能有一致的万应良方，不能以单一的标准衡量各国的社会制度和道路选择。对于发展中国家而言，既要克服殖民掠夺造成的低起点和历史困境，又要充分利用自身的结构性禀赋与后发优势，就必须探索不同于发达富裕国家的发展道路和制度规范。因此，尊重各国的主权必须尊重各国人民选择自身社会制度和发展道路的权利。

当然，尊重各国的自主选择，并不意味着隔绝各国之间的交流学习，宣扬价值虚无。世界历史的发展不是均质的过程，必然会有个别民族、国家在一定历史时期或者某些领域中走在世界前列，引领时代风骚，但这不能成为个别国家将自身"理念""模式"以"普世"之名强加于人的理由。倡导"共商"的国际交往原则，是要积极促进各国之间的对话，为不同国家和民族搭建深入了解彼此的平台，推动先进文化、先进理念的传播，促进各国各民族优秀文化的融合，使各国在"共商"的过程中了解自身差距，共同认识世界发展的潮流和大势。在世界范围内达成价值共识不可能是轻松而简单的过程，充分尊重彼此主权，积极推动"共商"的交流互鉴，求同存异，合作共进，才能实现有益于各国经济良性互动，各国人

---

① 《习近平谈治国理政》第 2 卷，外文出版社 2017 年版，第 523 页。

民不断进步和人类文明整体向前的全球治理。

二 摒弃"中心"的文明傲慢，倡导协同发展的"共建"

在资本主义原始积累时期，殖民开拓和贸易掠夺逐渐促成了以西方国家为中心的全球秩序，催生了西方中心论的历史观和文明观。以欧洲为代表的西方世界自诩为文明国度，而亚非拉等其他地区则被其视为"文明的荒原"。经过自由资本主义的发展，世界历史进入帝国主义时代，资本输出成为列强掠夺殖民地的重要方式，世界的两极化不断加剧。1800年欧洲宗主国生活水平与殖民地或半殖民地生活水平的比率是3∶1，到第一次世界大战爆发时则增加到7∶1。[①] 与垄断资本和帝国主义相伴而生的，是公开支持殖民主义和种族主义的社会达尔文主义。在社会达尔文主义的视域中，掌握资本的工业强国支配殖民地弱国不过是优胜劣汰的自然结果，这又进一步强化了"西方中心论"的认识。资本主义的内在矛盾运动和帝国主义为争夺利益所展开的斗争，最终引发了两次世界大战，造成了人类历史上前所未有的文明灾难。第二次世界大战之后，民族独立运动瓦解了旧殖民体系，但世界历史发展不平衡的趋势并没有就此扭转。发达国家依靠技术垄断依然可以持续获得超额利润，传统的宗主国依附转化为现代技术依附，形成了"中心—外围"的世界秩序。20世纪90年代之后，经济全球化迅猛发展，霸权国家把持金融机构，制定资本市场规则，操作国际货币体系，逐渐通过金融控制建立起以虚拟资本吸纳现实财富和劳动的"新金融帝国主义"。与此同时，发达资本主义国家利用经济优势打造传播优势、话语优势，在地缘关系之外经营"币缘关系""媒缘关系"。殖民时代建立的"西方中心主义"思维，顺势发酵为由中心国家的优势地位支撑起的傲慢心理。这种傲慢心理在理论上表现为，西方国家以人类制度文明的终结者自居，将空间尺度上的"文明中心"拓展为时间尺度上的"文明中心"。在实践中表现为，西方大国对他国事务随意干涉、肆意污名。

在马克思主义看来，资本是人类文明进步的催化剂，却不是创造文明的主体，更不是文明发展的目的。事实证明，资本主导的经济全球化没有给人类带来共同发展。无论是"中心"国家还是"外围"国家，都难以创

[①] ［美］斯塔夫里阿诺斯：《全球通史：从史前史到21世纪》，吴象婴、梁赤民、董书慧、王昶译，北京大学出版社2005年版，第627页。

造"彻底的自然主义"和"彻底的人道主义"文明,更罔论人类自由解放的光明前景。发达富裕国家凭借金融剥夺和技术垄断获得的超额利润虽然维持了高福利、高消费,却也导致了消费主义泛滥和寄生经济的畸形。消费主义放任高碳的生活方式难以逆转,同时又把工作、劳动与自由发展、自我实现的价值追求隔离开来。英国社会学家齐格蒙特·鲍曼讲:"工作曾经扮演了连接个人动机、社会整合和系统再生产的角色,现在这个角色由消费者活动来担任。"① 不断异化的生产生活方式难以培育科学的价值引领,也难以滋养可持续发展的文明。随着实体经济比例下降,与金融资本的高利润率相伴随的是劳动者的高失业率,以往标志"文明优越性"的消费主义和高福利则成为工人劳动竞争力衰退和推高财政赤字的助燃剂。激增的主权债务和扩大的贫富差距在部分发达国家内部引发民粹主义浪潮,而"西方中心论"的傲慢心态又加剧其朝着民族歧视、种族歧视的极端方向发展。多数发展中国家则长期受困于技术落后、资金匮乏、产业升级困难,其贫困的面貌始终难以改变。不少发展中国家和地区公共设施匮乏,公共服务欠缺,公共安全不足,劳动者发展困难。联合国开发计划署2018年发布的《人类发展指数和指标报告(HDI)》中指出,"不平等是今天最鲜明的时代问题,它让诸多地方陷入根深蒂固的动荡与脆弱,致使全球整体人类发展指数下降五分之一"②。实际上,早在20世纪末美国政治学家兹·布热津斯基就对西方资本主义的整个价值体系表现出深刻的担忧,他认为成为西方文化主流的那种追求物质享受的趋势,带来了一个在政治上要认真考虑的问题,即西方已经没有一个理想、一套价值观念和一种生活方式可以对政治上觉醒的人类未来作出重要指导。

新冠疫情暴发后,人类命运与共的关系更为清晰地表现出来。每个人的生命健康成为一切人生命健康的条件,各国的疫情防控成为全球疫情防控的条件。同时,全球疫情防控的成效深刻表明了,自诩为文明中心的独尊式价值体系已然难以适应全球变局。"共建"的原则从唯物史观出发,阐明了构建人类命运共同体、实现世界各国协同发展的实践基础。

---

① [英]齐格蒙特·鲍曼:《工作、消费、新穷人》,仇子明、李兰译,吉林出版集团有限责任公司2010年版,第69页。

② United Nations Development Programme, *Human Development Indices and Indicators 2018 Statistical Update*, Human Development Report Office, 2018.

历史唯物主义认为，一定历史时期的生产力水平决定了社会存在的广度、深度和复杂性，也决定了世界历史发展的基本格局。也就是说，全球化不是个别国家单方面选择的结果，而是人类生产实践随着生产方式的提升不断扩大其交往范围的过程。前工业文明中的生产力和生产关系矛盾在独立的、封闭的社会中表现出来，信息时代的生产力和生产关系矛盾则在整个世界范围内表现出来。当下全球发展存在的问题不能归咎于全球化本身，而是生产力和生产关系矛盾运动在世界范围内的表现。任何刻意"阻断"或"退出"全球合作的主张，既不符合历史客观规律，更是对人类文明不负责任的态度。中国提出以"共建"为原则构建人类命运共同体，是在深刻认识全球治理困局本质的基础上，不以"逆全球化"的方式逃避矛盾，而是以调整世界原有生产关系的方式，积极拥抱世界历史的未来。

生产活动是人类历史得以展开的前提，人们的生产方式不同，历史的面貌和人本身在历史中的意义也不尽相同。资本主义促进了生产力的迅速发展，拓宽了人与自然、人与人之间的交往，但是，人自身的发展、人与人的关系却被物的生产、物的关系所吞没。在传统的全球化过程中，全球合作形成的人类生产力总和不是服务于劳动者本身，而是服务于资本增殖，广大发展中国家成为资本逐利的猎场。相反，"共建"原则要求资本服务于实体经济的发展，致力于通过合作建设服务发展中国家劳动人民的实际需要，使原本支配劳动主体的经济力量成为劳动群众自身的主体力量，使积累起来的作为生产要素的资本成为丰富和提高各国劳动群众生活的手段。可以说，以共建为原则构建人类命运共同体，是把劳动人民的生存与发展作为首要目标。

人是在生产劳动中不断实现自我发展的，生产劳动使人从动物界脱胎出来，形成了作为社会交往基础的语言和意识，社会交往范围的扩大反过来又影响人本身的发展。可以说，人是在生产活动中不断获得新的存在形式，又在新的存在形式下进行自我改造、自我提升的。在殖民时代，深陷贫困之中的殖民地劳动群众不可能得到发展和提升。在金融帝国主义阶段，少数人的财富快速积累同样以大多数人失去劳动和自我发展的条件为代价。与此不同，中国提出"共建"的原则，不仅主张各国经济共同发展，同时也强调合作建设要保障劳动者的权利，使各国劳动者在"共建"的过程中实现自我发展。从2013年到2018年，"一带一路"为沿线国家创造24.4万个就业岗位。早在2011年，中国就发布了《境外中资企业（机构）员工管理指引》，强调境外中资企业应该尽量多地为当地创造就业机会，并要求中国企业认真研究东道国法律法规，特别是与劳动用工相关的法律政策规定，充分尊重当地的风俗习惯、宗教信仰和生活习俗，平等对待当地雇员，为雇员提供符合法律规定及双方合同约定的工资待遇和社会医疗保险，为雇员提供劳动保护和意外伤害保险等保障劳动者权益的规定。

三 克服"规则"的隐性导向，倡导实质互惠的"共享"

人类历史已经进入深度融合的阶段，全球治理具有重要意义，而全球治理的基础在于形成一套具有约束力的国际规则。国际规则决定了全球化的基本形态，对"世界秩序的维持、国际社会的形成、国际体系的稳定和国家利益的实现"[①]具有重要意义。全球化的实现过程即是国际规则适用的普遍性逐渐拓展和提升的过程。然而，当前的国际规则因其明显的"制度非中性"越发难以适应全球变局。"制度非中性"是指"在同一制度下不同的人或人群所获得的往往是各异的东西，而那些已经从既定制度中、或可能从未来的某种制度安排中获益的个人或集团，无疑会竭力去维护或争取该制度"[②]。"制度非中性"在国际规则中主要表现为，部分发达国家通过掌控话语权主导国际规则的制定，致使不少国际规则的设置虽然表面公允或符合程序正义，但在实际运行中却蕴含着维护霸权的隐性导向。

在劳资关系方面，现有国际规则实际偏向资本的利益。发达国家依靠殖民掠夺完成资本积累，占据了资本密集和技术密集的产业高地，而发展中国家主要以原材料生产和劳动密集型产业为主，长期处于国际分工链的底端。贸易交往过程中，发达国家在出售高科技产品时实行垄断高价，或者通过资本运作操纵市场变化、价格涨落，使市场交易服从资本获取最大利润的目的。国际贸易组织为促进全球贸易制定的反倾销、反补贴等措施常常被发达国家用以压制发展中国家，以保持其在不平等贸易中的优势。集中于发达国家的国际垄断资本，在国际贸易规则的保驾护航下，以跨国公司的全球业务布局为基础，利用发展中国家的廉价劳动力和市场，不断

[①] 参见潘忠岐《广义国际规则的形成、创制与变革》，《国际关系研究》2016年第5期。
[②] 张宇燕：《利益集团与制度非中性》，《改革》1994年第2期。

获取并转移超额利润，使资本收益远远大于劳动收益。

在虚拟经济和实体经济之间，现有国际规则偏向于金融资本和虚拟经济的利益。发展中国家在推进现代化建设的过程中时常面临资金短缺，但由于其在国际融资过程中的议价能力低，因而想要获得国际投资往往需要支付高额代价。同时，发展中国家金融体系脆弱，容易遭受投机资本攻击。国际金融机构在积极推动发展中国家开放金融市场的同时，却疏于制定预防金融投机的有效制度，致使发展中国家时常成为国际投机资本劫掠的对象。美国更凭借美元的世界货币地位建立金融霸权，通过输出美元和对外举债等金融手段收割全世界的实际财富和劳动成果，甚至动辄采取量化宽松政策转嫁国内危机。

在义利关系上，发达国家一贯将本国利益置于首位，重利轻义。有效的全球治理需要国际合作，特别是在关乎人类命运的问题上更需要各国从人类整体发展的道义出发，互惠互助。然而，不少现行国际规则倾向于维护发达国家的经济利益，与人类社会的整体利益相悖。少数国家和跨国企业为攫取高额垄断利润，在制定国际知识产权协定时，一味抬高技术转让门槛，将知识产权转化为知识霸权。即便在传染病防控、应对气候变化等关乎人类整体安全的问题上，发展中国家也不得不承担高额成本。此外，霸权国家的政客在狭隘利益观的驱使下，不惜采取"退群"的方式，拒绝履行国际公共义务。2001年，美国就曾宣布退出控制全球变暖的《京都议定书》。2017年特朗普担任美国总统后，以"美国优先"为口号，先后退出巴黎气候协定、联合国教科文组织、全球移民协议、联合国人权理事会等组织，甚至不顾国际道义，在全球抗击新冠疫情的紧张局势下，宣布停止向世界卫生组织拨款。

随着经济全球化的深入发展，新兴经济体对世界经济的贡献率快速上升，加之生态保护、公共卫生、生物安全等全球性问题日益凸显，带有隐性导向的国际规则越来越难以适应全球治理的要求。中国提出以"共享"为原则构建人类命运共同体，是从客观立场出发，坚持形式和内容相统一，克服国际规则中不合理的权益偏向。

其一，"共享"原则以客观的实际互惠为内容。与抽象的"公平"原则不同，"共享"要求以实实在在、清清楚楚的实际互惠作为衡量准则，力求兼顾合作各方的利益，以实现双赢、多赢、共赢为目标，不搞零和博弈和赢家通吃。"一带一路"倡议的基本框架，充分展现了中国对"共享"原则的理解，它以中国经济发展的成果支持沿线国家推进工业化和提高基础设施水平的实际需要，促使世界经济发展的红利不断输送到发展中国家。2014年11月，中国政府宣布出资400亿美元成立丝路基金，2017年5月，中国政府宣布向丝路基金增资1000亿元人民币。根据世界银行研究组的量化贸易模型结果显示，"一带一路"倡议将使"发展中的东亚及太平洋国家"的国内生产总值平均增加2.6%—3.9%。[①]

其二，"共享"原则不以少数资本集团获取超额利润为导向，而是追求有利于各国人民利益、有利于世界经济均衡提升和有利于人类文明整体进步的发展。从人类整体利益出发，坚持以人民为中心，决定了"共享"原则在义利关系上始终坚持义利相兼，义重于利。这一原则要求在促进各国经贸往来的同时，关注各国人民急需的公共设施与服务，在合作建设过程中，注重向东道国提供卫生防疫、科技教育、生态环保、减贫脱困等民生援助，努力使科技进步服务于可持续发展，使发展成果为各国人民所共享。在中国提出的"一带一路"倡议中，向沿线国家提供减贫脱困、农业、教育、卫生、环保等领域的民生援助是重要的组成部分。中非减贫惠民合作计划、东亚减贫合作示范活动，对沿线国家的防洪抗旱技术援助以及公共卫生管理和疾病防控服务都是中国方案力求在促进各国经贸合作的同时，关注各国人民急需的公共服务。除此之外，中国也积极促进科技创新成果向发展中国家转移。自"一带一路"倡议提出至2019年，中国与沿线国家签署了46个科技合作协定，先后启动了中国—东盟、中国—南亚等科技伙伴计划，与东盟、南亚、阿拉伯国家、中亚、中东欧共建了5个区域技术转移平台，并发起成立了"一带一路"国际科学组织联盟，先后接收500名沿线国家青年科学家来华科研，培训科技管理人员逾1200人次。

其三，"共享"原则以"共商"和"共建"为支撑，以构建开放包容的平台为基础。随着全球性问题日益突出，国际社会对全球治理体系的公平性、开放性、包容性抱有更高的期待，要使"共享"原则不只停留于倡议性的话语，就需要夯实现实的共同利益基础。人类从区域民族史进入世

[①] 推进"一带一路"建设工作领导小组办公室：《共建"一带一路"倡议：进展、贡献与展望》，外文出版社2019年版。

界历史的基础是社会生产的发展，开放、包容、普惠、平衡、共赢的世界只能在彼此沟通共商中达成，在各国切实的合作共建中生成，不可能依靠个别国家来提供和维护。中国提出的"一带一路"倡议，以"政策沟通、设施联通、贸易畅通、资金融通、民心相通"为重点，不搞地缘政治联盟或军事同盟，也不以意识形态划界，是为构建人类命运共同体探索以共商促共建，以共建达共享的良性国际交往机制。截至2019年3月，中国政府与125个国家和29个国际组织签署了173份合作文件，参与共建"一带一路"的国家由亚欧延伸至非洲、拉美、南太等区域。[①] 随着沿线国家设施联通水平不断提升，工作制度对接、技术标准协调、贸易投资自由化便利化加强，公共外交和文化交流日渐繁荣，共建"一带一路"的倡议以扎实的实践推进对互利合作的探索。

世界历史是由资本主义生产开启的，资本打破了一切束缚生产能力发展的旧的生产关系，创造了前所未有的社会化生产力，也创造了全面的社会关系和人类自身的能力与需要。在把世界带进现代历史的同时，资本主义也带来了人与人之间的社会关系与人的异化，带来了主宰人的经济的外在强制性、经济运动的盲目性和自身发展进程的破坏性。这些资本主义生产方式的负面效应以周期性经济危机的形式集中爆发，而每一次经济危机的破坏性和灾难性后果，又都最终由劳动者来承担。在经济全球化的当代世界，资本主义生产方式的内在矛盾运动在全球范围内展开，它对劳动者自我发展的影响在发展中国家和发达国家以不同的形式表现出来。作为廉价原料和劳动力的提供者，发展中国家由于长期被锁定在价值链的低端，其工人群众能够获得的发展资源、发展机遇和发展空间极为有限，部分不发达地区甚至被排斥在现代社会之外。在资本集中的发达国家，长期追逐超额利润、热捧虚拟经济、倡导消费社会，呈现出经济上的消费主义、政治上的民粹主义、文化上的相对主义，难以支撑起"自由全面发展"的意义象征。在世界经济增长乏力，全球治理陷入困局，逆全球化声音渐成风潮之际，中国提出以"共商共建共享"为原则构建"人类命运共同体"，是对以往不合理的国际政治经济秩序的反思和扬弃，也是对探索新型经济全球化这一时代命题的回应。纵观历史大势，新科技革命曙光乍现，如何

---

① 推进"一带一路"建设工作领导小组办公室：《共建"一带一路"倡议：进展、贡献与展望》，外文出版社2019年版。

使新科技革命带来的巨大社会生产力成为世界和平与和谐发展的新基础，而不是再一次拉大发展差距和引发新一轮危机的重启键，如何使人的主体地位借助科技的力量得以真正凸显，而不是被边缘化为"无用的大多数"，如何使历史成为人们自觉活动的历史，而不受盲目性和物役性的统治。在世界历史发展的岔道口，人类朝何处去，我们该怎么办，马克思没有给出现成的答案，但马克思主义追求劳动解放和人类解放的价值情怀，它的批判精神、革命传统和实践指向，是我们找到正确道路最值得重视的精神财富和理论资源。

参考文献

一　经典著作

《马克思恩格斯全集》，人民出版社中文第 1 版。

《马克思恩格斯全集》，人民出版社中文第 2 版。

《马克思恩格斯文集》第 1—10 卷，人民出版社 2009 年版。

《列宁选集》第 1—4 卷，人民出版社 2012 年版。

《马克思主义研究资料》，中央编译出版社 2013 年版。

《马克思主义经典著作研究读本》，中央编译出版社 2013 年版。

二　中文著作

陈先达：《走向历史的深处——马克思历史观研究》，中国人民大学出版社 2010 年版。

程力群：《马克思列宁主义的阶级和阶级斗争理论》，河北人民出版社 1960 年版。

郭强：《论马克思的研究方法》，中国社会科学出版社 2010 年版。

侯惠勤：《马克思的意识形态批判与当代中国》，中国社会科学出版社 2010 年版。

侯惠勤等著：《马克思主义意识形态论》，南京大学出版社 2011 年版。

胡连生、杨玲：《当代资本主义的新变化与社会主义的新课题》，人民出版社 2000 年版。

刘保国：《马克思恩格斯阶级理论与现代社会研究》，知识产权出版社 2005 年版。

陆学艺、龚维斌、陈光金：《邓小平理论与当代中国社会阶层结构变迁》，经济管理出版社 2002 年版。

陆学艺主编：《当代中国社会阶层研究报告》，社会科学文献出版社2002年版。

糜海波：《马克思阶级概念的当代演变》，中国社会科学出版社2012年版。

倪力亚：《论当代资本主义社会的阶级结构》，中国人民大学出版社1989年版。

彭宏伟、崔爽：《"革命"的非模式化解读——1848—1852年马克思恩格斯政治文献研究》，中国人民大学出版社2017年版。

沈汉主编：《资本主义史——从世界体系形成到经济全球化》，学林出版社2008年版。

沈瑞英：《矛盾与变量：西方中产阶级与社会稳定研究》，经济管理出版社2009年版。

宋士昌主编：《科学社会主义通论》第一卷，人民出版社2004年版。

孙伯鍨：《孙伯鍨哲学文存》第1卷，江苏人民出版社2010年版。

孙伯鍨、张一兵主编：《走进马克思》，江苏人民出版社2008年版。

孙寿涛：《发达国家工人阶级的演变》，经济管理出版社2007年版。

唐正东：《从斯密到马克思——经济哲学方法的历史性诠释》，江苏人民出版社2009年版。

陶德麟等著：《当代中国马克思主义若干重大理论与现实问题》，人民出版社2012年版。

徐崇温：《当代资本主义新变化》，重庆出版社2004年版。

仰海峰：《〈资本论〉的哲学》，北京师范大学出版社2017年版。

俞可平、李慎明、王伟光主编：《马克思主义研究论丛——阶级和革命的基本观点研究》，中央编译出版社2008年版。

张盾：《马克思的六个经典问题》，中国社会科学出版社2009年版。

赵明义主编：《社会主义的历史命运》，人民出版社1997年版。

周凡、李惠斌主编：《后马克思主义》，中央编译出版社2007年版。

周穗明、王玫等：《西方左翼论当代西方社会结构的演变》，江苏人民出版社2008年版。

周晓虹主编：《全球中产阶级报告》，社会科学文献出版社2005年版。

中国人民大学马列主义发展史研究所编：《马克思主义史》（1—4卷），人民出版社1995、1996年版。

三　中译著作

［德］黑格尔：《法哲学原理》，范扬、张企泰译，商务印书馆1961年版。

［德］弗里德里希·李斯特：《政治经济学的国民体系》，陈万煦译，商务印书馆1961年版。

［德］麦克斯·施蒂纳：《唯一者及其所有物》，金海民译，商务印书馆1989年版。

［德］莫泽斯·赫斯：《赫斯精粹》，邓习议编译，南京大学出版社2010年版。

［德］爱德华·伯恩施坦：《社会主义的前提和社会民主党的任务》，殷叙彝译，生活·读书·新知三联书店1965年版。

［德］亨利希·库诺：《马克思的历史、社会和国家学说——马克思的社会学的基本要点》（第一、二卷），袁志英译，商务印书馆1988年版。

［德］W.桑巴特：《为什么美国没有社会主义》，赖海榕译，社会科学文献出版社2003年版。

［德］乌尔里希·贝克：《风险社会》，何博闻译，译林出版社2003年版。

［俄］叶夫根尼·米哈伊洛维奇·科诺金：《贫穷的资本主义史——18世纪—19世纪上半叶的法国》，孙润玉、唐修哲译，时事出版社2007年版。

［法］基佐：《欧洲文明史》，程洪逵、沅芷译，商务印书馆2005年版。

［法］奥古斯特·科尔纽：《马克思的思想起源》，王谨译，中国人民大学出版社1987年版。

［法］奥古斯特·科尔纽：《马克思恩格斯传》第一卷，刘丕坤、王以铸、杨静远译，生活·读书·新知三联书店1963年版。

［法］奥古斯特·科尔纽：《马克思恩格斯传》第二卷，王以铸、刘丕坤、杨静远译，生活·读书·新知三联书店1965年版。

［法］雷蒙·阿隆：《社会学主要思潮》，葛智强、胡秉诚、王沪宁译，华夏出版社2000年版。

［法］雷蒙·阿隆：《阶级斗争——工业社会新讲》，周以光译，译林出版社2003年版。

［法］让·卢日金内、皮埃尔·库尔-萨利、米歇尔·瓦卡卢利斯主编：《新阶级斗争》，陆象淦译，社会科学文献出版社2009年版。

《费尔巴哈哲学著作选集》上卷，荣震华、李金山等译，商务印书馆1984

年版。

［加拿大］艾伦·伍德：《新社会主义》，尚庆飞译，江苏人民出版社 2002 年版。

［美］方纳：《美国工人运动史》第一卷，黄雨石、王仲英、黄宁而、沈国芬、陈大春、黄巨兴合译，生活·读书·新知三联书店 1956 年版。

［美］约翰·斯梅尔：《中产阶级文化的起源》，陈勇译，上海人民出版社 2006 年版。

［美］丹尼尔·贝尔：《后工业社会的来临——对社会预测的一项探索》，高铦、王宏周、魏章玲译，商务印书馆 1984 年版。

［美］丹尼尔·贝尔：《意识形态的终结——五十年代政治观念衰微之考察》，张国清译，江苏人民出版社 2001 年版。

［美］C·赖特·米尔斯：《白领——美国的中产阶级》，杨小东等译，浙江人民出版社 1987 年版。

［美］C. 莱特·米尔斯：《马克思主义者》，商务印书馆 1965 年版。

［美］西摩·马丁·李普塞特：《政治人——政治的社会基础》，张绍宗译，上海人民出版社 2011 年版。

［美］赫伯特·马尔库塞：《单向度的人——发达工业社会意识形态研究》，刘继译，上海译文出版社 2008 年版。

［美］西摩·马丁·李普塞特：《共识与冲突》，张华青等译，上海人民出版社 2011 年版。

［美］埃里克·欧林·赖特：《阶级》，刘磊、吕梁山译，高等教育出版社 2006 年版。

［美］埃里克·奥林·赖特：《后工业社会中的阶级——阶级分析的比较研究》，陈心想、皮小林、杨玉明、陈阳译，辽宁教育出版社 2004 年版。

［美］埃里克·欧林·赖特主编：《阶级分析方法》，马磊、吴菲等译，复旦大学出版社 2011 年版。

［美］乔恩·埃尔斯特：《理解马克思》，何怀远等译，中国人民大学出版社 2008 年版。

［美］艾尔文·古德纳：《知识分子的未来和新阶级的兴起》，顾晓辉、蔡嵘译，江苏人民出版社 2002 年版。

［美］兹比格涅夫·布热津斯基：《大失控与大混乱》，潘嘉玢、刘瑞祥

译，中国社会科学出版社 1995 年版。

［美］兹·布热津斯基：《大失败——二十世纪共产主义的兴亡》，军事科学院外国军事研究部译，军事科学出版社 1989 年版。

［美］弗朗西斯·福山：《历史的终结及最后之人》，黄胜强、许铭原译，中国社会科学出版社 2003 年版。

［美］约瑟夫·熊彼特：《资本主义、社会主义与民主》，吴良健译，商务印书馆 2009 年版。

［美］R. L. 海尔布隆纳：《马克思主义：赞成与反对》，易克信、杜章智译，中国社会科学院情报研究所 1982 年版。

［美］悉尼·胡克：《理性、社会神话和民主》，金克、徐崇温译，上海人民出版社 1965 年版。

［美］哈里·布雷弗曼：《劳动与垄断资本》，方生、朱基俊、吴忆萱、陈卫和、张其骈译，商务印书馆 1973 年版。

［美］贝弗里·J. 西尔弗《劳工的力量——1870 年以来的工人运动与全球化》，张璐译，社会科学文献出版社 2012 年版。

［美］汉娜·阿伦特：《论革命》，陈周旺译，译林出版社 2007 年版。

［美］汉娜·阿伦特：《马克思与西方政治思想传统》，孙传钊译，江苏人民出版社 2007 年版。

［美］赫伯特·马尔库塞：《爱欲与文明》，黄勇、薛民译，上海译文出版社 1987 年版。

苏联科学院国际工人运动研究所编：《国际工人运动（历史和理论问题）》第 1 卷，彭质纯、罗岭、邱榆若译，工人出版社 1988 年版。

［苏］И·И·安东诺维奇《资产阶级社会学批判》（上、下册），哈余灿、孙士明等译，湖北人民出版社 1987 年版。

［苏］伊·阿·巴赫主编：《第一国际和巴黎公社文件资料》，杭州大学外语系俄语翻译组译，生活·读书·新知三联书店 1978 年版。

［希腊］尼科斯·波朗查斯：《政治权力与社会阶级》，叶林、王宏周、马清文译，中国社会科学出版社 1982 年版。

［匈］卢卡奇：《历史与阶级意识》，杜章智、任立、燕宏远译，商务印书馆 1999 年版。

［意］卡洛. M. 奇波拉主编：《欧洲经济史》（第三卷：工业革命），吴良

307

健、刘漠云、壬林、何亦文译,商务印书馆1989年版。

[意]奈格里:《〈大纲〉:超越马克思的马克思》,张梧、孟丹、王巍译,北京师范大学出版社2011年版。

[英]E. P. 汤普森:《英国工人阶级的形成》(上、下),钱乘旦等译,译林出版社2013年版。

[英]F·A·哈耶克:《致命的自负》,冯克利、胡晋华等译,中国社会科学出版社2000年版。

[英]埃里克·霍布斯鲍姆:《如何改变世界:马克思和马克思主义的传奇》,吕增奎译,中央编译出版社2014年版。

[英]艾瑞克·霍布斯鲍姆:《革命的年代1789—1848》,王章辉等译,江苏人民出版社1999年版。

[英]艾瑞克·霍布斯鲍姆:《资本的年代1848—1875》,张晓华等译,江苏人民出版社1999年版。

[英]安东尼·吉登斯:《批判的社会学导论》,郭忠华译,上海译文出版社2007年版。

[英]戴维·李、布赖恩·特纳主编:《关于阶级的冲突:晚期工业主义不平等之辩论》,姜辉译,重庆出版社2005年版。

[英]弗里德里希·奥古斯特·冯·哈耶克:《通往奴役之路》,王明毅、冯兴元等译,中国社会科学出版社1997年版。

[英]卡尔·波普尔:《开放社会及其敌人》第二卷,郑一明等译,中国社会科学出版社1999年版。

[英]拉尔夫·达仁道夫:《现代社会冲突》,林荣远译,中国社会科学出版社2000年版。

[英]拉尔夫·密利本德:《马克思主义与政治学》,黄子都译,商务印书馆1984年版。

[英]理查德·斯凯思:《阶级》,雷玉琼译,吉林人民出版社2005年版。

[英]唐纳德·萨松:《欧洲社会主义百年史》(上、下册),姜辉、于青海、庞晓明译,社会科学文献出版社2008年版。

四 外文文献

Andre Gorz, *Farewell to the Working Class: An Essay on Post-in-dustrial Social-*

ism, London: Pluto Press, 1982.

Berch Berberoglu, *Class and Class Conflict in the Age of Globalization*, Kentucky, Lexington Books Press, 2009.

Bourdieu Pierre, *Distinction: A Social Critique of the Judgment of Taste*, translated by Richard Nice, Cambridge, MA, Harvard University Press.

Dahrendorf, Ralf, *Class and Class Conflict in Industrial Society*, Stanford: Stanford University Press, 1965.

David North, *The Economic Crisis and the Resurgence of Class Conflict in the United States*, http://www.wsws.org.

D. J. Lee and B. S. Turner, *Conflict about Class*, Longman Publishing, New York, 1996.

John Russo and Sherry Lee Linkon (ed.), *New Working—Class Studies*, Cornell University Press, 2011.

Michael D. Yates, "The Great Inequality", *Monthly Review*, Vol. 63, March 2012.

Michael Zweig, *The Working Class Majority: America's Best Kept Secret*, Cornell University Press, 2011.

Paul Nieubeerta, *The Democratic Class Struggle in Twenty Counties 1945–1990*, Armsterdan: Thesis Publishers.

R. Hyman, "Trade Unions and the Disaggregation of the Working Class", in M. Regini (ed.), *The Future of Labour Movements*, London: Sage.

R. Nisbet, The Decline and Fall of Social Class, *Pacific Sociological Review*, 1959: 2 (1).

Rosemary Hennessy, "The Challenge: From Anti-Capitalism to Class Consciousness", *Socialism Review*, 2001: 28. 3/4; Proquest Research Library.

Thomas J. Edward Walker, *Illusive Idengtity: The Blurring of Working—Class Consciousness in Modern Western Culture*, Kentuckey: Lexingeton Books Press 1993.

T. N. Clark and S. M. Lipset, "Are Social Class Dying?", in D. J. Lee and B. S. Turner, *Conflict about Class*, Longman Publishing, New York, 1996.

Zolberg Aristide, *International Labour and Working Class History*, New York: Cambridge University Press, 1999.

后　　记

　　正如本书导言提到的，马克思发现现代无产阶级，研究工人的劳动，思考工人的解放，是其实现哲学变革的问题引导，他总结19世纪欧洲革命经验，批判工人队伍中的错误思想，指导工人运动，是马克思完善科学社会主义理论的实践基础，而考察雇佣劳动关系，解析劳动力商品，呼吁工人权利则是他揭开政治经济学谜底的钥匙。然而，如何认识工人阶级的历史作用这一关乎马克思主义理论本质的问题，也是为其带来诸多挑战、质疑和引发马克思主义发展史上重大争议的问题。

　　我对马克思工人阶级理论的关注和研究始于博士学位论文选题。2010年，我有幸在中国社会科学院师从侯惠勤教授攻读博士学位，由于当时粗浅地读了几本马克思主义人学理论的相关研究著作，我最初想以马克思"人的解放"思想作为研究选题。在得知我的这一想法之后，侯老师非常尊重我的兴趣，告诉我应该深入学习思考为什么讲"不是人性创造历史，而是历史改变人性"的问题。然而，由于知识储备、哲学基础都不足以驾驭这样一个复杂的主题，在完成选题综述的过程中，"老虎吃天"的迷茫和焦虑令我苦不堪言。一方面，我盘算着能否换一个更容易把握的选题，另一方面却又担心老师批评我三心二意，畏难情绪作祟。当我忐忑不安地找到老师表达了我的感受之后，侯老师非但没有批评我，而是告诉我能够切身体会到"事非经过不知难"亦是一种成长，关键是要总结在这个摸索的过程中有什么样的收获。正如老师所言，前期的摸索并非全无意义，在学习过程中，我逐渐体悟到作为历史唯物主义起点的"现实的个人"对"抽象人性论"的超越，也更加明白阶级分析的理论意义。在听了我的汇报之后，侯老师同意我将马克思的工人阶级理论作为新的选题，并告诉我，核心的问题是要理清马克思认识工人阶级的基本原则和方法，这是他与空想社会主义思想家和诸多现代西方学者的根本区别，倘若能够在这一

后　记

问题上做些工作也是非常有意义的。同侯老师短短二十分钟的交流，不但令我如释重负也让我找到了新的方向。在完成学位论文的过程中，我开始理解马克思主义立场、观点和方法之间的统一性，然而鉴于我的理论基础薄弱，论文没有涉及马克思的意识形态批判、政治经济学批判与其工人阶级理论的发展之间的关联，也未能将这一主题置于马克思的思想发展历程之中完成系统的生成性阐释，因而留下了一些遗憾。现在回头看选题的过程，一方面多少为当初的无知者无畏感到汗颜，另一方面却也为自己曾经好似不怎么"明智"的选择感到庆幸。正是因为最初的"莽撞"，才促使我紧扣最基本的理论问题来学习和阅读经典，从而切实感受到老师常常提及的，学习马克思主义不只是一个读书做学问的问题，更是对世界观、人生观、价值观的磨砺。

由于有博士学位论文的基础，在入职西北大学之后，我申请获批了国家社科基金青年项目，希望能够通过完成项目弥补论文的遗憾。但是，我原有的知识储备远远不够，需要补充阅读不少历史、哲学、政治经济学的相关著作，项目的完成也因此只能一再拖延。令人欣慰的是，结项成果最终在规定时间之内提交并顺利通过了结题验收，以"良好"等级结项。这部书稿是在结项最终成果的基础上修改而成的。或许整个书稿中可以称为学术创新的亮点不多，于我而言，它更大的意义在于促使我完成了一次系统的学习。如果这本书的出版能够帮助初学者些许领略马克思工人阶级理论的深邃性、复杂性、科学性，或者些许感受到马克思主义理论的整体性及其立场、观点、方法的统一性，我将倍感欣慰。

本书的完成，离不开各位师友的支持和帮助。

除了侯老师之外，我要特别感谢中国社会科学院的姜辉教授、辛向阳教授、金民卿教授，清华大学的刘书林教授，北京大学的丰子义教授，他们在我博士学位论文开题和答辩的过程中给予了很多指点和帮助。高山仰止，景行行止，各位老师们的教导和支持，是激励我不断前进的动力，我将牢记于心。

由于水平有限，本书对马克思思想和文本的理解与阐释难免有偏差，对学界各种观点梳理可能也挂一漏万，敬请各位专家学者批评指正。

王　青
2022 年 4 月